A TRAVÉS DEL TIEMPO

A TRAVÉS DEL TIEMPO

Un recorrido visual por la historia

SEGUNDA EDICIÓN
DK Delhi
Edición del proyecto Kathakali Banerjee **Edición de arte del proyecto** Anukriti Arora
Edición Upamanyu Das **Ilustración** Priyal Mote **Documentación iconográfica sénior** Sumedha
Chopra **Edición ejecutiva** Kingshuk Ghoshal **Edición ejecutiva de arte** Arunesh Talapatra
Coordinación de maquetación Vishal Bhatia **Diseño de maquetación** Syed Md Farhan
Diseño de maquetación sénior Harish Aggarwal **Diseño de cubiertas** Juhi Sheth
Coordinación de cubiertas sénior Priyanka Sharma Saddi

PRIMERA EDICIÓN
DK Londres
Edición de arte sénior Smiljka Surla **Edición sénior** Sam Atkinson **Edición** Steven Carton,
Ben Ffrancon Davies, Sarah Edwards, Sarah MacLeod, Ben Morgan, Sophie Parkes, Laura Sandford,
Pauline Savage, Amanda Wyatt **Diseño** Sunita Gahir, Alex Lloyd, Gregory McCarthy, Stefan Podhorodecki,
Michelle Staples, Jacqui Swan, Sadie Thomas **Ilustración** Acute Graphics, Peter Bull, Edwood Burn,
Sunita Gahir, Clare Joyce, KJA Artists, Arran Lewis, Alex Lloyd, Maltings Partnership, Gus Scott
Archivo iconográfico DK Romaine Werblow **Documentación iconográfica** Sarah Hopper,
Jo Walton **Edición ejecutiva** Lisa Gillespie **Edición ejecutiva de arte** Owen Peyton Jones
Producción (preproducción) David Almond, Andy Hilliard **Producción sénior** Alex Bell,
Mary Slater **Diseño de cubierta** Surabhi Wadhwa-Gandhi, Juhi Sheth, Smiljka Surla **Dirección
de desarrollo de diseño de cubierta** Sophia MTT **Edición de cubierta** Amelia Collins
Dirección editorial Andrew Macintyre **Dirección de arte** Karen Self
Subdirección general editorial Liz Wheeler **Dirección de diseño** Phil Ormerod
Dirección general editorial Jonathan Metcalf

Consultor Philip Parker **Colaboradores** Laura Buller, Peter Chrisp, Alexander Cox,
Susan Kennedy, Andrea Mills, Sally Regan

DK Delhi
Diseño DTP Jaypal Singh Chauhan, Syed Mohammed Farhan **Diseño DTP sénior** Neeraj Bhatia,
Jagtar Singh **Diseño de cubierta** Juhi Sheth **Diseño DTP sénior de cubierta** Harish Aggarwal
Diseño DTP de cubierta Rakesh Kumar **Coordinación editorial de cubiertas** Priyanka Sharma
Edición ejecutiva de cubiertas Saloni Singh

Edición en español
Coordinación editorial Elsa Vicente
Asistencia editorial y producción Eduard Sepúlveda

Servicios editoriales Tinta Simpàtica
Traducción Ruben Giró i Anglada

Publicado originalmente en Gran Bretaña en 2018 por
Dorling Kindersley Limited, 80 Strand, Londres, WC2R 0RL
Parte de Penguin Random House

Título original: *Timelines of Everything*
Segunda edición: 2023

ISBN: 978-0-7440-8932-5

Impreso y encuadernado en China

Para mentes curiosas

www.dkespañol.com

MIXTO
Papel | Apoyando la
selvicultura responsable
FSC™ C018179

Este libro se ha impreso con papel
certificado por el Forest Stewardship
Council™ como parte del compromiso
de DK por un futuro sostenible.
Para más información, visita
www.dk.com/our-green-pledge

Viajar en el tiempo

Los acontecimientos más antiguos que recoge este libro tuvieron lugar hace muchísimo tiempo. Algunas fechas van seguidas de la abreviatura «MA», que significa «millones de años». Otras fechas van seguidas de «a. C.» o «d. C.», que son abreviaturas, respectivamente, de «antes de Cristo» o «después de Cristo». Cuando no se conoce la fecha exacta en la que ha tenido lugar un evento se antepone «*c.*», la abreviatura del término latino *circa*, que significa «alrededor de» e indica que la fecha es aproximada.

CONTENIDOS

1750-1914
LA EDAD DE LA REVOLUCIÓN

LA PREHISTORIA

Antes del 3000 a. C.

La prehistoria

Se conoce como prehistoria el período anterior a la invención de los registros escritos, hace unos 5500 años. Casi todo lo que conocemos de esa época es gracias a restos que han llegado hasta nuestros días, como útiles, huesos y edificios en ruinas. Hasta hace poco era difícil determinar la edad de esos objetos, pero los avances científicos han permitido hacernos una imagen mucho más nítida de la historia humana y también del origen de la vida en la Tierra, e incluso del propio universo.

c. 13 500 millones de años
Nacen las primeras estrellas.

c. 4300 millones de años
Empieza la vida en la Tierra.

c. 252 millones de años
Comienza el Triásico. Los dinosaurios serán la forma de vida predominante del planeta.

c. 1 millón de años
Los antepasados de los humanos empiezan a usar el fuego.

c. 13 800 millones de años
Las últimas investigaciones indican que en este momento comenzó a existir el universo, cuando se produjo el Big Bang.

c. 4600 millones de años
Se forman el Sol, los planetas y el resto de los objetos que componen el sistema solar.

c. 66 millones de años
Una extinción masiva hace desaparecer los dinosaurios no aviares.

c. 7-6 millones de años
En África los simios son capaces de caminar erguidos.

c. 300 000 años
Aparecen los humanos modernos en África.

El Big Bang
Los científicos consideran que el Big Bang (p. 12) crea el universo. A lo largo de miles de millones de años se forman estrellas y galaxias, y también nuestro sistema solar.

Vida primigenia
Las primeras formas de vida en la Tierra eran organismos simples que evolucionaron en el sinfín de variedades de plantas y animales actuales (pp. 14-15).

Dinosaurios
Los dinosaurios caminaban, nadaban o volaban en la Tierra hace millones de años (pp. 16-17). Durante muchos millones de años, fueron los animales que dominaron el planeta.

Primeros humanos
Los antepasados de los humanos evolucionaron a partir de simios arborícolas (pp. 20-21). Con el paso del tiempo empezaron a usar herramientas y a hacer fuego.

La rueda

Uno de los avances tecnológicos más importantes de la prehistoria fue la rueda (pp. 28-29). Fue inventada de manera independiente por culturas de distintos lugares del mundo, y revolucionó el transporte. También fue esencial para posteriores avances en agricultura, construcción, industria e ingeniería.

c. 9000 a. C.
Aparece la metalurgia en Mesopotamia, Asia occidental.

c. 9000-4000 a. C.
Los primeros granjeros fundan sus poblados.

c. 4000 a. C.
Se fundan las primeras ciudades en Mesopotamia.

c. 3500 a. C.
Se usan las primeras ruedas como medio de transporte en Mesopotamia.

c. 11 000-9000 a. C.
Gracias a los avances agrícolas, los humanos pueden producir sus propios alimentos.

c. 8000 a. C.
Las comunidades empiezan a erigir murallas alrededor de los asentamientos.

c. 3300 a. C.
Los egipcios desarrollan los jeroglíficos, uno de los primeros sistemas de escritura.

Asentamientos

Los primeros humanos eran nómadas: se desplazaban en busca de alimento. Gracias a los avances en agricultura (pp. 22-23), fundaron pueblos y labraron la tierra.

Metalurgia

Al descubrir la tecnología para fabricar elementos de cobre, bronce y hierro (pp. 24-25), los humanos pudieron contar con herramientas y armas más duras.

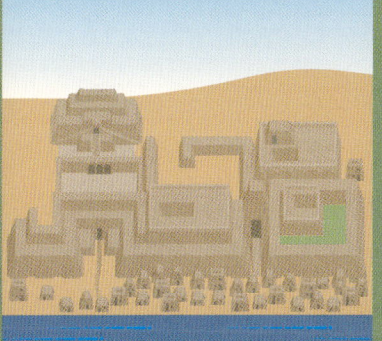

Primeras ciudades

Algunos pueblos crecieron hasta convertirse en ciudades (pp. 26-27). Estos núcleos de población se convirtieron en activos centros comerciales.

Escritura

Con la invención de la escritura (pp. 30-31) se pudieron dejar registros escritos para el futuro. Se puso fin así al período que se conoce como prehistoria.

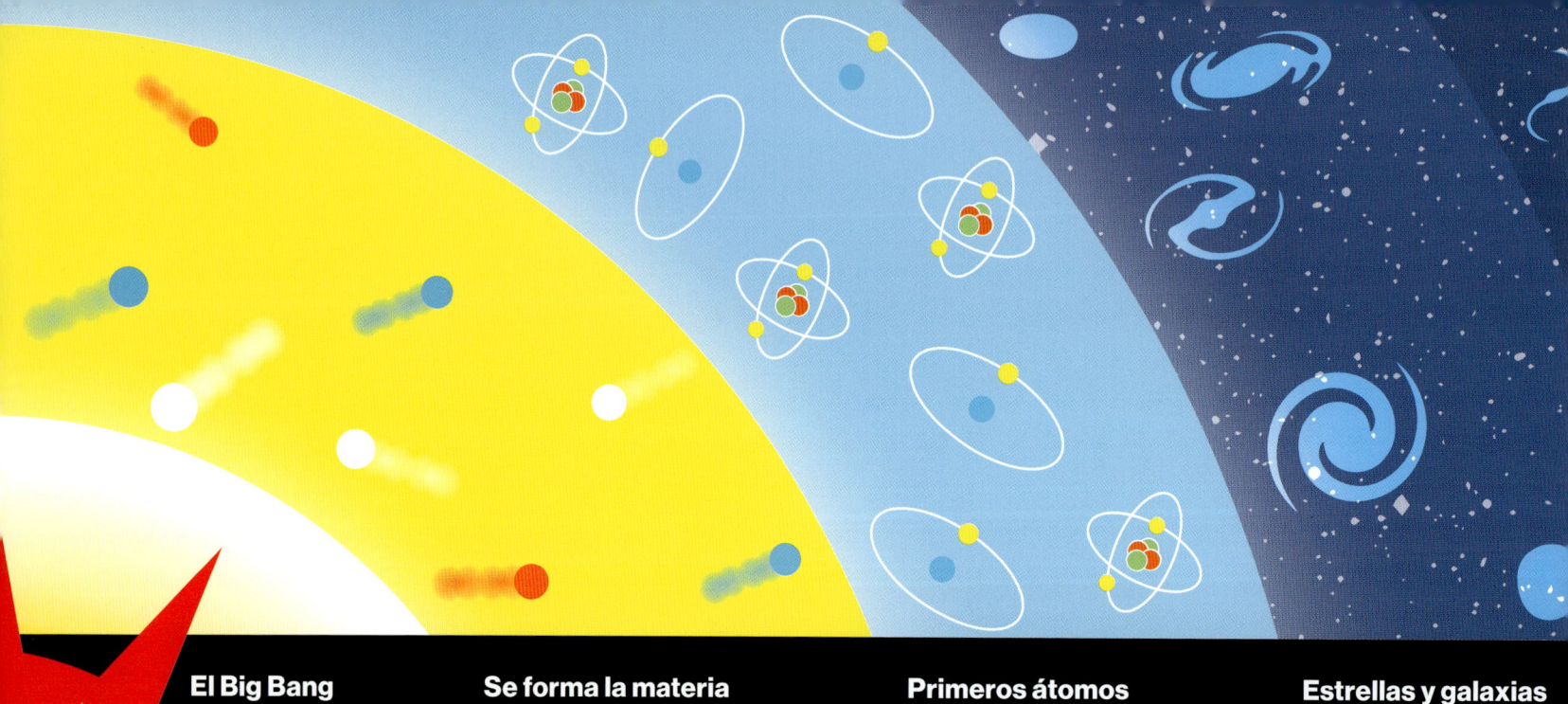

El Big Bang

El universo se materializa de la nada. Es más pequeño que un átomo, pero tiene ya toda su energía y masa. En la primera trillonésima de trillonésima de segundo, crece hasta el tamaño de una pelota de fútbol; este proceso se denomina inflación.

Se forma la materia

Al cabo de un segundo, la energía del universo en expansión produce diminutas partículas de materia, cuya mayoría chocan entre sí, se destruyen y desaparecen; solo queda una minúscula fracción. Estos restos se agrupan y forman partículas más grandes: protones, neutrones y electrones, las piezas básicas de los átomos.

Primeros átomos

Tienen que pasar 380 000 años para que el universo se enfríe lo suficiente para que los protones y los neutrones formen los primeros átomos: hidrógeno y helio. Estos gases forman una fina nube por el universo. Ahora la luz puede viajar libremente; el espacio es transparente. Los astrónomos actuales aún pueden capturar esta luz primigenia.

Estrellas y galaxias

La gravedad hace que se colapsen y agrupen las áreas con más gas, lo que calienta los núcleos y provoca reacciones nucleares: nacen las estrellas, que se agrupan por miles de millones en galaxias, enormes remolinos.

Hace c. 13 800 millones de años   **1 segundo después**   **380 000 años después**   **Hace 13 500 millones de años**

La historia del universo

El universo surgió hace 13 800 millones de años con el Big Bang, que no fue una explosión de materia en el espacio, sino la aparición y expansión repentina del espacio mismo. No ha dejado de crecer, creando un cosmos de proporciones inimaginables. Aunque la luz viaja a una velocidad extremadamente rápida, tarda miles de millones de años en cruzar el universo: al observar el espacio profundo estamos viendo atrás en el tiempo y estudiando los primeros años del universo.

El sistema solar

El Sol se forma a partir de una nube de gas y polvo de estrellas moribundas. La nueva estrella no absorbe todo el material, sino que un disco gigante de polvo y gas permanece orbitando alrededor de ella. Con el tiempo, las partículas de materia del disco se unen para formar los planetas, lunas, cometas y asteroides del sistema solar.

Hace 4600 millones de años

Empieza la vida

La Tierra, más lejos del Sol que el hirviente Venus pero no tanto como el gélido Marte, está a la temperatura ideal para tener agua líquida en la superficie. Una reacción química fortuita entre los agentes químicos carbónicos del agua produce una molécula que puede copiarse a sí misma, como el ADN actual. Esto lleva a la primera forma de vida.

Hace 4300 millones de años

Muere el Sol

En unos 5000 millones de años el Sol se convertirá en una estrella gigante roja a medida que agote su combustible. Aumentará de tamaño y sus capas exteriores llegarán hasta Mercurio, Venus y, probablemente, la Tierra. El calor evaporará toda el agua de la Tierra, y quizá también la corteza terrestre; será imposible vivir aquí.

Dentro de 5000 millones de años

El Big Freeze

Si el universo se expande indefinidamente, la materia y la energía se dispersarán cada vez más, lo que no permitirá la formación de nuevas estrellas. Después de que se apague la última estrella, el universo quedará permanentemente en la fría oscuridad, un vacío ilimitado sin actividad alguna.

Dentro de más de 100 billones de años

¡ESTÁS AQUÍ!

La gran mortandad

La mayor extinción masiva ocurre antes de la edad de los dinosaurios: desaparecen aproximadamente el 90 % de las especies. La vida terrestre tarda casi 30 millones de años en recuperarse.

c. 252 MA

Mueren los dinosaurios no aviares

El 70 % de las especies animales desaparecen al final de la Edad de los dinosaurios, seguramente por el impacto de un asteroide contra la Tierra.

c. 66 MA

c. 2,6 MA-10000 a. C.

La Edad del hielo

El clima de la Tierra se enfría y gran parte de los continentes septentrionales y América del Sur quedan cubiertos por el hielo. Las praderas al sur del hielo son el hogar de mamuts, rinocerontes lanudos, gatos de dientes de sable y otros mamíferos de la Edad del hielo. Muchas de estas especies desaparecen cuando los humanos conquistan el planeta.

c. 66-3 MA

El auge de los mamíferos

Los pequeños mamíferos sobreviven al impacto del asteroide, evolucionan en una gran variedad de nuevas especies y ocupan el vacío dejado por los dinosaurios no aviares. Algunos mamíferos se adaptan a la vida marina y superan a los dinosaurios en tamaño.

c. 230-65 MA

Los dinosaurios

Los dinosaurios dominan la vida terrestre. Las aves evolucionan de pequeños dinosaurios con plumas; los primeros mamíferos evolucionan de los sinápsidos.

c. 299-252 MA

Reptiles y otros parientes

El clima se seca y los desiertos sustituyen los bosques. Los reptiles y los antecesores de los mamíferos, los sinápsidos, son los vertebrados que dominan en tierra firme. Al contrario que otros vertebrados acuáticos, ponen huevos capaces de reproducirse en lugares secos.

c. 359-299 MA

Selvas tropicales

El clima de la Tierra es cálido y húmedo y gran parte del planeta está cubierto por exuberantes selvas tropicales, hogar de milpiés gigantes e insectos con forma de libélula pero del tamaño de un águila. Los fósiles de estos árboles acabarán convirtiéndose en el carbón que usamos en nuestra época.

c. 363 MA

En tierra firme

Los peces evolucionan a vertebrados cuadrúpedos. Al principio usan las extremidades musculares para nadar, pero sus descendientes acaban trepando por tierra firme en busca de presas. Las plantas han colonizado la tierra y dan cobijo a pequeños animales, como milpiés, ácaros y escorpiones.

c. 360 MA

Océanos tóxicos

Se produce otra extinción masiva casi al final del Devónico. La mayoría de las especies desaparecidas vivían en el mar, incluidos organismos productores de arrecifes y peces con armadura. Es probable que las erupciones volcánicas intoxicaran los mares.

14

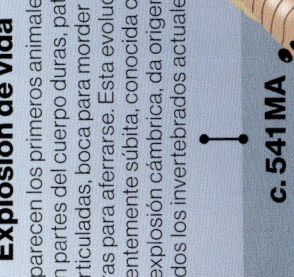
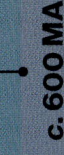
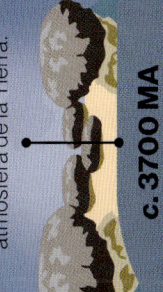

Dunkleosteus

Explosión de vida

Aparecen los primeros animales con partes del cuerpo duras, patas articuladas, boca para morder y garras para aferrarse. Esta evolución aparentemente súbita, conocida como la explosión cámbrica, da origen a todos los invertebrados actuales.

c. 541 MA

Primeros animales

Poco después de acabar la glaciación global, aparecen unos organismos complejos, quizá los primeros animales: criaturas de cuerpo blando en forma de hoja sin órganos, extremidades ni boca diferenciados. Es probable que vivan en el lecho marino y se alimenten absorbiendo partículas de comida por la piel.

c. 600 MA

Primeros vertebrados

Aparecen los primeros vertebrados, animales con columna vertebral. Parecen peces, nadan como renacuajos y tienen una boca simple para chupar. La evolución dará mandíbulas articuladas a sus descendientes con las que cazar presas y arrancar la carne.

c. 525 MA

Glaciación global

La superficie de la Tierra se congela y una gruesa capa de hielo recubre el planeta entero durante millones de años. La vida en la superficie desaparece durante este periodo, pero los microorganismos sobreviven bajo el hielo.

c. 2400 MA-540 MA

La vida en la Tierra

No pasó mucho tiempo desde la formación de los primeros océanos hasta que apareció la vida en la Tierra. El inicio de la vida sigue siendo uno de los grandes misterios de la ciencia: los científicos creen que los primeros seres vivos se desarrollaron a partir de agentes químicos basados en el carbono del agua, pero no hay restos que lo demuestren. Sin embargo, los animales y plantas que evolucionaron a partir de ellos han dejado un sinfín de fósiles, que demuestran que la vida en la Tierra no fue fácil: varias extinciones masivas han arrasado las especies dominantes y han permitido la aparición de nuevas formas de vida.

Muerte marina

Un 85% de las especies marinas desaparecen en diversas grandes extinciones, cuyas causas se desconocen. Algunos científicos apuestan por un cambio climático.

c. 444 MA

Primeras células

Evolucionan los organismos unicelulares, la única forma de vida en la Tierra durante la mayor parte de la historia del planeta. Muchos se desarrollan en montículos del lecho marino y aprovechan la luz del Sol para realizar la fotosíntesis. Liberan un residuo, el oxígeno, que altera la atmósfera de la Tierra.

c. 3700 MA

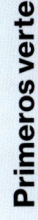

La edad de los peces

Los peces reinan en los mares durante el Devónico, periodo también conocido como la edad de los peces. Ya existen los tiburones, pero el predador más temible es el *Dunkleosteus*, con su robusto cuerpo de 6 m y sus enormes mandíbulas equipadas con un afilado pico capaz de cortar la carne.

c. 419-359 MA

Origen de la vida

La vida empieza en el agua, quizá cerca de las fuentes hidrotermales de las profundidades marinas. Las primeras formas de vida son moléculas basadas en el carbono con la capacidad de copiarse a sí mismas. Al empezar a multiplicarse se inicia la evolución y las moléculas autorreplicantes cada vez son más complejas.

c. 4300 MA

La Edad de los dinosaurios

Rhamphorhynchus

Los humanos modernos se remontan a hace unos 300 000 años, pero los dinosaurios dominaron la Tierra durante casi 200 millones de años. Este período de tiempo se conoce como era mesozoica y se divide en tres períodos diferentes. El reinado de los dinosaurios y otros reptiles gigantes se truncó con una extinción masiva hace *c.* 66 millones de años; pero no todos los dinosaurios desaparecieron.

Eudimorphodon

Plateosaurus

Cryolophosaurus

Stegosaurus

Isanosaurus

Scelidosaurus

Eoraptor

Coelophysis

Anchiornis

Hace 240 millones de años	*c.* 220 MA	*c.* 210 MA	*c.* 200 MA	*c.* 190 MA	*c.* 180 MA	*c.* 170 MA	*c.* 160 MA

Período triásico

Los primeros dinosaurios aparecen a mediados del período triásico. Son pequeños animales ágiles que corretean sobre sus potentes patas traseras, usan sus colas rígidas para equilibrarse y sus brazos para manipular la comida. Al cabo de poco, esta brillante configuración empieza a sufrir variaciones: algunos dinosaurios se convierten en herbívoros y su cuello se alarga para llegar a las hojas más altas o desarrollan una piel más dura para protegerse; otros se convierten en implacables cazadores. Mientras los dinosaurios reinan en tierra firme, otros reptiles prehistóricos se adaptan a la vida en el mar o el aire.

Período jurásico

Durante el período jurásico, los dinosaurios herbívoros alcanzan tamaños gigantescos y se convierten en los animales más grandes que jamás han pisado la Tierra. Se desconoce exactamente por qué es así; una teoría defiende que los predadores atacan a los animales más pequeños, lo que impulsó un proceso de selección natural que hizo crecer más y más a presas y predadores. Los dinosaurios más pequeños, en cambio, evitan a los predadores emprendiendo el vuelo y evolucionan en las primeras aves.

Nothosaurus

Mixosaurus

Liopleurodon

Diplodocus

Argentinosaurus

Quetzalcoatlus

Pteranodon

Therizinosaurus

Confuciusornis

Allosaurus

Tyrannosaurus

Sauropelta

Triceratops

Velociraptor

Struthiomimus

Iguanodon

| 50 MA | c. 140 MA | c. 130 MA | c. 120 MA | c. 110 MA | c. 100 MA | c. 90 MA | c. 80 MA | c. 70 MA |

Período cretácico

Durante el período cretácico, los continentes de la Tierra se desplazan lentamente hacia su situación actual; los continentes se mueven a la misma velocidad que nos crecen las uñas de los pies. Este es el momento con más variedad de dinosaurios de la historia, con plumíferos gigantes incapaces de volar y carnívoros pequeños pero feroces con garras en forma de gancho para destripar a las presas. Al final del Cretácico desaparecen todos los tipos de reptiles prehistóricos gigantes en una catastrófica extinción masiva, víctimas de un probable impacto de asteroide; las aves, no obstante, sobreviven.

Albertonectes

Mosasaurus

17

Mueren los dinosaurios

Hace casi 66 millones de años, un acontecimiento catastrófico barrió más de la mitad de la vida del planeta, como los dinosaurios no aviares y muchos otros reptiles, incluidos los pterosaurios. La mayoría de los expertos creen que un enorme asteroide causó esta extinción masiva al chocar contra la Tierra. Un impacto tan descomunal habría creado una nube de polvo y vapor a escala planetaria que habría asfixiado a los animales, además de privarlos de la luz y el calor del Sol. El clima cambió de una manera drástica, y la supervivencia fue imposible para muchas especies.

Erguidos

En los bosques africanos los simios adquieren la capacidad de caminar erguidos, lo que les permite tener las manos libres para transportar y tirar cosas. El primero conocido que pudo ser bípedo es *Sahelanthropus tchadensis*.

Australopitecinos

Diversas especies de simios bípedos, los australopitecinos, se extienden por las praderas de África oriental. El australopitecino más famoso es Lucy. Sus huesos de 3,2 millones de años se hallaron en Etiopía en 1974.

Hace c. 7-6 MA (millones de años)

c. 4 MA

Antepasados humanos

Los humanos modernos son una especie de simios, relacionada con el chimpancé y el gorila, que se originó en África. Hace unos 6 millones de años que los homininos –simios que incluyen los humanos y sus antepasados–, empezaron a caminar erguidos. Con el tiempo, su cerebro creció y aprendieron a fabricar útiles y controlar el fuego. Muchos de ellos migraron de África para colonizar el mundo.

Hacha de mano

Homo erectus sale de África y migra hacia Asia. Inventa un nuevo tipo de útil de piedra: un hacha de mano con una pieza afilada en forma de hoja. Es la primera herramienta hecha siguiendo un diseño.

c. 1,8-1,75 MA

Control del fuego

Homo erectus usa el fuego y así puede cocinar, calentarse y protegerse de los animales salvajes. Los indicios más antiguos de fuego son un conjunto de huesos de animales calcinados de hace 1 millón de años, hallado en una cueva de Sudáfrica.

Homo heidelbergensis

Homo heidelbergensis aparece en África; más adelante llega a Asia occidental y Europa. Es la primera especie de homininos que construye refugios y usa lanzas para cazar animales.

c. 1 MA

c. 700 000 años

Arte inicial

Los humanos de Asia, y más tarde de Europa, producen algunas de las primeras obras de arte: pinturas y esculturas de animales y personas. Es probable que las pinturas rupestres, creadas en cuevas, sirvieran para algún rito, como contactar con los espíritus animales para asegurar una buena cacería.

Clima más cálido

El clima se hace más cálido y sube el nivel del mar. Se extinguen los grandes animales de caza, como los mamuts. Los humanos se adaptan comiendo alimentos vegetales y más pescado. Un nuevo invento, el arco y las flechas, les permite cazar animales más pequeños, como el ciervo.

Últimos neandertales

Los neandertales se extinguen; tal vez no se adaptaron al cambio climático. Nuestra especie (*Homo sapiens sapiens*) es el último tipo de humanos que queda, pero la mayoría tenemos algunos genes de neandertal.

c. 14 000-12 000 años

c. 39 000 años

c. 44 000-35 000 años

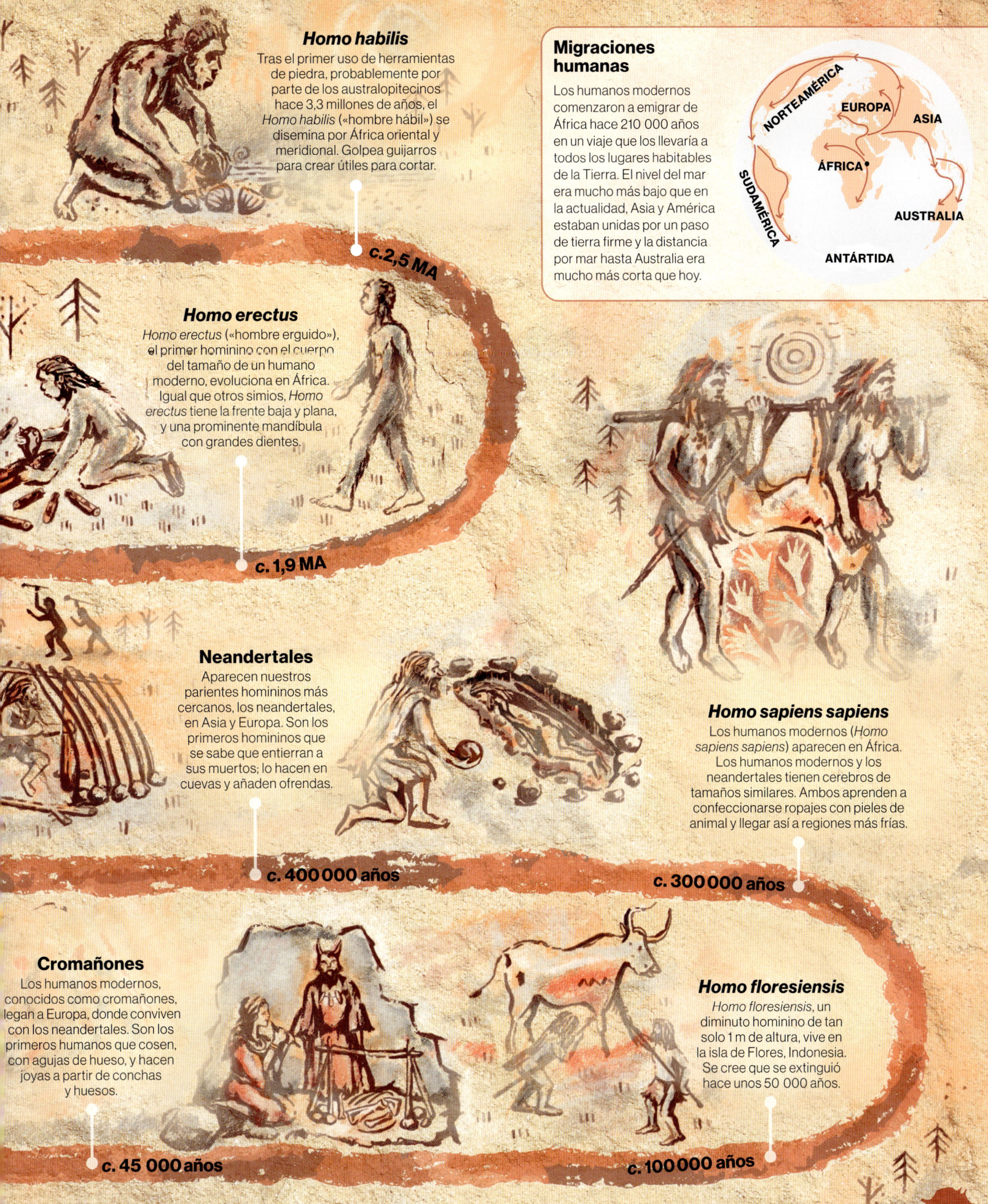

Homo habilis

Tras el primer uso de herramientas de piedra, probablemente por parte de los australopitecinos hace 3,3 millones de años, el *Homo habilis* («hombre hábil») se disemina por África oriental y meridional. Golpea guijarros para crear útiles para cortar.

c. 2,5 MA

Migraciones humanas

Los humanos modernos comienzan a emigrar de África hace 210 000 años en un viaje que los llevaría a todos los lugares habitables de la Tierra. El nivel del mar era mucho más bajo que en la actualidad, Asia y América estaban unidas por un paso de tierra firme y la distancia por mar hasta Australia era mucho más corta que hoy.

NORTEAMÉRICA
EUROPA
ASIA
ÁFRICA
SUDAMÉRICA
AUSTRALIA
ANTÁRTIDA

Homo erectus

Homo erectus («hombre erguido»), el primer hominino con el cuerpo del tamaño de un humano moderno, evoluciona en África. Igual que otros simios, *Homo erectus* tiene la frente baja y plana, y una prominente mandíbula con grandes dientes.

c. 1,9 MA

Neandertales

Aparecen nuestros parientes homininos más cercanos, los neandertales, en Asia y Europa. Son los primeros homininos que se sabe que entierran a sus muertos; lo hacen en cuevas y añaden ofrendas.

c. 400 000 años

Homo sapiens sapiens

Los humanos modernos (*Homo sapiens sapiens*) aparecen en África. Los humanos modernos y los neandertales tienen cerebros de tamaños similares. Ambos aprenden a confeccionarse ropajes con pieles de animal y llegar así a regiones más frías.

c. 300 000 años

Cromañones

Los humanos modernos, conocidos como cromañones, legan a Europa, donde conviven con los neandertales. Son los primeros humanos que cosen, con agujas de hueso, y hacen joyas a partir de conchas y huesos.

c. 45 000 años

Homo floresiensis

Homo floresiensis, un diminuto hominino de tan solo 1 m de altura, vive en la isla de Flores, Indonesia. Se cree que se extinguió hace unos 50 000 años.

c. 100 000 años

Primeros granjeros

Tras el fin de la última glaciación, aparecen granjeros en Siria e Irán. Hacia el 6000 a. C., los agricultores cultivan trigo y cebada en la Media Luna Fértil (Asia occidental, el delta del Nilo y el valle del Nilo).

c. 11000-6000 a.C.

Vacas y cerdos

Se domestican vacas y cerdos. Dan todo tipo de materiales, aparte de carne y leche: tras sacrificarlos se curte la piel para obtener cuero. Los excrementos abonan el suelo. Los cerdos comen desechos.

c. 8500 a.C.

Campos

La rotación de cultivos entre dos campos comienza en Mesopotamia en el 6000 a. C. En el 900 d. C., los granjeros de Europa occidental siguen tres turnos anuales de cultivo: uno con alimentos para humanos, otro para el ganado y el tercero queda en barbecho, para que recupere los nutrientes que las plantas absorben del suelo.

Arroz

El arroz se adopta en casi todo el sur y el este de Asia y se cultiva en arrozales, campos inundados de agua. La mitad de la población mundial acabará considerando el arroz como su alimento básico.

c. 10000 a.C.

c. 7000 a.C.

c. 6000 a.C.

c. 5500 a.C.

c. 5000 a.C.

c. 3500 a.C.

El mejor amigo del granjero

Los perros, que al principio habían sido lobos domesticados, se convierten en los mejores amigos de los granjeros, ya sea como alegres compañeros o temibles guardianes.

Ovejas y cabras

Se crían ovejas y cabras para obtener leche y carne. Los pastores se desplazan con sus rebaños para encontrar pasto que los animales puedan comer. Se empieza a convertir la lana de oveja en tejido en el 4000 a. C.

Irrigación

En Mesopotamia (actual Irak), los granjeros construyen diques para evitar que se inunden los campos y dirigir el agua de las inundaciones hacia sus cultivos. Esto se conoce como irrigación.

Patatas

En el altiplano andino de Sudamérica, los campesinos comienzan a cultivar patatas, que se convierten en el principal cultivo alimenticio de la región. Esta hortaliza permanece desconocida para el resto del mundo al menos hasta el siglo XV.

Criar y cultivar

La agricultura y la ganadería permiten producir comida en lugar de tener que buscarla. En las granjas se cultivan plantas, se crían animales para comer y se aprende a mejorar las técnicas. Antes de su aparición, se dependía de la caza y la recolección, dos actividades que implican un buen grado de variabilidad. Los granjeros, en cambio, pueden controlar la producción de alimentos plantando semillas y criando animales.

Arado de hierro

Labrar el suelo para prepararlo para plantar semillas es un arduo trabajo. En la antigüedad se usaban palos con objetos afilados hasta que la dinastía china Han inventó un arado resistente de hierro y fácil de usar. El herrero John Deere inventa un arado de acero que evita que el pegajoso suelo de la pradera norteamericana se enganche en los arados de hierro colado.

Guadaña

Esta herramienta sirve para cortar la hierba y segar cultivos. Su afilada hoja se mueve paralela al suelo para segar la hierba o el cultivo por su base. Se cree que las primeras guadañas se crearon alrededor de 500 a. C.

Intercambio de cultivos

A medida que los europeos exploran el mundo, intercambian cultivos por todo el planeta. El café, el té, el azúcar y los cítricos son originarios de Asia: el trigo, la cebada y el centeno, de Europa; los tomates, el maíz, las judías, las patatas y los chiles, de América. También se intercambian animales.

Frutos de la cosecha

La cosecha manual con guadaña es una tarea lenta y muy dura. Cyrus McCormick inventa la cosechadora mecánica, una máquina que cosecha los campos. Los caballos tiran de la cosechadora mientras esta corta, trilla y engavilla los cereales.

Cría selectiva

El fraile y científico austríaco Gregor Mendel experimenta con flores y guisantes. Mendel describe la herencia de determinados rasgos, como el color o el tamaño, a través de las generaciones. Los granjeros aprovechan este conocimiento para hacer una cría selectiva de sus cultivos.

c. 200 a. C.

1400-1500

1794

1831

1866

1885

1890

1940

1990

Desmotadora

Eli Whitney, un inventor estadounidense, patenta una máquina que quita las semillas del algodón rápida y fácilmente. Es posible que se adapta técnicas de peinado del algodón utilizadas por los esclavos en las plantaciones. La máquina abarata la producción de algodón, que será el mayor producto de exportación de Estados Unidos a mediados del siglo XIX. Esto aumenta la demanda de trabajadores esclavizados que aún deben recoger el algodón a mano. Las plantaciones crecen y las condiciones de los esclavos empeoran.

Cosechadora combinada

El australiano Hugh Victor McKay produce la primera cosechadora combinada de éxito en el mercado. El aparato corta, trilla y separa la cosecha en una única pasada de sus potentes hojas rotatorias.

Tractor

Las engavilladoras de vapor (que separan el grano de la paja) son caras y difíciles de mover. El estadounidense John Froelich inventa un tractor rudimentario que tira fácilmente de la engavilladora.

Cultivos MG

Se popularizan los cultivos modificados genéticamente (MG). Son más productivos, nutritivos y resistentes a plagas. Algunos temen posibles riesgos para la seguridad alimentaria por una «alteración» del ecosistema natural.

Revolución verde

Los campesinos mexicanos lideran un movimiento para actualizar la agricultura y producir alimentos localmente. Sus tecnologías se extendieron por todo el mundo.

Metalurgia

El uso del metal fue un gran salto tecnológico. A diferencia de los útiles de piedra, los de metal pueden adoptar cualquier forma, ya sea moldeándolos o forjándolos; además, las hojas de metal se vuelven a afilar con facilidad. Las primeras herramientas de metal eran sobre todo de cobre, un metal blando fácil de obtener. Después se aprendió a trabajar el hierro, un metal más duro que tenía que extraerse de la roca en un horno.

La malaquita es un mineral rico en cobre hallado en rocas.

Vertido de bronce

El bronce es un metal blando relativamente fácil de fundir y verter en un molde. Otros son el oro, la plata, el cobre, el estaño y el plomo. El hierro es más duro y se funde a una temperatura muy superior.

La Edad del Cobre y la Piedra

Los pueblos de Asia occidental aprenden a extraer el cobre de las rocas ricas en este metal calentándolas en el fuego; este proceso se denomina fusión. Vierten el cobre fundido en moldes para hacer herramientas. La mayoría de la gente sigue utilizando herramientas de piedra, por lo que este periodo se conoce como el Calcolítico (cobre-piedra).

La Edad del Bronce

En el delta del Tigris y el Éufrates (actual Irak) y Europa central se populariza el uso del bronce, material que se obtiene fundiendo cobre con una pequeña cantidad de estaño, lo que lo convierte en un metal mucho más duro. También se populariza el comercio del estaño, un metal raro.

9000 a. C.	4500 a. C.	4500 a. C.	3100 a. C.	2200 a. C.

Inicios de la metalurgia

La metalurgia surge en Asia, donde viven los primeros granjeros del mundo, quienes encuentran pepitas de cobre y las convierten en cuentas a base de golpes. Al cabo de poco hacen objetos de oro, plata y plomo.

El tesoro más antiguo

En Varna, en la actual Bulgaria, se entierran personas con miles de joyas de oro en el que es el tesoro de oro más antiguo del mundo. Permanece oculto durante más de 6000 años hasta que se descubre por casualidad en 1972. Una cuenta de oro hallada en Yunatsite (Bulgaria) es aún más antigua.

Hierro

Los protohititas, en Anatolia (actual Turquía), son los primeros que usan el hierro. En lugar de verterse en moldes, el hierro se ablanda y se forja para darle forma. El Imperio hitita posterior (1600 a. C.) empleará el hierro para hacer armas.

Estatuas chinas

El pueblo chino de Sanxingdui crea grandes estatuas de bronce con caras en forma de máscara. Su bronce incluye plomo, además de estaño y cobre, lo que hace que sea más fuerte y pesado. La estatua más grande representa un árbol y tiene una altura de casi 4 metros.

La Edad del Hierro en Europa

La metalurgia se populariza por toda Europa. Hay más guerras gracias a la mayor disponibilidad de armas de hierro. Este jarrón griego del siglo VI a. C. muestra a un herrero usando una fragua (un potente fuego) para ablandar el hierro antes de darle forma con un martillo.

Hierro africano

La Edad del Hierro llega al África subsahariana, donde el pueblo Nok de Nigeria usa el hierro para crear puntas de lanza, cuchillos y brazaletes. El uso de herramientas de hierro ayuda a popularizar las granjas en África.

Hierro colado

En China se descubre cómo obtener hierro en un alto horno, alimentado con un chorro de aire caliente. El hierro resultante puede volverse a fundir y verter en moldes para obtener hierro colado. Habrá que esperar más de 2000 años para que se inventen los altos hornos en Occidente.

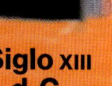

| 1200 a. C. | c. siglo XII a. C. | 800-300 a. C. | 700 a. C. | 600 a. C. | Siglo VI a. C. | Siglo V a. C. | Siglo XIII d. C. |

La Edad del Hierro

El uso del hierro llega de Anatolia a Europa: la Edad del Hierro aparece más o menos a la vez. La dureza del hierro hace que sea ideal para crear herramientas, cazos y clavos, además de armas.

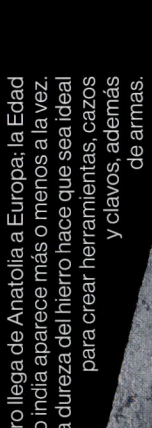

Perú y Bolivia

En los Andes peruanos y bolivianos los pueblos empiezan a fundir cobre a gran escala. Usan oro, plata y tumbaga (oro mezclado con cobre o plata) para crear preciosas obras de arte en diversos colores.

Acero indio

Los metalurgistas indios producen el acero de mayor calidad del mundo antiguo. Más adelante se exporta a China y Occidente, donde se conoce como wootz o acero de Damasco. Se usa para realizar espadas excepcionalmente afiladas y resistentes.

Altos hornos europeos

Surgen los primeros altos hornos europeos en Alemania, Suiza y Suecia. Los fuelles que suministran aire al horno se accionan con molinos de agua; por este motivo se sitúan al lado de los ríos.

9000-4000 a. C.

Comunidades prehistóricas

Los primeros granjeros crean aldeas con edificios básicos y estructuras comunes. Las primeras aparecen en Mesopotamia (actual Irak). Poco a poco se expanden para convertirse en pequeños pueblos con comunidades organizadas.

8000 a. C.

Asentamientos amurallados

Las comunidades empiezan a protegerse con murallas. En la ciudad de Jericó, en Palestina, se construye una gran muralla de piedra para proteger a sus 3000 habitantes.

Bazares bizantinos

En el Imperio bizantino, que se extendió por el Mediterráneo desde el sur de Europa al norte de África, las áreas públicas y las carreteras principales de las ciudades se llenan de comercios, que acaban convirtiéndose en bazares: mercados cubiertos donde los habitantes regatean hasta obtener el mejor precio.

Pueblos y ciudades

En la prehistoria surgen los primeros asentamientos. Sus edificios dan cobijo y seguridad, y la comunidad crece hasta convertirse en aldeas y pueblos. Con más oportunidades de comerciar y trabajar, sus poblaciones aumentaron hasta la aparición de grandes ciudades. El nacimiento de las nuevas tecnologías hicieron que muchos de estos pueblos y ciudades se desarrollaran mucho más rápido y se convirtieran en las modernas metrópolis actuales.

500-700 d. C.

Inicios de la urbanización

Chang'an, capital de la dinastía china Tang, alcanza el millón de habitantes. Es la ciudad más grande y cosmopolita del mundo. Sus murallas rectangulares encierran un magnífico palacio imperial y numerosos templos, así como mercados en que se venden las mercancías llegadas a través de la Ruta de la Seda.

1190

Ciudades fabriles

En la Revolución Industrial, la gente abandona el campo para ir a las fábricas. A su alrededor aparecen ciudades para los trabajadores.

1807

Alumbrado público

En Londres, Reino Unido, se estrena el primer alumbrado público de gas, que se convertirá en la norma de cualquier pueblo y ciudad. Así se soluciona el problema de la falta de luz por la noche.

1750-1800

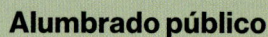

Primeras ciudades

Aparecen las primeras ciudades en Mesopotamia, cada una gobernada por su propio rey. Se construyen zigurats, grandes estructuras de ladrillo con templos, escaleras y torres.

Centros de comercio

Las ciudades de Mesopotamia se convierten en importantes centros de comercio y aprovechan los ríos para transportar mercancías. Se produce comercio a larga distancia entre las ciudades de Mesopotamia y el valle del Indo, en Pakistán. Se intercambian productos de lujo como especias, telas, metales y piedras preciosas.

Alcantarillado

La civilización del valle del Indo construye sistemas de alcantarillado. Los túneles subterráneos conducen el agua, lo que permite que la mayoría de los hogares dispongan de baño, lavabo y agua corriente.

4000-3000 a. C.

2900-2300 a. C.

2600 a. C.

Récord en Roma

Roma se convierte en la primera ciudad que tiene varios millones de habitantes. La mayoría de sus habitantes viven en bloques de pisos (*insulae*), de seis o siete plantas para aprovechar al máximo el espacio.

Ciudades-Estado

En la antigua Grecia, las ciudades se establecen por sí mismas como Estados independientes, cada una con su propio sistema político. Atenas, Esparta y Tebas son algunas de las ciudades-Estado más importantes.

1 d. C.

800 a. C.

Rascacielos

Se levanta en Chicago, Estados Unidos, el primer edificio de gran altura, o «rascacielos». Construir en altura ahorra espacio en el denso núcleo urbano; su construcción es posible gracias a la invención del ascensor y el uso del acero.

Población urbana

Actualmente la mitad de la población del mundo vive en ciudades. Las megaciudades, con poblaciones superiores a los 10 millones, cada vez son más comunes. Tokio, en Japón, es la mayor ciudad del mundo, con unos 36 millones de habitantes. Muchas ciudades de África crecen con rapidez, como Lagos o Kinsasa, con unos 14 millones de habitantes.

1863

1885

2022

Metro

En Londres se inaugura el primer metropolitano del planeta. Con el transporte subterráneo se ahorra espacio y los desplazamientos resultan más rápidos.

«¿Qué es la ciudad sino su propia gente?»
William Shakespeare, *Coriolanus*, 1608

La invención de la rueda

Son tantos los objetos con ruedas que cuesta imaginarse una época en la que estas no existían aún. Nadie sabe exactamente cómo evolucionó la rueda hasta llegar a ser como es actualmente, pero los arqueólogos creen que todo empezó hace miles de años con troncos y trineos.

Rodando
Los antiguos sumerios observaron que los grandes objetos se movían con más facilidad si se hacían rodar sobre troncos.

Trineo simple
El movimiento sobre troncos era algo raro, así que los sumerios inventaron un trineo de punta curva para tirar de él con más facilidad.

Trabajo en equipo
Los sumerios decidieron combinar el trineo y los troncos tras descubrir que el trineo se desplazaba mejor sobre los troncos que por el suelo.

Con ranuras
Con el paso del tiempo, el movimiento del trineo sobre los troncos causó ranuras en los troncos que mantenían al trineo en su lugar.

Ruedas primitivas
Para mejorar su diseño, los sumerios vaciaron el tronco por la mitad para crear dos ruedas y un eje. Unas estacas unidas al trineo lo mantenían sobre el eje.

El primer carro
Los sumerios acabaron fijando ruedas individuales en un eje, que unieron al trineo con unos agujeros en el chasis.

La historia de la rueda

Los primeros humanos vieron que era más fácil mover los objetos pesados haciendo rodar algo debajo de ellos en lugar de tirar. Pasaron miles de años hasta la invención de la rueda. Muchos de los inventos surgidos durante los últimos 3500 años no habrían sido posibles sin ella.

> «Desconocemos a los mayores inventores. Alguien inventó la rueda... pero ¿quién?»
> **Isaac Asimov,**
> escritor de ciencia ficción, 1988

Molino de agua
La invención del molino de agua transforma la molienda del grano. Esta máquina aprovecha el agua de un río de curso rápido para hacer girar una muela. Se tardarán 700 años en inventar el molino de viento, en el 600 d. C.

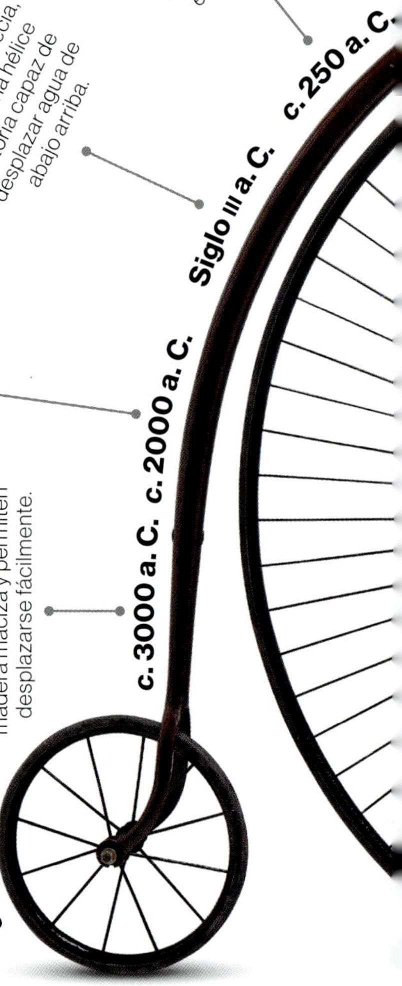

Tornillo de Arquímedes
Arquímedes, un inventor de la antigua Grecia, inventa una hélice giratoria capaz de desplazar agua de abajo arriba.

Rueda de radios
Los anatolios (en la actual Turquía) observan que las ruedas son más ligeras si no son macizas. Gracias a las ruedas de radios, los antiguos egipcios se mueven, en la batalla a mayor velocidad que sus enemigos y pueden comerciar con mayor rapidez.

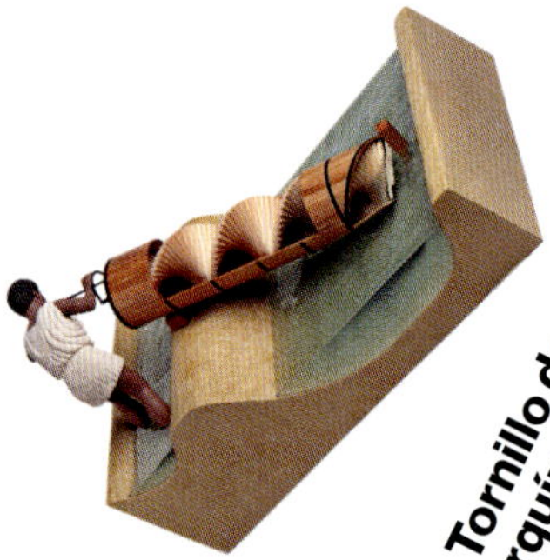

Ruedas de transporte
Las primeras ruedas usadas para el transporte son las de los carros de Mesopotamia. Son de madera maciza y permiten desplazarse fácilmente.

La primera rueda
Las primeras ruedas son los tornos de alfarero. Empiezan a aparecer en Mesopotamia (en el actual Irak) hacia el 3500 a.C. El torno permitía crear mejores cuencos y jarros de arcilla.

c. 3500 a. C.

c. 3000 a. C.

c. 2000 a. C.

Siglo III a. C.

c. 250 a. C.

Piñones

Los piñones son ruedas dentadas que trabajan juntas para aumentar la velocidad y la fuerza de una máquina. Los primeros que se conocen aparecen en China, donde un ingeniero llamado Ma Jun los utiliza en un carro.

c. 250 d. C.

Volante de inercia

Uno de los avances más importantes es el volante de inercia, que se usa en coches y naves espaciales para almacenar energía: es una pesada rueda que gira y aumenta la inercia de la máquina, almacenando la energía rotacional.

c. 1200

Reloj mecánico

La invención del mecanismo que controla la rotación de un piñón lleva al desarrollo del reloj mecánico, donde se usa para que las agujas del reloj avancen a intervalos regulares.

c. 1285

Hélice

Leonardo da Vinci diseña una máquina basada en el principio del tornillo de Arquímedes para crear una fuerza ascendente de sustentación. La idea de Da Vinci evoluciona hasta convertirse en las hélices de las naves y los aviones.

1493

Revolución Industrial

Con la creación de un sinfín de nuevas tecnologías durante la Revolución Industrial, la rueda se convierte en una pieza crucial para el desarrollo de mecanismos e invenciones diversas, como telares mecánicos, hiladoras y máquinas de vapor.

1760

El biciclo

La gran rueda delantera de este velocípedo permitía alcanzar grandes velocidades, pero era muy peligroso. Dejó de ser popular en la década de 1880 cuando aparecieron las «bicicletas de seguridad».

Motor eléctrico

El primer motor eléctrico útil, creado por Moritz von Jacobi, convierte la energía eléctrica en energía mecánica. Fue el primer paso hacia las muchas máquinas actuales.

1834

Neumático

Hasta la invención del neumático, los viajeros tenían trayectos bacheados en vehículos con ruedas de madera o goma dura. Los neumáticos están llenos de aire y hacen el trayecto mucho más cómodo.

1888

Tanques

Los primeros tanques se construyen durante la Primera Guerra Mundial como armas acorazadas móviles. El tanque usa una banda continua de rodadura que gira alrededor de dos o más ruedas para repartir el peso por una mayor superficie y desplazarse por suelos blandos e irregulares.

1915

La escritura

La palabra hablada ha existido desde la prehistoria, pues la necesidad de mantener los registros del comercio hizo que muchas civilizaciones tuvieran que buscar la forma de fijar físicamente las palabras. Así, el conocimiento se podía acumular y transmitir entre personas de manera fiable y a gran distancia. Gracias a la escritura conocemos los pensamientos y las ideas de quienes vivieron hace miles de años.

c. 3300 a. C.

Escribir con dibujos

Los egipcios inventan los jeroglíficos, un sistema de unos 700-800 signos y dibujos que representan palabras, sonidos e ideas.

c. 650 a. C.

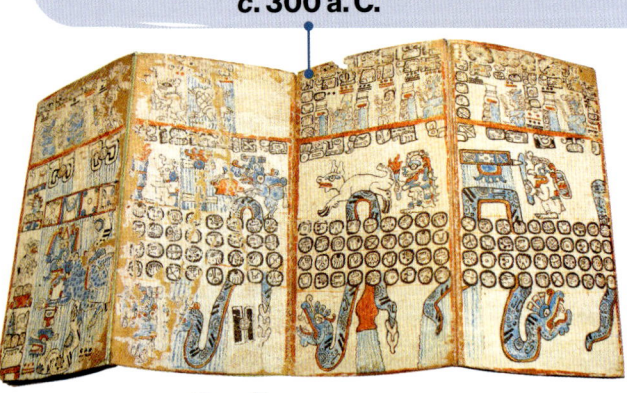

Alfabeto romano

En Italia, los romanos adaptan el alfabeto griego para escribir su propio idioma, el latín. El alfabeto romano será el más utilizado del mundo.

c. 800 a. C.

Alfabeto griego

Los griegos adaptan el alfabeto fenicio y le añaden las vocales. Consta de 24 letras y se suele leer de izquierda a derecha.

c. 800-400 a. C.

Escritura bráhmica

Esta escritura aparece en la India y emplea signos para las consonantes y marcas adicionales para las vocales. Es la base de unas 200 escrituras asiáticas posteriores.

c. 300 a. C.

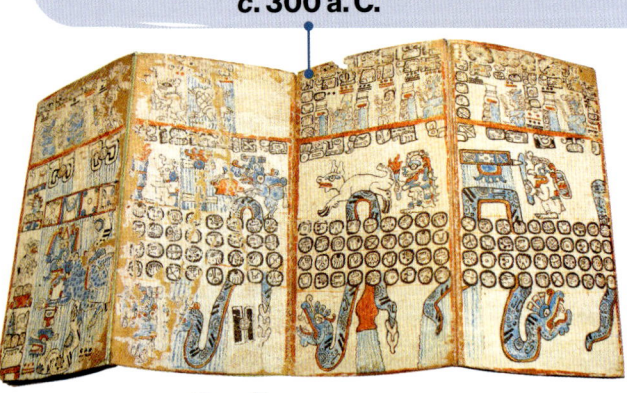

Escritura maya

En América Central, el pueblo maya desarrolla un sistema de signos que significa sílabas e ideas. Hacen inscripciones monumentales, pintan textos en jarrones y escriben sobre corteza de higuera.

c. 160 a. C.

Runas

En Escandinavia y la Alemania actual se empiezan a usar 24 signos de runas. El sistema se inspira en el alfabeto romano, pero usa líneas rectas para poderse escribir más fácilmente sobre madera o piedra.

Siglo IV

Escritura árabe

Los árabes crean un alfabeto de 28 letras que se escribe de derecha a izquierda. Con el auge del islam, esta escritura se acaba adoptando en el norte de África y gran parte de Asia.

c. 3200 a. C.

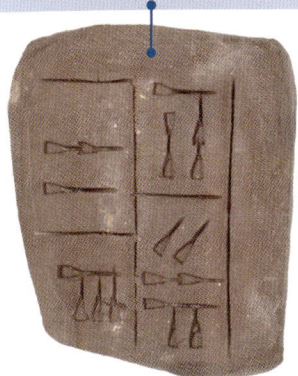

Escritura cuneiforme

Los sumerios de Mesopotamia (pp. 36-37) inventan la escritura cuneiforme, un sistema de formas impresas sobre arcilla con un junco.

c. 2600 a. C.

Escritura del Indo

El pueblo indo, en la India, inventa una escritura que aún no se ha descifrado. Al parecer, escribían de derecha a izquierda.

c. 2500 a. C.

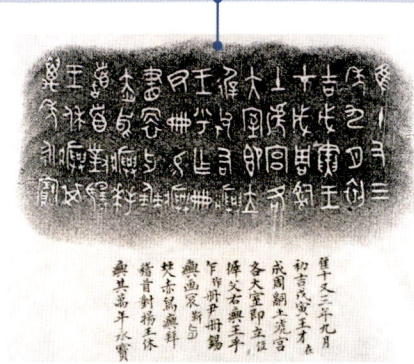

Escritura china

La escritura china más antigua conocida usa signos dibujados, los ideogramas. Cada imagen representa una idea o un objeto. Estos signos evolucionan hasta la escritura actual de China.

c. 1200 a. C.

Alfabeto fenicio

Los fenicios (en el Mediterráneo oriental) simplifican el alfabeto protosinaítico. Se compone de 22 signos: todos consonantes. Esta escritura acaba inspirando los sistemas hebreo, árabe y griego.

c. 1850-1650 a. C.

Primer alfabeto

Se crea el primer alfabeto al este de Egipto: el protosinaítico (o cananítico). Se basa en los jeroglíficos egipcios pero solo se requiere aprender menos de 30 signos para escribir.

La piedra de Rosetta

La piedra de Rosetta es un bloque de basalto con un texto inscrito, descubierto en 1799 en Egipto por soldados franceses. Su texto, grabado en el 196 a. C., está escrito en griego antiguo, jeroglíficos y demótico (la escritura egipcia común). En 1822, el lingüista francés Jean-François Champollion descifró los jeroglíficos gracias a las inscripciones de esta piedra, algo imposible hasta aquel momento.

Siglo V

Escrituras japonesas

Los japoneses adaptan la escritura china para crear una propia, el *kanji*. También desarrollan dos más, *hiragana* y *katakana*, con signos silábicos. Por ello, Japón tiene tres sistemas de escritura.

c. 860-880

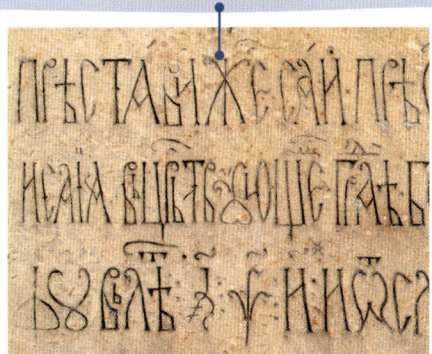

Escrituras eslavas

Los clérigos búlgaros adaptan el alfabeto griego para crear los alfabetos glagolítico y cirílico, que usan para traducir la Biblia a los idiomas eslavos de Europa central y oriental. El cirílico evoluciona hasta convertirse en el alfabeto ruso moderno.

EL MUNDO ANTIGUO

3000 a. C.–500 d. C.

El mundo antiguo

Las primeras civilizaciones conocidas establecieron sus culturas cerca de grandes ríos que favorecieran la agricultura y ganadería, como el Tigris y el Éufrates en Mesopotamia (actual Irak) y el Nilo en Egipto. A partir del año 3000 a. C., a medida que la tecnología fue desarrollándose y aumentando el comercio, aparecieron grandes imperios por el mundo. Estas nuevas sociedades solían entrar en conflicto entre ellas al competir por el territorio y los recursos.

c. 2500 a. C.
Se produce la primera guerra registrada, entre las ciudades de Umma y Lagash, en Mesopotamia.

c. 950-612 a. C.
Los asirios de Mesopotamia crean un imperio desde Egipto hasta Asia occidental.

550 a. C.
Ciro el Grande funda el primer Imperio persa, en Asia occidental.

500 a. C.-200 d. C.
En África occidental florece la cultura Nok, que fabrica herramientas de hierro y figuritas de terracota.

2589-2566 a. C.
Los egipcios erigen la Gran Pirámide de Guiza.

c. 1200-400 a. C.
Los olmecas de Mesoamérica construyen ciudades en San Lorenzo y La Venta.

c. 509 a. C.
La población de Roma, Italia, derroca a su rey y empieza a ampliar la influencia de la ciudad.

508 a. C.
Los atenienses, en Grecia, establecen la primera democracia.

490-479 a. C.
Los persas intentan dos veces sin éxito conquistar las ciudades de Grecia.

Mesopotamia
Las primeras ciudades se levantan en Asia occidental, en la región de Mesopotamia (pp. 36-37). Sus culturas inventaron la agricultura, la ganadería y la rueda.

Tierra de faraones
Los antiguos egipcios (pp. 40-41), gobernados por faraones, erigieron las pirámides, grandes monumentos para enterrar a su nobleza.

Grecia antigua
Los grandes pensadores de Atenas, una de las ciudades-Estado de la antigua Grecia (pp. 52-53), desarrollan la filosofía y democracia primigenias.

Los celtas
Los celtas (pp. 58-59) eran guerreros diseminados por Europa central y occidental que compartían una única cultura. Eran expertos en metalurgia.

Cerámica

En la prehistoria se descubrió el proceso para crear cerámica, pero no fue hasta el mundo antiguo cuando muchas culturas, especialmente los griegos, perfeccionaron el diseño de la cerámica hasta convertirlo en forma de arte. Los objetos, como esta ánfora (jarra) griega, aportan información a los historiadores sobre la moda, la historia y la sociedad del mundo antiguo.

c. 450-50 a. C.
Aparece la cultura celta de La Tène, en la Suiza actual.

321-185 a. C.
Chandragupta Maurya, del sur de la India, invade el norte y establece el Imperio Maurya.

221 a. C.
El rey de la dinastía Qin une a todos los reinos de China bajo su mando y se convierte en Shi Huangdi («el primer emperador»).

30 a. C.
Los romanos conquistan Egipto y acaban con el reinado de los faraones.

c. 320 d. C.
Chandragupta I conquista el valle del Ganges, en el norte de la India, y funda el Imperio Gupta.

336-323 a. C.
Alejandro de Macedonia une Grecia y conquista el Imperio persa. Se fundan ciudades griegas incluso en la India.

300-146 a. C.
Cartago se convierte en la ciudad portuaria más rica del Mediterráneo.

206 a. C.-220 d. C.
Los emperadores de la dinastía Han gobiernan China más de 400 años.

27 a. C.
Tras una guerra civil, Octavio es el primer emperador de Roma y adopta el nombre de Augusto.

476 d. C.
Roma cae ante los invasores germánicos; solo sobrevive la parte oriental, el Imperio bizantino.

El Imperio persa

El Imperio persa (pp. 60-61), en Asia occidental, se dividía en provincias, cada una con su sátrapa, o gobernador.

China imperial

El emperador Qin Shi Huang creó la primera dinastía imperial de las diversas que gobernaron China (pp. 68-69) durante los siguientes 2000 años.

Roma

Roma (pp. 72-73) nació como un pueblo en Italia, pero se convirtió en la capital de un imperio que abarcaba gran parte de Europa, el norte de África y Asia occidental.

India antigua

Una serie de imperios muy influidos por las religiones hinduista y budista surgieron en el subcontinente indio (pp. 82-83).

Mesopotamia

Mesopotamia significa «la tierra entre dos ríos», en referencia al Tigris y el Éufrates, en el actual Irak. Aquí se erigieron las primeras ciudades hace más de 5000 años. Los mesopotámicos inventaron la religión, la realeza, los ejércitos, el derecho y muchas otras características fundamentales de la civilización.

Inicios
Los agricultores del norte de Mesopotamia desarrollan sistemas para desviar el agua hacia sus campos. Se exporta mucha cerámica fina mesopotámica por todo Asia occidental.

c. 6000-4000 a. C.

Babilónicos
Los amorreos, pueblo de Siria, conquistan casi toda Mesopotamia y la gobiernan desde Babilonia. Se les conoce como babilónicos; su nuevo imperio se denomina Babilonia.

Zigurat
Se levantan los primeros zigurats (templos escalonados) en Ur, Eridu, Nippur y Uruk. Estas descomunales estructuras de piedra eran sitios de culto religioso.

Acadios
El rey Sargón de Acad (una región del norte de Mesopotamia) conquista toda Sumeria y crea el primer imperio del mundo. El idioma acadio sustituye al sumerio en Mesopotamia.

c. 1900 a. C. *c.* 2100 a. C. *c.* 2325 a. C.

Código de Hammurabi
El rey Hammurabi reina en Babilonia. Es famoso por su código de leyes que, pese a basarse en anteriores códigos, asegura haber recibido de manos de Shamash, dios de la justicia.

Hititas y casitas
Los hititas de Anatolia (actual Turquía) y casitas de los montes Zagros (actual Irán) invaden Babilonia con armas de hierro y rápidos carros tirados por caballos. Los casitas conquistan Babilonia y la gobiernan durante 500 años.

Asirios
Los asirios del norte de Mesopotamia crean un imperio que cubre desde el antiguo Egipto hasta Persia occidental. Hablan arameo, que se convierte en el idioma estándar de Asia occidental.

1792-1750 a. C. *c.* 1595-1530 a. C. *c.* 950-612 a. C.

Sumeria

Los mesopotámicos del norte se desplazan a las llanuras del sur, conocidas más adelante como Sumeria, donde fundan grandes pueblos, levantan los primeros templos e inventan el torno de alfarero.

Primera ciudad

Los pueblos de Uruk se unen para formar la primera ciudad del mundo, que cuenta con murallas, arquitectura monumental y una sociedad dividida en clases especializadas, como sacerdotes, mercaderes y artesanos.

Reyes y escritura

Surgen una docena de ciudades-Estado, cada una gobernada por un ensi (rey), que vive en un palacio y afirma reinar en nombre del dios local. Se inventa la escritura cuneiforme (p. 31).

 c. 5000 a. C.    **c. 4500 a. C.**   **c. 3300-3100 a. C.**

Guerras

Primera guerra registrada de la historia, entre las ciudades de Umma y Lagash. Un grabado muestra el rey Eannatum de Lagash dirigiendo a su ejército hacia la victoria y marchando sobre los enemigos caídos.

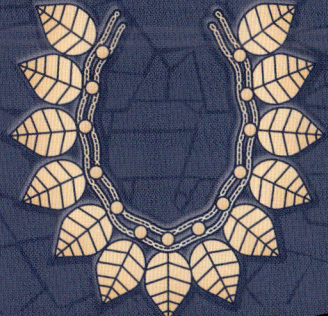

Tumbas reales de Ur

Las tumbas de Ur contienen los restos de reyes y reinas, además de tesoros de oro, plata, lapislázuli y cornalina. También contienen los cuerpos de sirvientes sacrificados.

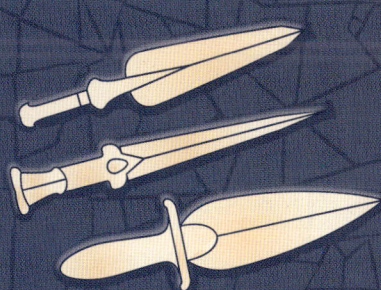

Bronce

Los sumerios aprenden a producir bronce mezclando cobre y estaño. Al principio lo usan para crear herramientas y armas, y después para hacer esculturas.

 **c. 2500 a. C.**   **c. 2750-2400 a. C.**    **c. 3000 a. C.**

Caída de Asiria

Se producen muchas rebeliones contra el gobierno asirio, lideradas por babilónicos y medos. Las ciudades asirias son reducidas a cenizas; Babilonia asume el control del Imperio asirio.

Ciro el Grande

El rey Ciro el Grande de Persia conquista el Imperio babilónico. Asegura que reina en nombre de Marduk, el principal dios de la ciudad de Babilonia.

El estandarte de Ur

Esta caja se halló en una tumba real de la ciudad de Ur. Elaborada hacia el 2500 a. C., los mosaicos que la decoran muestran cómo era la vida en la joven Mesopotamia. Este lado muestra la guerra; el otro lado, en cambio, ilustra la vida en tiempos de paz.

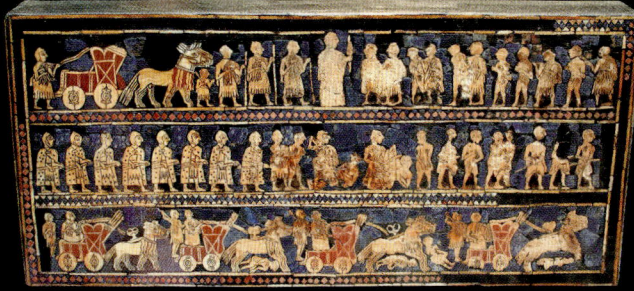

 **614-612 a. C.**   **539 a. C.**

Mancala

Este juego se jugó por primera vez en Ain Ghazal, en Mesopotamia, y más tarde se extendió a África y al resto del mundo. Dos jugadores utilizan piedras como piezas y las mueven por un tablero hasta que uno de ellos tiene el mayor número de piedras en su lado del tablero.

Dados

Los dados más antiguos que se conocen vienen de Shahr-i Sokhta, una ciudad de la Edad del Bronce situada en el actual Irán. Los dados se hicieron pronto muy populares.

El juego real de Ur

Se juega en un tablero de 20 casillas, con dados de cuatro caras y dos grupos de siete fichas. El objetivo es hacer cruzar las fichas propias hasta el otro lado del tablero.

Tres en raya

Por todo el Imperio romano se jugaba a una versión del tres en raya (también conocido como tres en línea, entre otros). La versión romana se denominaba *terni lapilli* (que significa «tres piedras a la vez»).

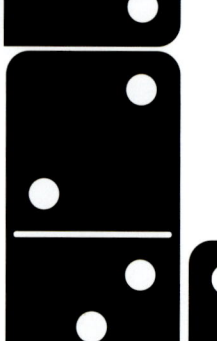
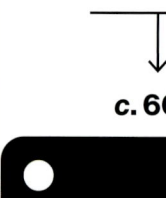

Ajedrez

El ajedrez se empieza a jugar en el norte de la India o en Asia central. Con la expansión de las rutas comerciales de la India y Persia en Asia occidental, llegará a Europa el 1000 d.C.

c. 6000 a.C.

c. 2800 a.C.

c. 2600 a.C.

Siglo I a. C.

c. 3100 a.C.

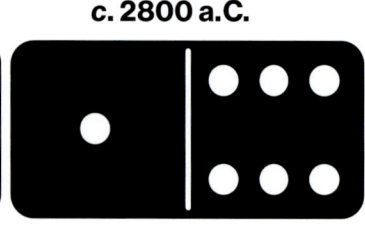

Senet

Los juegos de mesa son tan populares en el Antiguo Egipto que la realeza decide llevárselos a la tumba. Uno de los favoritos es el senet, cuyo tablero cuenta con 30 casillas.

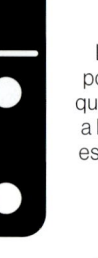

c. 2000- 500 a.C.

Go

El go, inventado en China, se juega en un tablero con una cuadrícula. Los jugadores colocan, por turnos, piedras blancas y negras en sus intersecciones. Es uno de los juegos de mesa más antiguos que se continúan jugando en la actualidad.

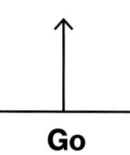

c. 600

Siglo IV d. C.

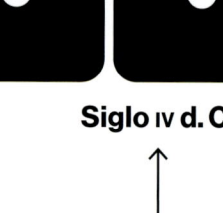

Pachisi

El juego indio de pachisi se juega sobre un tablero en forma de cruz. Se tiran seis o siete conchas de cauri para decidir cuántas casillas avanzan las fichas de un jugador. El emperador Akbar (1542-1605) hizo construirse un tablero enorme en el que jugaban humanos a modo de fichas.

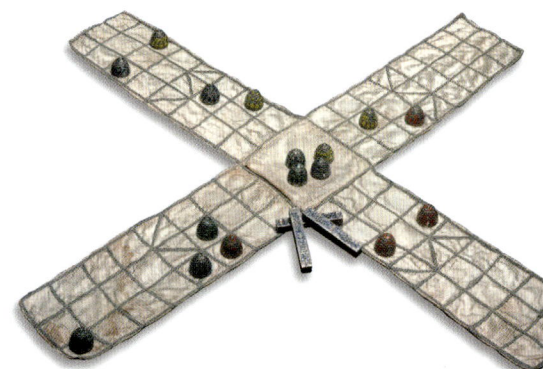

Juegos y ocio

Llevamos miles de años sentándonos a jugar juntos. En el Antiguo Egipto eran populares los juegos de mesa; las barajas de naipes se crearon en la China imperial. Hoy en día disfrutamos de juegos clásicos y también de nuevas y fantásticas aventuras. Los juegos aportan horas de entretenimiento y competición cada vez que se tiran los dados o se juega una carta.

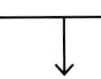

Dominó

En el siglo xii los chinos crearon estas fichas divididas por la mitad y con puntos a modo de números en cada lado. Recibieron el nombre «dominó» en Italia; sirven para jugar todo tipo de juegos.

Juegos de mesa modernos

Las familias y los grupos de amigos redescubren la diversión en grupo de los juegos de mesa. Cada vez hay más jugadores y se produce un auge en la producción de nuevos juegos. Actualmente el mercado cuenta con miles de juegos para elegir.

Siglo xxi

Juegos de rol

Los juegos de rol de fantasía cobran popularidad con la aparición de *Dragones y mazmorras*. Con sus personajes no humanos y narrativa mágica, el juego se populariza rápidamente por todo el mundo.

1974

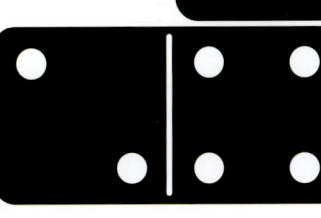

Naipes

Los chinos inventan los primeros naipes. Cuando las cartas llegan a Europa, llevan palos de copas, oros, espadas y bastos, como la baraja española. Hacia 1480 la baraja francesa cambia y adopta sus palos actuales (corazones, diamantes, picas y tréboles).

Siglo ix

Serpientes y escaleras

Gyandev, un santo indio, inventa este juego de mesa, que recibe el nombre de *mokshapat*, con el objetivo de que los niños aprendan a diferenciar entre el bien y el mal: las escaleras representan el bien y las serpientes, el mal.

c. siglo xiii

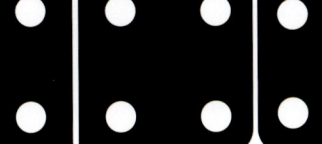

c. 750-1500

Patolli

Este juego de estrategia mesoamericano lo jugaban los mayas, aztecas y toltecas. Los jugadores reparten sus piezas en un tablero de 52 casillas, en el que las judías hacen las veces de dados.

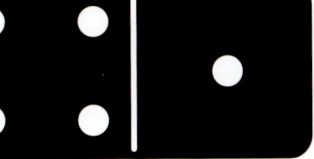

1870

Mahjong

Este juego de fichas aparece por primera vez en China y se hace popular por toda Asia. Sus partidas requieren habilidad y estrategia y se suelen jugar con un juego de 144 fichas con símbolos chinos.

1904

Monopoly

La norteamericana Elizabeth Magie inventa «El juego del terrateniente» para advertir a los niños de los peligros del capitalismo. El tablero original de Magie tiene nombres de calles inventados; no obstante, las versiones posteriores del juego (conocido como Monopoly) usan nombres reales de calles del mundo.

1933

Scrabble

Alfred Butts, arquitecto norteamericano, inventa el Scrabble, un juego de palabras que mezcla la habilidad para deletrear con un sistema de puntuación. Durante la década de 1950 tiene tal éxito que las tiendas limitan las ventas por cliente.

Antiguo Egipto

Alrededor del 3000 a. C., Egipto se unificó en un Estado por primera vez. Lo gobernaba un rey conocido como faraón, de quien se creía que era el representante de los dioses en la Tierra. Durante 3000 años los antiguos egipcios llevaron similares ropajes de lino, hablaron el mismo idioma y siguieron un ciclo de trabajo regular, al ritmo de la crecida anual del río Nilo.

> **«Salud, ¡oh, Nilo! ... Ven, oh, Nilo, ven ¡y prospera!»**
> *Himno al Nilo*,
> c. 2100 a. C.

2181-2040 a. C.

Período turbulento

Despues de la caída del Imperio Antiguo tras un período de conflictos políticos y sequía generalizada llega un tiempo de desunión, conocido como el Primer Período Intermedio. Existen pocas construcciones monumentales de esta época, pues el poder de la autoridad real estaba en declive.

2589-2566 a. C.

Gran Pirámide

En Guiza, el faraón Keops ordena la construcción de la Gran Pirámide, que continúa siendo hoy en día la pirámide más alta del mundo. Toda la nación participa en el proyecto, ya sea moviendo piedras o cultivando alimentos para los trabajadores.

2040-1674 a. C.

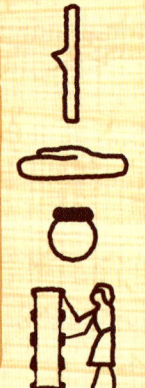

Imperio Medio

El faraón Mentuhotep II vuelve a unir Egipto; se le considera el fundador de lo que los historiadores denominarán el Imperio Medio. Este período se recuerda por sus grandes avances en arte y literatura, que dejan entrever cómo era la vida cotidiana de los antiguos egipcios.

Mentuhotep II

1674 a. C.

Hicsos

Un pueblo de Asia occidental, los hicsos, penetra en el norte de Egipto para invadir el Imperio Medio. Lleva consigo una tecnología nueva: lucha con carros tirados por caballos. Aunque los hicsos mandan en el norte, los faraones egipcios continúan gobernando en el sur.

332-30 a. C.

Reina Cleopatra VII

Desde 332 a. C., Egipto es gobernado por 15 faraones macedonios, todos de nombre Ptolomeo. La última faraona es la reina Cleopatra VII (en el poder entre el 51 y el 30 a. C.), que debe sofocar revueltas y librar una guerra civil con su hermano. Aun así, amplía las rutas comerciales y fortalece la economía. Pese a su esfuerzo, Egipto acabará siendo conquistado por los romanos.

Monedas de Cleopatra

664-332 a. C.

Soberanos extranjeros

Durante la Baja Época, una serie de potencias extranjeras conquistan Egipto. Primero los nubios, seguidos por los asirios y por los persas. Finalmente, en 332 a. C. toma el control el rey Alejandro Magno de Macedonia, que establece la ciudad de Alejandría en la costa del Mediterráneo.

1279-1213 a. C.

Ramsés el Grande

El legado de Ramsés II es increíble: 66 años en el poder y unos 100 descendientes. Existen diversas estatuas colosales que le representan, además de un templo en Abu Simbel, donde se le venera como a un dios.

c. 4500 a. C.

Primeros asentamientos

Los granjeros fundan aldeas al lado del Nilo. Cultivan trigo y cebada, crían ganado y ovejas, y fabrican cerámica roja y negra. Esta cultura primigenia se conocerá como badariense, por la excavación que se realizó en El-Badari en 1923.

c. 3300 a. C.

Primera escritura

Los egipcios inventan uno de los primeros sistemas de escritura, los jeroglíficos, con cientos de signos dibujados que representan ideas, palabras y sonidos. Se esculpen sobre piedra o pintan sobre papiros, un material hecho a partir de los juncos del Nilo.

Jeroglíficos primigenios sobre madera

2667-2648 a. C.

Pirámide escalonada

El faraón Zoser, el primer soberano del Imperio Antiguo, erige la primera pirámide egipcia, una tumba real donde se cree que el cuerpo del rey, conservado en forma de momia, continuará viviendo tras la muerte. La pirámide de Zoser tiene los laterales escalonados en lugar de lisos; es el primer monumento de piedra construido en Egipto.

c. 3100 a. C.

Un reino unido

Egipto, anteriormente compuesto por dos reinos, queda unido bajo un único soberano. El primer rey que se conoce es Narmer, que aparece en forma de guerrero derrotando a sus enemigos con las coronas del Alto Egipto (al sur) y Bajo Egipto (al norte).

Narmer con la corona blanca del Alto Egipto

Narmer con la corona roja del Bajo Egipto

1552-1069 a. C.

Imperio Nuevo

Amosis, el soberano de Tebas, expulsa a los hicsos y vuelve a unir todo Egipto para fundar lo que se acabará conociendo como el Imperio Nuevo. Los faraones ya no reciben sepultura en pirámides, sino en tumbas ocultas en el Valle de los Reyes, en pleno desierto al oeste de Tebas. El dios de Tebas Amón-Ra se convierte en el principal dios de Egipto.

Representación de Amón-Ra

1506-1425 a. C.

Imperio egipcio

Tutmosis I amplía de manera agresiva el dominio egipcio hacia Nubia, un país que queda al sur de Egipto, y hacia zonas de Asia occidental. El Imperio egipcio sigue creciendo bajo sus sucesores, Tutmosis II (1492-1479 a. C.) y Tutmosis III (1479-1425 a. C.). Hatshepsut, una de las primeras mujeres faraón, gobierna Egipto durante 20 años como regente de su hijastro Tutmosis III. Bajo su mandato, el comercio y la economía florecen y se construyen importantes monumentos.

Tutmosis I

1333-1323 a. C.

Tutankamón

Bajo el mandato del faraón Tutankamón se restablece la antigua religión. Tras su muerte, aproximadamente a los 18 años, Tutankamón es enterrado en una tumba llena de tesoros, descubierta en 1922. Es la única tumba egipcia real sin saquear que se ha descubierto.

1351-1334 a. C.

Culto al Sol

El faraón Akenatón sacude la religión de Egipto: cierra los templos de los dioses e introduce el culto a Atón, el disco que representa el Sol. Hace levantar una nueva capital, Ajetatón (actual el-Amarna), con templos al aire libre para rendir culto al Sol.

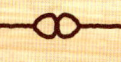

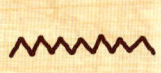

Monumentos antiguos

En casi toda la prehistoria los seres humanos eran cazadores-recolectores, por lo que dejaron poco rastro de su existencia. Tras asentarse como granjeros, en cambio, empezaron a construir monumentos, como tumbas y templos. La mayoría eran estructuras simples, pero algunas tenían una escala tan grande que hicieron falta miles de trabajadores, lo que indica que se levantaron para líderes poderosos.

Dólmenes

En Europa occidental se construyen dólmenes, tumbas con tres o más grandes piedras verticales sobre las que reposa horizontalmente una piedra plana. Estas se cubren con tierra o rocas para formar un monte llamado túmulo.

c. 4000 a. C.

10000-9000 a. C.

El primer templo

Los habitantes de Göbekli Tepe, Turquía, construyen la estructura religiosa más antigua conocida, con más de 200 pilares que forman 20 círculos. Al parecer, la levantaron pueblos cazadores-recolectores que acabaron convirtiéndose en granjeros.

c. 4500-2000 a. C.

Menhires

En la Bretaña francesa los granjeros usan más de 3000 menhires para crear alineamientos. Se desconoce por qué lo hicieron, pero es posible que cada uno sirviera para conmemorar a un muerto.

Abu Simbel

En Abu Simbel, en el sur de Egipto, el faraón Ramsés II hace esculpir un gran templo sobre roca sólida, y lo dedica a tres dioses. Las colosales estatuas del faraón esperan sentadas fuera y en la parte interior del vestíbulo.

1264-1244 a. C.

Dólmenes coreanos

En Corea se construye un gran número de tumbas con dólmenes. Algunos quedan al aire libre, y otros tienen una cámara funeraria subterránea. Se levantan unos 45 000. Corea es el país del mundo con más dólmenes.

700 a. C.

c. 250 a. C.

Estupa de Sanchi

En Sanchi, India, el emperador Asóka construye una gran estupa, monumento coronado por una cúpula con las reliquias de Buda. Las estupas son centros de peregrinación budista, a cuyo alrededor se reza y medita.

c. 200 a. C.

Gran pirámide de Cholula

Los habitantes de Cholula, México, construyen una pirámide para dar culto al dios Quetzalcóatl. Durante los siguientes mil años se va reconstruyendo, cada vez a mayor escala, hasta convertirse en la mayor pirámide del mundo.

Newgrange

En Irlanda se usan 200 000 toneladas de roca para erigir una enorme tumba en forma de montículo, con un largo pasaje que lleva hasta una cámara funeraria central. Este pasadizo se alinea con el alba de la mitad del invierno, momento en el que se ilumina la cámara funeraria durante 17 minutos.

Stonehenge

En Wiltshire, Inglaterra, se colocaron menhires en círculos. Algunas piedras llegaron de Gales, a cientos de kilómetros. Se desconoce su propósito, pero algunos se alinean con el Sol de pleno invierno: quizá se usara a modo de calendario.

Primera pirámide

La primera pirámide se construye para que sea la tumba del faraón egipcio Zoser. Es de piedra y tiene seis grandes escalones en los laterales, que quizá el faraón considerase una escalera hacia el cielo.

Pirámides en Perú

El pueblo de Caral, Perú, erige las primeras pirámides de América. Como la de Zoser, son escalonadas, pero se usan como templos y no como tumbas. Se construyen en una plaza en un gran contro urbano.

c. 3200 a. C.

c. 2950-2500 a. C.

2630-2611 a. C.

c. 2600 a. C.

Pirámides y esfinge

Los faraones Keops, Kefrén y Micerino hacen levantar en Guiza las pirámides más grandes de Egipto. A la de Kefrén la acompaña la Gran Esfinge, una colosal estatua de un león con cabeza de faraón.

2589-2504 a. C.

Zigurats

En Mesopotamia (actual Irak), se erigen zigurats, unos templos escalonados. Cada uno se considera la morada del dios local, cuya estatua se conserva en un santuario de la parte superior.

Rapa Nui (isla de Pascua)

Los indígenas de Rapa Nui (isla de Pascua), en el Pacífico, esculpen 887 estatuas de sus jefes y antepasados. Las adornan con ojos de coral blanco, pupilas de obsidiana negra y sombreros de piedra roja.

c. 2100 a. C.

Túmulo del monje

En el cruce de los ríos Misisipi, Misuri e Illinois, los pueblos indígenas de América del Norte levantaron el Túmulo del monje, un gran montículo en forma de pirámide hecho de tierra y arcilla. Su base tiene el tamaño de la Gran Pirámide de Egipto.

1300-1500 d. C.

900-1200 d. C.

1113-1150 d. C.

Angkor Wat

En Camboya, Suryavarman II hace construir Angkor Wat, un templo hindú que contiene su tumba. Se tarda unos 30 años en construirlo, y es la estructura religiosa más grande del mundo.

La Gran Esfinge

Los antiguos egipcios construían
estatuas de esfinges para proteger
áreas importantes, como tumbas y
templos. La esfinge más famosa es la
Gran Esfinge de Guiza, situada en la
orilla occidental del Nilo. Se esculpió
a partir de un enorme crestón de piedra
caliza acumulado en la superficie del
desierto, para proteger la pirámide de
Kefrén en Guiza. Hace unos 4500 años
que concluyó su construcción. Es una
de las estatuas más grandes y antiguas
del mundo. La esfinge tiene cabeza
humana, posiblemente a semejanza
del faraón Kefrén, y cuerpo de león.

Contar historias

Las primeras historias solían ser poemas para que el narrador las memorizara con más facilidad gracias al ritmo y la repetición. Con la invención de la escritura hace 5500 años, las historias empezaron a escribirse. Aparecieron el teatro y, mucho más tarde, la novela como nuevas formas de contar historias. Hoy los libros siguen siendo la forma preferida de leer historias, pero también están disponibles digitalmente, como libros electrónicos o en línea.

c. 50 000 a. C.

Transmitir historias

Las Primeras Naciones de Australia empezaron a compartir sus mitos de la creación desde el 50 000 a.C. El arte rupestre es una de las formas que utilizan. Hacia 10 000 a. C., los pueblos indígenas de América comparten oralmente sus historias. Muchas de ellas han llegado hasta hoy.

En su historia, el rey mono tiene un bastón mágico que puede encogerse o alargarse.

Siglo XIII

Siglos XIII-XV

Siglo XVI

1623

Sagas nórdicas

Casi todas las sagas de Islandia son cuentos sobre viajes, batallas y reyes históricos del norte de Europa. Algunas sagas hablan sobre un pasado legendario repleto de enanos y gigantes. Además de las sagas, en Islandia se escriben las historias de Thor y Loki de la mitología nórdica.

Novelas de caballerías

Las historias de caballeros y sus aventuras se conocen en la Europa medieval como libros de caballerías, o novelas de caballerías en la actualidad. Las antiguas leyendas francesas y británicas del rey Arturo y los caballeros de la mesa redonda se fijan por escrito al final de la Edad Media.

El rey mono

Viaje al Oeste es una de las novelas clásicas chinas basada en la historia real del viaje de un monje para llevar unos pergaminos budistas de la India a China. La novela presenta personajes de la mitología china, como el rey mono.

First Folio

Shakespeare aporta muchas palabras al idioma inglés y tiene un impacto enorme en el desarrollo de la literatura de todo el mundo. Tras su muerte se recogen 36 de sus obras y se publican juntas por primera vez en el *First Folio*.

1864

1865

1887

Década de 1920

Ciencia ficción

Ciencia y fantasía se mezclan en la obra del francés Julio Verne. *Viaje al centro de la Tierra* o *20 000 leguas de viaje submarino* (1870) son las primeras obras maestras de lo que ahora denominamos ciencia ficción.

El país de las maravillas

Alicia en el país de las maravillas, del clérigo inglés Lewis Carroll, está repleto de diálogos sin sentido y personajes fantásticos. Inaugura una «edad de oro» en Europa en que los libros infantiles sirven sobre todo para divertir.

«Elemental, querido Watson»

El escritor y caballero escocés sir Arthur Conan Doyle crea el detective de ficción más famoso del mundo, Sherlock Holmes, y su compañero, el doctor Watson, en la novela *Estudio en escarlata*.

Monólogo interior

Un nuevo estilo de escritura denominado «monólogo interior» intenta ilustrar fragmentos de pensamientos y sensaciones al pasar por la mente de un personaje.

El poema de Gilgamesh de Mesopotamia, en el actual Irak, es la epopeya más antigua que ha llegado a nuestros días.

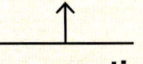

Los actores griegos llevaban máscaras para identificar a su personaje.

El escritor francés Antoine Galland añadió la historia de Aladino y el genio en el siglo XVIII.

Después del 2100 a. C.

↑

Epopeyas antiguas

Las sociedades del mundo antiguo producen poemas largos, conocidos como epopeyas, que no se escriben, sino que los narradores de historias los recitan. Estos poemas celebran la cultura de una civilización mediante historias de grandes héroes.

Siglo V a. C.

↑

Teatro griego

Las primeras obras griegas solo cuentan con un actor y un coro (un grupo de actores que comentan la acción). Los dramaturgos añaden un segundo actor y después un tercero, con lo que establecen los cimientos de la dramaturgia occidental.

Siglos VIII-XV d. C.

↑

1001 historias

Las mil y una noches es una recopilación de historias populares de Oriente Medio. Aunque aparezcan en los cuentos populares árabes, muchos de sus famosos personajes, como Simbad, Aladino y Alí Babá, se añaden mucho después.

c. 1000-1012

↑

Primera novela

La historia de Genji de Murasaki Shikibu, una dama de compañía japonesa, es posible que sea la primera novela de la historia. Se redactó sobre hojas de papel enganchadas y dobladas, y explica la historia del príncipe Genji, el hijo de un antiguo emperador japonés.

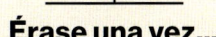

Siglos XVIII-XIX

↑

Auge de la novela

La novela se convierte en un fenómeno extremadamente popular. Escritores como Charles Dickens, Gustave Flaubert y Fiódor Dostoyevski producen novelas en fascículos, que se publican mensualmente para que sean más asequibles para el público general.

1812-1822

↑

Érase una vez...

Los hermanos Jacob y Wilhelm Grimm recopilan cuentos populares tradicionales alemanes, como «Blancanieves» o «Hansel y Gretel», en *Cuentos de la infancia y del hogar*. En ediciones posteriores se rebaja la crueldad y la violencia de las historias originales.

1818

↑

Terror gótico

Mary Shelley escribe *Frankenstein*, una de las obras supremas del terror gótico, un tipo de historia que gira en torno a lo sobrenatural, los fantasmas y las casas encantadas. Uno de los últimos ejemplos clásicos de terror gótico es *Drácula* (1897), de Bram Stoker.

1845

↑

Historias de esclavitud

El abolicionista estadounidense Frederick Douglass publica un libro en el que cuenta cómo nació en la esclavitud y logró escapar en 1838. En los próximos años, libros de antiguos esclavos arrojarán luz sobre la esclavitud en Estados Unidos.

Década de 1950

↑

Literatura poscolonial

A medida que los colonizadores europeos perdían sus imperios, escritores de África, Sudamérica y Asia comenzaron a escribir sobre la experiencia colonial. En la década de 1960, un nuevo estilo, llamado realismo mágico, aparece en Sudamérica.

Década de 1960

↑

Voces negras

Afroamericanos, inspirados por el Movimiento por los derechos civiles (pp. 294-295), escriben sobre las experiencias de su pueblo. En esta década se da también el auge de las poetas afroamericanas.

1997-2007

↑

Harry Potter

Los siete libros de la novelista británica J. K. Rowling sobre Harry Potter y la escuela de magia de Hogwarts son un fenómeno global. Se han traducido a unos 80 idiomas. Se han vendido más de 500 millones de ejemplares.

2000-presente

↑

Literatura mundial

En el siglo XXI, un mundo cada vez más conectado permite a los escritores obtener reconocimiento fuera de sus países de origen. El chino Mo Yan, la polaca Olga Tokarczuk y la nigeriana Chimamanda Ngozi Adichie figuran entre una larga lista.

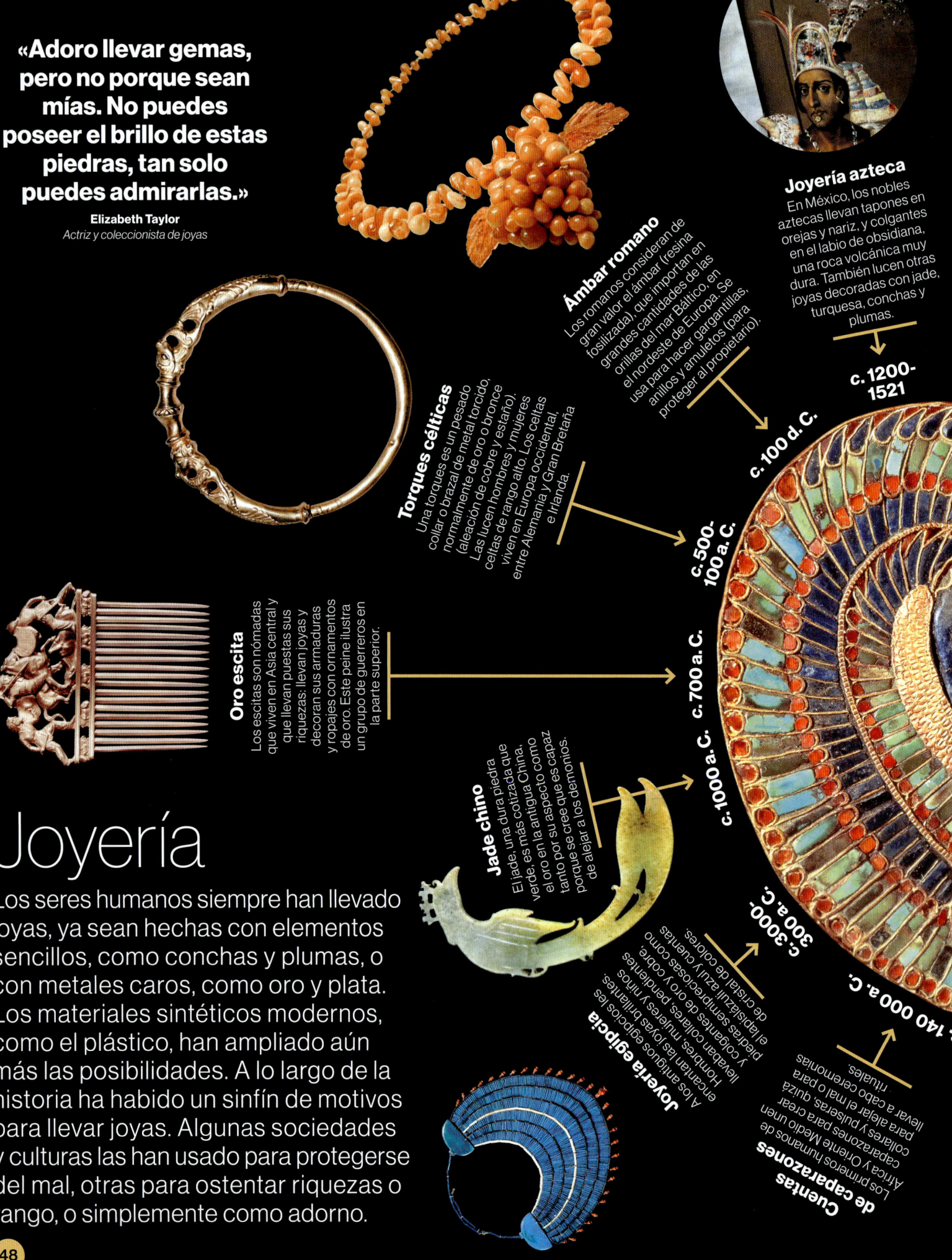

> «Adoro llevar gemas, pero no porque sean mías. No puedes poseer el brillo de estas piedras, tan solo puedes admirarlas.»
>
> **Elizabeth Taylor**
> *Actriz y coleccionista de joyas*

Joyería azteca

En México, los nobles aztecas llevan tapones en orejas y nariz, y colgantes en el labio de obsidiana, una roca volcánica muy dura. También lucen otras joyas decoradas con jade, turquesa, conchas y plumas.

c. 1200-1521

Ámbar romano

Los romanos consideran de gran valor el ámbar (resina fosilizada), que importan en grandes cantidades de las orillas del mar Báltico, en el nordeste de Europa. Se usa para hacer gargantillas, anillos y amuletos (para proteger al propietario).

c. 100 d. C.

Torques célticas

Una torques es un pesado collar o brazal de metal torcido, normalmente de oro o bronce (aleación de cobre y estaño). Las lucen hombres y mujeres celtas de rango alto. Los celtas viven en Europa occidental, entre Alemania y Gran Bretaña e Irlanda.

c. 500-100 a. C.

c. 700 a. C.

Oro escita

Los escitas son nómadas que viven en Asia central y que llevan puestas sus riquezas: llevan joyas y decoran sus armaduras y ropajes con ornamentos de oro. Este peine ilustra un grupo de guerreros en la parte superior.

c. 1000 a. C.

Jade chino

El jade, una dura piedra verde, es más cotizada que el oro en la antigua China, tanto por su aspecto como porque se cree que es capaz de alejar a los demonios.

Joyería egipcia

A los antiguos egipcios les encantan las joyas brillantes. Hombres, mujeres y niños llevan collares, pendientes y colgantes de oro y cobre, piedras semipreciosas como el lapislázuli azul y cuentas de cristal de colores.

c. 3000 a. C.

Cuentas de caparazones

Los primeros humanos de África y Oriente Medio unen caparazones para crear collares y pulseras, quizá para alejar el mal o para llevar a cabo ceremonias rituales.

c. 140 000 a. C.

Joyería

Los seres humanos siempre han llevado joyas, ya sean hechas con elementos sencillos, como conchas y plumas, o con metales caros, como oro y plata. Los materiales sintéticos modernos, como el plástico, han ampliado aún más las posibilidades. A lo largo de la historia ha habido un sinfín de motivos para llevar joyas. Algunas sociedades y culturas las han usado para protegerse del mal, otras para ostentar riquezas o rango, o simplemente como adorno.

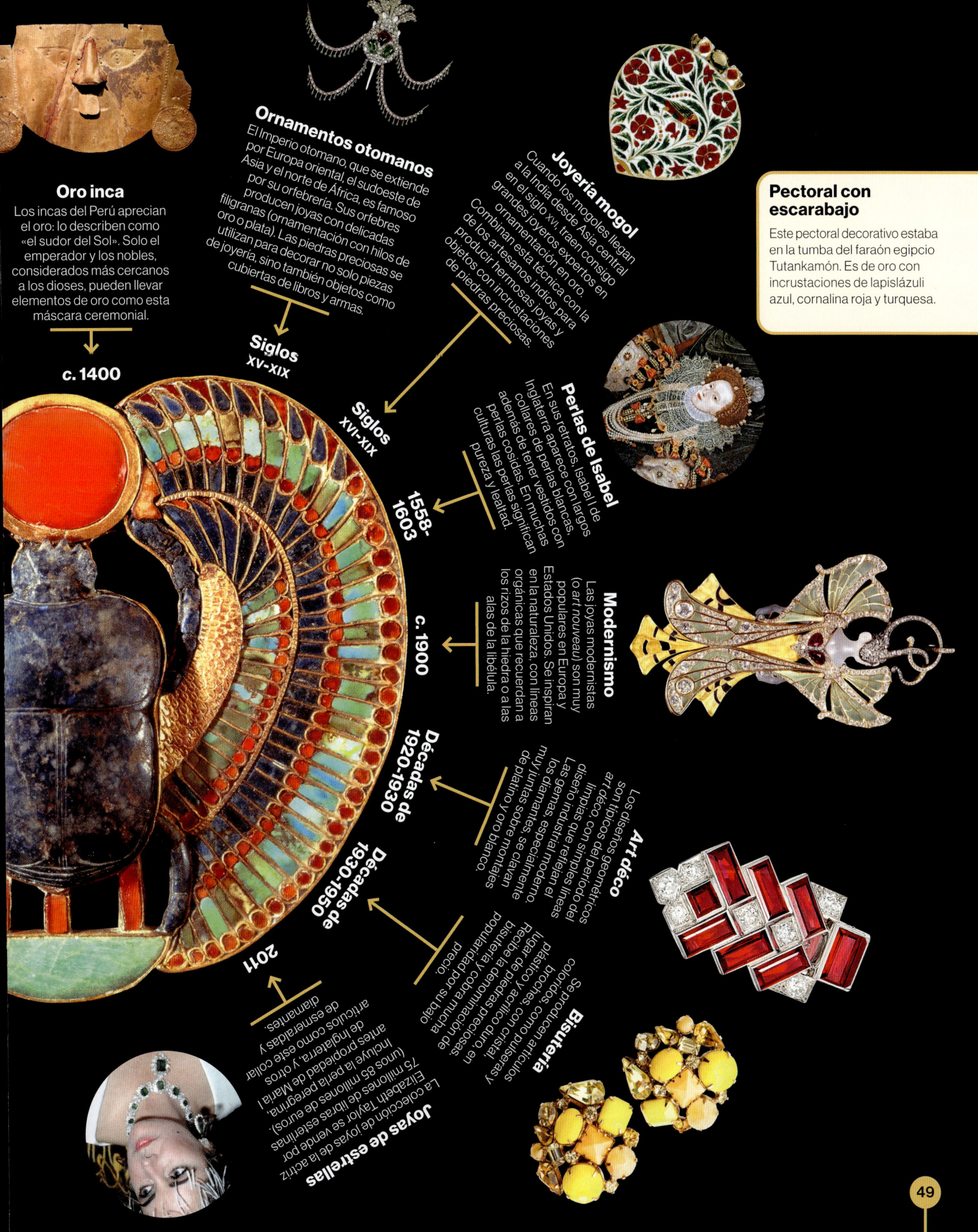

Oro inca

Los incas del Perú aprecian el oro: lo describen como «el sudor del Sol». Solo el emperador y los nobles, considerados más cercanos a los dioses, pueden llevar elementos de oro como esta máscara ceremonial.

c. 1400

Ornamentos otomanos

El Imperio otomano, que se extiende por Europa oriental, el sudoeste de Asia y el norte de África, es famoso por su orfebrería. Sus orfebres producen joyas con delicadas filigranas (ornamentación con hilos de oro o plata). Las piedras preciosas se utilizan para decorar no solo piezas de joyería, sino también objetos como cubiertas de libros y armas.

Siglos XV-XIX

Joyería mogol

Cuando los mogoles llegan a la India desde Asia central en el siglo XVI, traen consigo grandes joyeros expertos en ornamentación en oro. Combinan esta técnica con la de los artesanos indios para producir hermosas joyas y objetos con incrustaciones de piedras preciosas.

Siglos XVI-XIX

Pectoral con escarabajo

Este pectoral decorativo estaba en la tumba del faraón egipcio Tutankamón. Es de oro con incrustaciones de lapislázuli azul, cornalina roja y turquesa.

Perlas de Isabel

En sus retratos, Isabel I de Inglaterra aparece con largos collares de perlas blancas, además de tener vestidos con perlas cosidas. En muchas culturas las perlas significan pureza y lealtad.

1558-1603

Modernismo

Las joyas modernistas (o art nouveau) son muy populares en Europa y Estados Unidos. Se inspiran en la naturaleza, con líneas orgánicas que recuerdan a los rizos de la hiedra o a las alas de la libélula.

c. 1900

Art déco

Los diseños geométricos son típicos del período art déco, con simples líneas limpias que reflejan el diseño industrial moderno. Las gemas, especialmente los diamantes, se clavan muy juntas, se clavan de platino y oro blanco.

Décadas de 1920-1930

Bisutería

Se producen artículos como pulseras y collares, con plástico y acrílico duro, en lugar de piedras preciosas. Recibe la denominación de bisutería y cobra mucha popularidad por su bajo precio.

Décadas de 1930-1950

Joyas de estrellas

La colección de joyas de la actriz Elizabeth Taylor se vende por 75 millones de libras esterlinas (unos 85 millones de euros). Incluye la perla peregrina (antes propiedad de María I de Inglaterra, y otros artículos como este collar de esmeraldas y diamantes.

2011

Historia del deporte

La historia del deporte se remonta a miles de años atrás, cuando los pueblos antiguos empezaron a jugar con una pelota. Con el tiempo surgieron nuevos deportes, junto con competiciones y acontecimientos internacionales donde jugarlos. En la actualidad el deporte es una gran fuente de ejercicio, entretenimiento para los espectadores y una manera de que los millones de deportistas del mundo demuestren sus habilidades.

Primeros bolos

Por el descubrimiento de bolas y bolos antiguos en una tumba egipcia, sabemos que se juega desde hace más de 5000 años. Los bolos modernos empezarán en 1841 en Estados Unidos.

Juego de pelota

Los mayas juegan a un juego de pelota, el *pitz*, cuyo objetivo es hacer pasar una pelota de goma por un aro de piedra sin usar manos ni pies. Los aztecas y los incas tienen juegos similares.

3200 a.C.

c. 1700 a.C.

Serie Mundial

Las dos ligas de béisbol de Estados Unidos (la Liga americana y la Liga nacional) se enfrentan en un campeonato al final de la temporada por primera vez en lo que hoy se denomina Serie Mundial.

Juegos modernos

El aristócrata francés Pierre de Coubertin recupera los Juegos Olímpicos. La competición se celebra en Atenas, Grecia, y cuenta con unos 240 atletas de 14 países. Las pruebas incluyen natación, ciclismo, halterofilia, lucha, atletismo y la primera maratón.

Liga de fútbol

Se celebra la primera liga de fútbol del mundo en Inglaterra. Participan 12 equipos, y al final de la temporada el Preston North End se proclama campeón.

Tenis de mesa

Durante los inviernos de la Inglaterra victoriana, la gente se entretiene convirtiendo las mesas de casa en minipistas de tenis para jugar los primeros partidos de ping-pong (o tenis de mesa). En lugar de pelotas se usan corchos de champán.

1903

1896

1888

Década de 1880

Tour de Francia

Se celebra el primer Tour de Francia, que dura 19 días y cubre 2428 km por carreteras francesas. Empiezan 60 participantes, pero solo acaban 21. La carrera apareció para aumentar las bajas ventas del periódico sobre ciclismo *L'Auto*.

Fútbol americano

La Liga Nacional de Fútbol Americano empieza con un encuentro en Canton, Ohio, Estados Unidos. Una segunda liga de fútbol americano, la Liga de Fútbol Americano, aparece 40 años más tarde. En 1967, los campeones de ambas ligas se enfrentan en la primera Super Bowl anual.

Copa Mundial

La mayor competición de fútbol se disputa en Uruguay. Participan 13 equipos; el anfitrión se proclama campeón. Desde entonces el torneo se ha celebrado cada cuatro años, salvo durante la Segunda Guerra Mundial, que se pospuso dos veces.

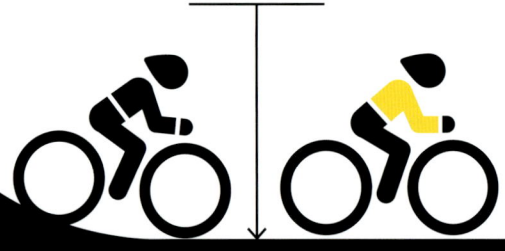

1903

1920

1930

Juegos Olímpicos

Se disputan los primeros Juegos Olímpicos registrados en Olimpia, un núcleo religioso del sudoeste de Grecia. Se realizan, en honor al protector del pueblo, Zeus, cada cuatro años. Los competidores suelen cubrir grandes distancias para participar en ellos.

Mensaje maratoniano

Filípides, un mensajero, corre desde la batalla de Maratón hasta Atenas, Grecia, para notificar la victoria; así se establece la distancia de 40 km para correr la maratón. En 1921, la distancia oficial queda fijada en 42,195 km.

Cuju

El antiguo juego chino del cuju es la forma más antigua de fútbol conocida. Se juega con una pelota rellena de plumas y tuvo su origen en el ejército, pero pronto se extendió a la corte imperial, donde lo practicaban equipos profesionales de hombres y mujeres.

Tenis manual

Unos monjes europeos juegan una versión primigenia del tenis: usan la mano para golpear la pelota. En la década de 1870, se juega un juego parecido, el *sphairistike*, en el Reino Unido, ya con raquetas de madera. El primer campeonato de este deporte, rebautizado como tenis, se jugará en Wimbledon en 1877.

 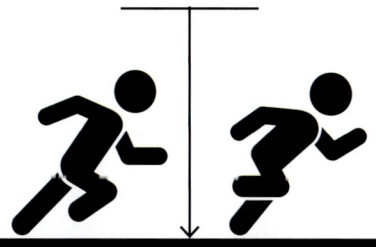 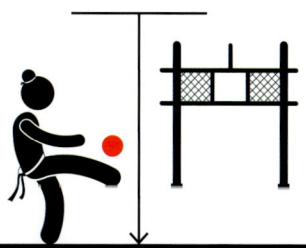 

776 a.C.   **490 a.C.**   **476-221 a.C.**   **1100 d.C.**

Guantes de boxeo

Los boxeadores de competición están obligados a utilizar guantes de boxeo acolchados. En la antigua Grecia hacían algo similar: se cubrían las manos con piel de animal; en cambio, en la antigua Roma, ¡los gladiadores usaban metal para propinar fortísimos puñetazos!

Críquet

El Marylebone Cricket Club de Londres crea las reglas para convertir este juego del siglo XVI en el críquet actual.

Capoeira

La capoeira, un arte marcial parecido a la danza, tiene su origen en la esclavitud brasileña, y sus movimientos de lucha parecen pasos de baile. Veloz y muy acrobática, se centra en las fintas y las maniobras evasivas y es uno de los deportes más importantes de Brasil.

Surf

El surf se practicó por vez primera en las islas polinesias (como Hawái) en el siglo XIII en ceremonias religiosas en honor del océano. Los colonizadores europeos lo observan en la década de 1760 y en el siglo XX se extiende a Norteamérica y Australia. Es deporte olímpico en 2020.

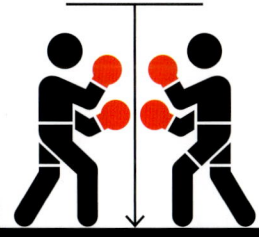     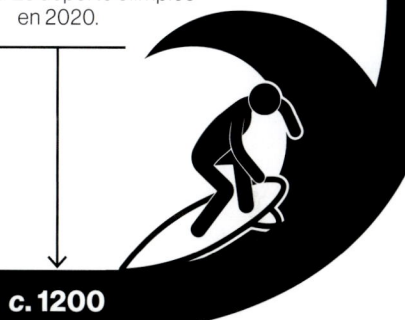

1867   **1788**   **c. 1500**   **c. 1200**

Taekwondo

En 1800 se practica el taekkyon, un arte marcial coreano que usa pies y manos para desequilibrar al adversario. Hacia mediados del siglo XX está casi olvidado, pero resurge como taekwondo en 1955. Se convierte en el deporte nacional de Corea del Sur y se incluye en los Juegos Olímpicos de 2000.

Juegos Paralímpicos

Los primeros Juegos Paralímpicos –para atletas con discapacidades– tienen lugar en Roma, Italia. Más de 400 atletas participan en pruebas como tiro con arco, natación, tenis de mesa y baloncesto.

Copa Mundial femenina

La primera competición de la Copa Mundial femenina de la FIFA se celebra en China; Estados Unidos gana a Noruega en la final por 2-1. Desde entonces el torneo se ha celebrado cada cuatro años.

1955   **1960**   **1991**

Antigua Grecia

La primera gran civilización de Europa apareció en la antigua Grecia. En el punto álgido de su cultura (800-300 a. C.), los griegos inventaron la democracia, así como formas occidentales de ciencia, filosofía y teatro. Introdujeron el alfabeto en Europa y su arte, arquitectura y literatura dejaron un gran legado.

Juegos Olímpicos

Se celebran los primeros Juegos Olímpicos en Olimpia, en honor al dios Zeus. Los juegos, celebrados cada cuatro años, consiguen que los griegos tengan un calendario común.

DÓRICO **JÓNICO**

Arquitectura griega

Los griegos empiezan a construir templos de piedra para sustituir a los antiguos, de madera. Aparecen dos estilos principales: el dórico, en el continente, y el jónico, más delicado, en Jonia (actual Turquía).

Democracia ateniense

Los atenienses expulsan a Hippias, un tirano, y establecen la primera democracia. Todos los ciudadanos pueden votar directamente las leyes; sin embargo, no se considera ciudadanos a mujeres, esclavos y extranjeros.

---

776 a. C.

---

508 a. C.

Civilización micénica

En la Grecia continental, los micénicos construyen palacios fortificados en Micenas, Tebas y Atenas. Son guerreros, luchan con carros, llevan armaduras de bronce y cascos con colmillos de jabalí.

Cerámica griega

Los artistas griegos de Corinto empiezan a hacer jarrones de «figuras negras», en que estas se pintaban en negro sobre el fondo rojo o blanco del jarrón. Por el 525 a. C., los atenienses crean el estilo de «figuras rojas»: dejan siluetas en el rojo de la arcilla y pintan el fondo negro.

Desde c. 1600 a. C.

---

c. 600 a. C.

---

c. 700 a. C.

Minoicos de Creta

En la isla de Creta, la civilización minoica erige grandes palacios y comercia con los griegos continentales. Su religión considera sagrados a los toros.

La Ilíada y la Odisea

Homero, según la tradición, compone dos epopeyas. La Ilíada narra una guerra mítica contra Troya y la Odisea la historia del viaje de vuelta a casa de un héroe de la guerra.

Colonias griegas

Los griegos establecen asentamientos de ultramar por todo el Mediterráneo y el mar Negro, como Emporion (Empúries) en España, Neapolis (Nápoles) en Italia, Massilia (Marsella) en Francia, Siracusa en Sicilia, Naucratis en Egipto, Cirene en Libia y Olbia en Ucrania.

Desde c. 1900 a. C.

---

c. 750 a. C.

750-500 a. C.

Teatro griego

El dramaturgo ateniense Esquilo redacta la primera tragedia de la que se tiene registro. Las obras se representan en honor a Dioniso, dios del vino, primero en el mercado y más adelante en un teatro al aire libre.

499 a. C.

Guerras médicas

Los persas intentan en dos ocasiones, ambas sin éxito, conquistar Grecia. Las ciudades de Atenas y Esparta encabezan la resistencia. Los persas saquean Atenas, pero acaban derrotados en el mar y en tierra firme.

490-479 a. C.

Partenón

Los atenienses reconstruyen los templos de la acrópolis, una fortificación en la parte alta de Atenas. En este momento se construye el Partenón, un nuevo templo de mármol dedicado a Atenea.

447 a. C.

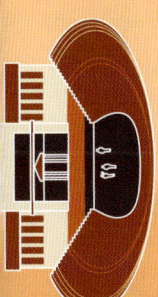

Primer libro de historia

Heródoto redacta el primer libro de historia, en el que relata las guerras médicas; también contiene descripciones de las costumbres de los extranjeros.

c. 440 a. C.

Cerámica histórica

En los jarrones griegos se pintaban escenas de mitos, guerras, pruebas deportivas y vida cotidiana. Al contrario que las estatuas de bronce, que las civilizaciones posteriores fundieron para aprovechar el metal, los jarrones pintados han sobrevivido porque solían enterrarse como ofrendas funerarias.

Guerras del Peloponeso

Atenas y Esparta se enfrentan en las guerras del Peloponeso, que acaban con victoria espartana. Esparta sustituye a Atenas como la ciudad-Estado dominante.

431-404 a. C.

Academia

El filósofo Platón funda la Academia, una «escuela» exclusiva en la que se da discursos y plantea dilemas para que se solucionen.

387 a. C.

Alejandro Magno

Alejandro de Macedonia une Grecia bajo su mando y conquista el Imperio persa. Empieza una era en la que se fundan ciudades griegas incluso en la India.

336-323 a. C.

«Creo que la Tierra es muy grande y nosotros (griegos) vivimos en una pequeña parte, como las hormigas o las ranas en torno a una charca.»

Platón, *Fedón* (c. 380 a. C.)

Ciudades-Estado griegas

Los griegos vivían en decenas de ciudades-Estado. Cada ciudad-Estado, conocida como polis, incluía la ciudad y los campos a su alrededor y funcionaba como un pequeño Estado, con sus leyes, calendario, asambleas públicas y moneda.

735-715 a. C.
Esparta conquista la ciudad-Estado de Mesenia.

550 a. C.
Esparta se convierte en la líder de una confederación de ciudades-Estado.

478-454 a. C.
La alianza de Atenas contra Persia se convierte en el Imperio ateniense.

431 a. C.
Empiezan las guerras del Peloponeso entre Esparta y el Imperio ateniense.

404 a. C.
Esparta por fin derrota a Atenas y derroca su democracia.

395-387 a. C.
Esparta gana una guerra contra Corinto, Argos, Tebas y Atenas.

Más influencia
Hacia el 500 a. C., las ciudades-Estado controlaban toda la península griega, además de las costas del mar Egeo.

378-362 a. C.
Esparta gana una serie de guerras contra Tebas para liderar Grecia.

338 a. C.
Filipo de Macedonia derrota a Tebas y Atenas en la batalla de Queronea.

IMPERIO PERSA

Mar Egeo

Micenas
Corinto · Atenas
Olimpia · Esparta

Creta

Mar Mediterráneo

Matemáticas

Desde la prehistoria hemos descubierto diferentes maneras de contar y medir las cosas del mundo. En la mayoría de las culturas, las matemáticas evolucionan rápidamente mucho más allá del cálculo básico. Determinadas piezas históricas, como libros, dibujos y herramientas, nos ayudan a seguir la evolución de esas ideas matemáticas. Las matemáticas están en casi todo lo que hacemos, desde saber la hora hasta construir cosas.

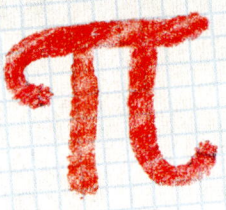

c. 1900 a. C.
El número pi

Los babilónicos de Mesopotamia calculan que la circunferencia de un círculo equivale más o menos a tres veces el tamaño de su diámetro. Esta proporción es importante porque sirve para cualquier círculo, sea del tamaño que sea. Ahora sabemos que el número es 3,141592..., con infinitas cifras tras la coma decimal, y lo representamos con el símbolo griego pi (π).

c. 3000 a. C.
La Gran Pirámide

El conocimiento de los ángulos rectos que tenían los antiguos egipcios les permitió levantar la Gran Pirámide, una maravilla arquitectónica cuya construcción implica mediciones precisas y la alineación perfecta de, como mínimo, 2,5 millones de piedras. Los matemáticos actuales están fascinados por la complejidad de los cálculos egipcios.

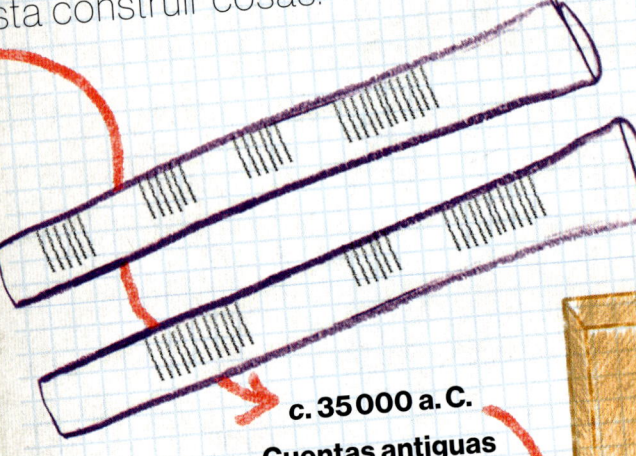

c. 35 000 a. C.
Cuentas antiguas

Antes de la invención de los números escritos, los humanos prehistóricos hacen muescas en madera, arcilla, hueso o piedra para contar los días que pasan o los animales del rebaño.

c. 3000 a. C.
Fracciones antiguas

El Antiguo Egipto es una de las primeras civilizaciones que usa fracciones. Este conocimiento aparece descrito en el papiro de Rhind, un libro de texto de matemáticas antiguo escrito alrededor de 1550 a. C., que se descubrirá miles de años más tarde en una tumba de Tebas, Egipto.

c. 3500 a. C.
Primeros números

Los pueblos de la civilización sumeria de Mesopotamia (actual Irak) desarrollan el primer sistema que usa símbolos para indicar el número de objetos. Este sistema es sexagesimal, tiene números con base 60, por el método sumerio de contar con las manos: cuentan cada falange de los dedos de una mano hasta llegar a 12 y lo multiplican por cinco (el número de dedos de la otra mano) para llegar a 60.

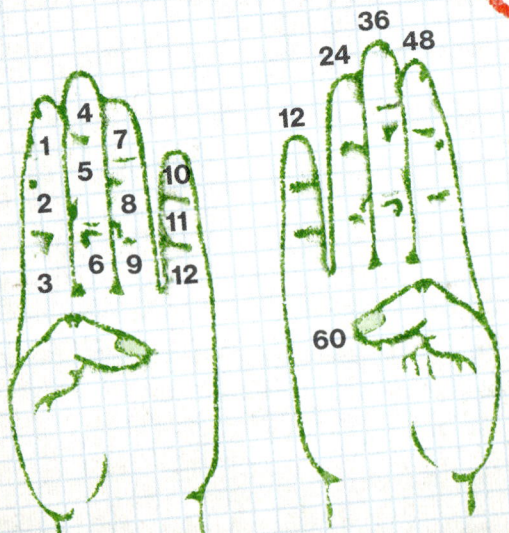

c. 500 a. C.
Proporción áurea
Los antiguos griegos quedan fascinados por un número, la proporción áurea, cuando descubren que sirve para dibujar atractivos patrones de rectángulos. Construyen templos siguiendo esta proporción, de la que se dice que crea formas agradables a la vista.

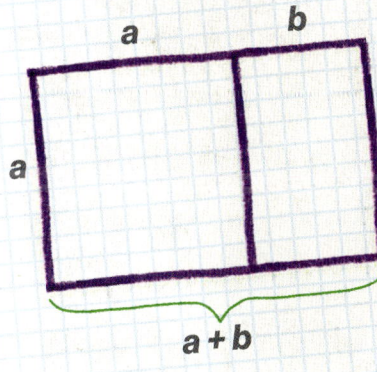

1655
Hasta el infinito
El concepto de un número sin fin, denominado infinito, se ha discutido desde tiempos antiguos. Sin embargo, el matemático británico John Wallis es el primero que inventa un símbolo para representarlo: ∞. Este símbolo sigue hoy representando el infinito.

10 000 000 000 000 000 000 000 000 000 000 000 000 000 000 000 000 000 000 000 000 000 000 000 000 000 000 000 000 000 000 000 000 000 000 000 000 000 000 000 = 1 gúgol

1920
Gúgol
El matemático estadounidense Edward Kasner le pregunta a su sobrino de nueve años cómo llamaría al número 1 seguido por 100 ceros; su respuesta fue «gúgol». Un 1 seguido por un gúgol de ceros es un gúgolplex, y un 1 seguido por un gúgolplex de ceros es un gúgolduplex, el mayor número con nombre propio hasta la fecha.

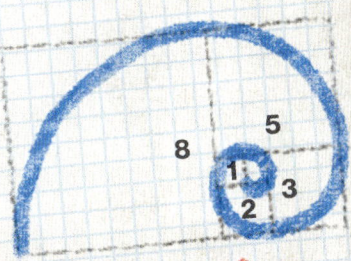

c. 500 a. C.
Teorema de Pitágoras
El antiguo matemático griego Pitágoras presenta un teorema sobre triángulos rectángulos, a través del que se puede calcular la longitud de cualquier lado desconocido; este teorema se usa en muchos otros problemas matemáticos. Su fórmula es $a^2 + b^2 = c^2$, en la que cada letra hace referencia a la longitud de un lado del triángulo.

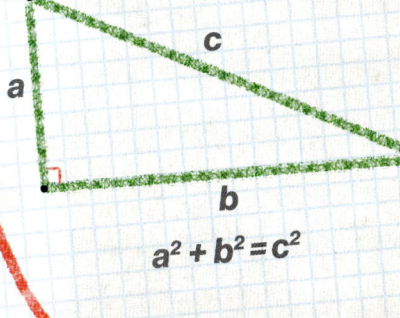

$$a^2 + b^2 = c^2$$

1238-1298
Jugar con los números
El matemático chino Yang Hui desarrolla muchas teorías sobre los cuadrados mágicos (en los que todos los números de filas y columnas suman lo mismo). También elabora la primera versión de lo que más tarde se conocería como el triángulo de Pascal, en el que el número de cada nivel del triángulo se calcula sumando los dos números inmediatamente superiores.

1202
Secuencia de Fibonacci
El matemático italiano Fibonacci idea una secuencia especial de números en la que cada número resulta de sumar los dos números anteriores: 0, 1, 1, 2, 3, 5, 8, 13, 21... Esta secuencia sirve para dibujar una espiral perfecta, y también se usará para redactar programas informáticos.

c. 630 d. C.
Cero
El matemático indio Brahmagupta, concibe las reglas para utilizar el cero en la aritmética básica. El concepto de cero para representar nada ya había sido utilizado por algunas otras culturas para escribir números enormes sin necesidad de crear nuevos dígitos. Cientos de años antes, hacia el 31 a. C., los mayas de América Central habían representado el cero en su calendario.

c. 800
Números arábigos
El matemático persa Al-Juarismi adapta un sistema numérico en el que los símbolos indoarábigos significan unas cantidades de objetos y crea el sistema más usado de la actualidad. En su sistema, los numerales del 0 al 9 sirven para representar todos los números.

El origen de la
occidental está en la antigua
los ciudadanos se reunían para tomar
Media se perdió la democracia, para reaparecer más
a sus representantes para que estos decidieran en su nombre,

Historia de la

Democracia griega

En el mundo antiguo los ricos tomaban las decisiones importantes hasta que Clístenes, un estadista de la ciudad-Estado griega de Atenas, retira el poder de los ricos y otorga derechos políticos a los ciudadanos de a pie. Los historiadores se refieren a él como «el padre de la democracia ateniense». De todas formas, las mujeres, las personas esclavizadas y los extranjeros no participan de esta nueva democracia, que dura 200 años.

ESTATUA DE CLÍSTENES

508 a. C.

Carta Magna

Los barones ingleses redactan la Carta Magna («Gran carta») tras un período de mucha presión fiscal por parte del rey. Este importante documento declara que el monarca no está por encima de la ley y promete proteger determinados derechos a través de un consejo de 25 barones que acaban convirtiéndose en un Parlamento. En 1265, el Parlamento inglés está compuesto por nobles y plebeyos.

EL REY JUAN FIRMA LA CARTA MAGNA

1215 d. C.

Constitución de Estados Unidos

Los representantes de las 13 antiguas colonias británicas que conforman los recién nacidos Estados Unidos de América se reúnen para establecer las normas democráticas por las que debería regirse el nuevo Estado. Redactan el borrador de la Constitución de Estados Unidos, la ley máxima del país que, entre otras normas, indica que este debe ser gobernado por un presidente electo.

PRIMERA PÁGINA DE LA CONSTITUCIÓN DE EE. UU.

1787

Sufragio femenino

Encabezadas por la activista Kate Sheppard, casi 32 000 mujeres firman una petición al gobierno de Nueva Zelanda en apoyo del derecho de voto femenino. El Parlamento aprueba una ley que concede a las mujeres el derecho a votar en las elecciones parlamentarias de 1893. Nueva Zelanda es así el primer país del mundo en conceder el derecho de voto a las mujeres.

MONUMENTO A KATE SHEPPARD

1893

democracia
ciudad de Atenas, donde
decisiones importantes. En la Edad
tarde en una forma diferente: los votantes elegían
mediante asambleas que se conocen como parlamentos.

democracia

«Tengo un sueño»

El defensor de los derechos civiles Martin Luther King, Jr. pronuncia su famoso discurso «Tengo un sueño» en Washington D. C., Estados Unidos. El gobierno aprueba la Ley de Derechos Civiles de 1964 para que los empresarios dejen de discriminar por raza, religión o nacionalidad. La Ley de derecho al voto de 1965 otorga el derecho al voto a casi todos los estadounidenses de color.

Caída del Muro de Berlín

El muro que había dividido el Berlín oriental, comunista, del Berlín occidental, democrático, durante 28 años acaba cayendo cuando vuelven a unirse Alemania oriental y occidental. Alemania entera empieza a vivir otra vez en democracia.

Final del *apartheid*

El *apartheid* recibe el golpe definitivo con la amnistía de importantes prisioneros *antiapartheid*, como Nelson Mandela, quien estuvo 27 años en prisión. «*Apartheid*» es una palabra sudafricana que indica «separación» y se refiere a las grandes restricciones de las libertades de las personas de color en Sudáfrica, protegidas por ley durante más de cuatro décadas. Mandela es elegido en 1994 primer presidente de color.

Voto electrónico

Estonia es el primer país que celebra elecciones con máquinas de voto electrónico, con la intención de animar a la gente joven a participar en las elecciones legislativas y crear así una sociedad más democrática.

MARTIN LUTHER KING, JR. EN WASHINGTON D. C.

EL PUEBLO DERRIBA EL MURO DE BERLÍN

NELSON MANDELA

VOTACIÓN CON UNA MÁQUINA ELECTRÓNICA

1963   **1989**   **1990**   **2005**

Auge de los celtas

Durante la Edad del Hierro, los pueblos celtas ocupan casi toda Europa desde su tierra natal en el norte de los Alpes. Los celtas compartían una religión común y hablaban idiomas similares, que siguen hablándose en algunas partes del noroeste de Europa. Eran unos temibles guerreros y grandes especialistas en el metal.

Cultura de los campos de urnas

La cultura de los campos de urnas, en la actual Italia y Europa central y oriental, se disemina por todo el continente. Cuando muere alguien acaudalado, sus restos se incineran y se entierran, a menudo con ornamentos y armas de bronce.

c. 1300-800 a. C.

Pueblo de Hallstatt

Este pueblo celta de la actual Austria entierra a sus muertos con armas, ornamentos y boles de bronce, todos decorados con patrones geométricos. Hallstatt es la primera cultura definida como celta.

c. 800-500 a. C.

Cultura de La Tène

Los pueblos de la cultura de La Tène crean obras de metal decoradas. Recibe el nombre más adelante, tras descubrir muchas piezas históricas de su cultura en La Tène, en la actual Suiza.

c. 450-50 a. C.

«A toda la raza le gusta la guerra, siempre está animada y a punto para entrar en batalla.»

Estrabón, *Geographica*, principios del siglo I d. C.

Galos en Italia

Los celtas pasan al actual norte de Italia. En 396 a. C. asaltan Melpum, una importante ciudad etrusca (actual Milán), y se asientan por el valle del Po, al este de los Apeninos. Los romanos los llaman *Galli* (galos).

c. 400-390 a. C.

Los galos saquean Roma

Los galos capturan y saquean Roma, aunque no consiguen hacerse con el importante Capitolio porque un rebaño de ocas da la alarma. Los romanos pagan a los galos un enorme rescate para que se vayan.

390 a. C.

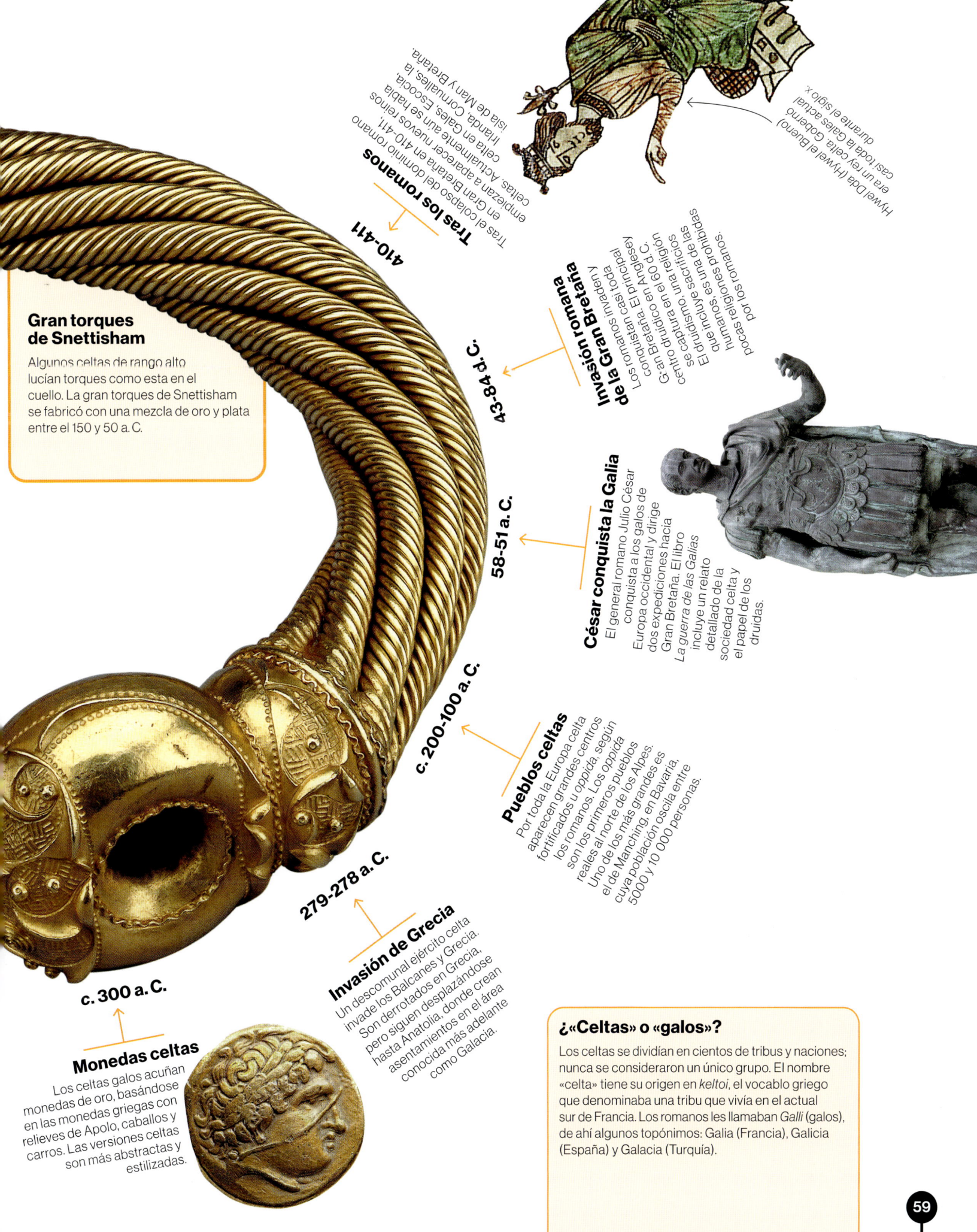

Gran torques de Snettisham

Algunos celtas de rango alto lucían torques como esta en el cuello. La gran torques de Snettisham se fabricó con una mezcla de oro y plata entre el 150 y 50 a. C.

410-411

Tras los romanos

Tras el colapso del dominio romano en Gran Bretaña en 410-411, empiezan a aparecer nuevos reinos celta. Actualmente aún se habla celta en Gales, Escocia, Irlanda, Cornualles, la isla de Man y Bretaña.

43-84 d. C.

Invasión romana de la Gran Bretaña

Los romanos casi toda conquistan Gran Bretaña. El principal centro druídico en Anglesey se captura en el 60 d. C. El druidismo, una religión que incluye sacrificios humanos, es una de las prohibidas por los romanos. religiones pocas

Hywel Dda (Hywel el Bueno) era un rey celta. Gobernó casi toda Gales actual durante el siglo x.

58-51 a. C.

César conquista la Galia

El general romano Julio César conquista a los galos de Europa occidental y dirige dos expediciones hacia Gran Bretaña. El libro *La guerra de las Galias* incluye un relato detallado de la sociedad celta y el papel de los druidas.

c. 200-100 a. C.

Pueblos celtas

Por toda la Europa celta aparecen grandes centros fortificados u *oppida*, según los romanos. Los *oppida* son los primeros pueblos reales al norte de los Alpes. Uno de los más grandes es el de Manching, en Bavaria, cuya población oscila entre 5000 y 10 000 personas.

279-278 a. C.

Invasión de Grecia

Un descomunal ejército celta invade los Balcanes y Grecia. Son derrotados en Grecia, pero siguen desplazándose hasta Anatolia, donde crean asentamientos en el área conocida más adelante como Galacia.

c. 300 a. C.

Monedas celtas

Los celtas galos acuñan monedas de oro, basándose en las monedas griegas con relieves de Apolo, caballos y carros. Las versiones celtas son más abstractas y estilizadas.

¿«Celtas» o «galos»?

Los celtas se dividían en cientos de tribus y naciones; nunca se consideraron un único grupo. El nombre «celta» tiene su origen en *keltoi*, el vocablo griego que denominaba una tribu que vivía en el actual sur de Francia. Los romanos les llamaban *Galli* (galos), de ahí algunos topónimos: Galia (Francia), Galicia (España) y Galacia (Turquía).

El Imperio persa

El Imperio persa aqueménida, entre el siglo VI y el IV a. C., fue el primer gran imperio del mundo. En su momento de mayor extensión, hacia 480 a. C., cubría desde Egipto hasta el noroeste de la India y gobernaba el 44 % de la población mundial, siendo el mayor imperio de la historia. A diferencia de muchos otros imperios antiguos, los persas aceptaban que los pueblos que sometían siguieran con sus costumbres.

Palacio de Darío en Susa
Darío el Grande tenía diversos palacios, incluido uno en Susa (en el actual Irán). Sus muros estaban decorados con ladrillos de colores vivos y mostraban una guardia imperial de arqueros y también animales míticos.

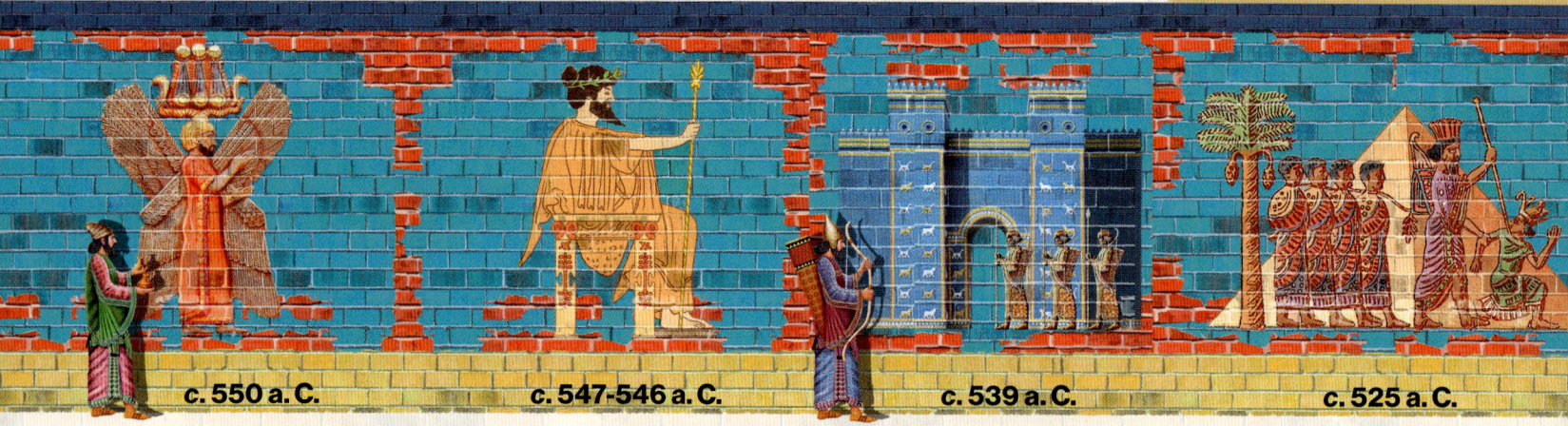

c. 550 a. C.

c. 547-546 a. C.

c. 539 a. C.

c. 525 a. C.

Ciro el Grande
El rey Astiages de Media (una región del actual noroeste de Irán) es derrocado por Ciro, un súbdito. Ciro funda el Imperio aqueménida, también conocido como el primer Imperio persa.

Lidia y Licia
El rey Creso de Lidia (una región de la actual Turquía occidental) percibe la caída de Media como una oportunidad para invadir la región. Ciro contraataca y acaba conquistando Lidia y Licia (en la actual Turquía meridional).

Babilonia
Ciro conquista el Imperio babilónico (p. 36). Se hace con su capital, Babilonia, cuya puerta de Ishtar se muestra en la imagen. Ciro deja que los judíos, exiliados en Babilonia, vuelvan a Jerusalén.

Cambises II
El hijo de Ciro, Cambises II, conquista Egipto. Cambises captura al faraón egipcio Psamético III. Al principio se dice que trata bien a Psamético, pero acaba ejecutándolo por conspirar contra los persas.

c. 492 a. C.

c. 490 a. C.

c. 480-479 a. C.

c. 457 a. C.

Conquistas de Darío
Darío conquista Macedonia y Tracia. Envía embajadores a las ciudades griegas para solicitar que le acepten como rey. En Atenas y Esparta, los embajadores persas son ejecutados.

Derrota en Maratón
Darío envía un ejército por mar para invadir Grecia. Los persas capturan muchas islas griegas y desvalijan y destruyen Eretria. Un ejército de Atenas los derrota en Maratón.

Segunda invasión persa
Jerjes I, hijo de Darío, intenta por segunda vez conquistar Grecia. Los persas saquean Atenas, pero son derrotados en Salamina y, un año más tarde, en Platea (p. 154).

Artajerjes I
El hijo de Jerjes, Artajerjes I, deja que los judíos reconstruyan el templo de Jerusalén, destruido por los babilónicos; este hecho se describe en la Torá y la Biblia.

Cómo gobernaban los persas

El Imperio persa era demasiado grande para gobernarlo directamente un único rey, por lo que se dividió en 20 provincias, o satrapías, cada una con un sátrapa (gobernador), normalmente un noble persa nombrado por el rey. Las provincias pagaban tributos (impuestos) al rey, aportaban soldados a los ejércitos y recibían castigos si se rebelaban. Por lo general, eran libres de hacer y deshacer a su antojo, y conservaban sus idiomas, costumbres y religiones.

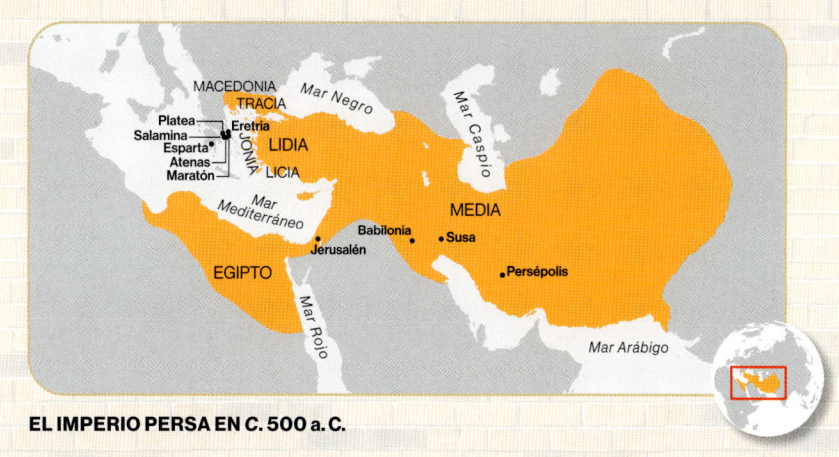

EL IMPERIO PERSA EN c. 500 a. C.

c. 522 a. C.

c. 522-486 a. C.

c. 518 a. C.

c. 499-493 a. C.

Darío el Grande

Tras la muerte de Cambises, un noble persa de nombre Darío se hace con el poder. Al principio la gente no le quiere, pero con su ejército leal es capaz de suprimir todas las revueltas en su primer año de mandato.

Organización del imperio

Darío el Grande reorganiza el gobierno, crea las satrapías (recuadro), la función pública y una red de carreteras para su uso oficial. Acuña una moneda de oro, el dárico, que se puede usar por todo el imperio.

Persépolis

Darío construye una nueva capital en Persépolis (o Pars, en persa). Su gran palacio dispone de paredes con relieves que muestran los diversos pueblos del imperio llevándole regalos en su honor.

Rebelión griega

Las ciudades griegas orientales de la región de Jonia se levantan contra el dominio persa. Reciben ayuda de los griegos occidentales, de Atenas y Eretria. Tras derrotar a los rebeldes, Darío jura castigar a Atenas y Eretria.

c. 425 a. C.

c. 424-423 a. C.

c. 401 a. C.

c. 336-330 a. C.

Primer historiador

Heródoto, un griego que vive en el Imperio persa, redacta las *Historias*, el primer libro de historia que se conoce. Describe el auge de los persas y las costumbres del imperio.

Tres reyes

Tras la muerte de Artajerjes, tres de sus hijos se autoproclaman reyes. Sogdiano mata a Jerjes II. Oco asesina a Sogdiano y reina bajo el nombre de Darío II.

Los griegos en Asia

Ciro el Joven intenta, sin éxito, arrebatarle el poder a su hermano, Artajerjes II, con la ayuda de 10 000 soldados griegos. Tras su muerte, los griegos libran batallas por el camino hacia casa desde Asia.

La caída del imperio

Alejandro Magno de Macedonia conquista el Imperio persa. Derrota a Darío III en dos grandes batallas, Issos y Gaugamela.

La batalla de Issos

Este mosaico romano del 100 a. C. se descubrió en las excavaciones de la ciudad de Pompeya, en el sur de Italia. Consta de más de un millón de teselas de mosaico. Se cree que esta obra de arte ilustra la batalla de Issos entre los ejércitos de Alejandro Magno y Darío III de Persia en el año 333 a. C. Alejandro, representado a lomos de su caballo (arriba), dirige a su ejército hacia la batalla. El rey Darío de Persia, sobre su carro tirado por caballos, se prepara para huir mientras se gira para echar una ojeada al rival.

Historia de la filosofía

Filosofía significa «amor por la sabiduría» en griego y se refiere a una forma de reflexionar sobre el mundo. Los filósofos se hacen preguntas sobre la naturaleza de la realidad y el significado de la vida. Aparecieron dos tradiciones filosóficas principales en el mundo antiguo. En Europa, los griegos intentan contestar estas preguntas al margen de la religión. En Asia, y sobre todo en China y la India, surgieron otras escuelas de pensamiento en las que religión y filosofía estaban a veces más relacionadas. Hasta hace poco, la mayor parte de la filosofía publicada era obra de hombres, pues a las mujeres se les negaba la educación o se menospreciaban sus ideas.

Desde 1921

El lenguaje de la filosofía

Los filósofos analíticos se preguntan cómo la propia filosofía se ve afectada por las normas lingüísticas. El austríaco Ludwig Wittgenstein afirma que solo podemos hablar o escribir sobre aquello que podemos experimentar.

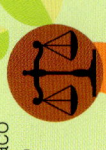

Desde 1756

Filosofía política

En los siglos XVIII y XIX los filósofos políticos reflexionan sobre la mejor manera de vivir y trabajar juntos. El político anglo-irlandés Edmund Burke indica que las las sociedades existen para ayudarnos a cubrir todas nuestras necesidades.

Desde 1637

Todo está en la mente

Los racionalistas creen que la razón (la capacidad de entender) son los cimientos de todo conocimiento. El filósofo francés René Descartes concluye que dado que sabe que piensa, realmente existe.

Desde 1960

Explorar el contexto

Los posestructuralistas consideran que para estudiar algo también se tiene que estudiar su entorno. Por ejemplo, la pensadora búlgara Julia Kristeva argumenta que el movimiento feminista está influido por las ideas de la misma sociedad patriarcal que intenta vencer.

Desde 1781

El mundo que conocemos

Todas las filosofías idealistas comparten la creencia de que es imposible conocer la verdadera realidad. Immanuel Kant afirma que el conocimiento se adquiere a través de los sentidos; es decir, no experimentamos las cosas como son, sino como las vemos, sentimos, oímos, probamos u olemos.

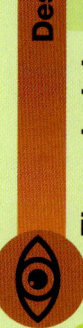

Desde 1689

El mundo de la experiencia

Los empíricos creen que la experiencia son los cimientos de todo conocimiento. El filósofo inglés John Locke afirma que es imposible conocer cualquier cosa más allá de lo que podemos descubrir con los sentidos.

Siglos XV-XVI

Ideas renacentistas

El holandés Desiderius Erasmus (Erasmo de Rotterdam) y los humanistas del Renacimiento (pp. 136-137) reniegan de la religión organizada en favor de la relación de cada individuo con Dios. Según ellos, las personas quedan en el centro de su filosofía.

Desde 1843

El individuo

Los existencialistas colocan al individuo en el centro de la filosofía. El primer existencialista es el filósofo danés Søren Kierkegaard, que declara que cada individuo debe dar significado a su vida viviéndola con sinceridad.

Desde 1100

Encuentro de tradiciones

El filósofo islámico Averroes estudia la obra del antiguo pensador griego Aristóteles y desarrolla sus ideas dentro de un sistema islámico.

Desde 1100

Filosofía medieval

La filosofía y la creencia religiosa se combinan en un sistema de pensamiento conocido como escolástica. Los filósofos medievales como el italiano Tomás de Aquino intentan conjugar las enseñanzas de las antiguas filosofías con su fe cristiana.

Siglo II d. C.

Nada es seguro

Sexto Empírico, del Imperio romano, anota las ideas de los antiguos escépticos griegos, que creían que no se podía estar seguro de nada.

c. 632-870 d. C.

Filosofía islámica

La religión del Islam se disemina por partes de Asia y el norte de África tras la muerte del profeta Mahoma. La filosofía islámica se formula preguntas sobre la naturaleza del universo y también versa sobre ciencia, lógica y matemáticas.

Desde c. siglo IV a. C.

Aceptar la realidad

El filósofo estoico Zenón de Citio, de Chipre, argumenta que las leyes naturales gobiernan el universo. La gente debe aceptar la existencia de la crueldad y la injusticia.

El avance de la filosofía islámica

El filósofo islámico Al-Kindi desarrolla sus teorías filosóficas inspirándose en las traducciones al árabe de las obras de Aristóteles y otros filósofos, matemáticos y científicos griegos. Sus escritos tratan temas como la existencia de Dios, la psicología y el intelecto humano.

Desde el siglo V a. C.

Respeto por la tradición

El filósofo chino Confucio cree en una sociedad ordenada y en la importancia de la tradición. La gente debería honrar a sus antepasados; los que tienen poder sobre otros deberían usar ese poder respetando a sus súbditos.

Desde los siglos VI-IV a. C.

El camino medio

Siddhartha Gautama, conocido más adelante como Buda, es un príncipe indio que abandona su vida de lujo para vivir en la pobreza. El budismo, la religión que inspira, enseña que seguir un camino medio entre estos extremos lleva a la iluminación (felicidad verdadera).

Desde los siglos VII-VI a. C

El bien y el mal

El profeta Zoroastro crea la religión del zoroastrismo en Persia, Asia occidental. Sus ideas versan sobre la naturaleza de Dios y el concepto del mal, e influirán sobre muchas religiones posteriores.

Siglos IV-III a. C.

Seguir «el camino»

El taoísmo, también conocido como «el camino», se basa en las ideas descritas en un libro titulado *Dao De Jing*, que indica que una fuerza conocida como *dao* conecta a todos los seres vivos. Las personas deben vivir en armonía con esta fuerza.

Siglos V-IV a. C.

Un mundo ideal

Un estudiante de Sócrates, Platón, cree que las cosas del mundo real solo son sombras. Se imagina una «forma ideal» perfecta de las cosas, que existe más allá de nuestro conocimiento.

El mundo real

Un estudiante del filósofo Platón, Aristóteles, no está de acuerdo con su maestro y cree que el conocimiento solo se gana a través de la experiencia del mundo real: sabemos que un caballo es un caballo porque antes hemos visto caballos.

Siglos V-IV a. C.

Cuestionarlo todo

El primer gran pensador que explora ideas abstractas (conceptos como bondad y justicia) es Sócrates. Se hace una serie de preguntas para explorar estos aspectos. La frase más famosa de Sócrates es «Solo sé que no sé nada».

Siglos VI-V a. C.

Filosofía naturalista

Los primeros filósofos de la antigua Grecia son «filósofos naturalistas» que intentan explicar el mundo que tienen a su alrededor. Así, Tales de Mileto teoriza acerca de que todo lo que existe se compone de agua.

> ### «La filosofía comienza con el asombro.»
>
> **Sócrates**, citado en *Teeteto*, de Platón, c. 369. a. C.

Historia de la escultura

Las esculturas son obras de arte de piedra, madera, metal o plástico. Se hacen desde tiempos inmemoriales y pueden ser de un tamaño que permita transportarlas o tan grandes como para ocupar la ladera de una montaña. Las esculturas pueden ser de uso personal o bien grandes obras conmemorativas.

Estatuillas de Venus
Estas pequeñas estatuillas, que representan mujeres, pueden ser diosas de la fertilidad para facilitar la concepción.

Gigantes egipcios
Los antiguos egipcios colocan enormes estatuas de sus faraones en el exterior de templos y tumbas. Las figuras son de granito y sus posturas rígidas dan una imagen de gran poder.

Artesanía china
Los artistas de la dinastía Shang en China crean piezas de bronce (una mezcla de cobre y estaño), a menudo en forma de animales, para rellenarlas de comida y enterrarlas con los muertos.

Terracota nok
El pueblo nok de África occidental (actual Nigeria) crea sorprendentes retratos escultóricos de humanos y animales en terracota. La mayoría de las figuras humanas tienen ojos triangulares y grandes, y están decoradas con diferentes peinados y joyas.

c. 35000 a. C.

c. 1550-1070 a. C.

1500 a. C.

500 a. C.-200 d. C.

Primeras figuras
En toda Europa se hacen pequeñas esculturas de humanos, normalmente mujeres y animales. Algunas se esculpen en piedra, hueso o marfil, mientras que otras se moldean en arcilla, que después se cuece.

Guerreros de terracota
Más de 7000 estatuas de soldados de arcilla a tamaño real protegen el sepulcro de Qin Shi Huang, el primer emperador de China.

210 a. C.

450 a. C.

Escultura griega
Los escultores griegos captan el cuerpo humano con gran realismo. Sus estatuas de bronce y mármol disponen de colores vivos, aunque con el tiempo se van apagando.

Arco de Tito
El arco romano dedicado al emperador Tito está decorado con relieves de sus triunfos militares.

Escultura romana
Las casas, los jardines y los espacios públicos romanos están repletos de esculturas, ya sean bustos de retratos realistas de antepasados y ciudadanos famosos o grandes estatuas de mármol con historias de dioses y héroes.

c. 100 a. C.

Santos medievales
Las paredes de las catedrales góticas de Europa están decoradas con estatuas de santos cristianos y figuras de la Biblia.

c. 1200

Estatuas de Buda
Las estatuas de Buda vestido en Gandhara (en el norte de los actuales Pakistán y Afganistán) tienen un estilo realista, reflejan el arte griego y romano.

200-500

1150-1400

Guardianes de piedra
La gente de Rapa Nui, los habitantes polinesios de la isla de Pascua en el océano Pacífico, esculpen grandes figuras de piedra que representan a sus ancestros. Las figuras reposan sobre plataformas y miran hacia el mar.

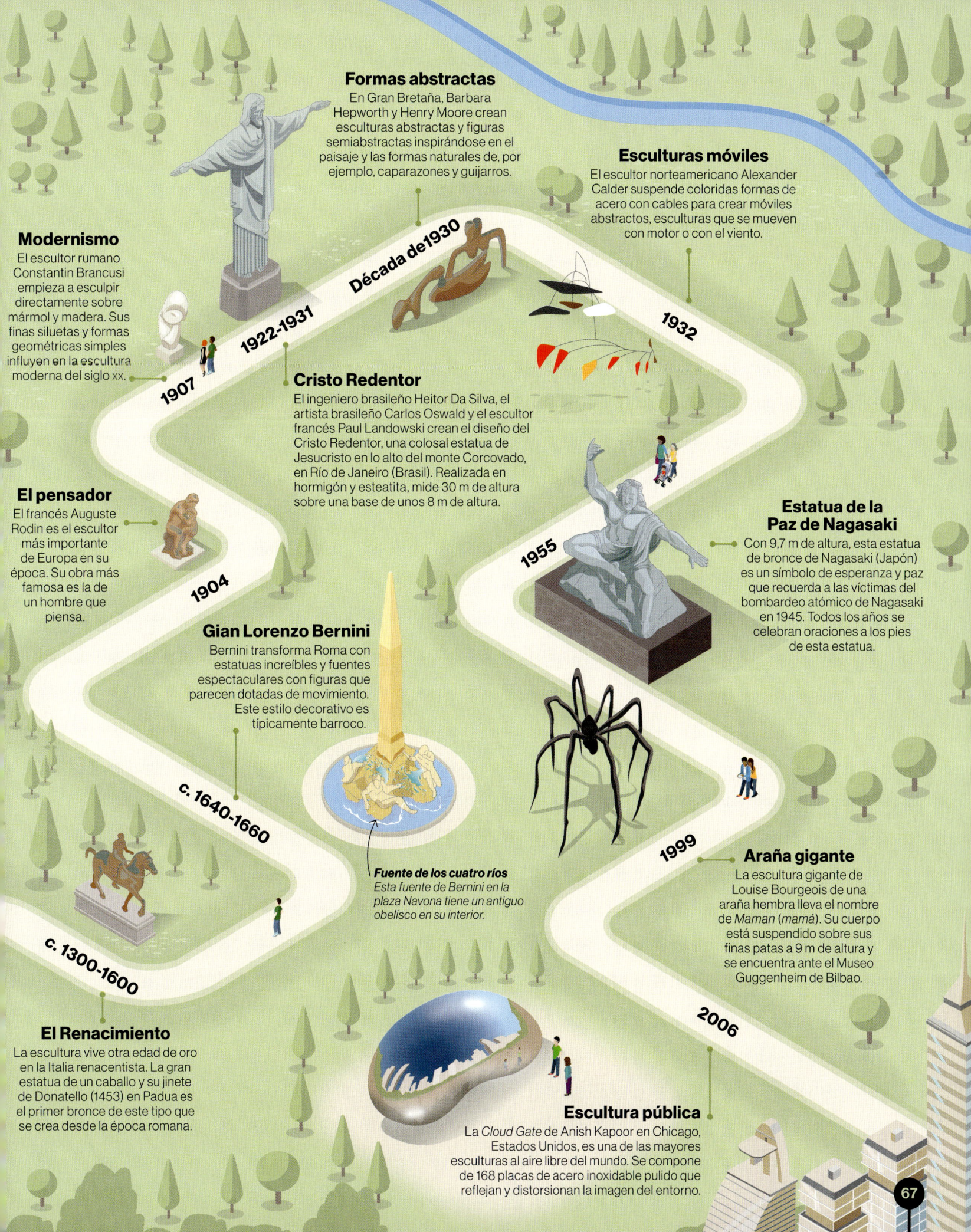

Formas abstractas

En Gran Bretaña, Barbara Hepworth y Henry Moore crean esculturas abstractas y figuras semiabstractas inspirándose en el paisaje y las formas naturales de, por ejemplo, caparazones y guijarros.

Década de 1930

Esculturas móviles

El escultor norteamericano Alexander Calder suspende coloridas formas de acero con cables para crear móviles abstractos, esculturas que se mueven con motor o con el viento.

1932

Modernismo

El escultor rumano Constantin Brancusi empieza a esculpir directamente sobre mármol y madera. Sus finas siluetas y formas geométricas simples influyen en la escultura moderna del siglo xx.

1907

1922-1931

Cristo Redentor

El ingeniero brasileño Heitor Da Silva, el artista brasileño Carlos Oswald y el escultor francés Paul Landowski crean el diseño del Cristo Redentor, una colosal estatua de Jesucristo en lo alto del monte Corcovado, en Río de Janeiro (Brasil). Realizada en hormigón y esteatita, mide 30 m de altura sobre una base de unos 8 m de altura.

El pensador

El francés Auguste Rodin es el escultor más importante de Europa en su época. Su obra más famosa es la de un hombre que piensa.

1904

1955

Estatua de la Paz de Nagasaki

Con 9,7 m de altura, esta estatua de bronce de Nagasaki (Japón) es un símbolo de esperanza y paz que recuerda a las víctimas del bombardeo atómico de Nagasaki en 1945. Todos los años se celebran oraciones a los pies de esta estatua.

Gian Lorenzo Bernini

Bernini transforma Roma con estatuas increíbles y fuentes espectaculares con figuras que parecen dotadas de movimiento. Este estilo decorativo es típicamente barroco.

c. 1640-1660

Fuente de los cuatro ríos
Esta fuente de Bernini en la plaza Navona tiene un antiguo obelisco en su interior.

1999

Araña gigante

La escultura gigante de Louise Bourgeois de una araña hembra lleva el nombre de *Maman* (*mamá*). Su cuerpo está suspendido sobre sus finas patas a 9 m de altura y se encuentra ante el Museo Guggenheim de Bilbao.

c. 1300-1600

2006

El Renacimiento

La escultura vive otra edad de oro en la Italia renacentista. La gran estatua de un caballo y su jinete de Donatello (1453) en Padua es el primer bronce de este tipo que se crea desde la época romana.

Escultura pública

La *Cloud Gate* de Anish Kapoor en Chicago, Estados Unidos, es una de las mayores esculturas al aire libre del mundo. Se compone de 168 placas de acero inoxidable pulido que reflejan y distorsionan la imagen del entorno.

Primeras filosofías chinas

Dos filosofías muy influyentes desempeñan un papel crucial en los principios de la China imperial. El confucianismo destacaba la importancia de la educación y el respeto hacia padres y ancianos para dar armonía a la sociedad. Los legalistas insistían en que el pueblo solo actuaría bien con leyes estrictas. El primer emperador defendía el legalismo, y la dinastía Han, el confucianismo.

Estandarización

El emperador introduce pesos, medidas y monedas estándares, y un sistema de escritura común. Sus monedas son circulares con un agujero cuadrado en el medio, que representa la tierra cuadrada rodeada por la cúpula celestial.

Quema de libros

El emperador ordena una gran quema de libros, incluidas las historias de los reinos conquistados y la filosofía y la poesía confucianas. Solo se permiten los textos a favor de la filosofía legalista.

Gran Muralla

El emperador envía a 300 000 soldados y millones de trabajadores al norte para construir la primera Gran Muralla que mantenja alejados a los invasores del norte. También unifica China derribando las murallas internas que separaban a los Estados.

Primer emperador

Los ejércitos de Ying Zheng, que gobierna el reino occidental de Qin, conquistan los seis reinos rivales entre el 230 y el 221 a. C. y unifica China por vez primera . Asume un nuevo título: Shi Huangdi, «el primer emperador».

Caída de los Qin

El segundo emperador Qin, Qin Er Shi, es un soberano débil incapaz de evitar las revueltas generalizadas. Tras su muerte en 207 a. C., su dinastía se desploma ante la rebelión, cuyos dos antiguos líderes, Xiang Yu y Liu Bang, se enzarzarán en una guerra para decidir quién gobernará China.

Fundador Han

Liu Bang derrota a Xiang Yu y establece la dinastía Han. Gobierna como emperador Gaozu. Levanta una nueva capital en Chang'an y recluta a los estudiosos de Confucio para su gobierno.

| 246-221 a. C. | 221 a. C. | 215 a. C. | 213 a. C. | 210-207 a. C. | 202-195 a. C. |

Inicio de la China imperial

En 221 a. C., el rey de Qin unió toda la China, antes dividida en reinos enfrentados, y se convirtió en el primer emperador. Impuso por la fuerza el mismo estilo de vida en todo el país. No obstante, gobernó con tanta dureza que la dinastía Qin se derrumbó tras su muerte el 210 a. C. La dinastía Han se hizo con el poder, gobernó con más indulgencia y vivió la primera época dorada de China.

Emperador Wudi
Durante el reinado del emperador Wudi se amplía el dominio chino hacia Asia central, Corea y el actual Vietnam. Convierte el confucianismo en la filosofía oficial, pero mantiene las normas legalistas.

Gran historiador
Sima Qian, un funcionario de la corte de Han, redacta una monumental historia de China. Las generaciones posteriores conocen el libro como *Memorias históricas*.

Caída de los Han
El dominio Han acaba al dividirse China en tres reinos: Shu, Wei y Wu. El soberano de cada reino se hace llamar emperador y asegura que desciende de los Han. Pese a las constantes guerras, las artes florecen, en especial la poesía y la cerámica.

Oposiciones públicas
El emperador Wen crea un sistema de oposiciones para los cargos del gobierno. Antes se nombraba a los funcionarios por recomendación de nobles y otros funcionarios.

Asia central
Zhang Qian, un diplomático chino, visita Asia y vuelve el 125 a. C. Gracias a sus relatos, Han se expande hacia Asia central. Empieza el comercio de larga distancia entre China y Occidente a través de la Ruta de la Seda, que trae prosperidad a China.

Aumento de población
El censo de Han registra la población de China en 58 millones.

Papel
Un funcionario de la corte, Cai Lun, fabrica el primer papel, a partir de corteza y andrajos. Es más barato que el bambú o la seda y revoluciona la escritura.

| 165 a. C. | 141-87 a. C. | 138-c. 50 a. C. | c. 85 a. C. | 2 a. C. | c. 105 d. C. | 220 d. C. |

Guerreros de terracota
El primer emperador fue enterrado en un inmenso sepulcro, acompañado de un ejército de unos 8000 guerreros de terracota de tamaño real sepultados en fosos. El emperador creía que le protegerían tras la muerte.

Medir el tiempo

Antiguamente, el paso del tiempo se medía con la altura del Sol en el cielo o estudiando lo que tardaba en agotarse una vela. La medida del tiempo ganó precisión hace unos 700 años al inventarse los relojes mecánicos. Hoy medimos en fracciones de segundo y tenemos acceso a relojes digitales en ordenadores y teléfonos.

«Medimos el tiempo con los relojes, pero solo vemos las agujas del reloj, no el propio tiempo.»

Carlo Ravelli, físico italiano, *Discovery*, 2007

Reloj astronómico

El científico chino Su Song construye un reloj en forma de torre de 12 m de altura, accionado por agua. Usa una ingeniosa serie de piñones para controlar la hora y la fecha, además de los movimientos del Sol, la Luna y los planetas.

Reloj elefante

El erudito e ingeniero musulmán Al-Jazari diseña un reloj con forma de elefante que utiliza ingeniosos dispositivos accionados por agua para dar la hora. En su interior, un cuenco flotante oculto permitía la entrada gradual de agua a través de un pequeño orificio, hundiéndose lo suficiente cada media hora para activar un sonido de tambor que marcaba la hora. Tanques flotantes separados permitían ajustar la duración de las horas en función de los cambios en la duración de los días del año.

Relojes de sol

Un reloj de sol del Valle de los Reyes, en Egipto, es uno de los primeros objetos fabricados por el hombre que muestra un día dividido en horas iguales. Sin embargo, no puede medir el tiempo por la noche.

Relojes de agua

En Egipto se utilizan relojes de agua. El agua gotea por un pequeño agujero en el fondo de un recipiente cónico, haciendo que el nivel descienda. Unos marcadores en el interior indican el tiempo transcurrido. Por esta época, los egipcios también empiezan a utilizar relojes de sol.

Primer calendario

Los sumerios (actual Irak) de Mesopotamia crean un calendario Lunar, que crean ciclos en 12 meses. En los cuales año desarrollan dividir el año civil. Otras civilizaciones desarrollan calendarios similares contemporáneas.

Antiguo calendario lunar

Los cazadores-recolectores de Europa crearon monumentos para seguir el paso del tiempo observando la cara cambiante de la Luna. En 2013 se descubrió en la región escocesa de Aberdeenshire el calendario lunar más antiguo del mundo, que data del año 8000 a. C. aproximadamente.

1206

1094

c. 1500 a. C.

c. 1500 a. C.

c. 2400 a. C.

c. 8000 a. C.

70

Relojes mecánicos

En Europa se inventan los relojes mecánicos, que se usan en iglesias. Funcionan con un gran peso al final de una cadena, que se deja caer lentamente y que, al hacerlo, gira los piñones del reloj.

c. 1300-1350

Reloj de bolsillo

El relojero alemán Peter Henlein fabrica relojes mecánicos lo bastante pequeños para llevar en el bolsillo. Se mueven gracias a un muelle de acero que hace girar las agujas del reloj al desenrollarse.

Década de 1520

Reloj de péndulo

El científico holandés Christiaan Huygens diseña el primer reloj que aprovecha el movimiento periódico de un péndulo (descrito por primera vez por el científico italiano Galileo en 1602) para controlar el tiempo. Es bastante preciso; solo pierde o gana unos segundos por día.

1656

Cronómetro marino

Tras 45 años de trabajo, el relojero inglés John Harrison completa el cronómetro marino H4, un reloj de bolsillo tan preciso que los marineros pueden usarlo para determinar la distancia navegada hacia el este u oeste de Londres comparando el mediodía local con la hora londinense. Su precisión puede oscilar en hasta tres segundos al día.

1759

Relojes de pulsera

Los primeros relojes de pulsera son joyas: pulseras decorativas con un reloj. Los relojes de pulsera de bolsillo con cadena son populares hasta la Primera Guerra Mundial, cuando se imponen los relojes de pulsera de estilo militar.

1868

Relojes atómicos

Los científicos construyen un reloj atómico regulado por las vibraciones naturales de los átomos. Un reloj atómico pierde o gana menos de un segundo cada millón de años.

Década de 1950

Calendario azteca

Los aztecas de América Central usaban calendarios esculpidos en piedra. En ellos, 20 símbolos alrededor del rostro central representaban los 20 días del mes. Cada año constaba de 18 meses, lo que sumaba 360 días, 5 menos que el año completo; estos 5 días se consideraban gafados.

El mayor imperio

El imperio alcanza su extensión máxima bajo el emperador Trajano. Con el emperador Adriano (117-138), los romanos crean fuertes y defensas como el muro de Adriano en Gran Bretaña, para proteger las vastas tierras del imperio.

Nueva dinastía

Vespasiano gana las guerras civiles y es emperador. Su dominio da inicio a una nueva dinastía, los flavios. Empieza a levantar el anfiteatro flavio (conocido más adelante con el nombre de Coliseo), que acaban sus hijos.

Emperador Nerón

El mandato de Nerón, quinto y último emperador de la dinastía Julio-Claudia, acaba con muchas rebeliones. Nerón se suicida y estalla otra guerra civil. Roma vive el mandato de cuatro emperadores diferentes en un único año.

Emperador Claudio

Claudio se convierte en el cuarto emperador de la dinastía Julio-Claudia, fundada por Augusto. En 43 d.C. inicia una invasión para conquistar Gran Bretaña y obtener así sus preciados recursos y esclavos para el imperio.

Emperador Augusto

Tras una guerra civil, el heredero de César, Octavio, se convierte en el primer emperador de Roma, con el nombre de Augusto («el venerado»). Inicia la dinastía Julio-Claudia, la primera línea hereditaria de líderes romanos. Augusto dice restaurar el sistema republicano, pero gobierna de manera absolutista.

Dictador vitalicio

Tras ganar su vida, Julio César es nombrado por el Senado y éxito Pompeyo, por el Senado. Sus senadores de Roma a algunos meses después de Roma vitalicio un mes después que lo asesinan en su nombramiento.

Ampliar el imperio

Julio César conquista la Galia (actual Francia) y dirige expediciones hacia Gran Bretaña en los años 55 y 54 a.C. propagándose así el estilo de vida romano. Sus relatos son un testimonio en primera persona de sus campañas.

Revuelta de esclavos

El gladiador Espartaco lidera una revuelta de esclavos contra el imperio. Consigue varias victorias contra el ejército romano, pero acaba derrotado y muerto. El imperio ejecuta a 6000 supervivientes de su ejército.

La Ruta de la Seda

Una antigua red de rutas terrestres y marítimas, conocida como Ruta de la Seda, comienza a usarse para el comercio de larga distancia entre el imperio romano y China. Los romanos acaudalados gastan mucho dinero en seda china, especias indias, y los chinos importan cristalería romana.

Conquista de Grecia

Los romanos libran una serie de guerras contra Macedonia (al norte de Grecia) y diversas ciudades-Estado griegas. Se copian muchas esculturas griegas, que acaban llevadas a Roma.

Fechas

- 27 a.C.
- 41-54 d.C.
- 54-68 d.C.
- 69-79 d.C.
- 117 d.C.
- 44 a.C.
- 58-50 a.C.
- 73-71 a.C.
- Siglo I a.C.
- 197-146 a.C.

Mapa

EL IMPERIO ROMANO EN EL 117 d.C.

Mar negro · Constantinopla · EGIPTO · GRECIA · Atenas · MACEDONIA · DACIA · Roma · ITALIA · GALIA · HISPANIA · BRITANIA · Cartago · Mar Mediterráneo

El Imperio romano

Los antiguos romanos crearon uno de los mayores y mejor organizados imperios de la historia. En su apogeo, el imperio abarcaba 4500 km de este a oeste y 3700 km de norte a sur. Ha sido la única vez en la historia en la que todas las tierras de las orillas del Mediterráneo han formado parte de un único Estado, gobernado desde Roma. En el siglo I d.C. esta ciudad contaba con más de un millón de habitantes.

Crisis imperial

En este turbulento periodo, el imperio recibe el ataque de persas por el este y de tribus germánicas por el norte. Se escinden varias regiones y estalla un brote de peste en el 249 d.C. Hay varios emperadores en poco tiempo y casi todos mueren violentamente.

235-284 d.C.

Estabilidad

El emperador Diocleciano intenta restablecer un gobierno fuerte dividiendo el imperio en dos mitades: la de Oriente y la de Occidente. Cada mitad tiene su emperador (el Augusto) y su heredero (el César).

284-305 d.C.

Occidente contra Oriente

El emperador Constantino llega al poder en la parte occidental. Tras ganar una guerra civil contra Licinio, el emperador oriental, vuelve a unir el imperio y establece una nueva capital en Oriente, conocida más adelante como Constantinopla (hoy Estambul, Turquía).

312-330 d.C.

476 d.C.

Caída de Roma

Desde el año 370, los bárbaros germánicos van conquistando las provincias romanas de Occidente. Finalmente, el emperador Odoacro, un jefe germánico, destrona al último emperador romano de Occidente, Rómulo Augústulo, y se convierte en rey de Italia. La parte oriental del imperio sobrevive durante 1000 años más bajo el nombre de Imperio bizantino.

Atacados

Los romanos se enfrentan al imperio cartaginés del norte de África y ganan tres guerras. Durante la segunda guerra, el general cartaginés Aníbal cruza los Alpes e invade Italia por el norte, pero no consigue hacerse con Roma.

264-146 a.C.

La república

Los romanos expulsan a su rey y establecen una república (en la que los líderes electos ostentan el poder). Los ciudadanos de Roma eligen dos jefes o cónsules para gobernar (junto con los cónsules y el Senado).

c. 510/509-27 a.C.

Fundación de Roma

Cuenta la leyenda que la fundación de Roma se debe a los gemelos Rómulo y Remo, el fundación de Rómulo y Marte. Los dos hijos, criados por los gemelos C. hijos del dios VIII a la guerra, el origen del siglo VIII a.C. el origen del siglo de la guerra, a partir de una loba la ciudad asentamiento real de una pequeño una de las siete un pequeño una ciudad durante levantado colinas de la ciudad a.C. el siglo y a.C.

753 a.C.

Tecnología romana

En el Imperio romano hubo grandes avances tecnológicos. A menudo los romanos aprovechaban las invenciones de pueblos anteriores para mejorarlas. Así, el arco fue usado ya en el antiguo Egipto y la antigua Grecia, pero los romanos fueron los primeros que lo usaron en grandes edificios. Gracias al arco, la producción en masa de ladrillos y el hormigón, los romanos levantaron cientos de grandes estructuras, muchas de las cuales siguen aún en pie.

Soplado de vidrio
El vidrio soplado se inventa en Siria; un vidriero experto puede crear un recipiente en cuestión de minutos. El cristal deja de ser un lujo exclusivo de los ricos.

Finales del siglo I a. C.

Edificios de hormigón
Los romanos emplean hormigón, un material de construcción que mezcla grava y agua con minerales y se endurece al secarse. El hormigón les permite construir a bajo coste y a gran escala. La basílica de Majencio (c. 310 d. C.) fue una de las mayores estructuras de hormigón del imperio.

Siglo II a. C.

Retretes públicos
Los romanos construyen retretes públicos: asientos de piedra sobre un canal de agua corriente. La forma de ojo de cerradura permite limpiarse con una esponja húmeda al final de un palo.

Siglo II a. C.

Vías romanas
Se construye la Vía Appia, que une Roma con el sur de Italia. Todo el imperio estará conectado por carreteras rectas y largas por las que los soldados pueden marchar grandes distancias de manera rápida.

312 a. C.

Acueductos
Los romanos levantan su primer acueducto, la Aqua Appia, para transportar agua 16 km hasta Roma. Acueductos posteriores, como el de Pont du Gard en Francia, de los años 40-60 d. C., disponen de arcos para cruzar ríos y valles.

312 a. C.

Herramientas para medir

Los romanos eran capaces de trazar largas carreteras totalmente rectas y calcular la pendiente precisa de los acueductos que transportaban agua a kilómetros de distancia. Antes de construir estructuras, sus agrimensores usaban herramientas simples para realizar mediciones precisas.

Planificación de carreteras

Los agrimensores usaban el groma, con el que comprobaban que las carreteras eran rectas; tenía una cruz con pesos colgantes para tenerla nivelada y alinearla con referencias en la distancia.

Medición de pendientes

El corobate era una tabla de madera con una ranura que se llenaba de agua. Con el agua nivelada, los agrimensores podían comprobar que las estructuras tenían la altura correcta.

Calefacción radiante

El ingeniero romano Sergio Orata mejora el sistema griego de calefacción por suelo radiante, similar al inventado en Unggi (actual Corea del Norte) hacia el 1000 a. C. El aire caliente de un horno pasa bajo un suelo elevado.

c. 90 a. C.

Máquina de vapor

En Egipto, un científico llamado Herón inventa la máquina de vapor, un simple objeto curioso sin objetivo alguno. Consiste en una caldera de agua esférica que gira sobre sí misma al salir su vapor por dos boquillas.

c. 80 d. C.

Prensa de tornillo

Los romanos inventan la prensa de tornillo, una máquina que aplasta objetos al girar un gran tornillo. Se usa para hacer aceite prensando aceitunas y vino prensando uva.

Siglo I d. C.

Primeros libros

Se crean libros con páginas hechas con piel de animal o papiro (un tipo de junco), más cómodos que los largos rollos de pergamino; acaban sustituyéndolos.

Finales del siglo I d. C.

Panteón

El emperador romano Adriano reconstruye el Panteón, en Roma. Su cúpula de hormigón continúa en pie y sigue siendo la cúpula de hormigón no armado más grande del mundo.

c. 126 d. C.

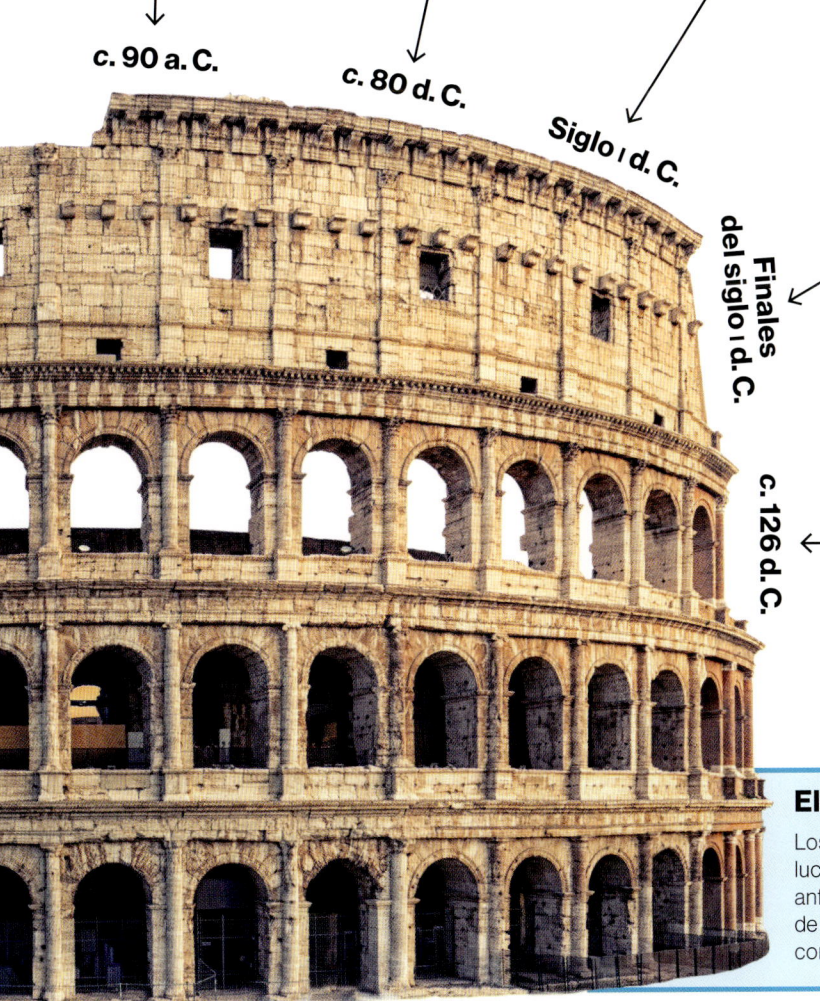

El Coliseo

Los romanos construían anfiteatros para celebrar las luchas de gladiadores. Al contrario que los anteriores anfiteatros, excavados en laderas de colina, el Coliseo de Roma era una estructura independiente que contaba con tres pisos sobre 80 arcos de ladrillo y hormigón.

Jainismo

En el norte de la India, un hombre santo errante llamado Mahavira crea el jainismo. Los adeptos de esta fe sin dios rechazan los placeres terrenales y siguen vidas no violentas y vegetarianas. Creen en un ciclo eterno de reencarnación.

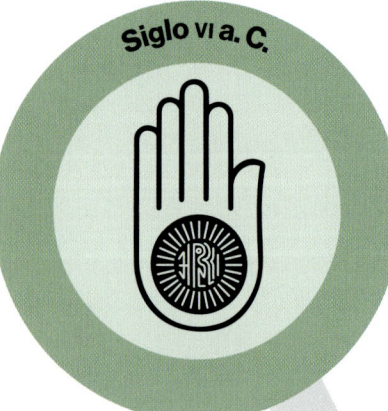

Siglo VI a. C.

Confucianismo

Cinco libros recogen las enseñanzas de Confucio, un estudioso y filósofo chino. El confucianismo es una forma de vida basada en valores como la bondad y el respeto por la familia. Al contrario que la mayoría de las religiones, no se basa en creencias sobrenaturales.

Siglos VI-V a. C.

Taoísmo

El filósofo chino Lao-Tse escribe *Dao De Jing*, el principal libro que siguen los taoístas, quienes creen en la existencia de una fuerza invisible, el tao, que controla el universo. Sus seguidores intentan vivir en armonía con esta fuerza natural y llevar vidas llenas de paz y altruismo.

c. siglo IV a. C.

Budismo

En la India oriental, Siddhartha Gautama, un rico príncipe, renuncia al lujo y se embarca en la búsqueda de la superación del sufrimiento humano. Esta búsqueda concluye al llegar al nirvana (iluminación) a través de la meditación. Se le conoce como Buda y dedica su vida a guiar a los demás tras fundar el budismo.

Siglo VI a. C.

Religión

Ha habido ideas religiosas desde la prehistoria, cuando nuestros antepasados empezaron a enterrar a los muertos con artículos preciados, lo que indica que creían en la vida tras la muerte. Casi todas las religiones creen en la vida después de la muerte, pero no todas hablan de un ser sobrenatural, como una deidad.

Siglos X-VI a. C.

Zoroastrismo

En Persia (actual Irán), un sacerdote conocido como Zaratustra (o Zoroastro según nuestra tradición), que vivió entre los años 1000 y 600 a.C. tiene una serie de visiones que inspiran una nueva religión, el zoroastrismo. Enseña a sus discípulos que existe un único dios y que se libra una batalla eterna entre el bien y el mal.

c. 1500 a.C.

Hinduismo

Se redactan los Vedas, un compendio de himnos y cantos que forman los textos más antiguos del hinduismo, en el noroeste de la India. Los hindúes siguen a varios dioses y diosas, y creen en la reencarnación tras la muerte.

c. 2000 a.C.

Judaísmo

Aparece la primera gran religión monoteísta entre los hebreos, un grupo de campesinos y pastores seminómadas de los actuales Israel y Palestina. Dejan por escrito las leyes establecidas por Dios en rollos, que forman la Biblia hebrea o Tanaj. Es lo que se conocerá como el Antiguo Testamento.

Rastafarismo

Religión surgida en el Caribe entre los seguidores del líder jamaicano Marcus Garvey, que profetiza un retorno de los negros a África. El rastafarismo llega a considerar divino al emperador etíope Haile Selassie, adopta estrictas leyes sobre la alimentación (en parte basadas en el Antiguo Testamento), fomenta el uso de rastas y llama a un retorno masivo a África.

Década de 1930

Sintoísmo

El sintoísmo se convierte en religión oficial de Japón. Los seguidores de esta religión con miles de años de antigüedad rinden culto a los espíritus de los lugares sagrados, que creen que les dan buena suerte. Los espíritus sintoístas están por todas partes, por ejemplo en la naturaleza, como rocas, árboles o montañas.

1868

Cristianismo

En Judea (actual Israel), el predicador judío Jesús de Nazaret es ejecutado por el gobierno romano. Sus seguidores, que lo consideran el hijo de Dios, difunden sus enseñanzas, centradas en el perdón y la paz. Ello da pie a la religión cristiana, que acabará creciendo hasta convertirse en la mayor religión del mundo.

Siglo I d. C.

«Nuestra mayor gloria no es no caer jamás, sino levantarnos cada vez que caemos.»
Confucio, filósofo chino

1863

Bahaísmo

Mirza Husayn-Ali, un noble de Persia (actual Irán), tiene una revelación religiosa que inspira una ingente obra religiosa, las escrituras principales del bahaísmo. Los bahaíes creen en la unidad de todas las religiones y la igualdad de las personas, con independencia de su nacionalidad o credo.

Siglo VII

Islam

La religión islámica se basa en las enseñanzas del Corán, que los musulmanes consideran la palabra de Dios dada por el arcángel Gabriel al profeta Mahoma. Los cinco pilares del islam son: el testimonio de un dios único, la oración, el ayuno, la caridad y el Hach (peregrinación a La Meca).

C. Siglo XI

Religión akan

El pueblo akan de las actuales Ghana y Costa de Marfil, en África occidental, cree en un ser supremo, Onyame, creador del universo. También creen en otras deidades útiles, o abosom, que habitan en ríos, lagos, árboles y montañas. Los akan honran a sus antepasados, que pueden ayudarles en tiempos de necesidad o castigar a los malhechores. Se les venera en forma de taburetes negros de madera.

1499

Sijismo

Guru Nanak, el fundador del sijismo, vive una experiencia mística al bañarse en un río del noroeste de la India. Renuncia al hinduismo y empieza a enseñar una nueva fe que combina elementos del hinduismo y el islam. Los sijs creen en un único dios y en la reencarnación tras la muerte.

LA DESTRUCCIÓN DE POMPEYA

La erupción del Vesubio

En el Imperio romano se levantaron pueblos y ciudades, como Pompeya y Herculano, alrededor del Vesubio, un volcán inactivo de Italia. El 24 de agosto del 79 d. C. la montaña explotó sin previo aviso y sepultó de oscuridad y muerte a unos 15 000 ciudadanos romanos.

Montaña activa

En el **62 d. C.** la bahía de Nápoles experimenta una serie de destructivos terremotos por la acumulación de gas en el Vesubio. Los violentos temblores se notan en los pueblos de Herculano, a 7 km al oeste, y Pompeya, a 10 km al sudeste. Diecisiete años más tarde, en **agosto del 79 d. C.** se endurece la lava líquida en el cráter principal del Vesubio; se acumula más gas y se producen violentos temblores de tierra durante días.

La nube en el cielo

El **24 de agosto** en el puerto de Miseno, 30 km al oeste del Vesubio, el erudito de 18 años Plinio el Joven observa una nube sobre la montaña silenciosa. Ardientes gases tóxicos, ceniza y vidrio volcánico caen sobre Pompeya, hacia el sudeste. En solo **15 minutos**, miles de personas mueren a causa del calor extremo, asfixiados por los gases venenosos o por el impacto de los escombros volcánicos. Quienes están fuera no tienen tiempo de escapar ni de buscar refugio. Una nueva lluvia de roca volcánica ligera, o piedra pómez, se suma a la carnicería. Los supervivientes, que entran en pánico, recogen sus posesiones más preciadas y huyen hacia la playa, una vía de escape.

La oscuridad

Por la **tarde** se acumula una gruesa capa de ceniza y piedra pómez sobre Pompeya que derrumba los edificios. La ceniza bloquea la luz del sol y se hace de noche en la bahía de Nápoles. La oscuridad y los edificios derrumbándose aumentan el pánico de los ciudadanos en la orilla. La piedra pómez flota en el agua, lo que dificulta aún más la huida del horror en los hacinados barcos. Al **atardecer** vuelan rocas incandescentes del tamaño de puños entre la oscuridad de las cenizas; los habitantes de Pompeya, aterrorizados, buscan refugio entre las ruinas de los edificios.

La torre infernal

A **medianoche** la nube de erupción llega a su apogeo: unos 30 km de altura. La columna ascendente de ceniza y gas se colapsa y una asfixiante nube de gas y escombros, el flujo piroclástico, baja a toda velocidad por la montaña hacia el pueblo de Herculano. La infernal nube se desplaza casi a 700 km/h; su temperatura llega a unos abrasadores 400 °C. Los ciudadanos no tienen escondite alguno y perecen al instante cuando la nube volcánica azota las calles del municipio.

El polvo

Durante la noche y la oscuridad de la mañana volcánica, la nube de erupción se colapsa más veces y escupe más flujo piroclástico montaña abajo. Esta vez le toca a Pompeya sufrir el infierno y sumar más víctimas a los ya miles de muertos. Plinio el Joven y miles de supervivientes se dirigen tierra adentro para alejarse del diabólico desastre. Al mirar atrás, hacia la bahía, observan que Herculano ha desaparecido: el pueblo está enterrado bajo 20 m de ceniza, piedra pómez y roca volcánica. La bahía de Nápoles queda a oscuras durante varios días, hasta que la nube volcánica acaba asentándose. El Vesubio recupera su silencio.

> **«Caía ceniza, más caliente y más densa... y a continuación piedras.»**
> **Plinio el Joven**, *Cartas VI 16*

Ocio y festivales

Los primeros museos, zoos y festivales ya atraían a multitudes. La realeza creaba también magníficos espectáculos para dejar claro su poder y su riqueza. La música y las historias contadas han tenido gran importancia en numerosas culturas, y los teatros y los auditorios han servido para acercar a los artistas al público. A lo largo de los siglos millones de personas se han reunido para disfrutar de los mejores espectáculos del planeta.

El primer zoo

En la ciudad egipcia de Hieracómpolis se crea el primer zoo conocido: los visitantes podían maravillarse con babuinos, leopardos, hipopótamos, gacelas y cocodrilos, cuyos restos momificados se descubrirán miles de años más tarde.

Celebrar con la luz

En el subcontinente indio, la gente empieza a iluminar sus casas con lámparas durante el festival hindú de Diwali hace 2500 años. En el siglo II a.C., los chinos comienzan a celebrar el Festival de los Faroles, en el que honran a sus antepasados encendiendo linternas de colores.

c. 3500 a.C.   **c. 550-500 a.C.**

Ofrendas de cosecha

Los igbo de Nigeria y Ghana celebran el año nuevo con el *iri ji* o Festival del Nuevo Ñame, en el que los ñames recién cosechados se entregan como ofrenda a los dioses. Un anciano de la comunidad come ceremonialmente el primer ñame, tras lo cual la gente participa en bailes folclóricos, desfiles y banquetes.

Sala de ópera

El teatro de ópera más antiguo del mundo abre en Nápoles, Italia. El Real Teatro di San Carlo acoge obras de grandes compositores, orquestas y cantantes. El edificio consigue sobrevivir a un incendio y a los bombardeos de la Segunda Guerra Mundial.

Carnaval

La mayor celebración del carnaval del mundo, con más de medio millón de personas, se celebra todos los años en las calles y las playas de Río de Janeiro.

Teatro The Globe

La cuna de las obras de Shakespeare abre en Londres, Reino Unido. El teatro The Globe tiene un aforo para 1500 personas en su interior; la gente se reunía fuera para disfrutar de la atmósfera.

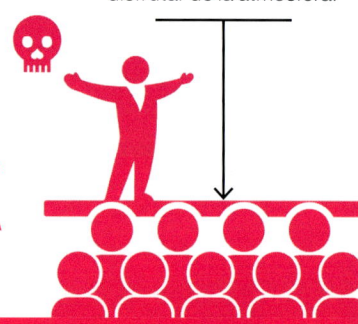

Antes de 1740   **1737**   **1723**   **1599**

Exposición Universal

Se celebra la primera Exposición Universal en el Palacio de Cristal de Londres, Reino Unido. Las muestras industriales, científicas y culturales duran meses. Miles de visitantes disfrutan de más de 100 exposiciones en 20 ciudades diferentes.

Acuario público

El primer acuario público del mundo, de nombre The Fish House, abre en el zoo de Londres. Su exposición consta de unas 300 muestras de vida marina diferentes. Es la primera vez que se conservan y muestran criaturas acuáticas en tanques cerrados.

Grandes pantallas

Los hermanos Auguste y Louis Lumière presentan el primer visionado de cine público con entrada en París, Francia. El pase consta de 10 filmaciones de cortos propios.

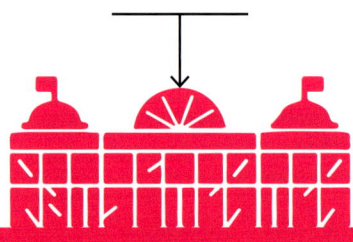

1851   **1853**   **1895**

Circo Máximo

Abre al público el Circo Máximo de Roma. Es la mayor arena, y la más antigua, de las de las ciudades romanas que albergaban carreras de cuadrigas. Tras el gran incendio de Roma en el 64 d.C., se reconstruye con una capacidad para más de 200 000 espectadores. Las carreras siguen celebrándose aquí hasta mediados del siglo VI d.C.

Primeros museos

La princesa babilónica Ennigaldi construye el primer museo, dedicado a la historia de Mesopotamia, en su palacio de Ur (en el actual Irak). Muchos museos empiezan como colecciones de arte o piezas históricas privadas en casas de ricos.

Fiestas mayas

Los mayas tenían dos calendarios, uno común con un año de 360 días y otro sagrado de 260 días, que determinaba las fechas de las fiestas religiosas. Una vez cada 52 años, el primer día ambos calendarios coincidían, lo que los mayas veían como un momento de renovación y nuevo comienzo. Todos los fuegos de la ciudad se apagaban y volvían a encenderse como símbolo de una nueva era en la ceremonia del fuego nuevo.

c. siglo VI a.C.

c. 530 a.C.

c. 250 a.C.-900 d.C.

Honrar a los muertos

Las fiestas aztecas en honor de los muertos se transforman tras la conquista española en el Día de Muertos, una colorida celebración de los difuntos con desfiles, máscaras, dulces y ofrendas de tamales, flores y pan de muerto, un tipo de pan dulce.

Fuegos artificiales

Los fuegos artificiales se inventan en China hacia el año 600 d.C. Los primeros de colores se inventan en Italia, en la década de 1830, y se convierten en espectaculares actos de entretenimiento público.

Edad de oro de la India

El Imperio Gupta se conoce como la edad dorada del ocio indio. El pueblo se reúne para presenciar espectáculos de danza, teatro y música. Los estilos clásicos de música y danza de esta época continúan practicándose en todo el mundo.

Siglo XVI

c. 600 d.C.

c. 320-550 d.C.

Radio

El ingeniero canadiense-estadounidense Reginald A. Fessenden inventa un generador eléctrico que produce ondas sonoras continuas. Realiza su primera emisión de radio pública desde Brent Rock, Massachusetts, Estados Unidos, en Nochebuena.

Parques temáticos

El primer parque temático de Estados Unidos abre en Indiana. Santa Claus Land ofrece atracciones de temática festiva. Los parques temáticos cobran popularidad por todo el país; Disneyland se convierte en uno de los parques temáticos más importantes del mundo en la década de 1950.

Orgullo

Una multitud se reúne en Nueva York, Estados Unidos, para celebrar el primer día del orgullo gay, para promover la igualdad y los derechos de los homosexuales. Desde entonces se celebra anualmente en diversas ciudades del planeta.

Pop espectacular

Una audiencia récord asiste en Rabat (Marruecos) al concierto de la artista estadounidense Christina Aguilera. Cerca de 250 000 fans se dan cita en el festival Mawazine.

1906

1946

1970

2016

Imperio kushán

Los kushanes, un pueblo nómada de Asia central, conquistan el noroeste de la India y el actual Afganistán. Siguen una nueva forma de budismo, el mahayana (que significa «gran vehículo»), que llega hasta Asia central y oriental.

c. 30 d.C.

Imperio Shunga

Pushyamitra Shunga, el jefe de la guardia real, perpetra un regicidio y acaba con Brihadratha, el último rey Maurya. Shunga funda un imperio con su propio nombre que cubre el área central del Imperio Maurya.

185 a.C.

Rueda del dharma
La primera enseñanza de Buda, titulada La puesta en movimiento de la rueda de la doctrina («Dharma»), se ilustró en forma de rueda.

Pilares de paz

Tras conquistar Kalinga en la India oriental, Asóka deja de guerrear. Levanta pilares por todo el imperio, coronados por esculturas de leones, elefantes y toros, y con inscripciones para disculparse de sus acciones anteriores. También advierte a futuros soberanos de que no conquisten nuevos territorios.

c. 260 a.C.

Asóka el Grande

Tras la muerte de Bindusara estalla una guerra civil. Asóka el Grande es su vencedor, se convierte al budismo, que promueve enviando misioneros a Sri Lanka y Asia central, y erigiendo estupas (montículos con reliquias de Buda y otros santos).

268 a.C.

Árbol de Bodhi
Se cree que Buda llegó a la iluminación (sabiduría absoluta) sentado bajo un árbol de Bodhi (higuera).

Expansión Maurya

Bindusara, el segundo rey Maurya, amplía el imperio hacia el sur de la India. También se le conoce como Amitraghata, el «destructor de los enemigos». Bindusara mantiene buenas relaciones diplomáticas con los griegos y disfruta del vino dulce y los higos que le traen.

c. 297-273 a.C.

Pago en elefantes

Chandragupta sofoca la invasión de un ejército macedonio liderado por el rey Seleuco. En un tratado de paz, Seleuco cede a Chandragupta la región del Punyab (en el norte de los actuales India y Pakistán) a cambio de 500 elefantes de guerra.

305-303 a.C.

Imperio Maurya

Inspirado por la invasión del subcontinente indio por parte de Alejandro Magno, Chandragupta Maurya conquista el Imperio Nanda del norte de la India y funda el Imperio Maurya, con capital en Pataliputra.

c. 321 a.C.

Antiguos imperios indios

Desde el 321 a. C. surgen grandes imperios en el subcontinente indio (actuales India, Pakistán y Bangladés). En esta época se vive el auge de una nueva religión mundial, el budismo, gracias a los emperadores Maurya. La religión sigue bajo los últimos Gupta, pese a ser hindúes. El período Gupta es la época dorada de la India, momento en el que florecen sus artes y ciencias.

Estatuas de Buda
c. 75
El arte prolifera bajo los kushanes. Los escultores de Gandhara, inspirados por el arte griego, crean estatuas de Buda, quien anteriormente solo se representaba con símbolos, como la rueda del dharma.

Comercio por el sur
c. 103-130
La dinastía Satavahana llega a su apogeo bajo el mando de Gautamiputra Satakarni: controla la meseta del Decán en el sur de la India y comercia por mar con el Imperio romano para intercambiar especias y animales exóticos por oro romano.

Imperio Gupta
c. 320
Chandragupta I conquista el valle del Ganges, en el norte de la India, y funda el Imperio Gupta. Los Gupta son hindúes y levantan los primeros templos de piedra dedicados a sus dioses, como Vishnu, Shiva y Ganesha, con su cabeza de elefante.

Expansión de los Gupta
c. 330
Samudra Gupta amplía el imperio con la conquista de más de 20 reinos. Los reyes derrotados pueden seguir gobernando, pero deben enviar tributos a Samudra Gupta. En sus inscripciones declara ser «invencible».

Época dorada
c. 380-415
El Imperio Gupta llega a su máximo esplendor bajo el mando de Chandra Gupta II, patrocinador del arte, la literatura y la ciencia. Se cree que Kalidasa, el poeta y dramaturgo más importante en sánscrito, era uno de los poetas de la corte.

Matemáticas y astronomía
c. 499
Aryabhata, un matemático y astrónomo, redacta el *Aryabhatia*, el libro indio de matemáticas más antiguo que ha llegado a nuestros días. Afirma, y está en lo correcto, que la Tierra es una esfera en rotación y que la Luna y los planetas brillan porque reflejan la luz del Sol.

La rueca
c. 500-1000
La primera rueca tiene probablemente su origen en la India. Simplifica la tediosa tarea de hilar fibras crudas hasta convertirlas en hilos, antes de tejerlos en materiales como el paño de algodón o lana.

Buda reclinado
Algunas de las primeras estatuas de Buda lo presentan en su lecho de muerte, estilo que acabó popularizándose en el este de Asia.

Esculturas indias
Los templos hindúes y budistas de todo el subcontinente están cubiertos de elaborados relieves de personas, animales y naturaleza, rebosantes de actividad, lo que ofrece una impresión de cómo era la vida en la antigua India.

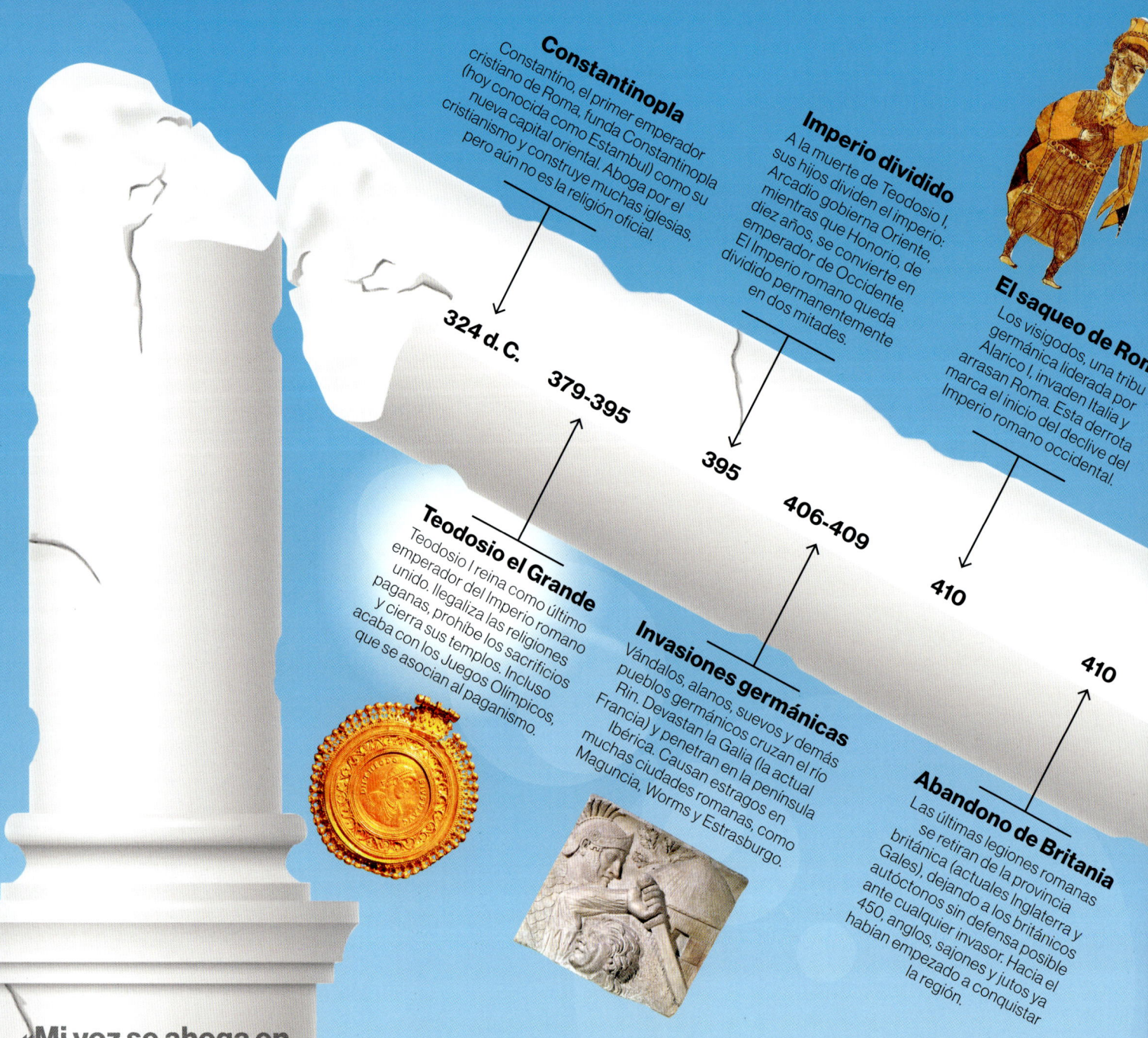

Constantinopla

Constantino, el primer emperador cristiano de Roma, funda Constantinopla (hoy conocida como Estambul) como su nueva capital oriental. Aboga por el cristianismo y construye muchas iglesias, pero aún no es la religión oficial.

324 d. C.

Imperio dividido

A la muerte de Teodosio I, sus hijos dividen el imperio: Arcadio gobierna Oriente, mientras que Honorio, de diez años, se convierte en emperador de Occidente. El Imperio romano queda dividido permanentemente en dos mitades.

El saqueo de Roma

Los visigodos, una tribu germánica liderada por Alarico I, invaden Italia y arrasan Roma. Esta derrota marca el inicio del declive del Imperio romano occidental.

379-395

395

406-409

410

410

Teodosio el Grande

Teodosio I reina como último emperador del Imperio romano unido. Ilegaliza las religiones paganas, prohíbe los sacrificios y cierra sus templos. Incluso acaba con los Juegos Olímpicos, que se asocian al paganismo.

Invasiones germánicas

Vándalos, alanos, suevos y demás pueblos germánicos cruzan el río Rin. Devastan la Galia (la actual Francia) y penetran en la península Ibérica. Causan estragos en muchas ciudades romanas, como Maguncia, Worms y Estrasburgo.

Abandono de Britania

Las últimas legiones romanas se retiran de la provincia británica (actuales Inglaterra y Gales), dejando a los británicos autóctonos sin defensa posible ante cualquier invasor. Hacia el 450, anglos, sajones y jutos ya habían empezado a conquistar la región.

> «Mi voz se ahoga en sollozos. Ha sido conquistada la ciudad que conquistó al mundo entero.»
>
> **San Jerónimo**, en una carta escrita el 412, tras conocer el saqueo de Roma

La transformación del Imperio romano

Desde el siglo IV el Imperio romano empieza a desmoronarse a medida que los invasores germánicos llegan a la Europa occidental. Estos conquistadores establecen nuevos reinos pero conservan instituciones y costumbres romanas. En Oriente, el imperio sobrevivió con el nombre de Imperio bizantino griego.

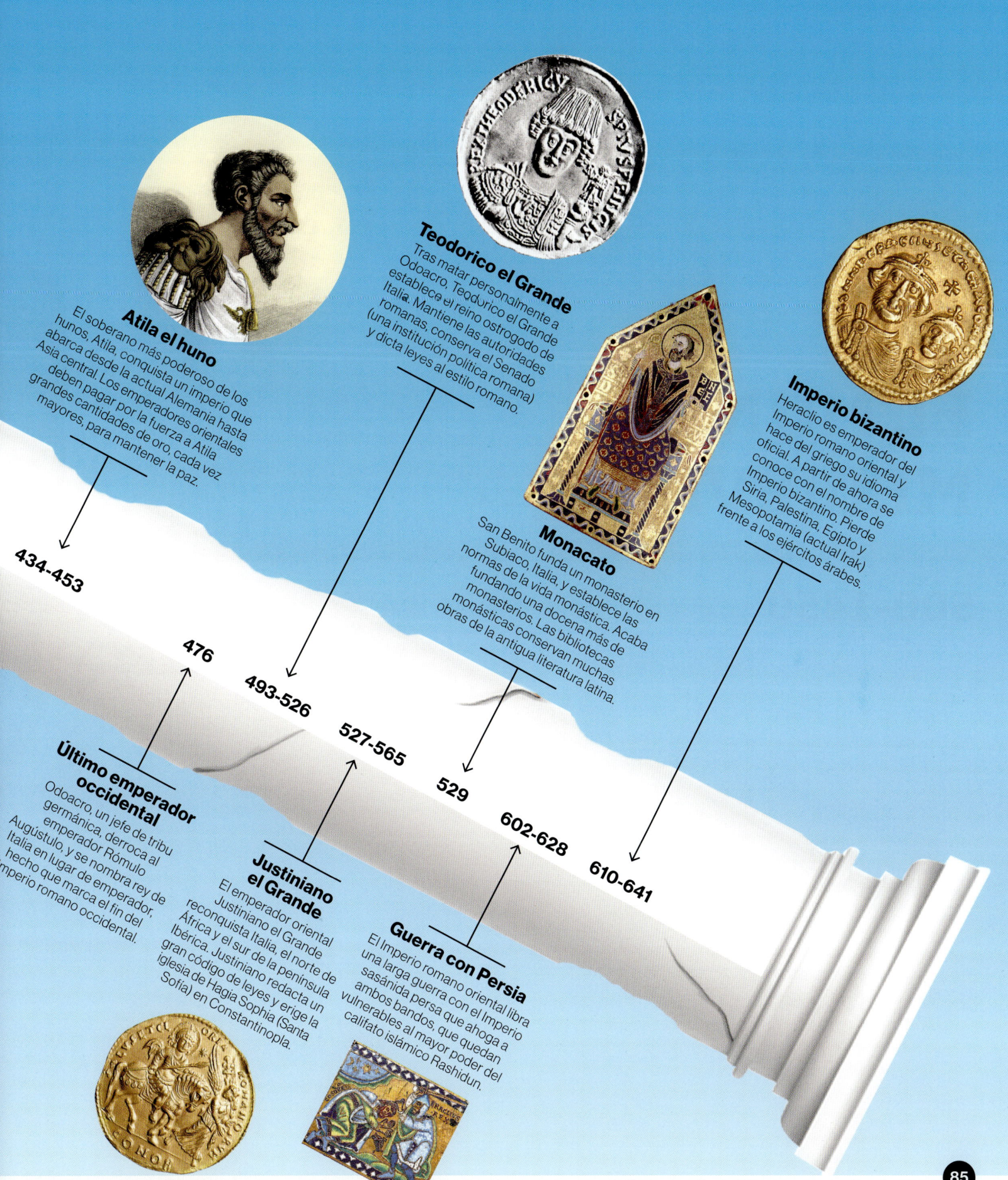

Atila el huno
El soberano más poderoso de los hunos, Atila, conquista un imperio que abarca desde la actual Alemania hasta Asia central. Los emperadores orientales deben pagar por la fuerza a Atila grandes cantidades de oro, cada vez mayores, para mantener la paz.

434-453

Teodorico el Grande
Tras matar personalmente a Odoacro, Teodorico el Grande establece el reino ostrogodo de Italia. Mantiene las autoridades romanas, conserva el Senado (una institución política romana) y dicta leyes al estilo romano.

Imperio bizantino
Heraclio es emperador del Imperio romano oriental y hace del griego su idioma oficial. A partir de ahora se conoce con el nombre de Imperio bizantino. Pierde Siria, Palestina, Egipto y Mesopotamia (actual Irak) frente a los ejércitos árabes.

Monacato
San Benito funda un monasterio en Subiaco, Italia, y establece las normas de la vida monástica. Acaba fundando una docena más de monasterios. Las bibliotecas monásticas conservan muchas obras de la antigua literatura latina.

476

493-526

527-565

529

602-628

610-641

Último emperador occidental
Odoacro, un jefe de tribu germánica, derroca al emperador Rómulo Augústulo, y se nombra emperador de Italia en lugar de emperador. hecho que marca el fin del Imperio romano occidental.

Justiniano el Grande
El emperador oriental Justiniano el Grande reconquista Italia, el norte de África y el sur de la península Ibérica. Justiniano redacta un gran código de leyes y erige la iglesia de Hagia Sophia (Santa Sofía) en Constantinopla.

Guerra con Persia
El Imperio romano oriental libra una larga guerra con el Imperio sasánida persa que ahoga a ambos bandos, que quedan vulnerables al mayor poder del califato islámico Rashidun.

EL MUNDO MEDIEVAL

500-1450

El mundo medieval

Tras la caída del Imperio romano en el 476 d. C., Europa quedó dividida en reinos enfrentados, mientras las civilizaciones de otros lugares del mundo seguían prosperando y creciendo. China vivió numerosas innovaciones tecnológicas y artísticas. En Asia occidental se desarrolló la civilización islámica, que dio lugar a una edad de oro de la erudición con grandes logros en matemáticas, astronomía y medicina. En el sudeste asiático aparecieron reinos poderosos como Angkor, Dai Viet y Pagan. En el continente americano, la civilización maya alcanzó su apogeo y entró en decadencia, y se establecieron los imperios azteca e inca, mientras que en África, Ghana y Mali dominaron amplias zonas del oeste del continente.

618-907
La dinastía Tang gobierna China.

750
La dinastía abasí establece una nueva capital en Bagdad, en el actual Irak.

800
El rey franco Carlomagno se corona emperador del Sacro Imperio Romano.

960
La dinastía Song toma el control de China.

1066
Guillermo de Normandía, en Francia, se convierte en rey de Inglaterra tras resultar victorioso en la batalla de Hastings.

c. 610
El islam se establece cuando el Corán le es revelado al profeta Mahoma.

711
El califa omeya Táriq ibn Ziyad derrota al reino visigodo de Hispania (actuales España y Portugal) y establece Al-Andalus.

802
El rey Jayavarman II es el primer soberano del Imperio jemer en la actual Camboya.

841
Los vikingos se establecen en la costa de Irlanda y fundan la actual Dublín.

1050
Los inuit empiezan a asentarse en las regiones árticas de Norteamérica.

Auge del islam
Los imperios islámicos (pp. 92-93) proliferan por Asia occidental, el norte de África y España, y llevan las enseñanzas de esta nueva religión a muchas culturas.

Las Américas
En América del Norte, Central y del Sur crecen civilizaciones como la cultura misisipiana, los mayas, los toltecas, los aztecas y los incas (pp. 94-95 y 114-115).

Europa medieval
Tras caer Roma surgen nuevos reinos que se enfrentan por el poder de toda Europa (pp. 98-99). El cristianismo llega a buena parte del continente.

Las cruzadas
Los papas y los reyes cristianos occidentales lanzan las cruzadas para expulsar a los musulmanes de Jerusalén y otras tierras sagradas para los cristianos (pp. 104-105).

Armadura samurái

La armadura de los guerreros samurái japoneses estaba diseñada para protegerlos y asustar a sus enemigos. Hecha de cuero y placas de metal unidas entre sí, la armadura se completaba con un casco de cresta alta.

c. 1100-1400
El Gran Zimbabue, en el sudeste de África, se convierte en un imperio comercial.

1205-1206
Gengis Kan une a las tribus mongolas bajo su mando.

1280
Los maoríes, un pueblo polinesio, se establece en Nueva Zelanda.

1346
Los ingleses se imponen a los franceses en la batalla de Crécy, en la guerra de los Cien Años.

c. 1450
Se funda la ciudad inca de Machu Picchu en el actual Perú.

1095
El papa Urbano II lanza la primera de las ocho cruzadas para recuperar Jerusalén de manos musulmanas.

1192
Minamoto Yoritomo llega al cargo de sogún (líder militar) de Japón y empieza la época de dominio de los samuráis.

1271-1368
La dinastía mongol Yuan conquista y gobierna China.

1325-1521
Los aztecas crean un imperio en el actual México.

1347-1352
La peste negra azota Europa entera y acaba con el 30-60 % de su población.

Auge de los samuráis
Una serie de conflictos por todo Japón acaban dando el poder a los samuráis (pp. 110-111), guerreros de élite que seguían un estricto código de honor.

Conquista del Pacífico
Los polinesios llegan a islas del Pacífico sin habitar (pp. 116-117). Crean culturas en Hawái, Nueva Zelanda y la isla de Pascua.

Reinos africanos
Aparecen poderosos reinos en África, al sur del desierto del Sahara (pp. 118-119), como el Gran Zimbabue y el Reino del Congo. Gracias al comercio con el norte de África conocen la religión islámica.

Los mongoles
Bajo el mandato del guerrero Gengis Kan, las tribus nómadas mongolas del norte de Asia (pp. 120-121) conquistan tierras desde China hasta Europa.

Edades de oro de China

China vivió dos edades de oro con las dinastías Tang y Song. Bajo los Tang (618-907), China se convirtió en una gran potencia imperial, con una sofisticada cultura abierta a ideas del exterior. En el siglo VIII, Chang'an, la capital Tang, era la ciudad más grande del mundo. Durante la dinastía Song (960-1279) se vivió un tiempo de transformación económica tras doblar su población de 50 a 100 millones.

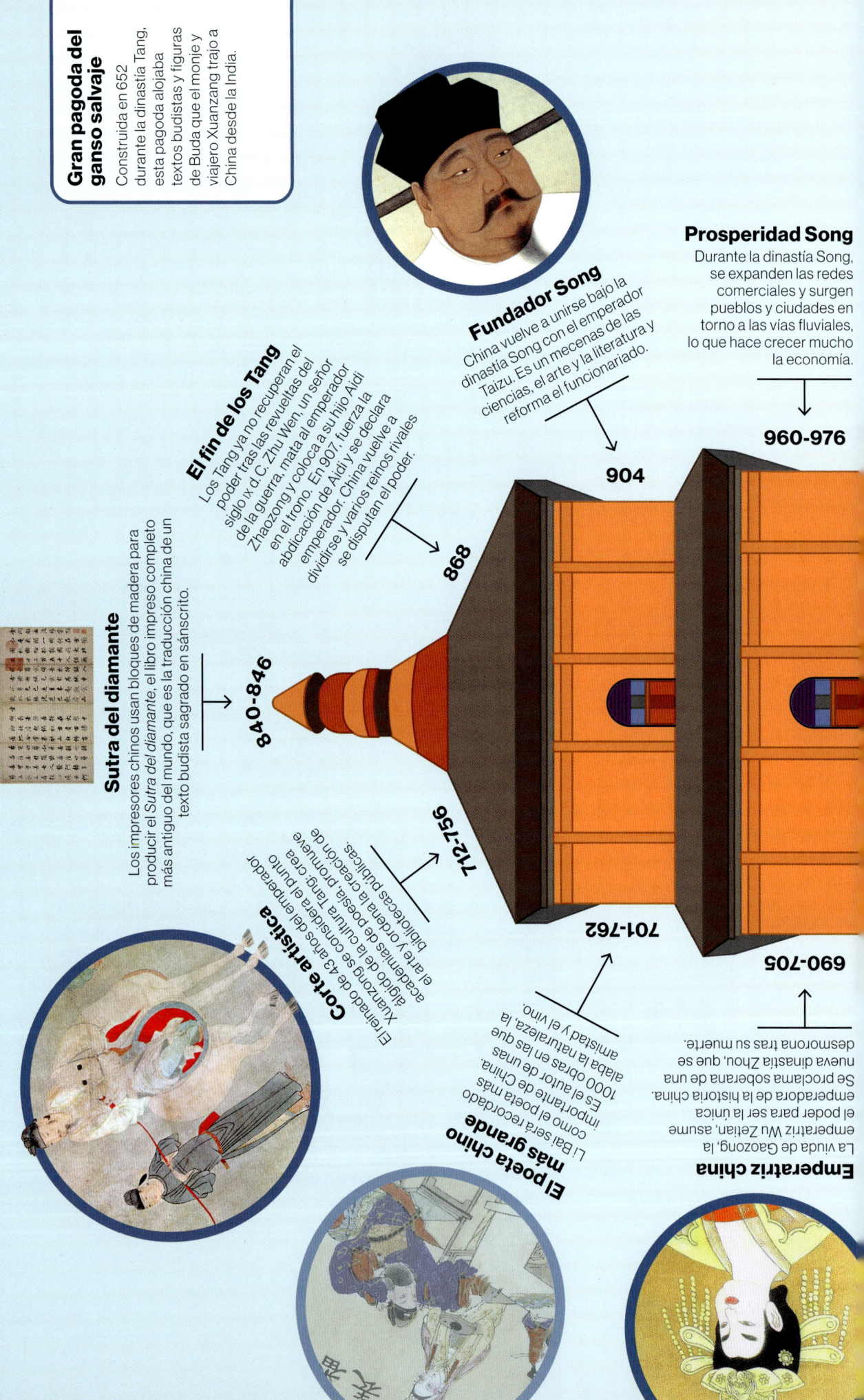

Gran pagoda del ganso salvaje

Construida en 652 durante la dinastía Tang, esta pagoda alojaba textos budistas y figuras de Buda que el monje y viajero Xuanzang trajo a China desde la India.

Fundador Song

China vuelve a unirse bajo la dinastía Song con el emperador Taizu. Es un mecenas de las ciencias, el arte y la literatura y reforma el funcionariado.

Prosperidad Song

Durante la dinastía Song, se expanden las redes comerciales y surgen pueblos y ciudades en torno a las vías fluviales, lo que hace crecer mucho la economía.

960-976

904

El fin de los Tang

Los Tang ya no recuperan el poder tras las revueltas del siglo IX d. C. Zhu Wen, un señor de la guerra, mata al emperador Zhaozong y coloca a su hijo Aidi en el trono. En 907, fuerza la abdicación de Aidi y se declara emperador: China vuelve a dividirse y varios reinos rivales se disputan el poder.

868

Sutra del diamante

Los impresores chinos usan bloques de madera para producir el *Sutra del diamante*, el libro impreso completo más antiguo del mundo, que es la traducción china de un texto budista sagrado en sánscrito.

840-846

Corte artística

El reinado de 43 años del emperador Xuanzong se considera el punto álgido de la cultura Tang: crea academias de poesía, promueve el arte y ordena la creación de bibliotecas públicas.

712-756

El poeta chino más grande

Li Bai será recordado como el poeta más importante de China. Es el autor de unas 1000 obras en las que alaba la naturaleza, la amistad y el vino.

701-762

Emperatriz china

La viuda de Gaozong, la emperatriz Wu Zetian, asume el poder para ser la única emperadora de la historia china. Se proclama soberana de una nueva dinastía Zhou, que se desmorona tras su muerte.

690-705

90

Papel moneda

La dinastía Song emite el primer papel moneda del mundo, el *jiaozi*.

1023

Nuevas semillas

China adopta una nueva variedad de arroz de maduración rápida de Champa (actual Vietnam), con la que es capaz de producir tres cosechas anuales. Resiste a la sequía y puede plantarse en cotas más altas.

Siglo XI

Guerras Jin-Song

Los nómadas del norte Jurchen Jin invaden y conquistan el norte de China, y obligan a la dinastía Song a desplazarse hacia el sur, donde sobrevivirá hasta ser conquistada por los mongoles (pp. 120-121) en 1279.

1125-1234

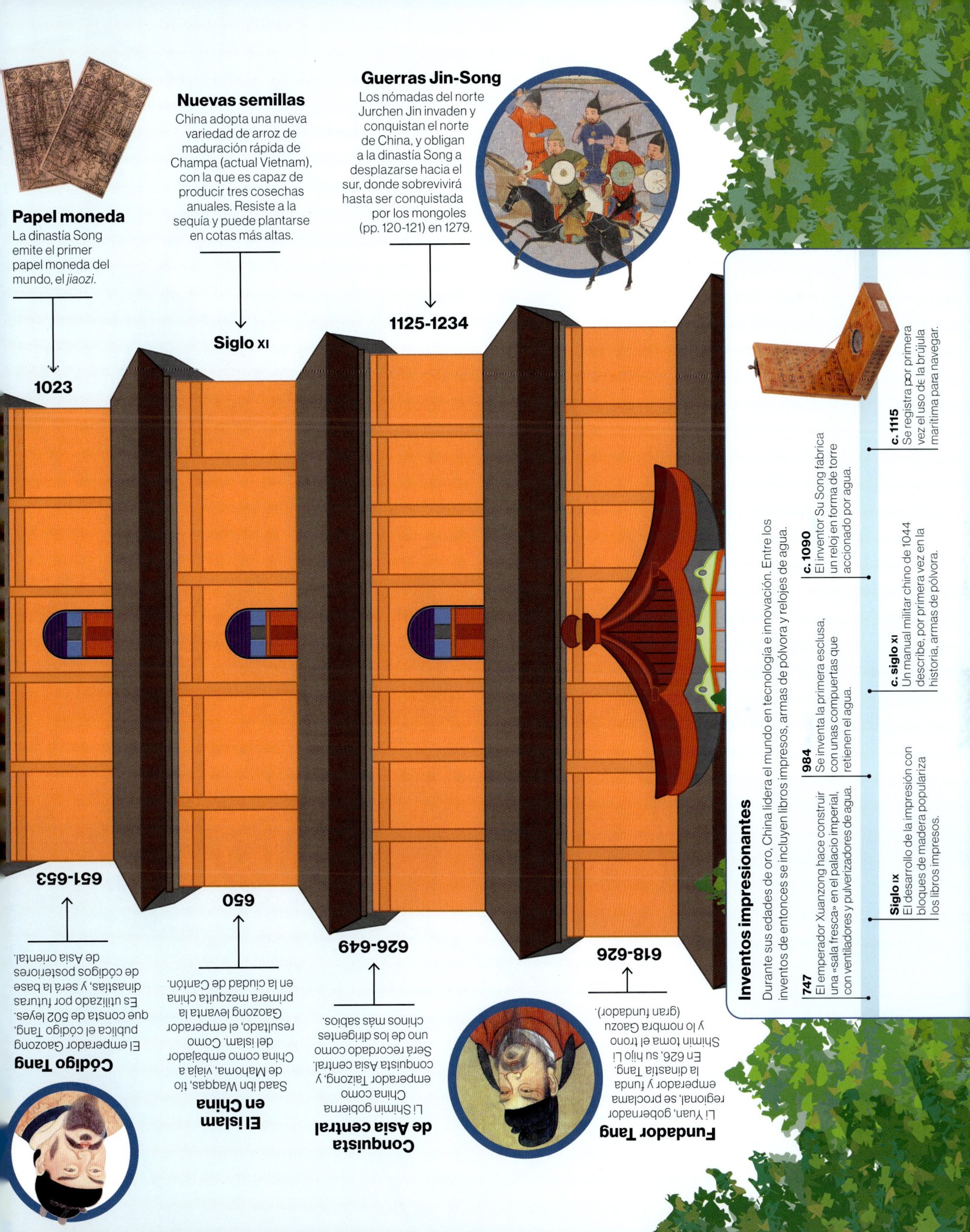

Inventos impresionantes

Durante sus edades de oro, China lidera el mundo en tecnología e innovación. Entre los inventos de entonces se incluyen libros impresos, armas de pólvora y relojes de agua.

c. 1115
Se registra por primera vez el uso de la brújula marítima para navegar.

c. 1090
El inventor Su Song fabrica un reloj en forma de torre accionado por agua.

984
Se inventa la primera esclusa, con unas compuertas que retienen el agua.

c. siglo XI
Un manual militar chino de 1044 describe, por primera vez en la historia, armas de pólvora.

747
El emperador Xuanzong hace construir una «sala fresca» en el palacio imperial, con ventiladores y pulverizadores de agua.

Siglo IX
El desarrollo de la impresión con bloques de madera populariza los libros impresos.

651-653

Código Tang

El emperador Gaozong publica el código Tang, que consta de 502 leyes. Es utilizado por futuras dinastías, y será la base de códigos posteriores de Asia oriental.

650

El islam en China

Saad ibn Waqqas, tío de Mahoma, viaja a China como embajador del islam. Como resultado, el emperador Gaozong levanta la primera mezquita china en la ciudad de Cantón.

626-649

Conquista de Asia central

Li Shimin gobierna China como emperador Taizong, y conquista Asia central. Será recordado como uno de los dirigentes chinos más sabios.

618-626

Fundador Tang

Li Yuan, gobernador regional, se proclama emperador y funda la dinastía Tang. En 626, su hijo Li Shimin toma el trono y lo nombra Gaozu (gran fundador).

Primeros imperios islámicos

La religión del islam se desarrolló a principios del siglo VII en la península arábiga, en el sudoeste de Asia. Según sus enseñanzas, el arcángel Jibril (Gabriel) reveló la palabra de Dios al profeta Mahoma. Al cabo de un siglo el islam se había expandido por otras partes de Asia, el norte de África y Europa, a medida que los imperios islámicos crecían. Mientras tanto, los eruditos musulmanes profundizaron en el estudio de la ciencia y la medicina.

DOMINIO DEL MUNDO ISLÁMICO, 750 d. C.

Estudio de la medicina

El erudito islámico persa Ibn Sina (Avicena) publica *El canon de medicina*. Se convierte en el libro de texto de referencia para médicos de todo el mundo.

Primera universidad

En la ciudad marroquí de Fez, Fátima al-Fihri funda una mezquita que se convertirá en la Universidad al-Qarawiyyín, conocida por alumnos célebres como el filósofo e historiador musulmán Ibn Jaldún. Se considera la universidad más antigua del mundo.

Dinastía abasí

Los abasíes sustituyen a los omeyas y fundan una nueva capital en Bagdad. La Casa de la Sabiduría establecida allí se convierte en un importante centro de erudición científica y literaria durante una edad de oro islámica que dura hasta 1258.

Al-Ándalus

Los omeyas conquistan el reino visigodo de España, al que llaman Al-Ándalus, al consigo su característico estilo arquitectónico. Al-Ándalus se convierte en un importante centro de aprendizaje. El dominio musulmán se prolonga en la región hasta 1492.

Dinastía omeya

Muʿawiya establece la dinastía omeya. Convierte la antigua ciudad de Damasco, en Siria, en la nueva capital del imperio. La Gran Mezquita se termina en 715.

Primeras conquistas

El islam se extiende a medida que el territorio controlado por los musulmanes crece: primeros califas, absorbiendo las tierras de Persia, Siria y el norte de África, y el norte de Palestina, en poder del Imperio bizantino.

1025

859

750

711

661

634

92

Imperio selyúcida

Los almorávides de Sanhaya, que vivían en el desierto del Sahara, conquistan vastas zonas del norte de África y partes de Europa. Con el tiempo, su imperio crece hasta abarcar Marruecos, Argelia, Túnez y partes de España y Portugal.

Imperio almorávide

Una tribu marroquina, los almorávides, amplían el poder musulmán más allá del desierto del Sahara, hacia África occidental. Marrakech, en Marruecos, se convierte en su capital en 1062. También tienen el control de la España islámica durante un tiempo.

Omar Jayam

El matemático persa Omar Jayam calcula la duración del año para confeccionar un calendario preciso. Se dice que es el autor de un famoso compendio de poesía, el *Rubaiyat* de Omar Jayam.

Al-Jazarí

Entre las ingeniosas máquinas descritas por el ingeniero Al-Jazarí, se encuentra un reloj de agua con forma de elefante.

Destrucción de Bagdad

Un ejército mongol de Asia central captura Bagdad y quema sus famosas bibliotecas. La destrucción marca el final de la edad de oro islámica.

Ibn Battuta

El famoso viajero musulmán Ibn Battuta emprende un viaje que le llevará a recorrer un total de unos 120 000 km, en una obra constancia de sus viajes, que le dejará la distancia que visitó y las culturas de los lugares que entró en contacto con las.

1037

1054

c. 1073

1206

1258

1325

Vida de Mahoma

Los musulmanes consideran al profeta Mahoma el primero de una larga serie de profetas entre los que están Jesús, Moisés y Mahoma. Creen que recibió una revelación divina que dio lugar al texto del Corán, que junto con los relatos del Profeta (hadices) y los relatos de su forma de vida (sunna) constituyeron el núcleo de la fe musulmana.

c. 570
Mahoma nace en La Meca, en la península arábiga.

c. 607
Las palabras del Corán le son reveladas a Mahoma en la cueva de Hira.

c. 610
El profeta empieza a difundir el mensaje del islam, pero encuentra una oposición importante.

622
Mahoma emigra hacia Medina a fin de evitar la persecución. Es lo que se conoce como la Hégira.

629
Regresa con sus seguidores y recupera La Meca de forma pacífica.

632
Mahoma muere en Medina. Abu Bakr es elegido como el primer califa (líder religioso) del islam.

Patrones geométricos

La doctrina islámica desaconseja las imágenes de personas o animales en sitios sagrados. Las mezquitas y demás edificios religiosos del mundo islámico están muy decorados con patrones geométricos de azulejos.

Imperios americanos

Hace miles de años que los primeros seres humanos llegaron a América Central y Sudamérica tras cruzar un puente de hielo desde Siberia y dirigirse hacia el sur, donde crearon sus civilizaciones. Estos grandes imperios acabaron sucumbiendo ante los conquistadores europeos.

c. 900-200 a. C. Chavín de Huántar

Chavín de Huántar se convierte en un importante centro político y religioso de los Andes. Los autóctonos decoran la cerámica con grabados de animales, como jaguares y águilas.

c. 500 a. C. Zapotecas

Los zapotecas construyen ciudades con terrazas agrícolas en las laderas. En su capital, Monte Albán (México), viven más de 30 000 personas. Su centro ceremonial está adornado con relieves tallados, que pueden mostrar prisioneros de pueblos capturados por los zapotecas.

c. 3700 a. C. Caral

La primera civilización de América del Sur, la Caral, establece los primeros grandes pueblos en el actual Perú. Esta antigua civilización florece hasta el 1800 a. C.

c. 900 a. C. Primeras pirámides

Se construyen pirámides en América Central y Sudamérica que se dedican al culto. Los olmecas construyen la primera conocida en La Venta, en el actual México.

c. 100-600 d. C. Teotihuacán

La mayor ciudad de las antiguas Américas fue Teotihuacán, en el actual México. La Pirámide del Sol (en la ilustración) es una descomunal estructura de 63 m de altura. El comercio sigue creciendo hasta que un incendio destruye la ciudad en 600 d. C.

c. 1200-400 a. C. Olmecas

Los olmecas sientan las bases de la posterior cultura mesoamericana y crean colosales cabezas de piedra, templos y canchas para el juego sagrado de la pelota. Desarrollan un sistema de escritura mediante glifos.

Serpiente turquesa de dos cabezas

La serpiente turquesa de dos cabezas siempre estaba presente en las ceremonias religiosas aztecas. La serpiente simbolizaba el dios Quetzalcóatl, y el mineral era muy apreciado en esa época.

Sacrificios humanos

Los habitantes de los imperios americanos creían que sus dioses deseaban sacrificios humanos. Los sacerdotes sacaban el corazón de la víctima y lo presentaban a los dioses a modo de ofrenda. Estos sacrificios se solían realizar en templos y cimas de montañas. Esta imagen muestra a un sacerdote azteca sacrificando a dos víctimas para satisfacer a los dioses.

987-1187
Toltecas

Los toltecas de México amplían su territorio y se asientan en la ciudad maya de Chichén Itzá. Tallan esculturas enormes o chac mool. Culturas posteriores, como los aztecas, verán la época de los toltecas como una era dorada.

400-650 d. C.
Líneas de Nazca

Los pueblos del desierto de Nazca en Perú trazan dibujos de aves y otras formas en el suelo. Para hacerlo, retiran la capa superior del suelo para dejar al descubierto la capa inferior, más clara.

1325-1521
Imperio azteca

Los aztecas llegan al actual México. La leyenda dice que erigieron Tenochtitlán, su capital, en el lago Texcoco, donde un águila sostenía a una serpiente en el pico mientras estaba posada sobre un nopal en flor.

1438-1471
Imperio inca

El gobernador inca Pachacútec amplía el Imperio inca del actual Ecuador hasta Chile. Se funda la ciudad inca de Machu Picchu en las alturas de los Andes; no se descubre hasta 1911.

DESPUÉS

Los imperios azteca e inca se derrumbaron en el siglo XVI, al capturar los conquistadores españoles a sus emperadores. Un gran número de aztecas e incas murieron a causa de las enfermedades y la explotación, y sus obras de arte fueron saqueadas o destruidas. Sin embargo, sus creencias y lenguas siguen vivas entre sus descendientes.

250 d. C.
Los mayas

Los mayas llegan a su apogeo, construyen templos y amplían sus ciudades. Tikal, en la actual Guatemala, es una de las mayores ciudades mayas, con unos 100 000 habitantes; otras son Chichén Itzá y Uxmal. Hacia el 800 d. C., varias ciudades mayas se vieron azotadas por la hambruna.

c. 1325
Juego antiguo

Los pueblos de América Central y Sudamérica ya jugaban a pelota en el 1400 a. C. Los aztecas tienen su propia versión, el *ullamaliztli*, en que el campo representa el mundo, mientras que la pelota es el Sol y la Luna.

95

Pueblos germánicos

Los pueblos germánicos vivían repartidos en muchas tribus al este del Rin y al norte del Danubio. A partir del siglo IV empezaron una migración masiva hacia el Imperio romano, esperando hallar tierras donde asentarse y riquezas que compartir, y acabaron haciendo caer el Imperio romano de Occidente, que sustituyeron por nuevos reinos germánicos.

Vándalos

Los vándalos, alanos y suevos cruzan el Rin, conquistan la Galia y llegan a España. Más tarde, en el 429, los vándalos cruzan hasta África. Crean su propio reino, que incluye Sicilia, Malta, Cerdeña y Córcega.

406

Migraciones

Los hunos avanzan hacia el oeste desde las estepas de Asia e inician así el movimiento en masa de los pueblos germánicos. Uno de estos grupos, los visigodos, se establece por el Danubio en 376 escapando de los hunos.

350-376

Batalla del bosque de Teutoburgo

Un conjunto de tribus germánicas lideradas por Arminio, antiguo oficial del ejército romano, tiende una emboscada y aniquila tres legiones romanas en el bosque de Teutoburgo en el año 9 d. C., poniendo fin a la rápida expansión del Imperio romano.

9 d. C.

Alemania romana

Los romanos ocupan la orilla occidental del Rin, donde ofrecen protección a las tribus germánicas leales y construyen las primeras ciudades alemanas. Más adelante los romanos dividen la región en Germania Inferior (con la capital en Colonia) y Germania Superior (con Maguncia como capital).

c. 50 a. C.

Conflicto romano-germánico

Tres pueblos germánicos –los cimbrios, los teutones y los ambrones– emprenden la invasión del Imperio romano. Atacan la Galia y España pero al final son derrotados por el general romano Cayo Mario.

113-101 a. C.

Casco de Sutton Hoo

Este casco es una réplica del que se enterró con un rey anglosajón del siglo VII en Sutton Hoo, Inglaterra. Su decoración germánica se aplica al típico casco de caballería del final de la época romana.

Saqueo de Roma

Los visigodos, liderados por Alarico, invaden Italia y saquean Roma en el 410. Después se dirigen hacia el sur de la Galia y España, donde establecen un reino que incluye casi toda la actual España y que dura hasta la conquista musulmana de 711.

409-418

Anglosajones

Anglos, sajones y jutos empiezan a conquistar Gran Bretaña. Los bretones celtas llegan al oeste del país; más adelante, a partir de la palabra galeses, se conocerán como Welsh, anglosajona wealh, extranjero.

c. 450

Último emperador occidental

Odoacro, jefe de una tribu germánica, derroca al último emperador romano occidental Rómulo Augústulo (arriba) y se nombra rey de Italia. Odoacro muere a manos del rey Teodorico el Grande de los ostrogodos en el 493.

476

De Galia a Francia

El rey Clodoveo se une a los francos, una tribu germánica, y conquista la última provincia romana de la Galia. Funda la dinastía merovingia y se convierte al cristianismo en el 496. La Galia se convierte en Francia, la tierra de los francos.

482

Italia lombarda

Los lombardos, al frente de una alianza con otros pueblos germánicos, conquistan casi toda Italia y así finalizan las migraciones de los pueblos germánicos. Los nombres lombardos aún perviven en Lombardía, Italia.

568

DESPUÉS

El 800 d. C. el papa León III corona a Carlomagno, rey de los francos, emperador del Sacro Imperio Romano. El Imperio carolingio de Carlomagno abarca casi toda Europa occidental y central.

ANTES

Cuando el Imperio romano de Occidente se rompió, los invasores germánicos fundaron nuevos reinos por toda Europa (pp. 84-85). Sus líderes adoptaron el cristianismo y obtuvieron su autoridad de la Iglesia, que indicó que eran soberanos por la gracia de Dios.

Coronación de Carlomagno

En Roma, el papa León III corona a Carlomagno, rey de los francos, como primer emperador del Sacro Imperio Romano. Carlomagno gobierna del 800 al 814 y une casi toda Europa occidental bajo su Imperio carolingio.

Los vikingos fundan Dublín

Tras asaltar Irlanda, los vikingos construyen un campamento fortificado al lado del río Liffey. Este asentamiento permanente se convierte en la ciudad de Dublín. Los vikingos también fundan los asentamientos de Limerick, Wexford, Waterford y Cork.

800

841

Europa medieval

En Europa, el período medieval, o Edad Media, duró del siglo v al xv, justo después de la caída del Imperio romano de Occidente (pp. 84-85). La Iglesia católica (encabezada por el Papa de Roma) y los guerreros soberanos dominaron la Europa medieval. La mayoría de la población, que se dobló entre los siglos ix y xvi, estaba formada por campesinos.

La primera cruzada

El papa Urbano II proclama una cruzada (guerra santa) para arrebatar Jerusalén y su área a los musulmanes. Los cruzados capturan Jerusalén en 1099 con una brutal masacre y establecen allí uno de los cuatro reinos cristianos. Le siguen otras siete grandes cruzadas.

1095

Liga Hanseática

Hamburgo, con minas de sal, y Lübeck, con pescadores de arenques, forman una alianza comercial para producir arenques salados, que marca el inicio de la Liga Hanseática, gran alianza comercial de pueblos alemanes del norte.

Guerra de los Cien Años

Eduardo III de Inglaterra proclama que, como hijo de una princesa francesa, tiene más derecho a gobernar Francia que el nuevo rey, Felipe de Valois, lo que inicia más de un siglo de guerra intermitente entre Inglaterra y Francia.

Orden franciscana

La insatisfacción por el fracaso de la Iglesia a la hora de cubrir las necesidades de la gente corriente lleva a la fundación de órdenes de frailes, que no viven apartados en monasterios como los monjes, sino en ciudades entre la gente común. San Francisco funda una de las más importantes.

1209

Batalla de las Navas de Tolosa

Los cristianos del norte de España derrotan a los musulmanes almohades del sur y conquistan parte de su territorio. Al-Andalus, reducido a Granada, sigue floreciendo culturalmente.

1212

1241

1337-1453

Vladimiro el Grande

El príncipe Vladimiro el Grande de la
Rus de Kiev, en Europa oriental, adopta
la rama del cristianismo conocida como
Iglesia ortodoxa. Ordena el bautismo
en masa de su pueblo.

El Cisma de Oriente y Occidente

La Iglesia católica romana y la Iglesia ortodoxa
oriental se separan después de que los líderes
ortodoxos rechacen la autoridad del Papa y su teología
y métodos de culto. La separación no llega a resolverse
nunca y crea divisiones religiosas y políticas que
perduran hasta la era moderna.

988

1054

El emperador humillado

Tras una disputa, el papa Gregorio VII
excomulga a Enrique IV, el emperador
del Sacro Imperio Romano, y le niega la
pertenencia a la Iglesia. Para ganarse el
indulto del Papa, Enrique permanece tres
días descalzo en la nieve de Canosa, Italia.

La batalla de Hastings

El duque Guillermo de Normandía invade
Inglaterra, donde derrota y mata a Harold
Godwinson, el último rey anglosajón, en Hastings.
En 1085, Guillermo ordena hacer un enorme
registro de su reino, el libro *Domesday*. Guillermo
y sus sucesores unen partes de Francia con
Inglaterra en un solo reino durante siglos.

1077

1066

Juana de Arco

Juana de Arco, la hija de
un granjero que asegura
oír voces de santos, lidera
a los franceses hacia la
victoria contra los ingleses.
Acaba siendo capturada y
quemada viva por herejía.

Peste negra

Una peste letal llega en los barcos
mercantes a Europa desde Asia
central, se extiende por todos los
rincones del continente y mata entre
el 30 y el 60 % de la población.

La Biblia de Gutenberg

En Alemania, Johannes Gutenberg
usa su imprenta, inventada hacia
1439, para producir la primera Biblia
impresa. Como más gente es capaz
de leer libros por sí sola, muchos
empiezan a cuestionarse las
enseñanzas de la Iglesia católica.

DESPUÉS

Los exploradores europeos llegaron
a partes del mundo, como América.
Comenzó así una era de exploración,
explotación y colonización que tuvo
consecuencias a largo plazo. Las
nuevas teorías que eran difundidas
por la imprenta también provocaron
el rechazo de muchas creencias e
ideas arraigadas.

1347-1352

1429-1431

c. 1439

LA BATALLA DE CRÉCY

El decisivo arco largo

El 26 de agosto de 1346 en Normandía, en el norte de Francia, el ejército inglés invasor se preparaba para la batalla en un terreno elevado cerca de la ciudad de Crécy para enfrentarse a un ejército francés que, como mínimo, les doblaba en número. Sin embargo, dado que los franceses ávidos de combate se preparaban para cargar contra las defensas inglesas, el rey inglés Eduardo III tenía preparada una estrategia que acabaría por sorprender y superar la fuerza dominante de los atacantes.

La guerra de los Cien Años

En **febrero de 1328** la muerte del rey francés Carlos IV lleva a una disputa por la sucesión entre los reinos de Francia e Inglaterra. El rey Felipe VI de Francia reclama el trono, igual que lo hace el monarca inglés Eduardo III. Este choque de poder inicia el épico conflicto que acabará conociéndose como la guerra de los Cien Años en **mayo de 1337**. Otras disputas entre franceses e ingleses mantienen la reyerta en marcha durante más de 100 años, como el control del valioso comercio de la lana y las disputas sobre áreas de tierra. El **24 de junio de 1340** Eduardo III y su Armada consiguen la victoria contra la complicada flota francesa en la batalla de Sluys. La Armada inglesa domina el canal de la Mancha y puede transportar sus fuerzas invasoras de manera eficaz al continente.

Invasión inglesa

En **julio de 1346** un ejército invasor inglés atraca en Normandía y toma la ciudad de Caen. Felipe VI moviliza a sus tropas y con la ayuda del rey Juan de Bohemia, ciego, y un regimiento de unos 6000 ballesteros mercenarios de Génova, se dirigen hacia el norte para enfrentarse a los ingleses. En **agosto** Eduardo III y los 14 000 soldados de su ejército invasor se preparan para la batalla en las colinas entre las ciudades de Crécy y Wadicourt. Llegan noticias de que el ejército francés está en camino: los ingleses excavan trincheras y levantan barricadas de estacas para proteger su posición. Eduardo III ordena a sus caballeros que desmonten; los ingleses se dividen en tres unidades de lanceros, caballeros y arqueros, bajo el mando del rey, su hijo (conocido como el príncipe Negro) y el conde de Northampton.

Inicio de la batalla

El **26 de agosto** Felipe VI y su ejército de 30 000 caballeros montados, infantería y ballesteros llegan al campo de batalla de Crécy. A **mediodía** una unidad montada detalla al rey la posición inglesa y recomienda que el ejército descanse y ataque al día siguiente. Con los números a su favor y las ganas de demostrar el poder de su ejército, los nobles franceses persuaden a Felipe VI para que ataque de inmediato. Cerca de las **16 horas**, cuando el ejército francés marcha hacia los ingleses, cae una tormenta sobre el campo de batalla y los ballesteros genoveses no pueden proteger sus ballestas del aguacero. En la colina, los arqueros ingleses sí están preparados y protegen las cuerdas de los arcos largos. Los ballesteros lanzan un ataque, pero las flechas se quedan cortas, ya que con las armas mojadas pierden alcance.

Retirada francesa

Los arqueros ingleses avanzan un paso y bombardean a los ballesteros con sus flechas. Su mayor alcance y velocidad de recarga crea el caos entre las filas enemigas. Caen muchos ballesteros, el ejército francés entra en pánico y empieza la desbandada en el campo de batalla. Los caballeros montados franceses castigan el fracaso de los genoveses: atacan a los aliados que se baten en retirada. Entre el barro y el caos, la caballería francesa carga colina arriba. Una vez más, los arqueros ingleses cosen a flechas a los atacantes, muchos caballos caen y, con ellos, sus jinetes. La segunda carga contra los ingleses la dirige el rey Juan, ciego, atado a su caballo y apuntando en la dirección de sus enemigos. Esta carga sale mejor e impacta contra las tropas del príncipe Negro, pero con la ayuda del conde de Northampton neutralizan la ofensiva francesa y los ingleses consiguen mantener su posición.

Victoria de los arqueros

Al **atardecer** Eduardo III observa desde lo alto de la colina cómo los franceses, carga tras carga, no consiguen superar las defensas de sus tropas. Los arqueros ingleses dominan la batalla: cada vez caen más soldados franceses sobre el lodazal del campo de batalla, incluido el hermano de Felipe, Carlos II de Alençon. Justo antes de **medianoche** Felipe VI, herido, abandona el campo de batalla y busca refugio en el castillo de Labroye. Los soldados y caballeros franceses restantes siguen su ejemplo y dejan a más de 21 500 muertos en el campo de batalla. Los ingleses, con un recuento de bajas inferior a los 100 hombres, mantienen toda la noche su posición en la ladera antes de continuar la invasión de Normandía. En **1347**, tras un año de sitio, el rey Eduardo III toma el puerto de Calais y asegura así una posición estratégica en el norte de Francia que conservará el ejército inglés durante la guerra intermitente contra los franceses los siguientes 200 años.

Vinland
Leif Ericsson, hijo de Erik el Rojo, establece Vinland, un asentamiento en la actual Terranova, Canadá. Es probable que Leif sea el primer europeo en pisar las Américas.

Dominio danés
El rey inglés Etelredo se ve obligado a escapar cuando el rey vikingo de Dinamarca, Svend Barbapartida, conquista Inglaterra. En 1016 el hijo de Barbapartida, Canuto, es rey de Inglaterra y Dinamarca.

Fin de una era
Con el fin de los asaltos acaba la era vikinga. El rey Harald Hardrada de Noruega muere intentando conquistar parte de Inglaterra. El mismo año Guillermo de Normandía gana la batalla de Hastings y se alza con la Corona de Inglaterra.

1002

1013

1066

El Danegeld
El rey inglés Etelredo es el primero que satisface un pago anual de rescate para evitar que los vikingos asalten Inglaterra; este rescate se conoció como Danegeld, el impuesto danés.

991

986

Hierba más verde
El vikingo Erik el Rojo encabeza una expedición, a el oeste, para establecer el asentamiento hacia el de Islandia, para donde encabeza una nueva colonia de Groenlandia, donde el clima permita plantar semillas y criar ganado.

960

c. 870

865-866

862

Conversión cristiana
El rey Harald Diente Azul de Dinamarca se convierte al cristianismo. Los sacerdotes cristianos viajan por los asentamientos vikingos y les animan a convertirse. La mayoría de los vikingos abandonan sus creencias y se hacen cristianos.

El frío conserva
Los colonos vikingos llegan a Islandia. En 930 fundan el Parlamento bajo el nombre de Althing, que aún pervive. Aunque ha cambiado de ubicación, es el Parlamento activo más antiguo.

Capital vikinga
El «Gran ejército» conquista casi todos los reinos anglosajones que forman la Inglaterra actual. En 866 capturan la importante ciudad conocida hoy en día como York, en el norte de Inglaterra, y la convierten en su nueva capital, Jorvik.

Nóvgorod
Los vikingos suecos se establecen en Nóvgorod, en la actual Rusia. Aprovechan los grandes ríos hacia el mar Negro para comerciar con emperadores extranjeros.

Drakkar vikingo

Los vikingos construían estas naves largas y ligeras para viajar y librar batallas, cruciales para el éxito de los vikingos como saqueadores y conquistadores.

Los vikingos

Los vikingos eran granjeros y comerciantes originarios de Dinamarca, Noruega y Suecia. A partir del siglo VIII dejaron su tierra natal para invadir territorios lejanos, asaltando y saqueando toda Europa. Eran unos magníficos artesanos: construían enormes barcos de madera, o *drakkar*, para navegar y producían preciosas joyas para comerciar con otras poblaciones. En el siglo XI habían establecido asentamientos por todo el continente.

860

Los pillajes vikingos llegan incluso a la ciudad de Constantinopla, conocida hoy en día como Estambul, en la actual Turquía. Atacan la ciudad por sorpresa con 200 naves y desvalijan monasterios y casas.

Constantinopla

841

Los vikingos noruegos establecen un asentamiento comercial en un terreno pantanoso de Irlanda que se acaba convirtiendo en la ciudad de Dublín. Desde esta nueva base lanzan más ataques en el sur y el oeste de la isla.

Isla Esmeralda

793

La primera razia vikinga conocida se produce terrible contra el monasterio de Lindisfarne, en el noreste de Inglaterra. Los vikingos repiten el ataque y los pillajes continúan en Irlanda y Francia, y destrucción más.

Primeros ataques

103

Las cruzadas

En el siglo XI, la Iglesia católica comenzó a librar una serie de guerras en nombre del cristianismo. Duraron 200 años y se conocen como las cruzadas. Aunque fueron numerosas, las principales consistieron en una serie de ocho guerras de ejércitos cristianos contra diferentes estados musulmanes para capturar la ciudad de Jerusalén, lugar sagrado tanto para el cristianismo como para el islam.

Llamada a la cruzada

La creciente fuerza de varios Estados musulmanes en Oriente Próximo, con la derrota del Imperio bizantino en 1071 a manos del Imperio selyúcida y la toma de Jerusalén por los fatimíes, lleva a los bizantinos a pedir ayuda. El papa Gregorio II convoca una cruzada, en la que un ejército de caballeros cristianos europeos parte para hacerse con el control de Jerusalén.

1095

Toma de Jerusalén

El ejército de la primera cruzada parte el 1096 y llega a las murallas de Jerusalén al cabo de tres años. Toma la ciudad entre terribles matanzas; los cruzados fundan cuatro reinos cristianos en Oriente Medio.

1099

Segunda cruzada

En 1147 se organiza una nueva cruzada, después de que los gobernantes musulmanes recuperen el control de Edesa. Los viajeros que se mueven entre Europa y los Estados cruzados contribuyen a un intercambio de información en ciencia, arquitectura, medicina e higiene, ámbitos en los que los eruditos musulmanes aventajan a los europeos.

1100-1180

Las cruzadas del norte

Al expandirse hacia el este, los Estados alemanes del Sacro Imperio Romano Germánico entran en contacto con pueblos no cristianos como los wendos, los prusianos, los livonios y los lituanos. Se lanzan una serie de cruzadas que establecen puestos militares avanzados, fuerzan la conversión de la población local y permiten la conquista y colonización de estas tierras por parte de los germanohablantes.

1147-1292

Tercera cruzada

Saladino, un guerrero musulmán, une Egipto y las ciudades de Alepo y Damasco, creando un poder musulmán lo bastante fuerte para desafiar a los cruzados. Los derrota en la batalla de Hattin en 1187 y retoma Jerusalén. Una tercera cruzada, que se inicia en 1189 y entre cuyos líderes está el rey inglés Ricardo Corazón de León, no consigue reconquistar Jerusalén.

1187-1192

TIERRAS DE LAS CRUZADAS

Cuarta cruzada

Parte para volver a tomar
Jerusalén, pero acaba
anticipadamente cuando
el ejército cristiano llega
a la ciudad ortodoxa de
Constantinopla, capital del
Imperio bizantino. En lugar
de seguir hacia Jerusalén,
los soldados saquean
Constantinopla y deponen
a su emperador, al que
sustituyen por uno europeo.

1202-1204

Quinta cruzada

La quinta cruzada intenta
otra vez volver a conseguir
Jerusalén, esta vez
conquistando Egipto, un
poderoso país musulmán.
Los cruzados quedan
atrapados por la crecida
anual del río Nilo y se ven
obligados a retirarse.

1217-1221

Sexta cruzada

Federico II, emperador del Sacro
Imperio Romano Germánico,
lanza la sexta cruzada, que
se resuelve con pocos
enfrentamientos. Firma un
tratado con el sultán de Egipto,
que devuelve Jerusalén a los
cristianos, por poco tiempo.

1228-1229

Cruzado santo

El rey Luis IX de Francia
lidera dos cruzadas sin
éxito. Es capturado en
Egipto en 1250 durante
la séptima cruzada; muere
en Túnez en 1270 durante
la octava cruzada. Más
adelante se le canoniza.

1248-1270

El final de las cruzadas

Un ejército musulmán
consigue Acre, la última
gran fortaleza de los
cruzados en Palestina, y
marca el fin de la influencia
de los cruzados en Oriente
Medio. No se organizan
más cruzadas a Jerusalén.

1291

Reinos del sudeste asiático

El sudeste asiático es uno de los más importantes enclaves del planeta, justo en medio de una ruta de comercio y peregrinaje entre la India y China y las islas Molucas, donde desde el siglo I d. C. emergieron grandes reinos. Sus gobernantes tomaron nombres indios y adoptaron el hinduismo y el budismo. Más adelante el comercio musulmán trajo el islam.

ANTES
A partir del 600 a. C. surge la cultura Dong Son entre los habitantes del río Rojo, en el norte del actual Vietnam. Eran pescadores y productores de arroz, además de grandes especialistas en bronce y hierro.

El primer emperador de Nanyue
Al caer la dinastía Qin de China, el antiguo general Zhao Tuo se declara rey de Nanyue (actual norte de Vietnam y sur de China). Algunos vietnamitas le consideran el primer emperador.

207 a. C.

China toma Nanyue
El emperador Wu de la dinastía Han invade y conquista Nanyue. El dominio chino durará más de 1000 años, periodo que aprovechan los Han para ampliar su influencia por toda la región.

111 a. C.

Funán
Se crea el país de Funán en el sur de la actual Camboya y el delta del Mekong, en el sur de Vietnam. Los habitantes de Funán, influidos por el comercio con la India, se convierten en una fenomenal potencia naval y controla el comercio de especias en el mar de la China meridional.

c. 50 d. C.

Champa
El reino de Champa, en el sur del Vietnam actual, influido por hinduismo y usa el sánscrito. Champa se convierten al hinduismo y usan el sánscrito.

c. 350

Imperio Srivijaya
Los soberanos de Srivijaya, Sumatra, conquistan la península de Malaca, Java, Borneo occidental y varias islas. El Imperio Srivijaya es una potencia marítima. Los reyes Srivijaya siguen el budismo mahayana y fundan monasterios en la India.

650-c. 1300

Imperio jemer
El rey Jayavarman II, considerado tradicionalmente el fundador del Imperio jemer en la actual Camboya, une la región bajo su mando y una religión oficial: el hinduismo, basado en el culto de Vishnu y Shiva.

802

Dai Viet

Nanyue consigue su independencia en 939. A partir del siglo XI, el país se conoce como Dai Viet (Gran Viet). Acabará dominando Champa, al sur.

939

Reino de Pagan

El rey Anawrahta funda el reino de Pagan en la actual Birmania, que rivalizará con el Imperio jemer por ser la principal potencia del sudeste asiático. Los reyes de Pagan levantan 10 000 templos budistas, de los que 2000 siguen en pie.

1044

Angkor Wat

El rey Suryavarman II edifica un gran templo (o wat) dedicado a Vishnu en Angkor, la capital jemer, basándose en el monte Meru, la montaña sagrada donde viven los dioses hindúes.

c. 1113-1150

Primer reino tailandés

Si Inthrathit consigue rebelarse contra el poder jemer y establece el primer reino tailandés. Sukhothai, que en el siglo XIV comprende casi toda la Tailandia moderna.

1238

Ayutthaya

Ramathibodi I funda Ayutthaya, un reino tailandés en el sur que acabará conquistando Sukhothai y Angkor. El reino sobrevivirá hasta 1767, tras años alojando a comerciantes europeos y asiáticos.

1351

Sultanato de Malaca

Se funda el sultanato de Malaca en la actual Malasia. Uno de los primeros sultanes adopta el islam como religión oficial. El sultanato se hace rico y poderoso porque controla la ruta de las especias por el estrecho de Malaca.

c. 1400

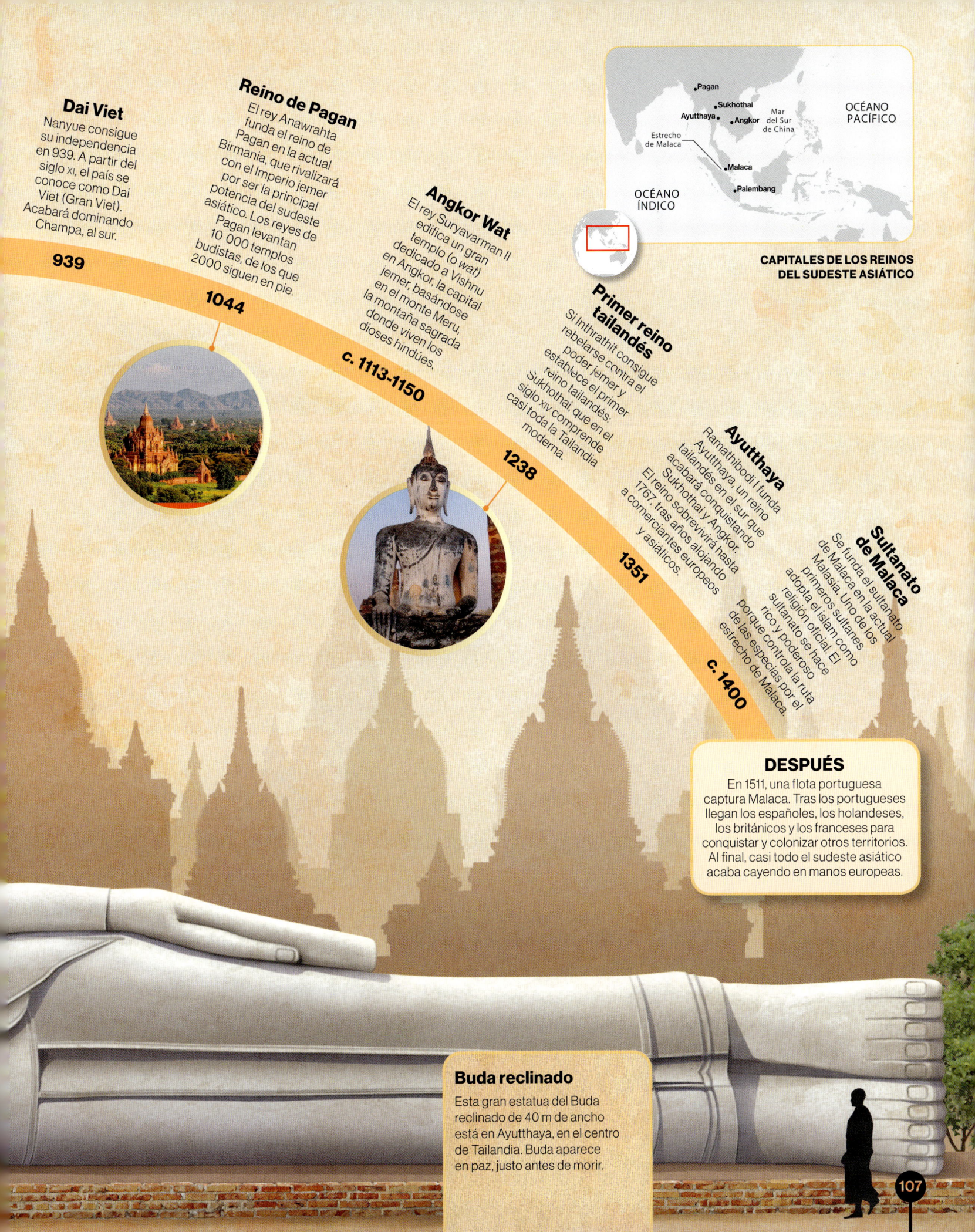

OCÉANO
PACÍFICO

• Pagan   • Sukhothai
Ayutthaya •   • Angkor   Mar
del Sur
de China
Estrecho
de Malaca
• Malaca
OCÉANO
ÍNDICO   • Palembang

**CAPITALES DE LOS REINOS
DEL SUDESTE ASIÁTICO**

DESPUÉS

En 1511, una flota portuguesa captura Malaca. Tras los portugueses llegan los españoles, los holandeses, los británicos y los franceses para conquistar y colonizar otros territorios. Al final, casi todo el sudeste asiático acaba cayendo en manos europeas.

Buda reclinado

Esta gran estatua del Buda reclinado de 40 m de ancho está en Ayutthaya, en el centro de Tailandia. Buda aparece en paz, justo antes de morir.

Angkor Wat

Angkor Wat (que significa «ciudad templo») es el mayor monumento religioso del planeta; se erigió originalmente a principios del siglo XII en plena jungla. Se construyó como lugar de culto hindú durante el reinado de Suryavarman II del Imperio jemer (en la actual Camboya). Los diseños de brotes de loto de sus torres son importantes símbolos hindúes. Más tarde, este monumento se convirtió en un santuario budista, lo que sigue siendo hoy en día.

Auge de los samuráis

Cuenta la leyenda que el primer emperador de Japón, Jimmu, accedió al poder en el siglo VII a. C. Sus descendientes controlaron el país durante más de 1800 años. Pero a finales del siglo XII, la clase de guerreros de élite conocidos como samuráis se hizo con el poder real tras el trono, lo que dio inicio a un período de conflictos entre caudillos que solo acabaría con la unificación de Japón en 1603.

> **«Respeto, honestidad, coraje, justicia, lealtad, honor, benevolencia.»**
>
> **Yamamoto Tsunetomo**
> sobre las virtudes de un samurái
> en *Hagakure: el libro del samurái*, 1716

Sogunato Ashikaga

Ashikaga Takauji funda una nueva línea de sogunes, e inicia el período Muromachi, en que Japón se expande económicamente. Comienza una edad de oro del arte y la cultura japoneses, y las formas artísticas tradicionales, como las ceremonias del té, los jardines rocosos y el arte floral alcanzan su mayor esplendor.

Sogunato de Kamakura

Yoritomo es reconocido formalmente como sogún. Su base operativa está en la ciudad de Kamakura. El traspaso de poder desde la capital imperial en Kioto marca el inicio de una era en la que la clase de los samuráis se convertirá en la élite militar y social de Japón.

Primer sogún

En la batalla de Dan-no-ura, el clan Minamoto, liderado por Minamoto Yoshitsune, derrota a los favoritos imperiales, el clan Taira. Su hermano mayor, Minamoto Yoritomo, se convierte en sogún (líder militar), mientras que el emperador japonés pasa a ser una figura sin poder.

Guerra Genkō

Se derroca el sogunato de Kamakura con la ayuda de uno de sus antiguos generales, Ashikaga Takauji. El emperador Go-Daigo restaura el poder imperial por poco tiempo.

Budismo zen

Originario de la China de los Tang, el budismo zen florece en Japón gracias a los esfuerzos del monje budista Nōnin. El budismo zen enseña que la sabiduría y la compasión pueden practicarse en la vida cotidiana. Con el tiempo, muchos samuráis adoptan la práctica del budismo zen.

Viento divino

China intenta dos veces invadir Japón (1274 y 1281), pero no lo consigue porque los tifones azotan sus naves. En ambos casos, la gloria de salvar Japón de la invasión es para el kamikaze («viento divino»).

1185 · 1189 · 1192 · 1274 · 1333 · 1338

Armas de fuego

Las armas de fuego llegan a Japón con los comerciantes portugueses y son adoptadas por el ejército. Poco a poco, reducen el peso de las habilidades marciales tradicionales de los samuráis y aumentan la importancia de los soldados de infantería.

Traición

Oda Nobunaga muere en un atentado perpetrado por uno de sus propios hombres para hacerse con el poder. Su leal ayudante Toyotomi Hideyoshi se cobra la venganza y continúa el proyecto de Nobunaga para conseguir la unidad de Japón.

Caída del sogunato de Ashikaga

Oda Nobunaga pone punto y final al sogunato de Ashikaga cuando expulsa al sogún de Kioto.

Catana

El largo sable corvo a dos manos conocido como catana cobra popularidad entre los samuráis. La catana se porta con el filo mirando arriba para que pueda desenfundarse y usarse en un único y rápido movimiento.

1603

1600

1582

1575

1573

1568

1543

c. 1400 **c. 1485**

El período Edo

Tokugawa Ieyasu se convierte en el primer sogún Tokugawa y gobierna en una época de paz. Sin guerras en las que luchar, muchos samuráis se convierten en funcionarios.

Batalla de Sekigahara

Con esta decisiva batalla, Tokugawa Ieyasu finalmente une Japón bajo un único soberano y corona así la obra de Oda Nobunaga y Toyotomi Hideyoshi.

Ninja

Los clanes de samuráis empiezan a usar expertos profesionales en el espionaje, sabotaje y asesinatos conocidos como *shinobi* (que significa «escabullirse»). Estos *shinobi*, a los que más adelante se llamaría ninjas, realizan tareas contrarias al estricto código de honor de los samuráis.

Oda Nobunaga

Oda Nobunaga tiene un plan para unir todo Japón bajo su poder y nombra a Ashikaga Yoshiaki como sogún para poder controlarlo. Después restringe sus poderes.

Batalla de Nagashino

Las fuerzas combinadas de Oda Nobunaga y Tokugawa Ieyasu devastan a sus enemigos con innovadoras tácticas de armas de fuego que cambian el estilo de guerra japonés.

Los castillos japoneses eran de madera y piedra, y se construían para defender puntos estratégicos, como puertos, encrucijadas y vados.

Honor y fidelidad

La clase de los samuráis seguía un código estricto, el *bushido* (el «camino del honor»). Valores como la lealtad, el honor, la disciplina o el respeto eran centrales en el *bushido*. Los samuráis juraban lealtad a un daimio o señor. A su vez, los daimios debían mostrar su fidelidad al sogún, el líder del gobierno militar. Durante parte de este período, el sogún era el auténtico soberano de Japón: el emperador era una figura simbólica, sin poder.

Cada soldado llevaba su propia armadura, por eso los estandartes de guerra servían para identificar a los diversos regimientos de cada ejército en el campo de batalla.

Emperador
(soberano hereditario simbólico)

Sogún
(líder del gobierno militar)

Daimios
(terratenientes ricos y patriarcas de familias de samuráis)

Samuráis
(guerreros de élite que juran servir a su señor hasta la muerte)

Castillos y fortalezas

Las civilizaciones antiguas construían murallas alrededor de ciudades y asentamientos para protegerse. A lo largo de la historia, los gobernantes de distintos lugares del mundo han construido castillos, fortalezas y palacios con muros altos y fosos defensivos para mantener a raya a los atacantes, dominar sus tierras y mostrar su poder.

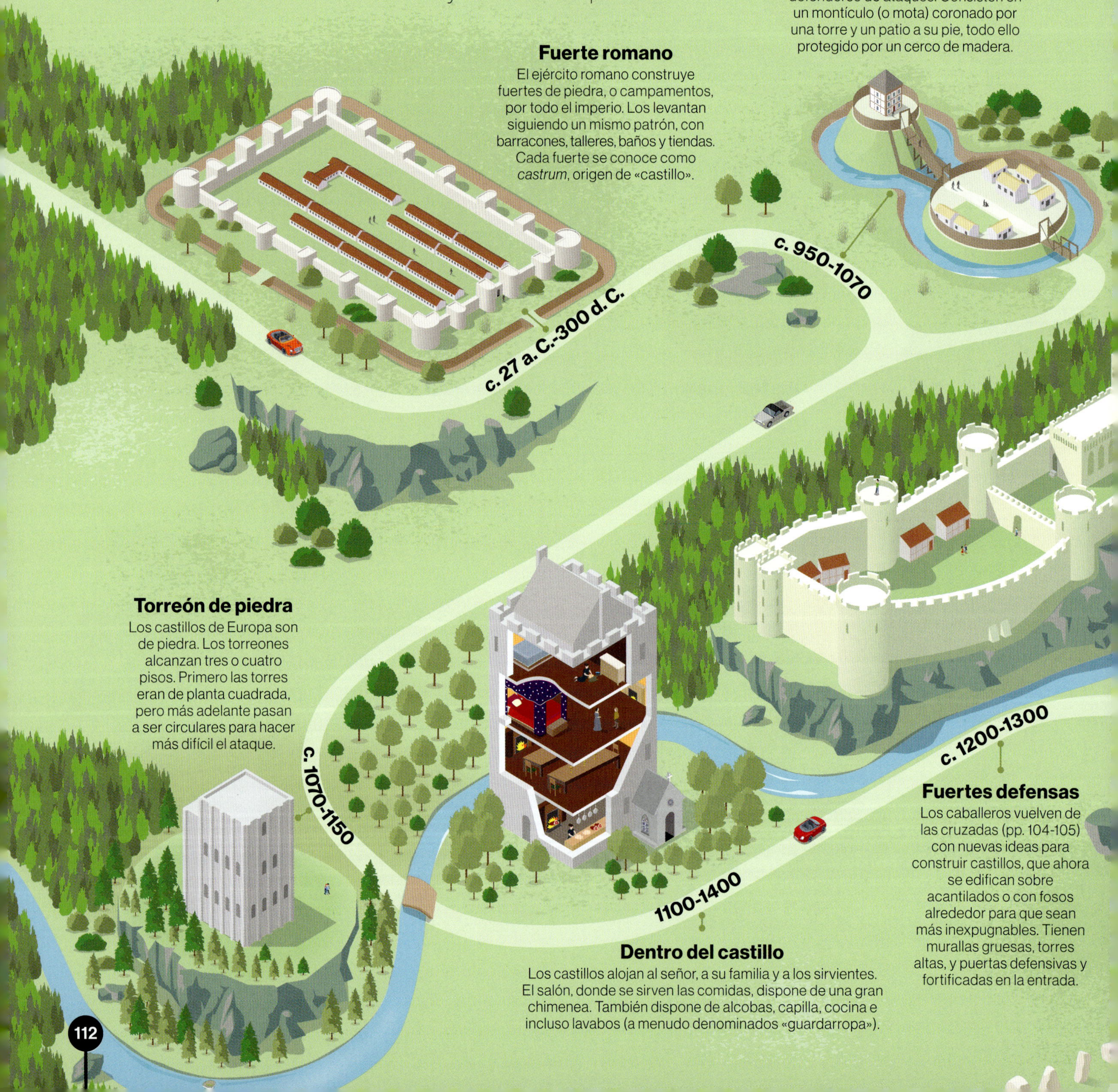

Mota castral

En Europa, los nobles poderosos pagan para que les construyan castillos de tierra y madera para defenderse de ataques. Consisten en un montículo (o mota) coronado por una torre y un patio a su pie, todo ello protegido por un cerco de madera.

Fuerte romano

El ejército romano construye fuertes de piedra, o campamentos, por todo el imperio. Los levantan siguiendo un mismo patrón, con barracones, talleres, baños y tiendas. Cada fuerte se conoce como *castrum*, origen de «castillo».

c. 27 a. C.-300 d. C.

c. 950-1070

Torreón de piedra

Los castillos de Europa son de piedra. Los torreones alcanzan tres o cuatro pisos. Primero las torres eran de planta cuadrada, pero más adelante pasan a ser circulares para hacer más difícil el ataque.

c. 1070-1150

c. 1200-1300

Fuertes defensas

Los caballeros vuelven de las cruzadas (pp. 104-105) con nuevas ideas para construir castillos, que ahora se edifican sobre acantilados o con fosos alrededor para que sean más inexpugnables. Tienen murallas gruesas, torres altas, y puertas defensivas y fortificadas en la entrada.

1100-1400

Dentro del castillo

Los castillos alojan al señor, a su familia y a los sirvientes. El salón, donde se sirven las comidas, dispone de una gran chimenea. También dispone de alcobas, capilla, cocina e incluso lavabos (a menudo denominados «guardarropa»).

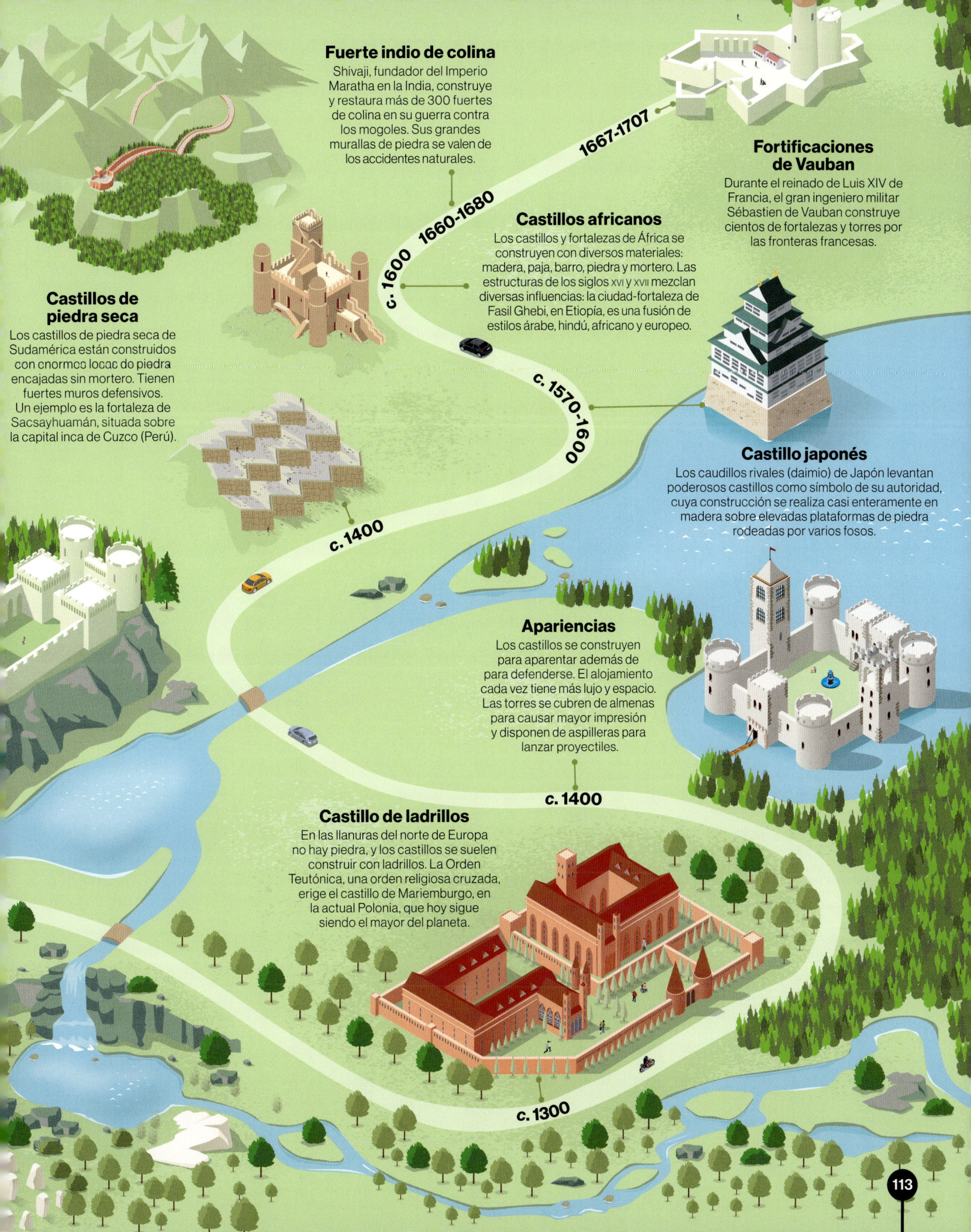

Fuerte indio de colina

Shivaji, fundador del Imperio Maratha en la India, construye y restaura más de 300 fuertes de colina en su guerra contra los mogoles. Sus grandes murallas de piedra se valen de los accidentes naturales.

1667-1707

Fortificaciones de Vauban

Durante el reinado de Luis XIV de Francia, el gran ingeniero militar Sébastien de Vauban construye cientos de fortalezas y torres por las fronteras francesas.

c. 1600   1660-1680

Castillos africanos

Los castillos y fortalezas de África se construyen con diversos materiales: madera, paja, barro, piedra y mortero. Las estructuras de los siglos XVI y XVII mezclan diversas influencias: la ciudad-fortaleza de Fasil Ghebi, en Etiopía, es una fusión de estilos árabe, hindú, africano y europeo.

Castillos de piedra seca

Los castillos de piedra seca de Sudamérica están construidos con enormes losas de piedra encajadas sin mortero. Tienen fuertes muros defensivos. Un ejemplo es la fortaleza de Sacsayhuamán, situada sobre la capital inca de Cuzco (Perú).

c. 1570-1600

Castillo japonés

Los caudillos rivales (daimio) de Japón levantan poderosos castillos como símbolo de su autoridad, cuya construcción se realiza casi enteramente en madera sobre elevadas plataformas de piedra rodeadas por varios fosos.

c. 1400

Apariencias

Los castillos se construyen para aparentar además de para defenderse. El alojamiento cada vez tiene más lujo y espacio. Las torres se cubren de almenas para causar mayor impresión y disponen de aspilleras para lanzar proyectiles.

c. 1400

Castillo de ladrillos

En las llanuras del norte de Europa no hay piedra, y los castillos se suelen construir con ladrillos. La Orden Teutónica, una orden religiosa cruzada, erige el castillo de Mariemburgo, en la actual Polonia, que hoy sigue siendo el mayor del planeta.

c. 1300

Norteamérica antigua

Los cazadores nómadas fueron los primeros en llegar a Norteamérica, hace entre 23 000 y 13 000 años. Cruzaron un puente de tierra helada que había entre Asia y Norteamérica y, una vez en Alaska, se extendieron gradualmente por Norteamérica, estableciendo una asombrosa diversidad de culturas a medida que se adaptaban a los diferentes entornos de allí.

> «Mientras brille el Sol y bajen las aguas, esta tierra seguirá aquí dando vida al hombre y a los animales.»
>
> **Jefe siksiká Isapo-muxika (conocido como Crowfoot)**

Puente cerrado

El nivel del mar empieza a subir y Beringia queda sumergida. Los cazadores-recolectores ya han llegado a las praderas del Canadá moderno y el extremo oriental del actual Estados Unidos.

| *c.* 25 000 a. C. | *c.* 22 000 a. C. | *c.* 10 000 a. C. | *c.* 9000 a. C. | *c.* 4000 a. C. |

Puente de tierra

En la última glaciación, Asia y América están unidas por la tundra, una llanura sin árboles pero con hierba, conocida como Beringia. Los humanos nómadas cazan animales y los persiguen por la tundra. Algunos historiadores afirman que también llegaron por mar.

Beringia, el hogar

Durante generaciones, estas personas viven en Beringia. Según algunos científicos, quedan atrapadas por enormes capas de hielo. Cuando se funde, se desplazan hacia el sur, hacia los actuales Canadá y Estados Unidos.

Hacia el sur

Los cazadores ocupan las praderas norteamericanas hacia el sudoeste americano. Fabrican afiladas puntas de lanza de piedra (puntas clovis) para cazar grandes animales, como el mastodón (un pariente prehistórico del elefante moderno).

Caza del bisonte

Los habitantes de las Grandes Llanuras han cazado mamuts durante mucho tiempo; cuando se extinguen, su nueva presa es el bisonte. Los cazadores organizan cacerías de búfalos para lograr muchas presas de una sola vez: crean un recorrido con árboles, rocas, palos y gente para que los rebaños de bisontes en estampida acaben cayendo por un despeñadero.

Cultura adena

El pueblo adena usa plantas para hacer zapatos, ropa y cestos. También construyen fantásticas esculturas terrestres, como el Gran montículo de la serpiente, solo con cestos, palos excavadores y mano de obra. Puede que este tipo de montículos sirviera para enterrar a miembros importantes de la tribu.

Cultura pueblo

Los nativos americanos pueblo del sudoeste usan ladrillos de tierra, losas de piedra, barro y palos para construir casas. Consiguen levantar grandes estructuras parecidas a bloques de pisos. Tejen ropa de algodón, cultivan todo tipo de vegetales y usan el carbón.

Cahokia

La impresionante ciudad de Cahokia está cerca del actual San Luis. Su población erige enormes montículos con templos encima, rodeados por las calles de la ciudad, suburbios y, al final, campos. Es tan grande como entonces Londres o París.

| 2000 a. C. | c. 800 a. C. | c. 100 a. C. | c. 700 | c. 800 | 1050 | 1050 |

Cultura hopewell

Estos cazadores-recolectores y granjeros viven en poblados de casas rectangulares y tejado de paja. Cultivan girasoles, calabazas y otras plantas de semilla. También crean nuevas formas de cerámica, como platos y jarros, y tubos decorados con imágenes de animales.

Poderosos misisipianos

La cultura misisipiana construye enormes pirámides de tierra y establece redes comerciales que conectan la mitad oriental de Norteamérica para el intercambio de cerámica, tejidos, cobre, cristales raros y conchas.

Magnífico maíz

En los bosques orientales (una gran parte del actual Canadá oriental), se caza, pesca y recoge fruta, mientras que en las regiones desiertas del sudoeste se aprende a cultivar maíz y otras plantas. También se fabrican herramientas, como martillos y muelas, además de cerámica.

Ancestros de los inuit

Los antepasados de los inuit llegan a las gélidas tierras del ártico canadiense. Estos cazadores-recolectores viven en grupos formados por unas 100 personas, desplazan su campamento temporada tras temporada en busca de ballenas, caribús (un tipo de reno), focas y otras presas.

Conquista del Pacífico

Hace miles de años, los viajeros del sudeste asiático empezaron a explorar las islas del Pacífico, trayendo nuevos alimentos y animales. Con ellos surgieron diversas culturas, con artesanos que elaboraban piezas de madera, hueso y caparazones, y que viajaron hasta Nueva Zelanda.

1600-500 a. C. Lapita
Los lapita del sudeste asiático se extienden en canoa de doble casco por Micronesia y parte de Polinesia. Son comerciantes y expertos marineros y se orientan con su conocimiento de las corrientes marinas, los vientos y las estrellas. Sus descendientes, los polinesios, se aventuran a alejarse mucho más por el océano Pacífico.

1025-1121
Partida de los polinesios
Los polinesios empiezan a navegar hacia el este y colonizar el área del Pacífico entre las islas de la Sociedad y las islas Gambier.

1280
Nueva Zelanda
Los polinesios llegan a Nueva Zelanda y la denominan *Aotearoa* («La tierra de la gran nube blanca»). Los colonizadores maoríes se adaptan al clima más frío de Nueva Zelanda. Cazan grandes aves no voladoras, como la moa (arriba).

1330-1440 Extinción
En Nueva Zelanda se extinguen 10 especies de moas por la deforestación, la caza maorí y la introducción de las ratas, que se comen los huevos de estas aves. También desaparecen otros animales pequeños.

c. 50 000 a. C. Melanesia
Los habitantes del sudeste asiático son los primeros en colonizar Melanesia. El nivel del mar es relativamente bajo y, por tanto, hay más tierra firme, así que pueden llegar a estas nuevas regiones andando y navegando.

800 d. C. Islas Cook
Los habitantes de Tahití, Tonga y Samoa colonizan las islas Cook del Sur. Son especialistas en esculpir madera y piedra. Todos estos intrépidos viajeros usan canoas polinesias, con uno o más soportes. Estas naves son rápidas y capaces de navegar a través del fuerte oleaje.

1200-1290
Sistemas sociales
Evolucionan diferentes sistemas sociales según las islas. En las más pobladas, como Tahití y Hawái, los jefes tienen más poder y reciben tributo y mano de obra del pueblo llano. En las islas más pequeñas y con poca población se dan sociedades más igualitarias.

1300-1500 Isla de Pascua
Los pascuenses erigen 887 enormes estatuas de piedra de sus jefes y antepasados, los moáis. Se ha demostrado que probablemente fueron transportadas de pie desde las canteras con la ayuda de cuerdas y troncos redondos.

Asentamientos en el Pacífico

Los pueblos asiáticos fundaron los primeros asentamientos de las tres subregiones de Melanesia, Micronesia y Polinesia. Los exploradores se aventuraron hacia los confines del océano y cada isla de estas subregiones desarrolló su propia cultura exclusiva, pero todas rendían culto a los mismos dioses.

Mapa

- Polo Norte
- Asia
- Norteamérica
- MICRONESIA
- Islas Marianas
- Hawái
- Kiribati
- Tuvalu
- Islas de la Sociedad
- Tahití
- Nueva Guinea
- Samoa
- Islas Cook
- Islas Gambier
- Isla de Pascua
- MELANESIA
- Fiyi
- Tonga
- POLINESIA
- Australia
- Nueva Zelanda
- Islas Chatham
- Océano Pacífico
- Antártida

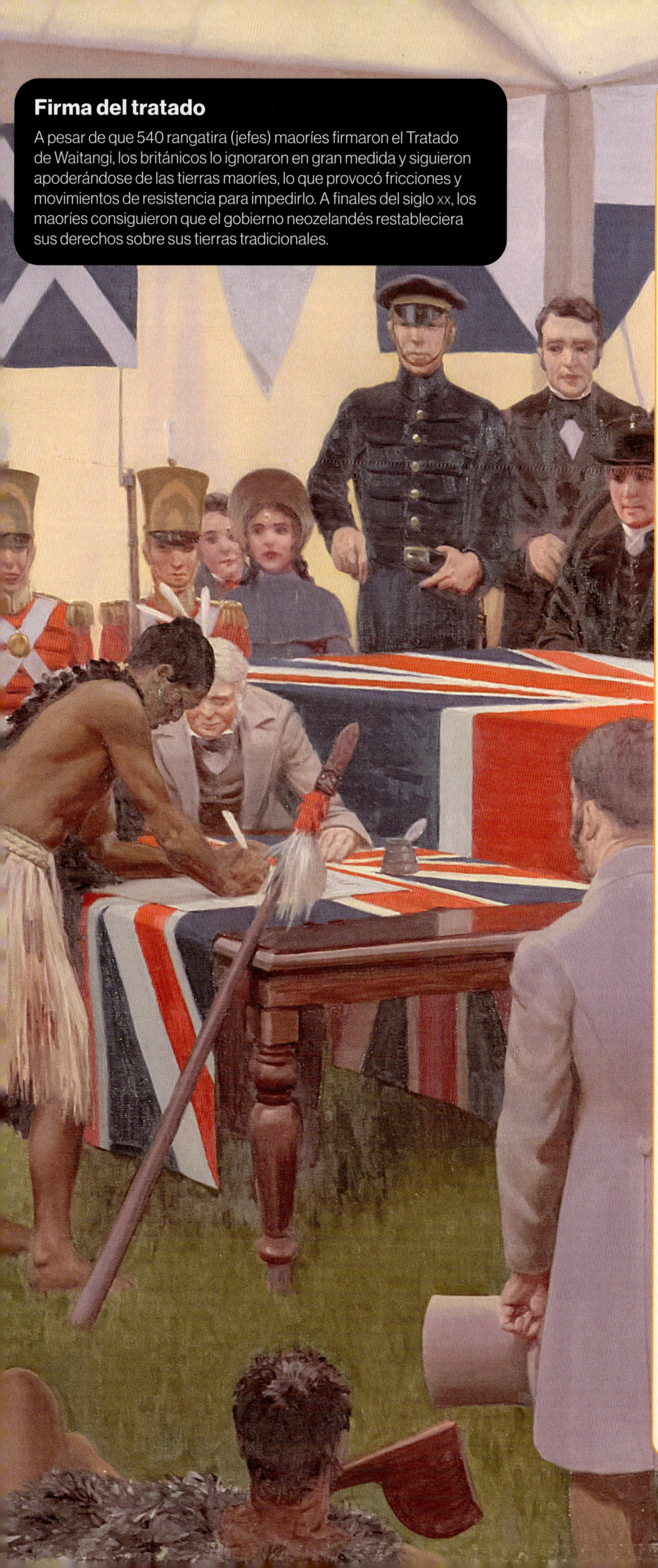

Firma del tratado

A pesar de que 540 rangatira (jefes) maoríes firmaron el Tratado de Waitangi, los británicos lo ignoraron en gran medida y siguieron apoderándose de las tierras maoríes, lo que provocó fricciones y movimientos de resistencia para impedirlo. A finales del siglo XX, los maoríes consiguieron que el gobierno neozelandés restableciera sus derechos sobre sus tierras tradicionales.

Colonización del Pacífico

Hacia 1300 d. C. los polinesios habían conquistado una enorme área del Pacífico, de Hawái a Nueva Zelanda y la isla de Pascua. Los europeos llegaron más tarde y encontraron muchas islas habitadas, y comenzaron a colonizarlas.

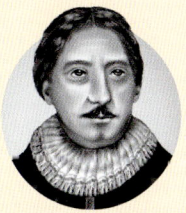

1642 Tasman
El explorador holandés Abel Tasman visita Nueva Zelanda, pero el primer encuentro entre holandeses e indígenas maoríes es violento. Cuatro marineros holandeses mueren y al menos un maorí resulta herido antes de que Tasman zarpe.

1722 Visita a la isla de Pascua
Jacob Roggeveen, de los Países Bajos, es el primer europeo que pisa la isla de Pascua, donde descubre una compleja sociedad, en la que los moái continúan en pie y se usan aún canoas.

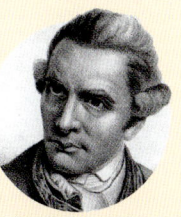

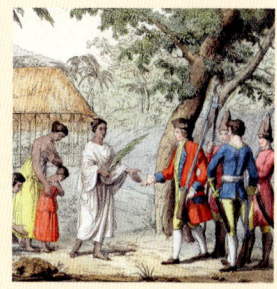

1767 Tahití
El oficial de la marina británica Samuel Wallis llega a Tahití y la isla pronto se convierte en escala de los viajes europeos. Los tahitianos se resisten al principio, pero acaban en paz con los europeos.

1768-1779 Los viajes de Cook
En sus tres viajes por el océano Pacífico, el capitán inglés James Cook cartografía la costa oriental de Australia, Nueva Zelanda y las islas Hawái, y registra una serie de lugares que hasta entonces eran desconocidos para los europeos.

1774 Colapso de Rapa Nui (isla de Pascua)
James Cook llega a Rapa Nui (isla de Pascua) y observa que las estatuas han quedado abandonadas. Solo ve tres canoas, todas inservibles. Una teoría afirma que la erosión causada por la tala de todos los árboles de la isla destruyó el medio ambiente.

1810 Reino de Hawái
El rey Kamehameha I une por primera vez las islas hawaianas bajo un único gobernante. Su hijo Kamehameha III establece un Parlamento del que las mujeres pueden ser miembros. Su nieto Kamehameha IV funda hospitales y escuelas.

1828-1900 Colonización
Las potencias europeas, asiáticas y americanas emprenden una carrera para hacerse con el control de las islas del Pacífico. En esta época Francia coloniza Tahití. Fiyi, Kiribati y Tuvalu quedan bajo control británico. En 1900 Estados Unidos controla Hawái y Alemania reivindica Samoa.

1840 Tratado de Waitangi
El Imperio británico firma el Tratado de Waitangi con los jefes maoríes, en el que se reconoce la propiedad maorí de las tierras. El tratado anexa Nueva Zelanda al Imperio británico.

Reina de Benín

Los artesanos de palacio de Benín, en África occidental, creaban bustos de bronce y metal de los soberanos, como el de Idia, reina guerrera del siglo XVII. Fue la primera en recibir el título oficial de *iyaba* (reina madre) y fue una consejera clave de su hijo el *oba* Esigie en sus batallas contra el pueblo vecino Igala.

Reino del Congo

En la orilla sur del que hoy conocemos como el río Congo, Lukeni lua Nimi funda el Reino del Congo, otro imperio comercial. Gobierna desde M'banza Kongo, ciudad que conserva el título de capital hasta 1914.

c. 1390

Imperio de Benín

Reino del *oba* (rey) Ewuare el Grande, fundador del Imperio de Benín. Ewuare conquista 200 ciudades vecinas y levanta un gran palacio en Benín.

1440-1473

Imperio Songhai

Sunni Alí funda el Imperio Songhai. Con la conquista de Tombuctú en 1468 derrota al Imperio de Malí y controla el comercio por el río Níger con una flota de naves.

1464-1492

Armas portuguesas

Benín y Kongo comercian con los portugueses con marfil, pimienta, aceite de palma y esclavos a cambio de productos manufacturados y armas. Esto permite expandirse a ambos reinos, y Kongo adopta el cristianismo como religión del Estado.

1483-1485

Imperio de Malí

El Imperio de Malí crece y absorbe Ghana. Su capital, Tombuctú, es famosa por sus riquezas. En 1324, el rey Mansa Musa parte en un viaje de dos años hacia la ciudad santa de La Meca y regala tanto oro por el camino que hace caer su valor en el mercado. Lleva eruditos islámicos a Malí, que ayudan a crear las bibliotecas de Tombuctú, y arquitectos, que construyen mezquitas, como la de Djingareyber (la Gran Mezquita).

1324-1326

El Gran Zimbabue

Surge otro imperio, el Gran Zimbabue, en el sudeste de África, que comercia con sal, hierro, cobre y marfil. Las torres del Gran Zimbabue son las estructuras más grandes del África subsahariana.

c. 1100-1400

Imperio Kanem-Bornu

En sus inicios, este imperio llega del actual Chad al sur de Libia. Se convierte en Estado islámico a partir de 1085. Su posición domina una ruta comercial clave a través del desierto, y el comercio de sal y personas esclavizadas le proporciona una gran riqueza. La temprana adopción de armas de pólvora por parte de sus gobernantes le permite dominar a los pueblos vecinos.

c. 850

Imperio de Ghana

Desde la época de su primer gobernante, Maya Cissé, Ghana se convierte en un gran imperio con capital en Kumbi Saleh, al borde del Sáhara. Sus artesanos elaboran complejos objetos de hierro, y los mercaderes comercian con sal y oro con caravanas de camellos que cruzan el desierto. Tras los ataques del reino almorávide de Marruecos, Ghana entra en decadencia y es absorbida por el imperio malí.

c. 400-1200

Askia el Grande

Askia el Grande conquista tierras hasta convertir el Imperio Songhai en el país más grande de la historia de África occidental. Promueve la enseñanza en su reino y convierte al islam en la religión oficial.

1493-1528

Reino zulú

Shaka Zulu, fundador del último gran país subsahariano, es el soberano del Reino zulú, en el sur de África. Crea un Estado centralizado con ejército profesional que derrota a las fuerzas europeas.

1816-1828

DESPUÉS

El rey Leopoldo de Bélgica reclama la propiedad personal del Congo, extrayendo su riqueza mineral a costa de cientos de miles de congoleños que mueren o quedan mutilados. Su apropiación de tierras desata el «reparto de África» entre las potencias europeas, que termina con la conquista de todos los Estados africanos, salvo Liberia y Etiopía.

Reinos africanos

África, y especialmente la región subsahariana, ha visto el auge y la caída de poderosos reinos e imperios. Mientras que los habitantes de la zona eran principalmente granjeros, la riqueza de estos reinos se basaba en el comercio, sobre todo de oro, marfil, sal y esclavos. El comercio cruzaba el Sahara en caravanas de camellos y en barco por los largos ríos del continente, como el Níger y el Congo.

Axum

Axum, en la actual Etiopía, es el mayor país de África oriental. comercia a través del mar Rojo con la península arábiga. En el siglo IV, cuando el rey Ezana se convierte al cristianismo, Axum pasa a ser el primer país cristiano del mundo.

c. 100 d.C.

Potencia marítima

Colonos procedentes de Fenicia (actual Líbano) fundan la ciudad de Cartago. Se convierte en una de las ciudades más grandes del norte de África, con más de medio millón de habitantes y un gran puerto. Sus mercaderes comercian por todo el Mediterráneo hasta que la ciudad pierde tres guerras con Roma y es destruida.

c. 814 a.C.

Pueblo agrícola

Desde su patria original en Nigeria y Camerún, los agricultores bantúes se desplazan hacia el sur y el este de África. Cultivan ñame, mandioca, mijo y sorgo. Hacia el año 600 a.C., ya son capaces de fabricar herramientas de hierro.

c. 1000 a.C.-500 d.C.

El Imperio mongol

Las tribus nómadas conocidas como mongoles se unieron en el mayor imperio terrestre de la historia, desde Europa y Oriente Medio hasta Asia. Su fundador fue Gengis Kan, muy hábil en la estrategia militar, que llevó a su ejército de jinetes armados con arcos y flechas a muchas victorias. Quienes se oponían a los mongoles eran asesinados por millones. Kan estableció un sistema postal, y la seguridad que dieron los mongoles contribuyó a fomentar el comercio. Incluso los extranjeros podían encontrar trabajo como escribas, comerciantes y administradores.

Muerte de Gengis Kan

Los jinetes de Gengis lideran su ascenso al poder, pero a principios de 1227 muere durante una campaña contra la dinastía Xia Occidental del noroeste de China. Sus herederos, entre ellos Batú, Ogedei y Kublai, seguirán construyendo el imperio.

Tribus unidas

Confiando en hábiles luchadores en lugar de parientes, Temujin forma una leal banda de guerreros. En 1206 se reúne con otros líderes mongoles del territorio para formar un país. Se nombra a sí mismo Gengis Kan, que significa «soberano universal».

1227

1237-1241

1207-1215

1205-1206

c. 1206

Primeros años de Gengis Kan

Temujin (conocido después como Gengis Kan) nace en algún punto entre las actuales Mongolia y Siberia, donde las tribus nómadas están en permanente lucha. A la muerte de su padre, jefe de la tribu, el clan excluye a su familia. Temujin se ve obligado a valerse por sí mismo y crea su propia tribu de seguidores.

Hacia China

El ejército mongol, casi todo a caballo y armado con arcos y flechas, se dirige hacia China. Se enfrentan al Imperio Xi Xia en la China central y atacan después a la dinastía Jin, en el norte. En 1215 los mongoles toman la capital Jin, Zhongdu (actual Pekín).

Rusia

Un nieto de Gengis, Batú Kan, lanza ataques al oeste del territorio mongol. Rus (actual Rusia) pasa a formar parte de su imperio. Se les conoce como la Horda de Oro, por el color amarillo de las tiendas de los jefes mongoles. Batú Kan intenta expandir el imperio hacia Europa, pero desiste al saber de la muerte de su tío Ogedei.

c. 1200

c. 1162

Flechas de guerra

Los guerreros mongoles llenan los cielos de mortíferas flechas, capaces de dar en el blanco a 320 m. Los enemigos ni llegan a verlas. Las flechas, huecas, suenan como un silbato y el comandante puede utilizarlas para mandar señales a sus tropas en plena batalla.

Sistema postal

Gengis y los líderes guerreros del enorme nuevo imperio deben comunicarse con rapidez, para lo cual establecen un servicio de mensajería y entrega por relevos denominado *yam*, que significa «puesto de control».

«La mayor alegría del hombre está en la victoria sobre sus enemigos.»

Gengis Kan
Fundador del Imperio mongol

Kublai Kan
Un nieto de Gengis, Kublai Kan, está en desacuerdo con sus hermanos por el poder. Kublai se nombra el nuevo Gran Kan. Funda la dinastía Yuan en China, donde es el primer soberano no chino del país.

Fin del poder en China
Los sucesores de Kublai intentan integrar los sistemas de gobierno mongol y chino. Las guerras civiles entre los mongoles y la corrupción en la corte debilitan su gobierno. La hambruna generalizada aumenta el descontento del pueblo, lo que provoca una serie de rebeliones. El rebelde Zhu Yuanzhang ataca a los mongoles, les expulsa del país e inicia la dinastía Ming.

1257   **1260**   **1264**   **1274**   **1279**   **1368**   **1370-1405**

Invasión de Vietnam
Los mongoles, bajo el mando de Kublai Kan, esperan llegar al poder en Dai Viet (parte del actual Vietnam) y lanzan tres invasiones, sin éxito. No obstante, los soberanos de la dinastía Tran acaban rindiéndose para evitar más conflictos.

Invasión de Japón
Kublai invade Japón con una flota de barcos. En tierra firme su ejército lanza granadas: tarros de metal llenos de pólvora. En una segunda invasión, los vientos del tifón hunden gran parte de la flota de Kan. Los japoneses llaman a la tormenta kamikaze, que significa «vientos divinos».

Derrota en el levante
Los mamelucos de Egipto, bajo el mando del general Baibars, siguen una buena estrategia para engañar y superar a los mongoles; su ejército no es el favorito pero ganan la batalla de Ain Jalut, que acaba con la expansión mongola hacia el oeste.

Conquista de la dinastía Song
En su última gran muestra de poder militar, las fuerzas de Kublai atacan el sur de China para capturar gran parte del territorio; Kublai une casi toda China.

El Imperio timúrida
Tamerlán, un príncipe mongol que afirma estar emparentado con Gengis Kan, construye un imperio en Asia central, empezando por Afganistán. Como hábil comandante militar, extiende su control a Rusia, Persia (actual Irán), Siria y el norte de la India. En 1401-1402, asalta Bagdad y captura la ciudad, y derrota al ejército del sultán otomano Bāyazid I cerca de Ankara (actual Turquía). Mecenas de las artes, Tamerlán encarga muchas mezquitas y apoya a eruditos como el poeta persa Hafez. Muere en 1405 durante una campaña contra China.

La Ruta de la Seda y la Pax Mongólica
Una antigua red de rutas conocida como la Ruta de la Seda unía a comerciantes y viajeros del este asiático y de la Europa occidental. Cuando los mongoles tomaron el control de esta ruta a principios del siglo XIII se aseguraron de que el viaje fuera seguro. Este período de paz y estabilidad se conoció como la Pax Mongólica.

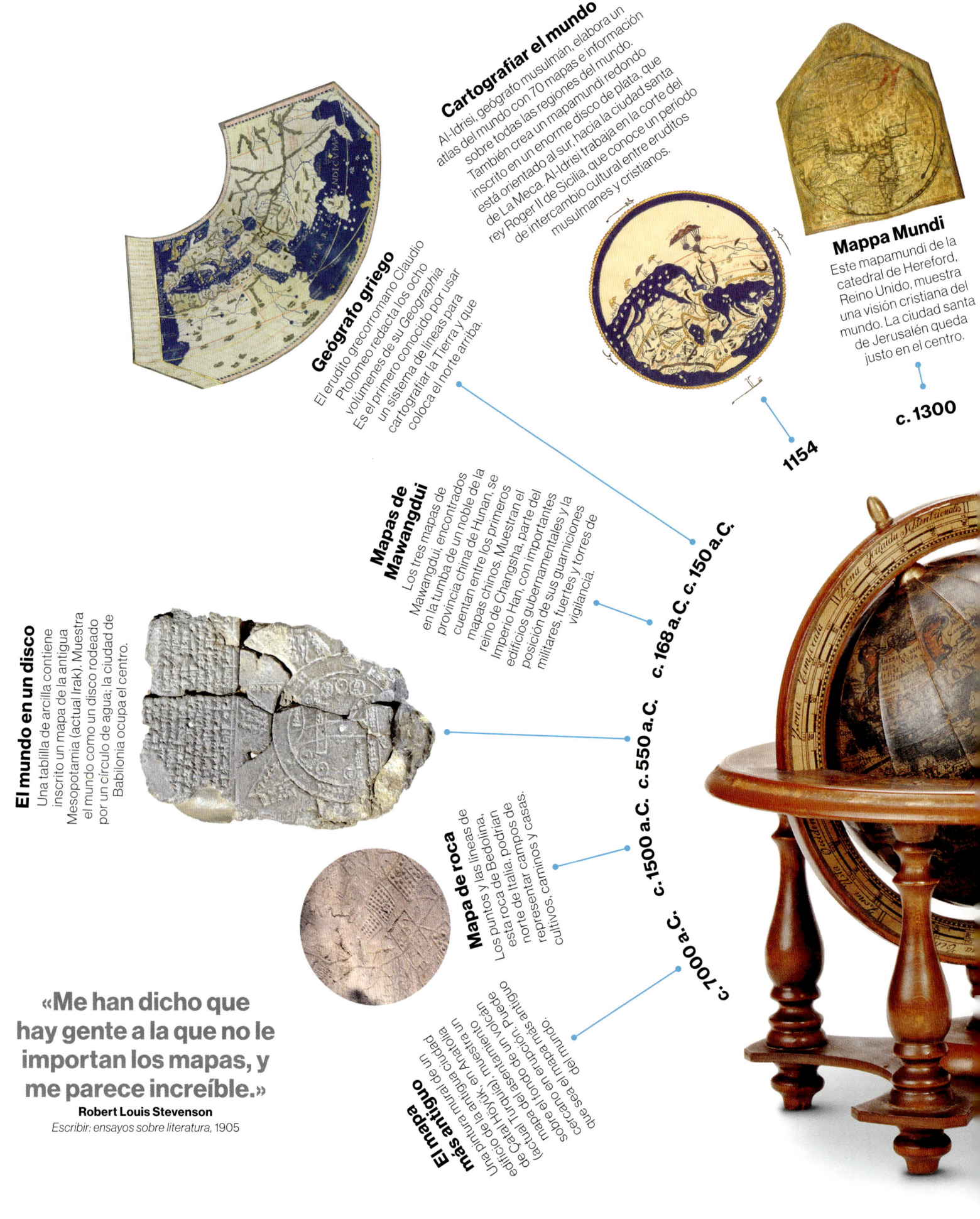

Cartografiar el mundo

Al-Idrisi, geógrafo musulmán, elabora un atlas del mundo con 70 mapas e información sobre todas las regiones del mundo. También crea un mapamundi redondo inscrito en un enorme disco de plata, que está orientado al sur, hacia la ciudad santa de La Meca. Al-Idrisi trabaja en la corte del rey Roger II de Sicilia, que conoce un período de intercambio cultural entre eruditos musulmanes y cristianos.

Geógrafo griego

El erudito grecorromano Claudio Ptolomeo redacta los ocho volúmenes de su *Geographia*. Es el primero conocido por usar un sistema de líneas para cartografiar la Tierra y que coloca el norte arriba.

Mappa Mundi

Este mapamundi de la catedral de Hereford, Reino Unido, muestra una visión cristiana del mundo. La ciudad santa de Jerusalén queda justo en el centro.

c. 1300

1154

c. 150 a.C.

Mapas de Mawangdui

Los tres mapas de Mawangdui, encontrados en la tumba de un noble de la provincia china de Hunan, se cuentan entre los primeros mapas chinos. Muestran el reino de Changsha, parte del Imperio Han, con importantes edificios gubernamentales y la posición de sus guarniciones militares, fuertes y torres de vigilancia.

c. 168 a.C.

El mundo en un disco

Una tablilla de arcilla contiene inscrito un mapa de la antigua Mesopotamia (actual Irak). Muestra el mundo como un disco rodeado por un círculo de agua; la ciudad de Babilonia ocupa el centro.

c. 550 a.C.

c. 1500 a.C.

Mapa de roca

Los puntos y las líneas de esta roca de Bedolina, podrían representar campos y casas. Los puntos y las líneas de esta roca de Bedolina, podrían representar campos y casas, norte de Italia, podrían representar campos y casas, cultivos, caminos y casas.

c. 7000 a.C.

El mapa más antiguo

Una pintura mural de la antigua ciudad de Çatal Höyük, en Anatolia (Turquía), muestra un edificio del asentamiento antiguo y, en el fondo, un volcán en erupción. Puede que sea el mapa más antiguo del mundo, aunque algunos eruditos creen que se trata de una pintura decorativa que muestra un asentamiento cercano en el fondo de un paisaje antiguo.

> «Me han dicho que hay gente a la que no le importan los mapas, y me parece increíble.»
> **Robert Louis Stevenson**
> *Escribir: ensayos sobre literatura*, 1905

Mapas de navegación

En el sur de Europa se usan los mapas conocidos como "portulanos", con líneas de costa muy detalladas. Los navegantes pueden trazar su viaje puerto a puerto siguiendo una serie de líneas.

siglos XIII-XV

Mapa azteca

En este mapa azteca, la capital Tenochtitlán, está representada por el águila, está representada cactus. Este símbolo aparece en la actual bandera de México.

1542

Mapas científicos

Tres generaciones de la familia Cassini trabajan para crear su mapa de Francia, el primer estudio cartográfico completo de un país realizado con técnicas modernas.

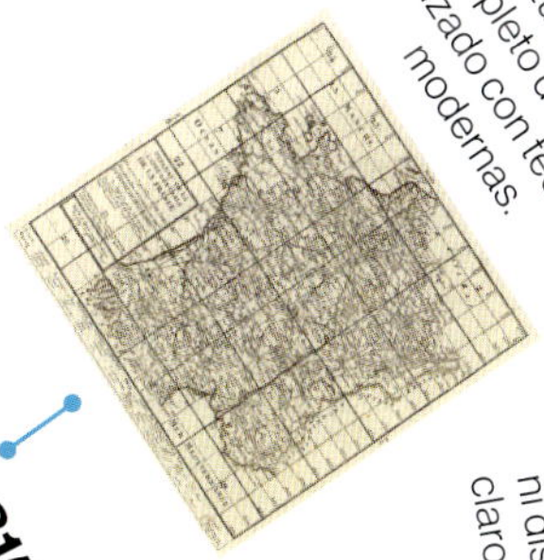

1750-1815

Mapa de transporte

El mapa del metro de Londres, de Harry Beck, muestra la red viaria en forma de diagrama. Pese a no reflejar direcciones ni distancias reales, es muy claro, por lo que resulta muy fácil de leer.

1931

Mapa del lecho oceánico

Los geólogos Marie Tharpy y Bruce Heezen crean el primer mapa científico del lecho oceánico de la Tierra, que revela un paisaje desconocido de crestas y fosas marinas.

1950-1977

Google Earth

Se lanza Google Earth, que traza el mapa del planeta superponiendo imágenes naturales del planeta, obtenidas por satélites o aviones para mostrarlas a los usuarios. Permite a los usuarios acercarse a ciudades y paisajes desde su ordenador, tableta o teléfono móvil.

2005

Mapas y cartografía

Los primeros mapas no ilustraban el mundo como era, sino que reflejaban las creencias de sus autores. A medida que se aprendía más sobre el mundo, los mapas se hacían más realistas. A partir del siglo XIV, los navegantes empezaron a usar cada vez más la cartografía para registrar las costas desconocidas, lo que dio lugar a un aumento del número y la calidad de los mapas. Hoy la tecnología garantiza que no quede ningún lugar del planeta sin cartografiar.

Representación del globo

Los cartógrafos (las personas que trazan los mapas) usan una proyección cartográfica para plasmar la esfera terrestre sobre un papel plano, como si aplanaran una piel de naranja, cosa imposible de hacer sin distorsionarla. En 1569 Gerardus Mercator crea la proyección de la forma del mundo que sigue utilizándose hoy. Su proyección exagera el tamaño de los países cercanos a los polos y reduce el de los que están cerca del ecuador. En 1921, el cartógrafo alemán Oswald Winkel desarrolló una proyección conocida como la proyección Winkel-Tripel que ayudó a reducir las distorsiones de superficie, distancia y dirección en los mapas.

PROYECCIÓN DE MERCATOR

Pestes y epidemias

Antes de entender por completo la importancia de la limpieza y la higiene, muchas enfermedades eran asesinas sin control capaces de devastar poblaciones enteras. Aunque diversas enfermedades contagiosas continúen dando problemas, la medicina moderna ha acabado con muchas amenazas para la salud.

Cocoliztli

Una epidemia de lo que pudo ser viruela o salmonela mata a muchos millones de personas durante tres años en lo que hoy es México y los Andes. Los aztecas la llaman cocoliztli en su lengua náhuatl. Cuando los españoles llegan a México en 1519, la población se ve expuesta a enfermedades para las que no tiene inmunidad.

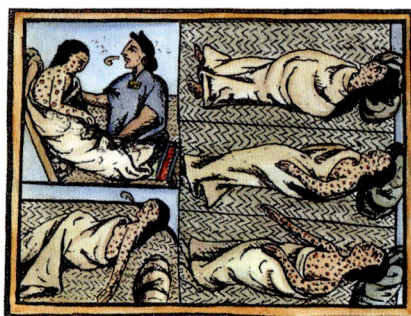

Vida comunitaria

Durante la aparición de las primeras aldeas y pueblos el hacinamiento y la insalubridad dan alas a las enfermedades. Con escasos conocimientos médicos, se echa la culpa a malos espíritus o dioses enfadados.

Las pulgas de las ratas fueron las culpables del contagio de muchas pestes históricas.

Primeros casos confirmados de peste bubónica

Una misteriosa enfermedad mata a cientos de personas en los alrededores de Issyk Kul (actual Kirguistán). Puede que se haya propagado desde China, donde se describe una peste con úlceras sangrantes, fiebre alta y vómitos que conducen a una muerte rápida y dolorosa.

c. 3000 a. C.

430-427 a. C.

165-180 d. C.

541-542

1338

1347-1352

1545

1665

Peste antonina

El nombre de esta peste romana se debe al soberano del momento, Marco Aurelio Antonino. Mueren unos 5 millones de personas en 15 años; los expertos actuales creen que fueron brotes de viruela.

La peste negra

Esta peste, conocida también como peste bubónica o muerte negra, mata al 60 % de la población de Europa (unos 40 millones de personas) en apenas cuatro años. También mueren millones de personas en África y Asia. Esta enfermedad vuelve a aparecer cada pocas décadas en los siglos siguientes.

Peste de Justiniano

Estalla una enfermedad en la ciudad de Constantinopla (actual Estambul) que mata al 40 % de la población. Ha venido de Egipto con las ratas de los barcos de cereales.

Gran peste

La gran peste de Londres mata a unas 100 000 personas. Al reconstruirse la ciudad tras el gran incendio de Londres del año siguiente, se aprueban leyes para mejorar el saneamiento y el hacinamiento.

Peste antigua

Una peste azota la ciudad de Atenas en la antigua Grecia y acaba con más de 30 000 personas. Tucídides describe los síntomas, que llevan a la muerte en una semana.

Los médicos que trataban la peste llevaban máscaras con picos llenos de hierbas y flores, pues creían que así evitaban el contacto con la enfermedad.

Último brote

La peste bubónica sigue azotando al mundo. El último brote importante en Europa se produce en Marsella (Francia) en 1722 y en el Imperio otomano en 1818-1819. Una nueva pandemia de peste estallará en China en la década de 1850, y matará a 15 millones de personas en China y la India, y solo acabará pasado un siglo

Pandemia de gripe

Aún más mortífera que la peste negra, la enfermedad, que pasa a conocerse como «gripe española», es una cepa de gripe que mata al menos a 50 millones de personas, es decir, alrededor del 3 % de la población mundial.

VIH/sida

Empieza a contagiarse una enfermedad desconocida que destruye el sistema inmunitario. Acaba conociéndose como sida (síndrome de inmunodeficiencia adquirida); más adelante se descubre su causa: el virus de inmunodeficiencia humana (VIH). Mueren más de 20 millones de personas de sida, pero se acaban creando fármacos que lo controlan.

Pandemia de COVID-19

Un nuevo tipo de coronavirus causa una enfermedad llamada COVID-19, que surge en Asia oriental y se propaga rápidamente por todo el mundo. Altamente infecciosa, mata a casi 7 millones de personas y causa graves daños económicos al confinarse los países para frenar su propagación.

Tercera pandemia de cólera

Un gran brote de cólera acaba con la vida de más de un millón de personas. Al igual que la primera y la segunda pandemias, esta tercera pandemia de cólera también se origina en la India y se extiende desde el delta del río Ganges antes de arrasar Asia, Europa, Norteamérica y África.

1720-1819 **1829** **1852-1860** **1860** **1918** **1928** **1980** **1981-** **2013-2016** **2019-**

Descubrimiento vital

Por casualidad, el científico escocés Alexander Fleming descubre la penicilina, que se convierte en el primer antibiótico de la historia. Este descubrimiento salva a millones de personas de infecciones bacterianas que habrían sido mortales.

Brote de ébola

El ébola es un virus de contagio rápido que provoca fiebre y hemorragias. Estalla un brote en Guinea que se convierte rápidamente en una epidemia de tres años por África occidental.

Pandemia de cólera

La gente enferma por beber agua contaminada por aguas residuales y bacterias de cólera. El brote estalla en la India, llega a Europa en los barcos mercantes y acaba castigando las Américas.

Limpieza

Finalmente la limpieza se convierte en prioridad. Se usa ácido carbólico para limpiar las heridas de bacterias. Médicos y cirujanos empiezan a lavarse las manos para no propagar infecciones; mejoran los estándares de saneamiento.

Erradicación de la viruela

Tras el último caso natural conocido de viruela en Somalia en 1977, la Organización Mundial de la Salud declara la enfermedad oficialmente erradicada gracias a un eficaz programa de vacunación.

EUROPA

ASIA

ÁFRICA

Diseminación de la peste negra

La peste negra dejó rápidamente su marca en Europa, África y Asia. Las picadas de las pulgas con bacterias fueron las responsables de su rápida propagación. Las ratas llevaban las pulgas por las calles y los barcos, y contagiaban la enfermedad a poblaciones muy alejadas. Los estudios recientes indican que las pulgas humanas y los piojos también potenciaron la epidemia.

Armas y armaduras

Los humanos diseñaron las primeras armas y armaduras para cazar animales; sin embargo, es muy probable que también sirvieran para atacar a otros humanos. Desde entonces, las historias de las armas y las armaduras se han entrelazado: cada avance de una ha traído mejoras en la otra, y viceversa.

Primeras espadas

Se producen las primeras espadas de bronce por la región alrededor de los mares Negro y Egeo, en el sudeste de Europa. Se usan espadas de bronce por toda Asia y Europa antes de sustituirlas por espadas de hierro alrededor del 1000 a.C.

c. 1700 a.C.

Antiguos griegos

Los hoplitas (soldados de la antigua Grecia) llevan cascos de bronce y grandes escudos. Los guerreros se mueven en grupo y crean una pared de escudos y lanzas para dificultar que los oponentes la superen.

c. 750 a.C.

Ballesta china

Podía lanzar flechas a 180 m de distancia; aunque tenía su eficacia máxima por debajo de los 70 m.

Ballesta

Se usan ballestas de mano en China. El arco se monta de manera horizontal sobre un travesaño. Un gatillo libera la cuerda del arco.

600 a.C.

Pólvora

Los chinos desarrollan la pólvora (una mezcla explosiva de azufre, carbón y salitre). Inicialmente la usan como medicina y en fuegos artificiales; después descubren sus propiedades explosivas y la usan para lanzar flechas incendiarias y balas de cañón.

c. 850

Primeras armas

Las primeras armas eran piedras que se lanzaban para golpear al adversario. Hace medio millón de años, los primeros antepasados humanos ya habían desarrollado lanzas con punta de piedra.

c. 500 000 a.C.

Primeros ejércitos

Los sumerios de Mesopotamia (actual Irak, pp. 36-37) forman los primeros ejércitos conocidos, compuestos por infantería (soldados a pie) ligera con jabalinas y hachas de batalla, e infantería pesada con lanzas largas.

c. 3000 a.C.

Armas de asedio

El Imperio asirio toma la antigua ciudad de Laquis (en el actual Israel) usando arietes para derribar las murallas de la ciudad. Hacia el 400 a.C. griegos y romanos crean grandes catapultas para usarlas en combate.

701 a.C.

Antiguos romanos

Los antiguos soldados romanos van a la batalla con una espada corta, el *gladius*, dos jabalinas (*pila*), una daga (*pugio*) y un escudo (*scutum*). La armadura del legionario romano consta de tiras de hierro unidas por ganchos o cintas que cubren el pecho y los hombros.

c. 200 a.C.

Armadura japonesa

Los samuráis de Japón llevan una armadura corporal de escamas de cuero o metal unidas con cuerdas de color y una falda separada para cubrir los muslos. Se diseña para aterrar al enemigo, igual que el casco con cuornos o cresta (*kabuto*). La armadura de samurái cambia muy poco a lo largo de la historia.

c. 1000

Arma de fuego

Se usa la llave de chispa en armas de fuego y se populariza durante más de 200 años, en la época de los grandes ejércitos de infantería. En 1862 la ametralladora Gatling, desarrollada durante la guerra de Secesión, es la primera ametralladora manual.

1620

Bomba atómica

Estados Unidos desarrolla el arma más devastadora de la historia, la bomba atómica, y pone fin a la guerra al lanzar dos bombas atómicas sobre Japón en 1945.

Segunda Guerra Mundial

El ejército de Estados Unidos produce el primer lanzacohetes portátil, capaz de destruir tanques. Las tropas de infantería se lo cargan al hombro para dispararlo. Alemania fabrica el cohete V-2, el primer misil de largo alcance. Puede hacer blanco a 320 km.

1939-1945

1973

Drones y kevlar

Estados Unidos usa los primeros vehículos aéreos no tripulados o drones en la guerra de Vietnam. En 1978 el kevlar, una fibra sintética muy dura, se convierte en la nueva armadura estándar: es diez veces más fuerte que el acero y resiste balas y puñaladas.

c. 900

c. 1300

1914-1918

Vikingos

Aunque los vikingos tienen lanzas y espadas, su arma más eficaz es el hacha de batalla de mango largo. Los vikingos usan escudos, de madera y cascos con malla o quizá pequeñas láminas de metal unidas para protegerse.

Armadura de placas

Los caballeros europeos empiezan a llevar una placa pectoral sólida, de hierro o acero, sobre la cota de malla para una mayor protección. Se protegen más piezas, que protegen cabeza, brazos y piernas, y se convierten en armaduras completas.

Primera Guerra Mundial

La Primera Guerra Mundial trae una nueva generación de armas: se usan por primera vez gases tóxicos, tanques, aeroplanos y globos dirigibles. Se equipa a los soldados con cascos de acero y nuevas armaduras.

Globo dirigible

Las grandes naves zepelin con las que se bombardeaba Gran Bretaña durante la Primera Guerra Mundial llevaban hidrógeno en su interior para poder flotar. Se dejaron de usar cuando los británicos vieron que al disparar contra la piel de la nave, el hidrógeno ardía.

Hacha de batalla vikinga
Las hachas de batalla vikingas, armas mortales, podían usarse con una mano, pero las más grandes, como esta, se usaban con dos manos para infligir terribles lesiones.

Caballería pesada mameluca
En la Edad Media, los caballeros con grandes armaduras, como este guerrero mameluco, entraban en batalla sobre caballos armados.

Caballos de guerra

Hace unos 5000 años que se usaron los primeros caballos de guerra en Europa y Asia. El uso de caballos en la batalla se simplificó con la aparición de sillas, estribos y horcajos. Más adelante, la potencia militar del Imperio mongol se debía a la habilidad de su caballería ligera y jinetes, capaces de disparar flechas con mucha precisión a lomos del caballo. Con la mejora de las armas de distancia se redujo el uso de caballos en la batalla.

LA ERA DE LOS ENCUENTROS

1450-1750

La era de los encuentros

A finales del siglo XV se redescubrieron los antiguos textos perdidos en Europa gracias al contacto con Oriente Medio, como la historia de Tácito y los textos médicos de Galeno. Este conocimiento inspiró una sensación de curiosidad sobre el mundo. Los nuevos inventos y descubrimientos llevaron al nacimiento de la ciencia moderna, y los viajes propiciaron el encuentro entre los europeos y muchos pueblos indígenas de todo el mundo. Mientras los antiguos imperios seguían floreciendo en Oriente Próximo, China y la India, los europeos empezaron a explotar a los pueblos indígenas y sus tierras para crear imperios de ultramar.

1497-1499
Los viajes de los exploradores Cristóbal Colón y Vasco da Gama son el inicio de un período de exploración y colonización europea de América y partes de Asia. Se caracteriza por el comercio y los ataques contra los Estados indígenas.

1522
Se completa la primera vuelta al mundo (circunnavegación).

1529
Solimán el Magnífico, del Imperio otomano, no consigue tomar la ciudad en el asedio de Viena, lo que limita la expansión del Imperio otomano en el sudeste de Europa.

1504
Miguel Ángel realiza su estatua de David, una obra maestra del Renacimiento.

1517
Martín Lutero acusa de corrupción a la Iglesia católica con sus *95 tesis* (quejas).

1521
Hernán Cortés destruye Tenochtitlán, la capital del Imperio azteca.

1526
Babur funda el Imperio mogol en el norte de la India.

El Renacimiento
En Europa, el Renacimiento fue un período de gran éxito artístico en pintura, arquitectura y literatura (pp. 136-137).

Exploradores europeos
Los viajes para descubrir rutas marítimas llevaron a la exploración de territorios en las Américas, Asia y África, desconocidos para Europa hasta el momento (pp. 138-139).

La Reforma
La protesta de Martín Lutero contra la corrupción de la Iglesia católica llevó a una era de alborotos religiosos conocidos como la Reforma (pp. 144-145).

El Imperio otomano
El Imperio otomano islámico (pp. 150-151) dominó Oriente Medio durante más de 600 años. Su poder abarcó hasta Europa oriental y el norte de África.

Cuadrante de Davis

Los viajes de descubrimiento durante este período fueron posibles gracias a los avances en la tecnología para navegar. Hacia 1594 John Davis inventó su cuadrante, con el que los navegantes podían determinar el ángulo del Sol o la Luna sobre el horizonte y calcular así su ubicación.

1543
Nicolás Copérnico afirma que la Tierra da vueltas alrededor del Sol.

1603
Japón queda unificado y entra en un período de paz.

1607
Jamestown se convierte en el primer asentamiento inglés permanente en Norteamérica.

1619
El primer envío de esclavos africanos a América llega a Jamestown.

1632
El emperador mogol Shah Jahan ordena la construcción del Taj Mahal, un mausoleo (tumba) para su esposa.

1644
Tras más de 200 años en el poder, se colapsa la dinastía Ming en China. La dinastía Qing toma el control.

1666
Isaac Newton formula sus ideas sobre la teoría de la gravedad.

Década de 1720
Durante la edad de oro de la piratería, saltan a la fama varias mujeres piratas, como Anne Bonny y Mary Read.

América colonial
Algunos países europeos, como España, Francia y Gran Bretaña, invaden y conquistan tierras de los nativos en América (pp. 160-161).

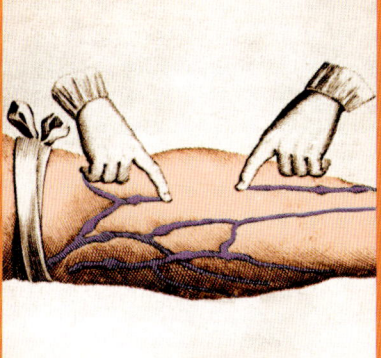

El auge de la ciencia
El Renacimiento trajo una revolución en el pensamiento científico (pp. 162-163) que ponía en duda y cambiaba todo lo aceptado sobre el universo.

India mogola
El Imperio mogol islámico (pp. 166-167) ocupó el subcontinente indio y produjo algunos de los monumentos más preciosos del sur de Asia.

China Qing
Los Qing toman el control de China tras el declive de la dinastía Ming (pp. 168-169). Será la última dinastía imperial que gobierne China.

Tecnología de escritura

La tecnología que permite escribir es tan importante como la propia invención de escrituras y alfabetos. Gracias a avances tecnológicos como la invención del papel, la tinta y la imprenta, cada vez se alfabetizan más personas. En la actualidad el 86 % de los adultos de todo el planeta saben leer y escribir.

Tintas

En el tercer milenio a. C. los chinos y los egipcios ya hacían tinta con hollín, agua y goma. A partir del siglo IV a. C. se produce una tinta negra más rica y duradera hecha con sulfato de hierro y ácido tánico (obtenido de crecimientos en árboles infestados de parásitos). Ninguna de estas tintas servía para la prensa. Cuando Gutenberg la inventó, también creó una nueva tinta oleosa, con hollín, aguarrás y aceite de nuez.

Tablillas de arcilla

Los sumerios de Mesopotamia, al sur del actual Irak, empiezan a escribir sobre tablillas de arcilla blanda, marcándolas con un junco. El uso de esas tablillas se populariza por Asia occidental y el Mediterráneo oriental.

Imprenta

Los chinos inventan la imprenta con bloques de madera esculpidos. Primero se usa para imprimir imágenes sobre seda y más tarde palabras sobre papel. El libro impreso más viejo que ha llegado a nuestros días con una fecha clara es el *Sutra del diamante* chino (abajo), impreso en el 868 d. C.

Papel

Los chinos inventan el papel a partir de fibras vegetales y andrajos. La producción de papel viaja a Occidente, hacia los árabes, hacia el 750 d. C., para llegar a Italia en 1276. El papel moderno, hecho a partir de celulosa, no se inventará hasta la década de 1840.

Primeros pinceles

En China se utilizan pinceles para crear bellas caligrafías. Los egipcios empezarán a emplear gruesas cañas como instrumentos similares a la pluma a partir del 300 a. C.

c. 3300 a. C.

c. 3200 a. C.

c. 1000 a. C.

Siglo VI a. C.

Siglo II a. C.

Siglo I a. C.

c. 200

Nacimiento de la escritura

Algunas de las primeras muestras de escritura egipcia son jeroglíficos grabados sobre tablillas de marfil y hueso. Los egipcios también escriben sobre papiro, con caña de junco y tinta hecha con hollín, agua y goma vegetal.

Pergamino

Se populariza por el Mediterráneo oriental (actuales Egipto, Turquía, Irak, Siria, Jordania, Palestina e Israel) el pergamino hecho a partir de piel de animal seca y estirada. Para escribir se usa una caña de junco y tinta de sulfato de hierro y ácido tánico.

Libros con páginas

Los romanos crean los primeros libros conocidos con páginas separadas. Cada libro recibe el nombre de códice y es más fácil de llevar y consultar que un largo rollo.

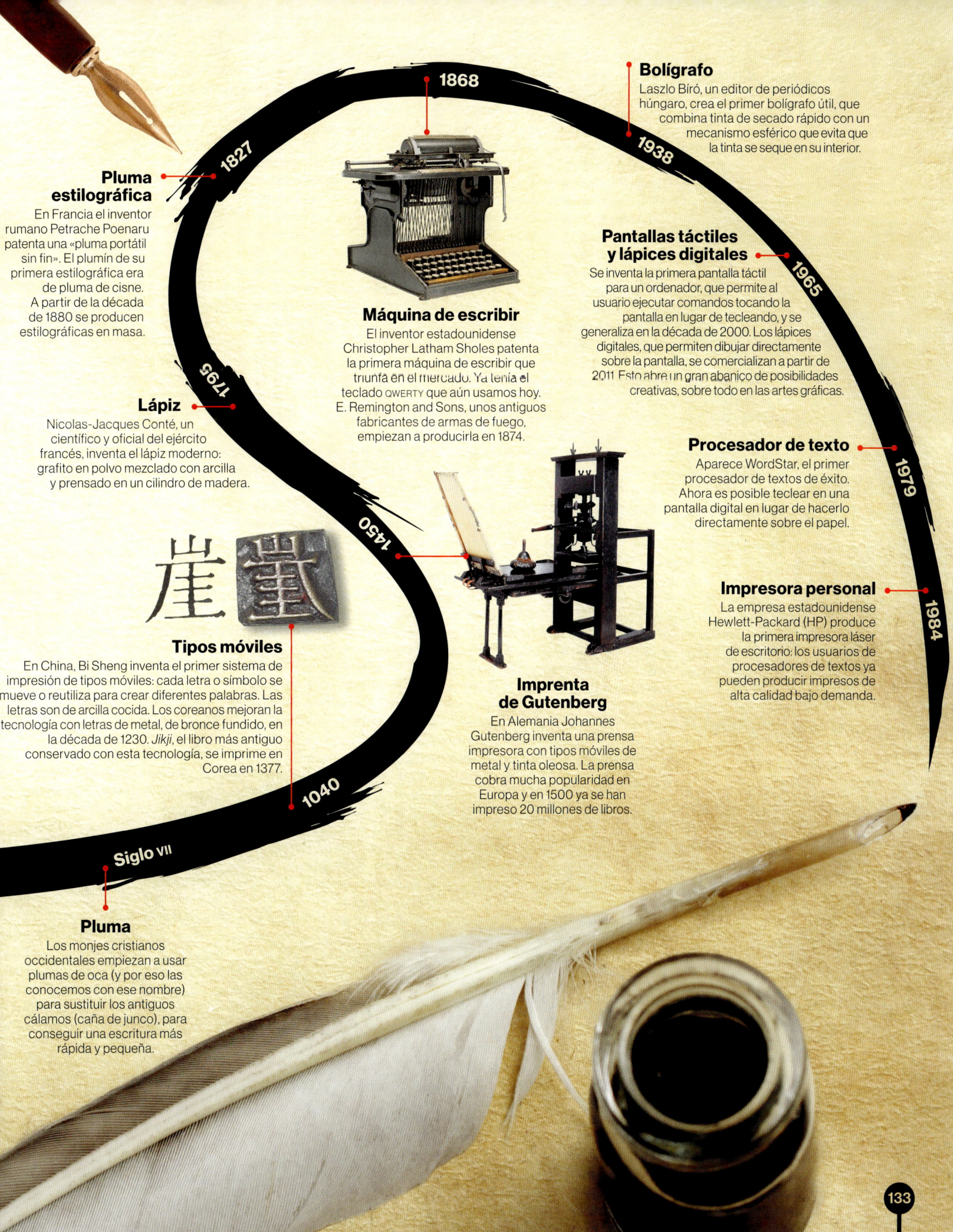

Bolígrafo

Laszlo Bíró, un editor de periódicos húngaro, crea el primer bolígrafo útil, que combina tinta de secado rápido con un mecanismo esférico que evita que la tinta se seque en su interior.

1938

1868

Pluma estilográfica

En Francia el inventor rumano Petrache Poenaru patenta una «pluma portátil sin fin». El plumín de su primera estilográfica era de pluma de cisne. A partir de la década de 1880 se producen estilográficas en masa.

1827

Máquina de escribir

El inventor estadounidense Christopher Latham Sholes patenta la primera máquina de escribir que triunfa en el mercado. Ya tenía el teclado QWERTY que aún usamos hoy. E. Remington and Sons, unos antiguos fabricantes de armas de fuego, empiezan a producirla en 1874.

Pantallas táctiles y lápices digitales

Se inventa la primera pantalla táctil para un ordenador, que permite al usuario ejecutar comandos tocando la pantalla en lugar de tecleando, y se generaliza en la década de 2000. Los lápices digitales, que permiten dibujar directamente sobre la pantalla, se comercializan a partir de 2011. Esto abre un gran abanico de posibilidades creativas, sobre todo en las artes gráficas.

1965

Lápiz

Nicolas-Jacques Conté, un científico y oficial del ejército francés, inventa el lápiz moderno: grafito en polvo mezclado con arcilla y prensado en un cilindro de madera.

1795

Procesador de texto

Aparece WordStar, el primer procesador de textos de éxito. Ahora es posible teclear en una pantalla digital en lugar de hacerlo directamente sobre el papel.

1979

Tipos móviles

En China, Bi Sheng inventa el primer sistema de impresión de tipos móviles: cada letra o símbolo se mueve o reutiliza para crear diferentes palabras. Las letras son de arcilla cocida. Los coreanos mejoran la tecnología con letras de metal, de bronce fundido, en la década de 1230. *Jikji*, el libro más antiguo conservado con esta tecnología, se imprime en Corea en 1377.

1040

1450

Impresora personal

La empresa estadounidense Hewlett-Packard (HP) produce la primera impresora láser de escritorio: los usuarios de procesadores de textos ya pueden producir impresos de alta calidad bajo demanda.

1984

Imprenta de Gutenberg

En Alemania Johannes Gutenberg inventa una prensa impresora con tipos móviles de metal y tinta oleosa. La prensa cobra mucha popularidad en Europa y en 1500 ya se han impreso 20 millones de libros.

Siglo VII

Pluma

Los monjes cristianos occidentales empiezan a usar plumas de oca (y por eso las conocemos con ese nombre) para sustituir los antiguos cálamos (caña de junco), para conseguir una escritura más rápida y pequeña.

Naves

Los pueblos antiguos navegaban por el mar con balsas de madera. Hace unos 50 000 años unos viajeros recorrieron en balsas la distancia entre Asia y Australia. La embarcación más antigua que se conserva, una piragua hallada en Pesse (Países Bajos), data del año 8000 a. C. Siglos de diseño y desarrollo han mejorado la navegación y han dotado de más seguridad y estabilidad a nuestras naves, aún importantes para viajar y comerciar. Pero pueden contaminar el océano con vertidos de petróleo y residuos plásticos.

Grandes barcos

Los antiguos egipcios construyen los primeros barcos grandes, que sustituyen a las balsas y canoas anteriores, para transportar mercancías por el Nilo. También se inventan las velas para aprovechar la fuerza del viento.

c. 3100 a. C.

Canoa polinesia

Los pueblos indígenas de las islas polinesias crearon unas canoas con una pieza lateral de madera junto al casco principal para mantener la estabilidad en aguas agitadas. Podían transportar hasta 80 personas en largas travesías y ayudaron a colonizar islas del Pacífico como Fiyi, Tonga, Samoa y Hawái.

c. 1000 a. C.

Veloces clíperes

Las mayores velas del mar son las de los clíperes. Estas rápidas naves cuentan con varias velas y un casco estrecho, para surcar las aguas a toda velocidad. Transportan cargas, sobre todo té, de Asia a Europa y Norteamérica.

Siglo XIX

Primer bote salvavidas

Se construye el primer bote salvavidas, en Inglaterra. *The Original* realiza su viaje inaugural por el río Tyne antes de usarse en misiones de rescate.

1790

A todo vapor

El primer barco de vapor con servicio público de pasajeros es el *Clermont*, entre la ciudad de Nueva York y Albany, en Estados Unidos. El vapor acciona el motor y unas gigantes ruedas de paletas propulsan el barco por el agua.

1807

Cruceros

Aparece el primer crucero del mundo, de nombre *Prinzessin Victoria Luise*. A medida que avanza el siglo, los cruceros cada vez adquieren más lujo, con caros aposentos, entretenimiento y piscinas.

1900

Portaaviones

El pionero del aire norteamericano Eugene Ely es el primer piloto que despega desde la cubierta de un barco: el acorazado estadounidense *Birmingham*. Cuando la aviación se convierte en una importante arma militar se diseñan enormes barcos militares con pistas de aterrizaje.

1910

Galeras griegas

Los antiguos griegos crean enormes naves de poco calado, las galeras, equipadas con varias velas y remos. Estos barcos de guerra cuentan con un pesado madero, o ariete, para atacar a las embarcaciones enemigas.

c. 750-700 a.C.

Barcos de piel

Los inuit del Ártico norteamericano crean kayaks y umiaks, embarcaciones de piel de morsa o foca tensada sobre un armazón de hueso de ballena o madera, que flotan muy bien. Se utilizan para cazar focas y otras criaturas marinas y como medio de transporte.

c. siglo I d.C.

Drakkar vikingo

Los vikingos lanzan ataques desde Escandinavia con sus naves de planchas solapadas para una mayor resistencia, quillas rígidas y estatuas de criaturas temibles para asustar a los atacantes.

c. 800 d.C.

Naves de combate

Los conflictos europeos hacen avanzar en el diseño de los veleros. Los barcos van muy armados, siempre a punto para destruir al enemigo, algunos con arietes para embestir, otros con cañones.

1650

Galeones rápidos

Los galeones se desarrollan en España y Portugal. Estos veleros tienen la línea de flotación más baja y se mueven muy rápido. Primero se usan como barcos de guerra y después para el comercio.

Década de 1530

Juncos

Los marineros chinos capean las tormentas del mar del Sur de China. El junco chino («barco» en malayo) tiene el casco duro, varios mástiles y velas plegables. Los juncos mercantes transportan bienes por doquier. En 1405, la flota del explorador chino Zheng He incluye algunos de los mayores juncos (también llamados «barcos del tesoro») jamás construidos.

c. 1000

Buques de carga

La línea norteamericana SeaLand es la primera que usa el transporte en contenedores entre Estados Unidos y Europa. Se apilan grandes cajas de acero del mismo tamaño para transportar una enorme cantidad de bienes. En 2022, la Hudong-Zhonghua Shipbuilding Company de Shanghái (China) bota el mayor portacontenedores del mundo, el *MSC Tessa*. Este buque de 399 m de eslora puede transportar más de 217700 toneladas de carga.

Década de 1950

Catamaranes

La embarcación de alta velocidad y larga distancia conocida como catamarán es una gran nave con motor capaz de moverse por aguas turbulentas. Sus dos cascos paralelos e idénticos le dan estabilidad.

Década de 1960

Yates de lujo

Los yates actuales disponen de la última tecnología, sistemas de entretenimiento, diseños estilizados y decoración de lujo. Estas mansiones flotantes se construyen para el confort, pero contribuyen en gran medida a contaminar los océanos y al calentamiento global: vierten sus residuos plásticos en las aguas oceánicas y emiten toneladas de dióxido de carbono al quemar combustible.

Siglo XXI

c. 1305

Nuevo estilo de pintura

Giotto di Bondone (más conocido como «Giotto») empieza a pintar de una manera más realista. Su obra maestra es un fresco en la capilla de los Scrovegni de Padua, Italia.

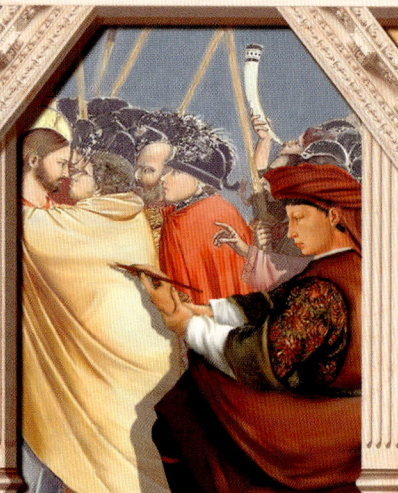

1308

Obra maestra literaria

El poeta Dante Alighieri empieza la *Divina Comedia*, un largo poema que describe un viaje por el más allá. Está considerada como una de las principales obras de la literatura mundial.

1453

Recuperación de los clásicos

Cuando los otomanos capturan Constantinopla (actual Estambul), capital del Imperio bizantino, muchos eruditos huyen a Italia, junto con muchos textos antiguos griegos y romanos, perdidos hacía tiempo en Occidente.

1455

El poder de la impren

El orfebre alemán Johannes Gutenberg imprime un ejempla de la Biblia en su nueva impren que utiliza tipos móviles metáli (letras que pueden volver a utilizarse). Su Biblia es el prime libro impreso a gran escala cor este procedimiento.

c. 1485

Máquina voladora

Leonardo da Vinci, un gran artista, científico e inventor, se avanza a su tiempo con el diseño de una máquina voladora con alas mecánicas, pero que nunca pudo poner en práctica.

1504

Estatua de David

Se expone la estatua de la figura bíblica de David, obra de Miguel Ángel, en la plaza principal de Florencia. Se esculpió a partir de un único bloque de mármol. Supera los 5 m de altura.

1511

Lecciones de filosofía

Rafael pinta *La escuela de Atenas*, un fresco para las habitaciones del Papa en el Vaticano, en Roma, que ilustra una reunión de filósofos griegos; forma parte de una serie de cuatro obras que representan las diferentes ramas del conocimiento.

1513

Política retorcida

El diplomático florentino Nicol Maquiavelo escribe *El príncipe* un libro que pretende ser una g para los soberanos. El término «maquiavélico», creado a parti de su apellido, define la visión c libro, según la cual el fin justific los medios.

1420-1436

Proeza arquitectónica

La impresionante cúpula de la catedral de Florencia, concebida por Filippo Brunelleschi, es la primera de ese tamaño desde los romanos. Sigue siendo la mayor cúpula de ladrillos del planeta.

1435

Perspectiva en la pintura

Los artistas descubren cómo mostrar objetos tridimensionales en una superficie plana (superficie bidimensional). Leon Battista Alberti lo describe en su libro *De pintura*.

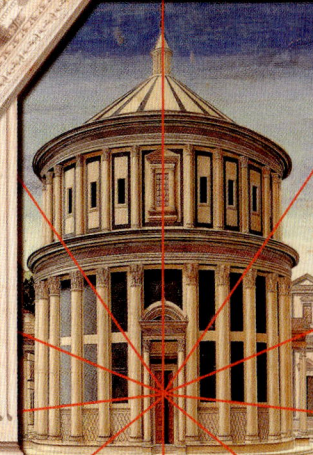

1469

Mecenas de las humanidades

El italiano Lorenzo de Médicis usa su fortuna para apoyar a grandes artistas como Miguel Ángel y Sandro Botticelli. En cambio, las mujeres artistas, como Sofonisba Anguissola y Levina Teerlinc, crean grandes obras, pero su trabajo pasa desapercibido y les es difícil encontrar mecenas.

1509

Humanismo

El humanista holandés Desiderius Erasmus publica su obra más famosa: *Elogio de la locura*. Los humanistas renacentistas prestaron atención a los textos antiguos y no a la religión, lo que creó una filosofía que apostaba por el ser humano individual.

Renacimiento

En el siglo XIV en el norte de Italia una serie de artistas, arquitectos y eruditos se interesaron por los estilos e ideas del mundo clásico de Grecia y Roma. Esta recuperación del conocimiento clásico se denominó «Renacimiento». La pintura abandonó las rígidas formas del arte medieval cristiano para adoptar un estilo más realista. Las ideas renacentistas llegaron a toda Europa e iniciaron una revolución intelectual.

1533

Renacimiento nórdico

El Renacimiento sale de Italia para influir sobre el arte y la literatura de Europa. *Los embajadores* del artista alemán Hans Holbein, que por aquel entonces trabajaba en Inglaterra, es una de las mejores obras del Renacimiento nórdico.

Pintura al fresco

Un fresco es una pintura en la pared realizada sobre yeso húmedo. Los colores penetran en él y las imágenes conservan su viveza durante muchos siglos.

1543

Nueva ciencia

El astrónomo polaco Nicolás Copérnico afirma que la Tierra gira alrededor del Sol y no al revés. Sus ideas revolucionan la astronomía.

Explorar el mundo

En los siglos XV y XVI, los viajeros europeos se lanzaron a la búsqueda de nuevas rutas para aumentar su participación en el comercio con las ricas tierras de Asia oriental. Esta exploración les llevó a rodear la costa de África, al océano Índico y a llegar a América. En estos lugares se encontraron con pueblos indígenas. Les siguieron soldados y colonos, y las grands potencias europeas conquistaron los Estados indígenas y establecieron colonias que duraron siglos, y se enriquecieron a costa de los pueblos y tierras colonizados.

Viajero árabe

En sus viajes por el mundo islámico, el viajero árabe Ibn Battuta visita Kilwa, en África oriental, donde los mercaderes árabes se han establecido durante siglos. Conoce las incursiones del sultán de Kilwa para esclavizar a los pueblos del interior, en un comercio de personas en el índico.

1328

Exploradores chinos

En el quinto de sus siete viajes por el océano Índico, el almirante chino Zheng He alcanza la costa oriental de África con una enorme flota y visita lo que hoy es Somalia y Kenia. También devuelve a China a los representantes de 30 naciones del sur y el sudeste asiático que capturó en su anterior viaje, y trae animales como jirafas.

1417-1419

Enrique el Navegante

El príncipe Enrique de Portugal ordena a unos barcos que se adentren en el océano Atlántico para seguir la costa africana. Al principio, su tripulación no navega más allá del cabo Bojador (en el actual Sahara Occidental), creyendo que marca el fin del mundo. Finalmente, el capitán Gil Eanes viaja más allá de este punto y comienza la exploración europea de África.

1419

África occidental

El navegante portugués Diogo Cão es el primer europeo que localiza la desembocadura del río Congo. Llega a la actual Namibia y erige cruces de piedra para marcar su ruta. Los portugueses ya han empezado a transportar africanos esclavizados, iniciando un proceso que reducirá la población en amplias zonas de África, sobre todo en la costa occidental. En 1482, construyen un fuerte en Elmina (actual Ghana) para proteger este comercio.

1480

Cabo de Buena Esperanza

El navegante portugués Bartolomeu Dias y su tripulación pasan por el extremo sur de África. El rey Juan II de Portugal lo llama cabo de Buena Esperanza. Los europeos disponen ahora de una ruta marítima para comerciar directamente con la India.

1488

138

Llegar a América

El marino italiano Cristóbal Colón navega hacia el oeste a través del océano Atlántico, tratando de llegar a la India. En lugar de ello, llega a América por accidente, y a sus cuatro viajes le siguen otros. El rey de España reclama las tierras como territorio español y los colonos españoles comienzan a llegar, estableciendo ciudades y plantaciones. Millones de indígenas morirán a causa de las enfermedades y el conflicto con los españoles y otros colonizadores europeos.

Terranova

El italiano John Cabot cruza el océano Atlántico en una misión para el rey Enrique VII de Inglaterra. Llega a Terranova, en el actual Canadá, pero cree erróneamente que se trata de Asia.

Portugal y América

Los portugueses se oponen a las pretensiones españolas sobre el territorio americano. El marino portugués Pedro Álvares desembarca en Brasil y lo reclama para su rey, Manuel I. Los portugueses comienzan entonces a colonizar Brasil. Las enfermedades traídas por ellos matan a muchos indígenas, por lo que obligan a los africanos esclavizados transportados desde África a trabajar en sus plantaciones.

El «Nuevo Mundo»

El explorador italiano Américo Vespucio asegura que América es un «Nuevo Mundo» separado del continente asiático. En 1507 el cartógrafo alemán Martin Waldseemüller presuntamente bautiza «América» en su honor.

Primera circunnavegación

El navegante portugués Fernando de Magallanes zarpa de España decidido a llegar a las islas de las Especias del sudeste asiático en dirección oeste. Rodea el extremo sur de Sudamérica —es el primer europeo que cruza el Pacífico. Muere en Filipinas, pero su flota, al mando de Juan Sebastián Elcano, sigue el viaje, convirtiéndose en 1522 en los primeros en circunnavegar el globo.

| 1492–1504 | 1497 | 1497 | 1500 | 1501 | 1519 |

Carabelas

La exploración no habría sido posible sin las carabelas. Estas nuevas naves eran ligeras y contaban con dos o tres mástiles y grandes velas para atrapar los vientos oceánicos. Esto permitía a los navegantes recorrer largas distancias.

India a la vista

El navegante Vasco da Gama logra por fin el objetivo portugués de entrar en el comercio oriental de especias navegando alrededor de África y cruzando el océano Índico para llegar a Calicut, en el sur de la India. Trae pimienta y otras especias, pero al poco tiempo las flotas portuguesas empiezan a apoderarse de bases fortificadas en la región. Le siguen otros europeos, entre ellos británicos, franceses y holandeses, que comienzan a ocupar amplias zonas de lo que hoy es India, Pakistán y Sri Lanka.

La tecnología de la exploración

Cuando empezó la edad de la exploración los marineros pronto se dieron cuenta de que necesitaban planear su trayecto sin contar con referencias de tierra firme. Se inventaron nuevos instrumentos para facilitar la navegación y permitir a los exploradores cruzar los vastos océanos.

c. 1418
El príncipe Enrique de Portugal funda la primera escuela de navegación oceánica.

Década de 1470
El astrónomo español Abraham Zacuto inventa un dispositivo para que los marinos sepan cuán al norte o al sur están.

c. 1594
El navegante inglés John Davis inventa su cuadrante para determinar la altura del Sol y la Luna sobre el horizonte.

A principios de la década de 1400
Las velas de las carabelas son triangulares en lugar de cuadradas para poder usar el viento por ambos lados y navegar los océanos.

1570
El cartógrafo belga Abraham Ortelius publica el primer atlas moderno, *Theatrum Orbis Terrarum*, que incluye 53 mapas.

Los viajes de Zheng He

El almirante chino Zheng He (*c*. 1371-1433) comandó una flota de más de 300 naves, entre las que había algunos de los barcos más grandes del mundo, con casi 122 m de eslora, nueve mástiles y cuatro cubiertas. Zheng He y su tripulación de unos 28 000 marineros desafiaron mares peligrosos en sus siete viajes, en los que visitaron más de 30 países de Asia y África. En sus viajes, conocieron a funcionarios de las cortes reales e intercambiaron regalos. Estos viajes no solo difundieron la influencia china por todas partes, sino que mostraron también el dominio chino de la construcción naval y la navegación.

Historia de la pintura

Hace decenas de miles de años que pintamos cuadros. En el pasado se pintaba directamente en las cuevas o sobre las paredes de casas o templos. Los artistas siempre han experimentado con diferentes estilos pictóricos, han desarrollado brillantes pinturas y han creado imágenes emocionantes sobre papel y lienzo. Los pintores continúan bajo la influencia de artistas del pasado.

Entrada

1601

Pintura barroca

El claroscuro (acentuado uso de luces y sombras) y la perspectiva de profundidad son típicos del Barroco. *La cena de Emaús* de Caravaggio muestra a Jesús tras levantarse de entre los muertos.

c. 1503

Obra maestra del Renacimiento

El pintor italiano Leonardo da Vinci pinta la *Mona Lisa*, retrato de una joven italiana. Da Vinci es uno de los artistas con más influencia de la historia.

c. 1430

Retrato de Giovanni Arnolfini y su esposa *de Jan van Eyck,* *1434*

Pintar con óleos

Las pinturas al óleo, que mezclan pigmentos con aceite de linaza o nuez, llegan aEuropa. En Afganistán se han utilizado desde el siglo VII. Uno de los primeros europeos en pintar al óleo es el pintor flamenco Jan van Eyck.

c. 1610-1620

Ardillas en un plátano *de Abu'l Hasan,* *c. 1605-1615*

Miniaturas mogolas

Cuando el Imperio mogol brilla en la India, cobran popularidad las pinturas en miniatura repletas de color y detalle. Surgen en forma de ilustraciones de libros, retratos personales o como parte de álbumes de arte.

1642

Edad de oro holandesa

Rembrandt van Rijn es el pintor más famoso de la edad de oro holandesa, una época de prosperidad de los Países Bajos. Su cuadro *La ronda de noche* es un ejemplo del arte de ese momento, lleno de color y detalle realista.

c. 1980-2020

Mujer con los ojos cerrados *de Lucian Freud,* *1986-1987*

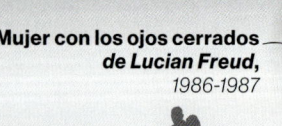

Arte moderno

Diversos artistas experimentan con distintas ideas y exploran temas atrevidos. El artista británico Lucian Freud explora a menudo cómo pintar los tonos de la piel. También han cobrado protagonismo las obras de mujeres y artistas negros, como las del artista estadounidense de raza negra Kehinde Wiley.

1910-1950

Vista del río Este desde el piso 30 del Hotel Shelton *de Georgia O'Keeffe,* *1928*

Modernismo

La artista modernista estadounidense Georgia O'Keeffe es conocida por sus flores y paisajes urbanos. Desde 1920, la artista mexicana Frida Kahlo pinta más de 50 autorretratos en colores vivos que celebran la experiencia femenina.

c. 1907-1914

Juan Legua *de Juan Gris,* *1911*

Cubismo

El artista español Pablo Picasso y el francés Georges Braque crean una forma de mostrar objetos desde distintos ángulos a la vez, conocida como cubismo. Este estilo es precursor del arte abstracto.

c. 40000 a.C.

Arte rupestre

Los cazadores de la Edad de Piedra ilustran las cuevas con imágenes de animales (toros, leones y rinocerontes). Estos caballos son de la cueva de Chauvet, en Francia. En el 7000 a.C., en la cueva de las Manos, en Argentina, se rocía pintura con huesos huecos para crear imágenes de manos.

c. 3000-300 a.C.

Cámara funeraria de Sennefer
El noble Sennefer aparece con su esposa.

Pinturas en tumbas egipcias

En el Antiguo Egipto las pinturas cubren paredes y techos de las tumbas de faraones y nobles. Se retrata a los muertos realizando tareas cotidianas u ofrendas a los dioses.

c. siglo II a.C.

Pinturas rupestres indias

Las paredes de las cuevas de Ajanta, en Maharashtra (India), están decoradas con coloridas pinturas de figuras humanas. Las cuevas forman parte de un gran complejo de templos budistas del siglo II a.C.

c. 1305

La Última Cena de Giotto, *c. 1305*

Frescos italianos

El artista italiano Giotto pinta una serie de frescos (murales sobre yeso fresco) de temática religiosa en un estilo más suave y realista que las imágenes planas y rígidas del arte europeo medieval anterior.

c. 1100

Virgen de Vladímir, artista desconocido, *c. 1100*

Iconos medievales

Los iconos son imágenes pintadas de figuras cristianas sagradas, como Jesús, por ejemplo. Son habituales en la Iglesia ortodoxa oriental, una forma de religión católica de Europa oriental y Asia.

960-1279 d.C.

Paisaje nevado de Fan Kuan, *c. 960-1030*

Paisajes chinos

En China, bajo la dinastía Song, los artistas pintan preciosos paisajes, a menudo de montañas o agua, para expresar su amor por la naturaleza.

c. 1700

Mujer con un niño y una mascota *de Suzuki Harunobu,* *c. 1725-1770*

Estampas ukiyo-e

Las xilografías japonesas de estilo *ukiyo-e* e popularizaron durante el período Edo (1603-68). A menudo muestran escenas del «mundo tante» o de la vida cotidiana. En el grabado de ba, una mujer le da una golosina a su mascota.

c. 1800-1840

Romanticismo

Los románticos se inspiran en la naturaleza y en cómo les hace sentir. El pintor británico Turner es admirado por sus representaciones de los efectos brillantes de la luz del sol, como en este cuadro de 1839, *El Temerario*.

c. 1860-1890

El puente japonés de Claude Monet, *1899*

Impresionismo

Los artistas de París pintan escenas de la vida cotidiana al aire libre y de manera espontánea en lugar de hacerlo en un estudio a partir de esbozos. Se les conoce como impresionistas e incluyen a Monet, Renoir y Degas.

c. 1900

Composición de Piet Mondrian, *1921*

Arte abstracto

Los artistas empiezan a alejarse de ilustrar la realidad y hallan un nuevo tipo de arte que refleja los cambios en la ciencia y la tecnología. Usan formas, colores y líneas simples para crear efectos.

c. 1886-1905

Los girasoles de Vincent van Gogh, *1889*

Posimpresionismo

Artistas como Van Gogh, Cézanne y Gauguin aportan ideas propias a las de los impresionistas. Experimentan con el uso de atrevidos bloques de color, a veces aplicando un gran grueso de pintura.

La Reforma

La Iglesia católica había acumulado mucho poder después de cientos de años, tanto en la sociedad como en la vida política. En la Europa del siglo XV, este poder llevó a la corrupción, con la venta de «indulgencias» para perdonar los pecados y aumentar la riqueza de la Iglesia. El pastor y profesor alemán Martín Lutero, airado ante tanta codicia, inició un movimiento para cambiar la institución. La Reforma se extendió por Europa, lo que dividió a la Iglesia entre católicos y protestantes.

1524

Guerra de los campesinos

Cuando la gente empieza a cuestionarse la Iglesia, también empieza a ver la desigualdad de otras instituciones. Los granjeros pobres de Alemania se sublevan contra los altos impuestos, pero su protesta es aplastada dos años más tarde.

Campesinos enfurecidos
Turbas de campesinos atacan e incendian las casas de los ricos.

1527

El luteranismo crece

El movimiento de Lutero llega a Suecia. El rey Gustavo I reforma la Iglesia siguiendo las ideas de Lutero. En 1536 el movimiento llega al reino de Dinamarca-Noruega y se convierte en la religión oficial.

1536

Calvinismo

El teólogo francés Juan Calvino abandona París. Se ordena al teólogo que abandone París. Crea su apoyo a la Reforma porque Juan Calvino en Suiza porque quiere dar más relevancia a la su propio grupo con relevancia a la Iglesia en el día a día.

1519

Reformistas suizos

En Zúrich, Suiza, el pastor Ulrico Zwingli lidera un movimiento de reforma de la Iglesia católica basado en la Biblia. Zwingli y sus acólitos traducen por primera vez al alemán el Antiguo y Nuevo Testamento de la Biblia en 1531.

La palabra de Dios es ley
Zwingli enseña que la Biblia es la ley de Dios y que Estado e Iglesia están bajo su mando.

1517

Martín Lutero

El monje alemán Lutero redacta una lista de 95 «tesis» (quejas) sobre la Iglesia católica y probablemente las cuelga en la puerta de una iglesia para que todo el mundo las vea. Con la invención de la imprenta, las palabras de Lutero se pueden imprimir y compartir rápidamente por Europa.

1545

Concilio de Trento

La Iglesia católica, alarmada por el alcance de la Reforma, se reúne en Trento, en el norte de Italia, donde crean la Santa Inquisición, un tribunal para condenar y castigar a los herejes. El Papa pone a los jesuitas a cargo de la Contrarreforma.

1555

Tratado de paz

La lucha entre la Iglesia y los reformistas se acaba con la Paz de Augsburgo. El líder del Imperio alemán puede elegir entre la fe católica o luterana para su pueblo.

Armonía religiosa
Carlos V firma el tratado de tolerancia de ambas fes.

1559

Iglesia anglicana

La reina Isabel I de Inglaterra convierte a Inglaterra en un país protestante y vuelve a establecer la Iglesia anglicana, desmantelada por María I. Intenta mejorar la tolerancia entre ambas fes para evitar las guerras entre países católicos.

1562-1598

Guerras de religión de Francia

Casi cuatro millones de personas mueren en los conflictos entre católicos y protestantes franceses. El día de San Bartolomé de 1572 se acaba con la vida de más de 3000 personas solo en París. El edicto de Nantes de 1598 permite el culto protestante, aunque continúa viva cierta tensión religiosa.

«Sea lo que sea en lo que confía tu corazón, eso es realmente tu Dios.»
Martín Lutero, 1483-1546
Profesor, compositor, pastor y monje

1648

Fin de las guerras de religión

Una serie de tratados acaban con el conflicto religioso en Europa, que se ha cobrado entre 4 y 12 millones de vidas.

1618-1648

La guerra de los Treinta Años

La religión y la política tienen lazos estrechos. Cuando el emperador de Bohemia limita la libertad de culto de los protestantes, estallan guerras en Dinamarca, Suecia, Francia, España y los Países Bajos. Duran 30 años y causan gran devastación en Alemania.

Grandes pérdidas
Muere el 20 % de la población de Alemania.

1618

Defenestración de Praga

Los funcionarios católicos de Praga, en la actual República Checa, cierran iglesias protestantes a pesar de estar protegidas. Los protestantes enfurecidos tiran a algunos funcionarios por la ventana (los defenestran).

Aterrizaje suave
Por suerte para ellos, los funcionarios defenestrados acaban sobre un montón de escombros y apenas sufren lesiones.

América española

Tras la llegada de los primeros barcos europeos a América a finales del siglo xv, España envió grandes expediciones de exploración. Colonizadores y pueblos indígenas entraron en conflicto por la tierra, el poder y los recursos. Los españoles conquistaron y destruyeron los imperios indígenas de México y Perú y se apoderaron de tierras de otros pueblos indígenas. España controló gran parte de América más de 300 años, pero los pueblos indígenas y sus tradiciones sobrevivieron.

ANTES

El viaje de Cristóbal Colón, que pretendía llegar a Asia oriental, dio con América en 1492. Sus relatos de grandes riquezas llevaron a España a reclamar estas nuevas tierras y a enviar más expediciones y colonos. Los ataques y la brutalidad de los españoles, las enfermedades, el hambre y los trabajos forzados redujeron la población indígena.

Enfermedad y penuria

La población indígena americana se reduce drásticamente, pues no sobrevive a las nuevas enfermedades llevadas por los españoles. Los que sobreviven son tratados como esclavos y trabajan muchas horas, en malas condiciones a cambio de poco o nada.

Trato de los pueblos indígenas

El sacerdote español Bartolomé de las Casas envía un informe a Carlos I, convertido en el emperador del Sacro Imperio Romano Germánico Carlos V, sobre el maltrato que se da a los pueblos indígenas de América. El rey ordena que paren las conquistas y el gobierno crea nuevas leyes en 1542 para proteger a las poblaciones indígenas, pero pocos conquistadores obedecen.

Más conquistas

Los españoles consiguen la península del Yucatán en 1546 y, al cabo de un tiempo, la Guatemala moderna. También se alzan victoriosos en varias guerras por toda la región del actual México.

Montaña rica
La montaña de Potosí se conoce a veces como «Cerro Rico», porque se cree que está hecha de plata.

Colonización española

Un gran número de colonos españoles viajan a Sudamérica. En el siglo xvii el Imperio español cubre todo el continente: el Caribe, América Central, México y Norteamérica.

Misiones católicas

El padre Eusebio Francisco Kino es uno de los misioneros jesuitas que establecen más de 20 misiones para convertir a los indígenas de California al cristianismo. Las autoridades españolas utilizan soldados armados para trasladar a los indígenas a las misiones, y las conversiones forzadas, las malas condiciones y las enfermedades hacen que alrededor del 90 % de ellos mueran.

Los mayas

El último Estado maya, en la actual Guatemala, es conquistado por los españoles. A pesar de convertirse al cristianismo, muchos mayas se aferran a su religión, lengua y artesanía tradicionales. Hoy, más de 5 millones de centroamericanos hablan docenas de lenguas mayas.

EL IMPERIO ESPAÑOL

AMÉRICA DEL NORTE
OCÉANO ATLÁNTICO
MÉXICO
Tenochtitlán
Península del Yucatán
Mar Caribe
GUATEMALA
Cajamarca
Vilcabamba
PERÚ
Potosí
BRASIL
AMÉRICA DEL SUR
OCÉANO PACÍFICO

■ Portugués
■ Español

Intercambio colombino

Se realiza un intercambio de bienes entre el Nuevo Mundo y el Viejo Mundo. Llegan nuevos alimentos, flores y animales de América. Los europeos introducen el ganado. Por desgracia también introducen enfermedades como el sarampión, la viruela y la gripe.

Nuevos alimentos
Piñas, chiles, patatas y pavos llegan a Europa por primera vez.

Encomienda

Los españoles introducen el sistema de encomienda, por el que los colonos reciben oro, mano de obra y (en la práctica) tierras, siempre que conviertan a los indígenas a la religión cristiana. El sistema se presta a abusos y muchos de los trabajadores indígenas mueren por exceso de trabajo.

«Los españoles padecemos una enfermedad del corazón que solo se cura con el oro.»

Hernán Cortés, 1485-1547
Conquistador español

Explorador portugués

El 1500, el navegante portugués Pedro Álvares Cabral partió hacia la India. En lugar de dirigirse al este, los vientos empujaron a Cabral hacia el oeste, cruzó el Atlántico y acabó en la costa del actual Brasil. Reclamó el territorio para Portugal, lo que dio pie a la importante colonización portuguesa del país.

Esclavitud de los africanos

El rey Carlos I de España autoriza el traslado forzoso de 4000 africanos al Nuevo Mundo para trabajar como esclavos en las florecientes industrias minera y azucarera. Aunque antes de 1518 ya se llevaban africanos a la fuerza a América en menor número, el decreto de Carlos I aumenta drásticamente el comercio de personas esclavizadas. Esto marca el inicio del comercio a gran escala de africanos esclavizados.

Los incas

Tras la conquista española del Imperio inca, un nuevo Estado inca tiene su capital en Vilcabamba, en las montañas de Perú. Los emperadores incas gobiernan allí hasta 1572. Después, el quechua, la lengua inca, y muchas tradiciones incas sobreviven hasta el siglo XXI.

Derrota azteca

El noble español Hernán Cortés y su ejército llegan a México y el soberano azteca Montezuma II les da la bienvenida. Sin embargo, Cortés lo toma cautivo y lo usa para gobernar. En 1521 Cortés destruye la capital azteca Tenochtitlán.

Tesoros de oro
Muchos elementos de la cultura azteca son de oro, como esta máscara ceremonial.

Trampa inca

En Cajamarca, actual Perú, Francisco Pizarro y su ejército invitan al emperador inca Atahualpa y 5000 de sus hombres, desarmados, a un banquete. Les asesinan a todos menos al propio Atahualpa. En menos de un año Pizarro también lo mata y toma el control del Imperio inca.

Triángulo comercial

Los esclavos de África se venden en América a cambio de azúcar y tabaco, que se envían a Europa y se cambian por pistolas y clavos... que se venden en África a cambio de personas esclavizadas. Ver también página 164.

DESPUÉS

España dividió su imperio en América en cuatro territorios principales –Nueva España, Nueva Granada, Perú y Río de la Plata– con gobernadores españoles y una clase dirigente formada por personas que tenían antepasados europeos. Los pueblos indígenas fueron marginados y vivían en gran medida en la pobreza en las zonas rurales.

La caída de Tenochtitlán

Esta pintura del siglo XVII ilustra el asedio de Tenochtitlán, capital del Imperio azteca, que se prolongó 84 días. Los aztecas se rindieron el 13 de agosto de 1521, cuando un ejército de guerreros españoles y tlaxcaltecas, liderados por el explorador español Hernán Cortés, capturó a Cuauhtémoc, el caudillo azteca de Tenochtitlán. La destrucción de Tenochtitlán, que era entonces la ciudad más grande e importante de Mesoamérica, supuso el fin de una de las mayores civilizaciones de la región.

EL IMPERIO OTOMANO EN SU
MÁXIMA EXTENSIÓN, 1683

Belgrado
Mar Negro
Constantinopla
Ankara
Argel
Mar Mediterráneo
El Cairo
Mar Rojo

Selim el Severo

El sultán Selim I convierte el
Estado otomano en el más
poderoso de la región y en
una potencia económica y
cultural. Conquista Siria,
Irak y Egipto, y es
reconocido como califa
(líder del islam) en 1517.

1512-1520

Solimán el Magnífico

Solimán, conocido como
el Legislador (o Magnífico),
conduce el Imperio otomano
a una edad de oro de la
literatura, la filosofía, el arte y
la arquitectura. Amplía las
fronteras del imperio y sitia
Viena en 1529. Además, y le
habla cinco idiomas y le
gusta escribir poesía.

1520-1566

Arquitecto maestro

Suleimán nombra a Sinan
arquitecto jefe e ingeniero civil.
Sinan diseña más de 300
mezquitas y otros edificios,
siendo sus obras maestras
la mezquita de Solimán en
Constantinopla (actual
Estambul) y la mezquita
de Selim en Edirne.

1539

Astronomía

Taqiad-Din es el mayor científico
del Siglo de Oro otomano.
Construye un observatorio en
Constantinopla (actual Estambul),
con instrumentos capaces de
medir con precisión la posición de
los planetas. También diseña el
primer reloj mecánico que puede sonar a
la hora elegida por el usuario.

1577

Período de los tulipanes

Durante un período de paz,
florecen la pintura y la poesía
y se crea la primera imprenta.
La fascinación de los
del mundo musulmán. La
corte por los tulipanes, en los
jardines de la ciudad, hace
que se planten miles de los
nobles de la
que este período reciba
este nombre.

1718-1730

Guerra de Crimea

El poder otomano empieza a
marchitarse y Gran Bretaña
y Francia y Cerdeña luchan
a su lado en la guerra de
Crimea para evitar que
Rusia se expanda hacia
territorio otomano.

1853-1856

Jóvenes Turcos

La revolución liderada por
el grupo Jóvenes Turcos
fuerza al sultán Abdul
Hamid II a permitir la
celebración de elecciones
democráticas. Tras las
guerras de los Balcanes
(1912-1913), el Imperio
otomano se queda casi sin
territorio en Europa.

1908

El final de los otomanos

El sultanato otomano queda
abolido y el último sultán,
Mehmed VI, huye al exilio.
El 29 de octubre de 1923 se
proclama la República de
Turquía, con Mustafa Kemal
(Atatürk) como presidente.

1922

Cómo se lee una tugra

Al estar escrita en árabe, se lee de derecha a izquierda. Las palabras del título del sultán, ilustradas en colores diferentes, se combinan con las siluetas que conforman una tugra; cada una de ellas refleja de ellas una característica del Imperio otomano.

Clave
- ● Mahmut
- ● Kan
- hijo de
- ● Abdul Hamid
- ● siempre victorioso
- ● decoración

Beyze («huevo»)
Hay quien cree que simbolizan los dos mares controlados por los otomanos (el Negro y el Mediterráneo).

Tuğ («asta»)
Cada línea vertical significa la independencia.

Zülfe («fleco»)
Tres formas en S indican los vientos otomanos, que soplan de este a oeste.

Sere («pedestal»)
La base, con el nombre del sultán, representa el trono otomano.

Hançer («brazos»)
Estas líneas simbolizan poder y fuerza.

Tugra

Este diseño decorativo se denomina tugra y lo usaba el sultán como sello o firma de documentos importantes. Este pertenece al sultán Mahmut II.

El Imperio otomano

El Imperio otomano comenzó a finales del siglo XIII, cuando Osman, un líder musulmán turcomano, fundó un pequeño Estado en Anatolia (actual Turquía), tomando el título de sultán (gobernante). Sus sucesores construyeron un poderoso Estado que duró 600 años y controló gran parte del sudeste de Europa, Asia occidental y el norte de África.

Palacio de Topkapi
Mehmed II ordena la construcción del palacio de Topkapi en su nueva capital Constantinopla (actual Estambul). Es un gran complejo de edificios habitado por el sultán, desde donde dirige el imperio.

c. 1459

Caída de Constantinopla
El sultán Mehmed II conquista Constantinopla (actual Estambul) y pone fin al milenario Imperio bizantino. La convierte en su capital, transformando iglesias en mezquitas y construyendo nuevas mezquitas y palacios. Constantinopla deviene un gran centro cultural del Imperio otomano.

1453

Batalla de Kosovo
El sultán Murad I, nieto de Osman, lleva a su ejército contra el príncipe Lazar de Serbia en el «campo de los mirlos» (en el actual Kosovo). Ambos líderes mueren, pero los otomanos ganan la batalla y logran así el control del sudeste de Europa.

1389

Orígenes del imperio
Osman I gobierna un pequeño Estado musulmán en el noroeste de Anatolia, que pasa a llamarse otomano por «Otman», una variante de su nombre. La posición del Estado otomano en la frontera del Imperio cristiano bizantino le permite expandirse y atraer a guerreros musulmanes de otras zonas para que luchen por él.

1299-1326

1402

c. 1380

Batalla de Ankara
El Imperio otomano casi se derrumba cuando el soberano de Asia central Timur vence al sultán Bayaceto en la batalla de Ankara y lo toma prisionero. Cuenta la leyenda que Timur tenía al sultán encerrado en una jaula de oro.

Jenízaros
Los jenízaros –un grupo de soldados de élite que custodian el palacio del sultán y son el primer ejército moderno permanente de Europa– se reclutan al principio escogiendo a adolescentes de zonas cristianas conquistadas, criados como musulmanes y entrenados como soldados.

151

Astronomía

Siempre nos ha asombrado el cielo nocturno y nos hemos preguntado por la naturaleza del universo. Los primeros astrónomos hallaron patrones en las estrellas e intentaron seguir y predecir sus movimientos. Actualmente unos telescopios muy potentes permiten a los científicos estudiar el Sol, la Luna, los planetas y otras galaxias, para que sepamos más sobre nuestro propio planeta y podamos formular teorías sobre el origen del universo.

Constelaciones

Una constelación es un grupo de estrellas que forma un patrón o la silueta de una forma reconocible. Esta es Erídano, el «río celestial». Es la sexta constelación más grande de un total de 88 .

1610
Lunas de Júpiter
El italiano Galileo Galilei ve lunas que orbitan Júpiter, lo que muestra que no todos los objetos del cielo orbitan la Tierra.

c. 1609
Leyes planetarias
El matemático alemán Johannes Kepler esboza la primera de las tres leyes que explican cómo se mueven los planetas en sus órbitas, resolviendo los problemas de la teoría de un sistema solar centrado en el Sol.

1543
El Sol en el centro
Nicolás Copérnico, un astrónomo polaco, refuta las antiguas teorías al indicar que el Sol y no la Tierra está en el centro del universo. Esto no es del todo correcto, pero su obra aporta ideas para futuros científicos.

c. 1420
Astronomía islámica
La tradición de la astronomía islámica alcanza su apogeo con la construcción de un observatorio en Samarcanda, ordenada por el gobernante y astrónomo centroasiático Ulugh Beg. Es el mayor del mundo en su tipo y lo visitan astrónomos famosos como al-Kāshī y Ali Qushji.

c. 150 d. C.
Centro del universo
Claudio Ptolomeo de Grecia escribe en el *Almagesto* que la Tierra reposa en el centro del universo, lo que se da por cierto durante 1500 años.

240 a. C.
Estrellas escoba
Los astrónomos chinos realizan el primer avistamiento conocido de lo que más tarde se llamaría cometa Halley. Tras haber observado cometas durante al menos 400 años, se refieren a ellos como «estrellas escoba» o «estrellas de cola larga» debido a su aspecto.

c. 350 a. C.
Tierra curva
Los antiguos filósofos griegos empiezan a pensar que la Tierra quizá es una esfera y no un plano, ya que en las tierras meridionales se ven estrellas diferentes que en las septentrionales.

c. 400 a. C.
Calendario maya
Los mayas, de América Central, son expertos astrónomos capaces de medir enormes períodos de tiempo. Crean un calendario que fija el inicio de los tiempos en el 3114 a. C., según sus cálculos.

c. 700 a. C.
Primeros patrones
Los babilónicos de Mesopotamia (actual Irak) usan las matemáticas para predecir y registrar las horas y los patrones de los eclipses de Sol y Luna, y la posición de los planetas.

1600 a. C.
Disco de estrellas
El disco celeste de Nebra, de la Edad del Bronce, descubierto en Alemania, es la representación más antigua conocida del universo e ilustra el Sol, la Luna y varias estrellas.

c. 3000-c. 2500 a. C.
Stonehenge
Se erige un círculo de menhires gigantes donde hoy es Inglaterra. Muchos creen que servía para marcar los puntos de la salida y puesta de sol de los solsticios de verano e invierno.

Observatorio de Hawái
El telescopio óptico de 2,2 m de la Universidad de Hawái está situado en la cima del volcán Mauna Kea. Es uno de los muchos telescopios de esta montaña. El lugar es considerado sagrado por los pueblos indígenas de Hawái, y su uso para la observación moderna de las estrellas ha provocado algunas protestas.

1687
Gravedad

Isaac Newton, un científico inglés, usa su conocimiento de las leyes del movimiento y la gravedad para asegurar que la Luna mantiene su órbita alrededor de la Tierra gracias a la gravedad.

1774
Catálogo Messier

Charles Messier, un científico francés, publica su catálogo de objetos del espacio profundo: cometas, nebulosas y cúmulos estelares. Se conocen como «objetos Messier»; en la actualidad el catálogo Messier contiene un total de 110 elementos.

1912
Estrellas variables

La norteamericana Henrietta Leavitt observa que es posible predecir el cambio en el brillo de determinadas estrellas, conocidas como «variables cefeidas». Este descubrimiento permite a los astrónomos calcular la distancia entre la Tierra y las galaxias lejanas.

1929
Universo en expansión

El estadounidense Edwin Hubble usa el telescopio Hooker y observa que la Vía Láctea no es la única galaxia del universo. Demuestra que todas las galaxias se están separando, lo que indica que el universo se está expandiendo.

1990
Telescopio Hubble

Se lanza el telescopio espacial Hubble; es la primera vez que se envía un telescopio al espacio. Apunta hacia el espacio profundo para hacer espectaculares fotografías de los objetos de nuestra galaxia y el universo.

2021
Telescopio espacial James Webb

Se lanza el mayor telescopio espacial de la historia. Detecta miles de estrellas jóvenes en la nebulosa de la Tarántula y capta la primera prueba clara de la presencia de dióxido de carbono en la atmósfera de un exoplaneta.

2019
Imagen de un agujero negro

El telescopio Event Horizon (EHT) capta un agujero negro supermasivo en el centro de la galaxia M87. Se trata de la primera fotografía de un agujero negro.

2006
Propiedades de un planeta

La Unión Astronómica Internacional cambia la definición de planeta y con ello Plutón pasa de ser un planeta a ser un planeta enano.

1992
Exoplanetas

Se descubren los primeros exoplanetas (planetas fuera de nuestro sistema solar). Hoy en día se han documentado más de 5000, y más de 12 de ellos tienen la temperatura adecuada para que exista agua, lo que significa que podrían tener vida.

Vida de una estrella

Las estrellas pueden vivir miles de millones de años; cuanto más pequeñas son, más viven. Las más grandes consumen su combustible más rápido y mueren antes explotando en lo que se conoce como «supernovas». Estas explosiones esparcen material por el universo del que se forman nuevas estrellas.

Protoestrella
Enormes nubes de polvo y gas se unen para formar una nueva estrella.

Gigante roja
La elevada temperatura hace que la estrella se expanda.

Supernova
Una gigante roja muy grande explota. Su núcleo de hierro se convierte en un agujero negro o en una estrella de neutrones.

Enana blanca
Las capas de gas exteriores se pierden y queda un núcleo denso.

Estrella de secuencia principal
Las estrellas ordinarias, como nuestro Sol, brillan al convertir hidrógeno en helio. Las estrellas de secuencia principal son el tipo de estrella más común en el universo.

Nebulosa planetaria
Una gigante roja de una estrella más pequeña crea una brillante capa de gas.

Enana negra
Las enanas blancas no tienen energía, por lo que se enfrían y desaparecen.

Grandes batallas

Antes de las primeras civilizaciones ya había guerras entre familias y tribus. Se han librado batallas decisivas por tierra, mar y aire con la aparición, la prosperidad y la caída de ciudades y Estados durante miles de años que han cambiado el curso de la historia una vez tras otra.

Salamina
La Armada persa intenta invadir Grecia y sufre una derrota en la batalla naval de Salamina ante los atenienses, liderados por Temístocles. Al cabo de un año la alianza de ciudades griegas vence al ejército persa en Platea.

Victorias pírricas
El rey Pirro de Epiro invade Italia y logra dos victorias sobre los romanos, en Heraclea y Ásculo. Pirro pierde a tantos hombres que su victoria tiene el mismo valor que una derrota. La frase «victoria pírrica» indica un triunfo de poco valor.

Accio
El político romano Octavio derrota a sus enemigos, Cleopatra de Egipto y Marco Antonio, en una batalla naval ante Grecia. Gracias a la victoria, Octavio, ya bajo el nombre de Augusto, toma el control en solitario del Imperio romano y se convierte en emperador de Roma.

1274 a. C.

Septiembre de 480 a. C.

Octubre de 331 a. C.

280-279 a. C.

260 a. C.

Agosto de 216 a. C.

2 de septiembre de 31 a. C.

mayo-sept. 751 d. C.

21 de abril de 1526

Qadesh
Gran batalla de carros entre el ejército egipcio del faraón Ramsés II y los hititas, liderados por Muwatalli II. Las inscripciones de los templos egipcios hacen el primer relato detallado de una batalla. Se desconoce el resultado real de la batalla, pero dio pie al primer tratado de paz conocido de la historia.

Changping
El Estado chino de Qin derrota al Estado de Zhao en Changping. Tras la rendición de 450 000 soldados Zhao, Bai Qi, el general Qin, los masacra a casi todos: deja a 240 vivos para que cuenten lo sucedido. El Estado Qin sigue luchando hasta unificar China.

Río Talas
El califato árabe abbasí derrota a las fuerzas del imperio chino Tang en el valle del río Talas (actual Kirguistán). Esto detiene la expansión china hacia el oeste y pone la región bajo control islámico.

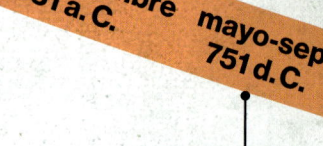

Gaugamela
Tras invadir el Imperio persa, el macedonio Alejandro Magno consigue una decisiva victoria sobre Darío III de Persia. Pese a que el ejército persa dispone de muchísimos más hombres que el macedonio, los hombres de Alejandro están más entrenados y mejor dirigidos. Alejandro continúa su conquista hasta conseguir todo el Imperio persa.

Cannas
El general cartaginés Aníbal invade Italia cruzando los Alpes con un ejército que incluía elefantes de guerra. En Cannas, derrota a un ejército de 80 000 soldados romanos.

Panipat
Babur, un conquistador mongol de Asia central, utiliza mosquetes y fortificaciones de carros en Panipat, al norte de la India, para derrotar a una fuerza mucho mayor dirigida por Ibrahim Lodi, el sultán de Delhi. Esto le permite establecer el Imperio mogol en la India.

Diagramas de batalla

Durante toda la historia se han usado diagramas de batalla para planificar contiendas. Este diagrama muestra una táctica, el movimiento envolvente, que implica atacar al enemigo por detrás, por los lados, o por ambos sitios.

Waterloo

Las tropas del duque de Wellington británico y el mariscal Blucher prusiano derrotan a Napoleón Bonaparte en una formidable batalla que pone punto y final a las guerras napoleónicas. Wellington libra una batalla a la defensiva, soportando repetidos ataques franceses hasta la llegada de Blucher con refuerzos.

Gettysburg

En una batalla de tres días, la más larga de la historia de Estados Unidos, el ejército de la Unión de George Meade, de 94 000 hombres, derrota al confederado de Robert E. Lee, que está compuesto por 72 000 hombres.

Boyacá

El ejército del líder venezolano Simón Bolívar derrota a las fuerzas españolas, lo que libera a la Gran Colombia (actuales Panamá, Ecuador, Venezuela y Colombia) del control de España.

El Somme

En la Primera Guerra Mundial, británicos y franceses lanzan un gran ataque, pero no logran romper las líneas alemanas del Somme. Participan más de tres millones de hombres, de los que mueren un millón.

Stalingrado

El ejército alemán libra una gran batalla para controlar la ciudad rusa de Stalingrado. En noviembre, cuando los alemanes casi han capturado la ciudad, los rusos montan una contraofensiva. Los alemanes atrapados se rinden.

La ofensiva del Tet

Las fuerzas del Vietcong y Vietnam del Norte lanzan una enorme ofensiva contra las ciudades de Vietnam del Sur. Las tropas de Estados Unidos y Vietnam del Sur consiguen una victoria decisiva. Sin embargo, en Estados Unidos la escala del ataque hace caer el apoyo popular a la guerra.

7 de octubre de 1571

18 de junio de 1815

7 de agosto de 1819

1-3 julio de 1863

1-2 de marzo de 1896

1 julio-18 nov. 1916

3-7 de junio de 1942

22 de agosto de 1942- 2 de febrero de 1943

Enero de 1968

Lepanto

La Liga Santa, una alianza de países católicos del Mediterráneo, consigue una gran victoria sobre la Armada otomana (pp. 150-151) ante las costas de Grecia. Es la última gran batalla naval librada exclusivamente con barcos de remos (galeras).

Adua

Un gran ejército etíope hace retroceder a los soldados italianos invasores, poniendo fin a la invasión colonial del Reino de Italia en la región.

Midway

Estados Unidos derrota a Japón en esta gran batalla marítima de la Segunda Guerra Mundial, librada sobre todo con aviones lanzados desde portaaviones. Japón pierde sus cuatro barcos, mientras que los norteamericanos solo pierden uno. La Armada japonesa no llegará a recuperarse nunca.

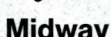

La batalla de Adua

La batalla de Adua (1-2 de marzo de 1896) fue decisiva en la primera guerra italo-etíope. Un gran ejército etíope, dirigido por el emperador Menelik II (arriba a la izquierda) y la emperatriz Taitu Betul (abajo a la izquierda), hizo retroceder a las fuerzas invasoras italianas cerca de la ciudad de Adua, en la parte central del norte de Etiopía. No solo puso fin al deseo de Italia de conquistar el nordeste de África, sino que fue una gran victoria de un país africano sobre los colonizadores europeos, símbolo de la resistencia africana en los años venideros.

Japón Edo

Tras un largo período de guerra (pp. 110-111), en 1603 Japón finalmente se unificó bajo el mando de Tokugawa Ieyasu. Llegó una edad de oro de paz, prosperidad y producción, conocida como el período Edo, que vio la aparición de nuevas formas de arte japonés. Durante este tiempo, Japón cortó cualquier vínculo con el resto del mundo y quedó aislado de Occidente durante casi tres siglos.

1635
País hermético
Creyendo que la influencia extranjera ha causado inestabilidad, Japón prohíbe todo comercio con las naciones occidentales, salvo Holanda. En el período de paz que sigue, la economía crece y el arte y la cultura florecen. Esta prohibición permanece en vigor hasta 1854.

Década de 1620
Arte ukiyo-e
Se popularizan los grabados en madera de escenas de la vida cotidiana japonesa. Ilustran paisajes locales y artistas urbanos, y acaban conociéndose como ukiyo-e («pinturas del mundo flotante»).

1614
Prohibición religiosa
El sogún prohíbe el cristianismo en todo Japón; se ejecuta a cualquier cristiano que no huya del país. Esta prohibición se mantiene en vigor hasta 1873.

c. 1603
Teatro kabuki
La bailarina japonesa Okuni crea una forma de arte conocida como kabuki, que combina teatro, baile y comedia para entretener al público. En el primer teatro kabuki, las mujeres hacían todos los papeles.

1603
Edo, capital
El sogún (líder militar) Tokugawa Ieyasu se aleja del círculo de influencia del emperador en Kioto. Funda su base en Edo (actual Tokio) y la convierte en el epicentro del poder real en Japón.

La gran paz

El período Edo marcó una era de estabilidad en Japón que se conoció como la gran paz. Las principales ciudades, Edo, Kioto y Osaka, agasajaban a sus ricos, que podían gastar su fortuna en nuevos entretenimientos y bienes de lujo.

Las calles urbanas del período Edo fueron escenario de un gran bullicio comercial.

1684
Sumo

Aunque tiene antiguas raíces en los festivales religiosos sintoístas, la lucha profesional de sumo comienza en el santuario Tomioka Hachiman. Los primeros luchadores profesionales suelen ser samuráis que necesitan otra fuente de ingresos durante el pacífico período Edo.

1833-1834
Tokaido

Las cincuenta y tres estaciones de Tōkaidō son una serie de grabados que hizo Utagawa Hiroshige tras su viaje por la carretera de Tokaido. Al estar prohibido viajar al extranjero, se popularizan los viajes interiores por el país.

c. 1850
Geishas

Las geishas, actrices profesionales, alcanzan la cima de su popularidad al final del período Edo. Se forman en el arte de conversar, la danza y la música, y llevan vestidos elaborados y un llamativo maquillaje.

1854
Tratado comercial

Una expedición naval estadounidense obliga a Japón a levantar su prohibición de comerciar con otros países. Esto provoca una crisis política en Japón y muchos afirman que la única forma de que Japón sobreviva es hacer reformas políticas y económicas.

1868
Restauración Meiji

Estalla una lucha entre quienes desean mantener la vigente estructura social y quienes quieren reformarla. Se abole el sogunato y el emperador recupera el poder, tomando el nombre de Meiji (que significa «gobierno ilustrado»). Esto marca el final del período Edo.

Norteamérica colonial

En las décadas que siguieron al viaje de Colón, un gran número de colonos europeos emigraron a lo que llamaron el Nuevo Mundo. Muchos buscaban riqueza, y otros, la libertad de practicar su religión. Se apoderaron de tierras que pertenecían a comunidades indígenas, infligiendo violencia y trayendo enfermedades, que mataron a un gran número de indígenas. Los ingleses establecieron 13 colonias en el este de Norteamérica.

ANTES

En 1492, Cristóbal Colón llegó a América, un continente desconocido para los europeos pero en el que vivían millones de indígenas. Tras su regreso, muchos más europeos emigraron a este Nuevo Mundo, estableciendo asentamientos permanentes en las tierras de los pueblos indígenas.

1497

INGLATERRA reclama tierras en NORTEAMÉRICA

El rey Enrique VII de Inglaterra patrocina al explorador italiano Juan Caboto para que encuentre una nueva ruta marítima hacia Asia, pero este acaba en lo que ahora es Terranova, en Canadá. Aunque estas tierras pertenecen a las comunidades indígenas, él las reclama para Enrique VII e Inglaterra.

1587

La desaparición de vecinos de ROANOKE: misterio sin resolver

Más de 100 hombres, mujeres y niños de Inglaterra se asientan en Roanoke, Carolina del Norte. Nace Virginia Dare, primera población inglesa de América. En 1590, el líder del asentamiento John White vuelve de un viaje de tres años a Inglaterra y descubre que ya no hay nadie. Su desaparición sigue siendo un misterio.

1607

JAMESTOWN SOBREVIVE A PESAR DE LAS DIFICULTADES Y LAS PENURIAS

Esta aldea de Virginia se convierte en el primer asentamiento británico de tipo permanente en Norteamérica. La colonia no suele tener alimento suficiente, en especial durante el invierno de 1609-1610, durante el cual una hambruna acaba con casi toda la colonia.

VIRGINIA planta la semilla de una BUENA COSECHA

Los indígenas enseñan a los colonos europeos a cultivar plantas autóctonas como el maíz, y les ayudan a sobrevivir en sus primeros años en América. Los colonizadores de Virginia utilizan estos conocimientos para cultivar tabaco y algodón, que serán dos de los principales cultivos de las colonias inglesas del sur.

1513

TERRITORIO ESPAÑOL reclamado al otro lado del Atlántico

El explorador español Juan Ponce de León llega a tierra firme y la reclama para España, dándole el nombre de La Florida. Grupos indígenas como los pensacolas y los apalaches son expulsados de sus propias tierras.

1534

LOS FRANCESES SE UNEN A LA FIEBRE DE LAS TIERRAS

Jacques Cartier explora por primera vez el extremo oriental de lo que ahora es Canadá y reclama la tierra para Francia. En 1604, otros dos exploradores franceses, Pierre de Monts y Samuel de Champlain, crean un asentamiento en el río San Lorenzo, en la actual Quebec, donde estaba la aldea indígena iroquesa de Stadacona. La América francesa acaba abarcando de la bahía del Hudson al golfo de México.

c. 1600

Pueblos indígenas de NUEVA INGLATERRA

Hacia 1600 hay unos 100 000 indígenas en lo que hoy es Nueva Inglaterra. Pertenecen al grupo algonquiano, que incluye a los abenakis, micmacs, moheganos y wampanoags. Viven en pequeñas aldeas, cultivan maíz, calabazas y judías, pero también cazan y pescan. Unas tres cuartas partes de la población muere en 1616 a causa de una epidemia por enfermedades traídas por los colonos y los comerciantes europeos.

1619

AFRICANOS *vendidos a colonos británicos*

En Jamestown, los británicos compran unos 20 africanos esclavizados a un barco holandés y los ponen a trabajar en las plantaciones de tabaco. Más tarde, la economía de los estados ingleses del sur dependerá de la mano de obra esclava, lo que alimenta el comercio de personas esclavizadas (pp. 164-165).

1620

EL MAYFLOWER ZARPA HACIA *NUEVA INGLATERRA*

Unos 100 colonos parten de Inglaterra a bordo del *Mayflower*. Pisan tierra firme en el actual Massachusetts, donde establecen la colonia de Plymouth.

1626

EL ACUERDO HOLANDÉS ASEGURA NUEVA ÁMSTERDAM

El colono holandés Peter Minuit paga a los indígenas por Manhattan, aunque estos no se dan cuenta de que están renunciando a su derecho a la tierra. Funda Nueva Ámsterdam en el extremo sur de la isla. Los ingleses capturan la colonia en 1664 y le cambian el nombre por el de Nueva York.

1675

LA GUERRA DEL REY FELIPE *sigue adelante*

Los grupos indígenas liderados por Metacom (también conocido como Rey Felipe), jefe del pueblo wampanoag, se unen para defender sus tierras en los actuales Massachusetts, Rhode Island y Connecticut contra los colonos. Continúan su lucha durante 14 meses, pero finalmente son derrotados. Es la última gran guerra en defensa de las tierras indígenas de Nueva Inglaterra.

1754

FRANCIA Y ESPAÑA *pierden tierras*

Dos naciones europeas, Francia y Gran Bretaña, se disputan las tierras de las colonias americanas en un conflicto conocido como la guerra franco-india. Ambos bandos cuentan con la ayuda de aliados indígenas: los ani-yun-wiya (cheroquis), mohawk y haudenosaunee se alían con los británicos, y los hurones y algonquinos luchan junto a los franceses. A lo largo del conflicto, Gran Bretaña arrebata a los franceses el control de Canadá y a los españoles, el de Florida.

1773

¡No hay impuestos *sin representación!*

Hartos de los impuestos británicos y de no tener derecho a decidir qué hacer con ellos, los colonos suben a bordo de los barcos británicos y tiran 342 cajas de hojas de té (gravadas con muchos impuestos) al agua del puerto de Boston. Este suceso, conocido como el Motín del Té, desencadena la Revolución estadounidense (pp. 190-191).

El *Mayflower*

El *Mayflower* levó anclas en Plymouth, Inglaterra, en 1620 cargado de pasajeros hacia el Nuevo Mundo. A su llegada, estos fundaron un asentamiento, al que llamaron Plymouth, en honor a la ciudad de la que habían zarpado.

La revolución científica

En los siglos XVI y XVII Europa fue el escenario de un rápido y revolucionario progreso científico. Se rechazaron las ideas establecidas y se desafiaron los dogmas religiosos. Los pensadores punteros –hombres en su mayoría, pues la mujer se veía apartada de la educación o se ignoró su contribución a la ciencia– introdujeron nuevos métodos de experimentación y observación, y realizaron grandes descubrimientos científicos, muchos de los cuales han superado el paso del tiempo.

Pionero en anatomía
El científico flamenco Andrés Vesalio escribe *De Humani Corporis Fabrica*, tras diseccionar cadáveres humanos en su investigación. Su libro de texto revoluciona el estudio de la biología.

Alrededor del Sol
El astrónomo polaco Nicolás Copérnico explica matemáticamente cómo la Tierra orbita alrededor del Sol. Su obra enfurece a la Iglesia, que afirma que la Tierra está en el centro del universo.

Primer termómetro
El físico italiano Galileo Galilei inventa un termómetro primigenio; su nombre significa «medir el calor» en griego. El dispositivo detecta e indica cambios de temperatura. El erudito árabe Ibn Sina (Avicena) había inventado un dispositivo similar hacia el año 1000.

Nuevos métodos
El científico inglés Francis Bacon escribe *Novum Organum Scientiarum*, donde afirma que los científicos deben recoger datos con experimentos y mediante observación.

Bombeo de sangre
El anatomista inglés William Harvey investiga las válvulas y cavidades del corazón, y explica cómo bombea sangre por el cuerpo. En el siglo XIII, el erudito árabe Ibn Nafis había descubierto la circulación pulmonar de la sangre.

Historia natural
El naturalista suizo Conrad Gessner publica *Historiae Animalium*, una enciclopedia de 4500 páginas con ilustraciones detalladas de animales y fósiles.

El telescopio de Galileo
Galileo diseña un telescopio y lo utiliza para estudiar el Sol y los planetas. Observa las lunas de Júpiter, las manchas solares y los cráteres lunares.

1543

1543

1551-1587

c. 1592

1609

1620

1628

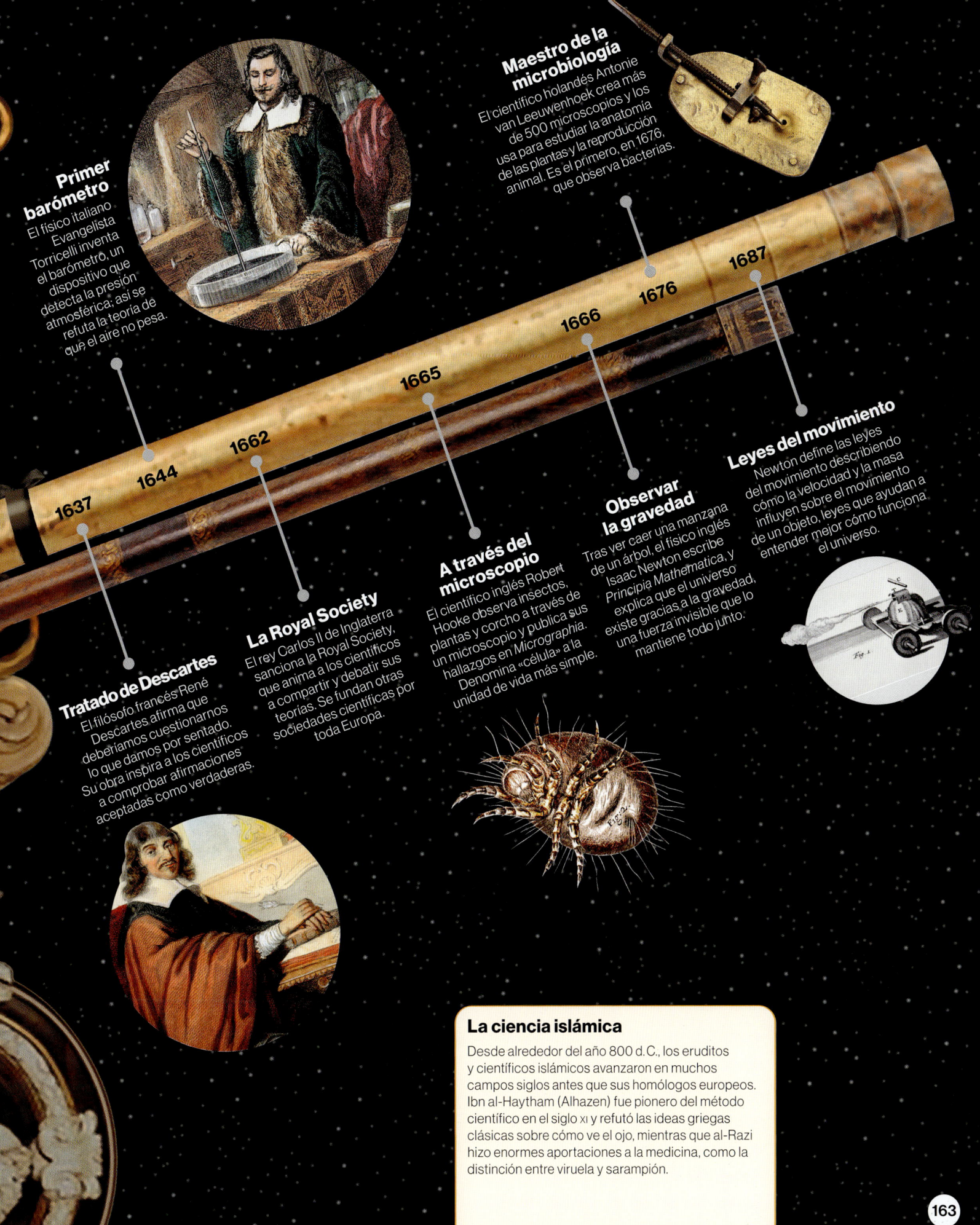

Maestro de la microbiología

El científico holandés Antonie van Leeuwenhoek crea más de 500 microscopios y los usa para estudiar la anatomía de las plantas y la reproducción animal. Es el primero, en 1676, que observa bacterias.

Primer barómetro

El físico italiano Evangelista Torricelli inventa el barómetro, un dispositivo que detecta la presión atmosférica; así se refuta la teoría de que el aire no pesa.

1637 **1644** **1662** **1665** **1666** **1676** **1687**

Leyes del movimiento

Newton define las leyes del movimiento describiendo cómo la velocidad y la masa influyen sobre el movimiento de un objeto, leyes que ayudan a entender mejor cómo funciona el universo.

Observar la gravedad

Tras ver caer una manzana de un árbol, el físico inglés Isaac Newton escribe *Principia Mathematica*, y explica que el universo existe gracias a la gravedad, una fuerza invisible que lo mantiene todo junto.

A través del microscopio

El científico inglés Robert Hooke observa insectos, plantas y corcho a través de un microscopio y publica sus hallazgos en *Micrographia*. Denomina «célula» a la unidad de vida más simple.

La Royal Society

El rey Carlos II de Inglaterra sanciona la Royal Society, que anima a los científicos a compartir y debatir sus teorías. Se fundan otras sociedades científicas por toda Europa.

Tratado de Descartes

El filósofo francés René Descartes afirma que deberíamos cuestionarnos lo que damos por sentado. Su obra inspira a los científicos a comprobar afirmaciones aceptadas como verdaderas.

La ciencia islámica

Desde alrededor del año 800 d.C., los eruditos y científicos islámicos avanzaron en muchos campos siglos antes que sus homólogos europeos. Ibn al-Haytham (Alhazen) fue pionero del método científico en el siglo XI y refutó las ideas griegas clásicas sobre cómo ve el ojo, mientras que al-Razi hizo enormes aportaciones a la medicina, como la distinción entre viruela y sarampión.

ANTES

Desde 1510, tanto españoles como portugueses empezaron a enviar africanos esclavizados a América. Santo Domingo (actual República Dominicana) fue el primer puerto de esclavos del Nuevo Mundo. A mediados del siglo XVII Gran Bretaña y Holanda también participaban en la trata.

Primeros años

Veinte africanos llegan a Jamestown, Virginia, y trabajan como criados contratados y peones esclavizados para los terratenientes plantadores de tabaco. Los esclavistas los tienen en propiedad y restringen sus movimientos, a veces explotándolos más que a los sirvientes contratados, que con el tiempo pueden ganar su libertad.

1619

Barcos de esclavos

La ciudad de Boston es crucial para la trata: el primer barco estadounidense de personas esclavizadas, *Desire*, se bota aquí. En 1638 llegan a Boston las primeras personas esclavizadas desde las Indias Occidentales, junto con algodón y tabaco.

1636

Fin de la trata

La Constitución de Estados Unidos (redactada en 1787) prohíbe la importación de personas esclavizadas a partir del 1 de enero, pero el comercio ilegal de personas esclavizadas continúa. La prohibición pretende reducir la llegada de africanos esclavizados, pero la esclavitud sigue siendo legal en la mayor parte del sur de Estados Unidos.

1808

Ferrocarril subterráneo

El Ferrocarril Subterráneo es una red de rutas por las que las personas esclavizadas escapan hacia la libertad. Se establecen casas seguras para darles cobijo, y muchas personas anteriormente esclavizadas, entre ellas Harriet Tubman, y pueblos negros libres les ayudan.

c. **1800-1865**

Libertad en Canadá

El fiscal general canadiense declara que las antiguas personas esclavizadas son libres al llegar a Canadá y que la ley les ampara. Los colonos tienen prohibido introducir trabajadores esclavos en el país.

1819

Sojourner Truth

Nacida en esclavitud, Sojourner Truth se convierte en una gran abolicionista y activista por los derechos de la mujer. Pronuncia un famoso discurso en Ohio en que destaca la necesidad de que las mujeres negras tengan los mismos derechos que los hombres.

CANADÁ   ESTADOS UNIDOS

1850

La cabaña del tío Tom y el abolicionismo

La novela de Harriet Beecher Stowe vende miles de ejemplares y hace cambiar la opinión pública sobre el esclavismo. Su libro ayuda a la causa de los abolicionistas, pero también aumenta la tensión entre los estados del Norte y el Sur.

1852

Esclavitud en Estados Unidos

Muchos de los africanos esclavizados traídos a Estados Unidos en los siglos XVII y XVIII acabaron trabajando en plantaciones, y los beneficios de su trabajo forzado se utilizaron en la construcción de la nueva nación. Hubo varias revueltas de personas esclavizadas que querían recuperar su libertad, y en el siglo XIX, los abolicionistas hacían campaña para liberarlos, frente a la oposición de muchos estados. Esto desembocó en una guerra civil, en la que el gobierno estadounidense del Norte luchaba por acabar con la esclavitud, frente a los estados confederados del Sur, que deseaban mantenerla.

Esclavitud de por vida

En Virginia se aprueba una ley que declara que cualquier bebé de madre esclava será esclavizada de por vida. La mayoría de las colonias o estados esclavistas aprobarán leyes similares que discriminan por raza.

Protesta cuáquera

En Pensilvania, los cuáqueros protestan contra la esclavitud. Los cuáqueros son cristianos que creen firmemente en el trato igualitario a todas las personas. Más adelante, su Iglesia evitará que sus miembros se aprovechen de la trata y tenencia de personas esclavizadas.

Plantaciones de arroz

La colonia de Carolina es la primera en plantar arroz, un cultivo en el que muchos africanos esclavizados tienen experiencia, tanto en África como en el Caribe. Los colonos europeos explotan su destreza y mano de obra para cuidar los cultivos y obtener beneficios.

1662   **1688**   **c. 1700**

Escribirlo

En Nueva York, un desconocido escribe la primera narración de un exesclavo sobre la experiencia de la esclavitud. Le siguen muchos relatos similares, uno de los más famosos es el escrito por Frederick Douglass en 1845.

Florida libre

Los esclavos que logran escapar del cautiverio reciben protección en el territorio español de Florida. Deben rendir lealtad a España y unirse a la Iglesia católica. Muchos se instalan en Fort Mose, el asentamiento africano más antiguo de lo que hoy es Estados Unidos.

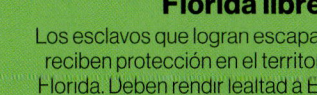

1772   **1738**

Guerra civil

El debate sobre si los nuevos estados deben usar trabajadores esclavizados divide el país. La victoria del Norte en este conflicto de cuatro años acaba con el esclavismo, pero se pierden más de 600 000 vidas (p. 224).

Emancipación

Todas las personas esclavizadas en los estados confederados son declaradas libres el 1 de enero en la Proclamación de Emancipación del presidente Abraham Lincoln. Texas es el último estado en aplicar la proclamación el 19 de junio de 1865, fecha que ahora se celebra anualmente como *Juneteenth*.

Abolición del esclavismo

La Proclamación de Emancipación libera a las personas esclavizadas, pero no acaba con la esclavitud. La 13.ª enmienda de la Constitución de Estados Unidos pone punto y final al esclavismo en todo el país, incluido cualquier nuevo territorio.

1861   **1863**   **1865**

Triángulo esclavista

Unos 12 millones de africanos fueron llevados a América en lo que se conoció como la Trata Transatlántica de Esclavos, un triángulo de rutas marítimas de Europa a África y a América, y viceversa. Las naves europeas llevaban productos elaborados, como ropa, siderurgia y armas a África occidental y se intercambiaban por hombres, mujeres y criaturas. El viaje por mar hacia las Indias Occidentales era brutal; muchas personas esclavizadas no sobrevivían. Las que lo conseguían eran vendidas en subastas, cuyos beneficios se destinaban a comprar azúcar, algodón, ron y tabaco para volver a Europa.

AMÉRICA DEL NORTE

EUROPA

Materias primas

Productos manufacturados

OCÉANO ATLÁNTICO

Indias Orientales

ÁFRICA

Esclavos africanos

AMÉRICA DEL SUR

DESPUÉS

Cuatro millones de personas esclavizadas fueron liberadas, pero los retos para los estadounidenses de raza negra continuaron. Las enmiendas 13, 14 y 15 de la Constitución abolieron la esclavitud y dieron a los antiguos esclavos la ciudadanía y algunos derechos de voto. Pero los estados del Sur introdujeron leyes que limitaban los derechos civiles de los estadounidenses de raza negra, que siguen sufriendo discriminación y violencia.

El Imperio mogol

Los mogoles fueron una de las tres principales potencias del mundo islámico (junto con los imperios otomano y safávida) y gobernaron lo que hoy es India, Pakistán y Bangladés. Eran originarios de Asia central y afirmaban descender de los líderes mongoles Gengis Kan y Tamerlán. El Imperio mogol duró más de 300 años y construyó algunos de los mejores monumentos del sur de Asia.

Final s. XVI

Memorias

Akbar hace traducir las *Bāburnāma* ,las memorias de Babur, al persa, la lengua de la corte mogol. Originalmente estaban escritas en chagatai (una lengua túrquica). También pide a su tía Gulbadan Begum que relate la vida de su padre Humayun en el *Humayun-Nama*, el único escrito de una mujer del siglo XVI que se conserva en la India.

1560-1590

Akbar el Grande

Akbar refuerza el poder mogol ampliando el imperio hacia el norte y el centro de la India. A pesar de ser un devoto musulmán, anima a su pueblo en la tolerancia religiosa. Los principes hindúes de los clanes de Rajput ocupan puestos de la corte.

1530-1556

Humayun

Humayun, el hijo de Babur, pierde su imperio en 1540 y pasa casi todo su reinado en el exilio en Persia (actual Irán). Muere poco después de volver a conseguir el control de Delhi en 1555; le sucede su hijo Akbar, de 13 años.

1526

Babur

El soberano de Kábul (en el actual Afganistán) Babur invade el norte de India. Derrota al sultán de Delhi para tomar el control de una pequeña área de tierra y fundar el Imperio mogol.

1674

Recuperación hindú

Se corona a Shivaji, un guerrero maratha de Maharashtra, India occidental, como rey hindú. Es el principio del ascenso hindú al poder. Los marathas crecen hacia el norte, el territorio de los mogoles.

1660-1670

Aurangzeb

Aurangzeb aprueba leyes que prohiben la música, bailar y cantar. Destruye cientos de templos hindúes y obliga a los súbditos de esta religión a pagar altos impuestos para cubrir el coste de sus eternas guerras.

1658

Choque de poder

Cuando Shah Jahan cae enfermo, sus hijos se enfrentan por el poder, que consigue Aurangzeb, el tercer hijo. Encarcela a su padre y se nombra emperador. Shah Jahan muere en prisión en 1666.

1605-1627

Jahangir

Salim, el hijo mayor de Akbar, se convierte en emperador bajo el nombre de Jahangir («dominador del mundo»). El Imperio mogol crece aún más durante su reinado, pero el poder real tras el trono reside en su esposa, Nur Jahan.

Década de 1620

Arte mogol

Jahangir demuestra su pasión por el arte, sobre todo la pintura. Lo que atrae a muchos artistas de talento a su corte. Es famoso por sus detallados y realistas estudios de animales, aves y flores.

1632

Taj Mahal

Shah Jahan, el quinto emperador mogol, empieza a levantar el Taj Mahal como mausoleo para su esposa, Mumtaz Mahal. Se completa al cabo de 20 años, es considerado el cenit de la arquitectura mogola.

1635

Trono del pavo real

Shah Jahan instala el trono del pavo real en el fuerte rojo de Delhi. Está hecho de oro y plata, y decorado con piedras preciosas, incluido el fabuloso diamante Koh-i-Noor.

1630

Mujeres influyentes

Jahanara Begum, hija predilecta de Shah Jahan, es la principal consejera de su padre. Dos décadas más tarde, Zeb-un-nissa, hija de Aurangzeb y conocida poetisa, asesorará a su padre en muchos asuntos. Muchas nobles mogoles ocuparon cargos de gran influencia a lo largo de los siglos.

1707

Fin de una era

Cuando muere Aurangzeb a los 88 años, el Imperio mogol está en su máximo esplendor y llega muy al sur de la India. Las rebeliones y la guerra lo han debilitado mucho y vive un rápido declive.

1739

Caída de Delhi

El soberano persa Nadir Shah invade la India y toma Delhi. Roba el trono del pavo real y se lo lleva a Persia, lo que supone una gran humillación: significa el final de la autoridad mogola real.

1858

El último mogol

El último emperador mogol Bahadur Shah II, aunque inicialmente reacio, se une a la revuelta india de 1857 contra la Compañía Británica de las Indias Orientales no tardan en hacerse con el control directo de la India, y Shah es exiliado por haber participado en la revuelta.

Fundador de la dinastía Ming

Tras el colapso de la dinastía mongola Yuan, Zhu Yuanzhang, un campesino convertido en caudillo, llega al poder y se declara emperador Hongwu de la nueva dinastía Ming (resplandor), cuya capital está en Nankín. Ejecuta a miles de oficiales acusados de conspirar en su contra.

Literatura Ming

Durante la dinastía Ming, China vive una época dorada de la literatura en la que se escriben grandes novelas que se consideran obras maestras: *Xī Yóu Jì* (Viaje al Oeste), de Wu Cheng'en, y *Jin Ping Mei* (El loto dorado), de Lanling Xiaoxiao Sheng.

«¿Por qué los países occidentales son pequeños pero fuertes? ¿Por qué somos grandes pero débiles...? Debemos buscar los medios para ser iguales.»

Feng Guifen, reformador chino, 1861

La Ciudad Prohibida

El emperador Yongle desplaza la capital de Nankín a Pekín, en el norte, donde supervisa la construcción de la Ciudad Púrpura Prohibida. Este es el momento en el que se adopta el mandarín, el dialecto de Pekín, como idioma oficial.

Emperador Yongle

La dinastía Ming llega al momento álgido de su poder con el emperador Yongle. Repara el Gran Canal de China y recupera el sistema de oposiciones públicas que los mongoles habían retirado.

1368

c. siglos XIV-XVII

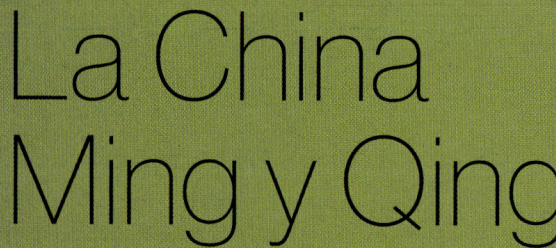

Enciclopedia Yongle

El emperador encarga la enciclopedia Yongle. Creada por 2169 eruditos, consiste en 22 937 rollos manuscritos que tratan sobre agricultura, arte, astronomía, geología, historia, literatura, medicina, religión y ciencia, entre otros temas.

1402-1424

1406-1420

La China Ming y Qing

Tras la caída del dominio mongol (pp. 120-121) en la década de 1360, la dinastía Ming (1368-1644) tomó el poder en China y la convirtió en una superpotencia, con una prosperidad impulsada por la demanda mundial de porcelana y té chinos. Bajo la dinastía Qing (1644-1912), esa prosperidad continuó y la población china creció de 150 a 450 millones de habitantes, pero el país no experimentó una revolución industrial. Cuando las potencias occidentales intervinieron en el siglo XIX, China se encontró económica y tecnológicamente desprevenida.

1403-1408

1405-1433

Viajes de Zheng He

El almirante Zheng He encabeza siete viajes de exploración al océano Índico, África oriental y el mar Rojo, a fin de mostrar el poder de la dinastía Ming. Vuelve cargado de regalos exóticos, incluida una jirafa africana.

Tumbas Ming

El emperador Wanli es enterrado en una gran tumba fuera de Pekín, con miles de objetos de seda, porcelana y joyas. La tumba se excavará en 1956; es la única de las 13 tumbas reales Ming excavadas hasta el momento.

Último emperador

Las revueltas militares conducen a la proclamación de la República de China bajo el presidente Sun Yatsen. El 12 de febrero de 1912 abdica, con seis años, Puyi, el último emperador Qing, y concluyen así más de 2000 años de historia imperial.

Emperatriz viuda Cixí

La emperatriz viuda Cixí controla el gobierno chino. Es tradicionalista y resiste los embates que quieren introducir en China la producción industrial occidental de barcos, ferrocarriles y armas de fuego.

Primera guerra del Opio

El emperador Daoguang prohíbe el comercio de opio, lo que provoca la guerra con Gran Bretaña. China sufre una derrota que el país ve como una humillación y se ve obligada a firmar un tratado que cede Hong Kong a los británicos. Tras perder la segunda guerra del Opio, en 1856-1860, China tiene que legalizarlo.

c. 1861-1908

1911-1912

1899-1901

Conquistas imperiales

China conquista el kanato Dzungar, el último Estado restante del antiguo Imperio mongol. Con la conquista del Tíbet, Mongolia y el actual Sinkiang (Turquestán), el imperio Qing llega a su cenit.

1850-1864

Levantamiento bóxer

En el norte de China, los bóxeres, campesinos rebeldes, se levantan contra los extranjeros y los cristianos. Cuando la emperatriz apoya a los rebeldes, intervienen ocho países extranjeros. Tras otra derrota, China hace más concesiones a las potencias extranjeras.

1839-1842

1620

1644

1644-1645

1755-1757

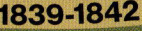

Gran Muralla Ming

La Gran Muralla china que se visita en la actualidad se construyó principalmente a finales del siglo xv. Qi Jiguang, un general Ming que quería mantener fuera a los mongoles, supervisó su reconstrucción.

Rebelión Taiping

En el sur de China, Hong Xiuqang, un cristiano converso, lidera una rebelión contra los Qing. Se declara rey del Reino Celestial Taiping. Se tarda 14 años en aplastar la rebelión, en cuyas luchas perecen más de 20 millones de personas.

Caída de los Ming

Un ejército rebelde de campesinos liderados por Li Zicheng, antiguo oficial Ming, captura Pekín y derroca al último emperador Ming. Li Zicheng se declara emperador de la dinastía Shun.

Dinastía Qing

Los invasores manchúes del norte claman venganza por el emperador muerto, derrocan a Li Zicheng y fundan una nueva dinastía, la Qing. El nuevo emperador Shunzhi ordena que los hombres chinos lleven el peinado manchú: cabeza afeitada por delante y coleta china por detrás. En China, los manchúes se consideran extranjeros.

Cerámica Ming

La dinastía Ming es famosa por su porcelana azul y blanca, producida a escala industrial. Los hornos imperiales de Jingdezhen producían suficiente porcelana para cubrir la demanda nacional y la del mundo entero. En Occidente, la porcelana se identificó tanto con el país que en algunas lenguas se la denomina china.

Química

La química estudia la materia que compone el mundo. Las bases de esta rama de la ciencia se establecieron en la antigua Grecia y los inicios del mundo islámico, cuando los filósofos exploraron las propiedades y reacciones de diferentes sustancias. Tras descubrir el átomo, los químicos actuales pueden estudiar las sustancias hasta el menor detalle.

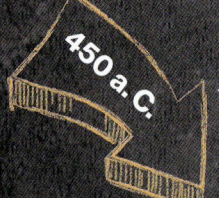

450 a. C.

Cuatro elementos

El filósofo griego Empédocles (c. 495-430 a. C.) asegura que todo se compone de diferentes cantidades de cuatro elementos: tierra, agua, aire y fuego. Esta teoría se considera válida hasta el siglo XVII. En la antigua China se desarrolla por separado una teoría similar con cinco elementos básicos.

Átomos increíbles

El filósofo griego Demócrito (460-370 a. C.) declara que todo está hecho de diminutas partículas en movimiento conocidas como átomos, que significa «indivisible» en griego, y marca así el inicio de la teoría atómica del universo.

400 a. C.

Piezas de arcilla

Demócrito creía que dividiendo un fragmento de arcilla en piezas más y más pequeñas se llegaría a un punto en el que ya no podría dividirse.

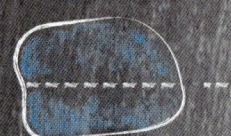

 **Átomo**

Gas y burbujas

El químico Joseph Priestley (1733-1804) presenta sus descubrimientos: oxígeno, monóxido de carbono y óxido nitroso. Inventa la primera agua con gas tras observar una reacción entre gases en una fábrica de cerveza.

1777

1772

Aire fijo

El químico escocés Joseph Black (1728-1799) demuestra que las personas exhalan un gas que denomina «gas fijo», compuesto por una parte de carbono y dos de oxígeno. Se trata del dióxido de carbono.

1754

Ley de Boyle

El químico irlandés Robert Boyle (1627-1691) estudia el comportamiento de los gases bajo presión. Descubre que a temperaturas constantes, al aumentar la presión sobre un gas, este se comprime y pierde volumen.

«La química comienza en las estrellas, fuente de los elementos químicos, componentes básicos de la materia y centro de nuestro tema de estudio.»

Peter Atkins, químico inglés, 1940-

900

Alquimia

El científico persa Al-Razi (c. 865-925) estudia la alquimia, una forma primitiva de química. Registra sus observaciones de los procesos químicos, como la destilación, la sublimación y la reversibilidad de reacciones químicas. Con sofisticados aparatos, descubre el ácido sulfúrico y el etanol.

 **1662**

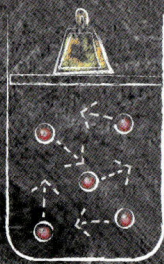

Baja presión

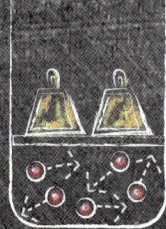

Alta presión

Lista de elementos

El químico francés Antoine Lavoisier (1743-1794), «padre de la química moderna», estudia y da nombre al oxígeno. Recopila la primera lista de elementos químicos (sustancias puras que no se pueden dividir más) en lo que se convierte en el primer libro de texto real de química (1789).

1980

Materiales recalentables

Las investigaciones de la ingeniera estadounidense Jennie Patrick sobre el recalentamiento de materiales llevan a un nuevo método de purificación química de sustancias. Es la primera mujer negra estadounidense que obtiene un doctorado en Ingeniería química.

Enlace atómico

El científico estadounidense Linus Pauling (1901-1994) descifra la estructura de un enlace químico, es decir, cómo se unen los átomos para formar moléculas. Recibe el Premio Nobel de Química por su trabajo.

2016

Trabajo en equipo
Marie-Anne Lavoisier también era química y colaboró en la obra de su marido.

Nuevos diseños
Lavoisier fabricó su propio equipo para estudiar los agentes químicos en entornos cerrados.

1803

1954

| 118 |
| Og |
| Oganesón |

Teoría atómica

Los científicos continúan experimentando con gases; el químico inglés John Dalton (1766-1844) avanza la teoría atómica proponiendo que cada elemento, o sustancia pura, tiene átomos diferentes.

Átomo de carbono

Estructuras de cristal

La química británica Dorothy Crowfoot Hodgkin (1910-1994) usa rayos X para estudiar la disposición de los átomos en el interior de diferentes sólidos. Detalla la estructura de medicamentos y proteínas, lo que mejora la sanidad. Obtiene el Premio Nobel de Química en 1964.

1869

Dióxido de carbono
Un compuesto es una mezcla de al menos dos elementos. El dióxido de carbono está formado por carbono y oxígeno.

1945

Modelo atómico
El átomo tiene un núcleo de protones en el centro y electrones orbitando alrededor.

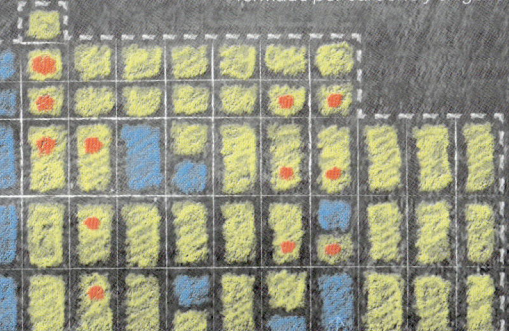
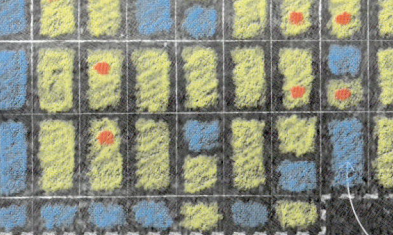

Primera tabla periódica

El químico ruso Dimitri Mendeléiev (1834-1907) crea la primera versión de la tabla periódica de los elementos. Es tan precisa que deja vacíos en sitios concretos para elementos que aún no se han descubierto.

Tabla de Mendeléiev
El tamaño de sus átomos determina la posición de cada elemento.

Escala de pH
La escala de pH va de 0, muy ácido (rojo), a 14, muy alcalino (morado). Las sustancias neutras (ni ácidas ni alcalinas) tienen un pH de 7.

Reacción nuclear

El neozelandés Ernest Rutherford (1871-1937) detalla la estructura del átomo. En experimentos para producir la reacción nuclear prueba la existencia de los protones, partículas subatómicas con carga positiva. Obtiene el Premio Nobel de Química en 1908.

1909

Acidez

El químico danés S. P. L. Sørensen (1868-1939) inventa la escala de pH para medir la acidez. pH viene de «potencial de hidrógeno», ya que los niveles de acidez o alcalinidad dependen de los iones de hidrógeno, las partículas con carga eléctrica que producen los átomos.

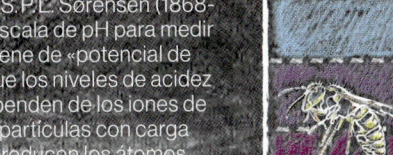

1917

Danza religiosa

El erudito hindú Bharat escribe el *Natyashastra*, un antiguo libro que describe los elementos de la danza clásica. Se dice que se inspiró en Brahma, el dios creador hindú. Según algunas historias sagradas del hinduismo, la danza es un regalo suyo.

c. siglo III a.C.

La historia del baile

El baile es tan antiguo como el ser humano: se ha bailado para honrar a los dioses, para celebrar momentos importantes o por mero placer. A lo largo del tiempo han surgido distintos estilos de baile, evolucionando y combinando pasos de baile tradicionales. Algunas formas de danza, como el ballet, precisan de años de formación.

Danza clásica china

La danza china se remonta a antes de la dinastía Qin. Muchas danzas tradicionales son originalmente bailes folclóricos que invocaban la fortuna divina, por ejemplo para la cosecha. Luego evolucionarán hasta convertirse en espectaculares representaciones con bailarines ataviados con trajes de león, dragón u otros animales.

c. siglo III a.C.

La gallarda

La gallarda es un baile popular en las cortes reales europeas, una danza animada con saltos y patadas. Se dice que la reina Isabel I de Inglaterra bailaba seis gallardas cada mañana para mantenerse en forma.

c. 1500 d.C.

El vals

La locura por el vals, originario de Viena, en Austria, se propaga rápidamente por todos los salones de baile de Europa. Causa un gran revuelo porque las parejas bailan cara a cara y el hombre pasa su brazo alrededor de la cintura de la mujer.

Ballet clásico

El lago de los cisnes se estrena con la coreografía de Julius Reisinger en el teatro Bolshói de Moscú, Rusia. Muestra los elementos típicos del ballet clásico, como los talones juntos y las puntas hacia fuera, piernas al aire y danza en puntas.

1877

Claqué

En Estados Unidos se fijan piezas de metal en la punta y el tacón de los zapatos para crear su característico sonido. El claqué une dos tradiciones: la yuba afroamericana y la giga irlandesa.

c. 1840

c. 1800

Danza moderna

La norteamericana Isadora Duncan, una pionera de la danza moderna, causa sensación actuando descalza y vestida con una simple túnica. Se supone que sus fluidos movimientos libres se basan en la danza griega clásica.

c. 1900

El tango

Los bailarines de todo el mundo quedan hechizados por el tango, un baile muy sensual original de Argentina y Uruguay. Como muchos estilos de baile, combina influencias africanas y europeas.

c. 1913

Highlife africano

Un nuevo estilo popular de danza y música, conocido como «highlife», surge en los salones de baile de África occidental. Creado por los negros en América, combina ritmos locales con pasos derivados del jazz.

c. 1920

Baile secreto

Tras prohibirles que siguieran con sus costumbres y tradiciones, los esclavos africanos de Brasil crean un baile, la capoeira, que, combinando artes marciales con la música y el baile, les permite practicar movimientos de combate en secreto.

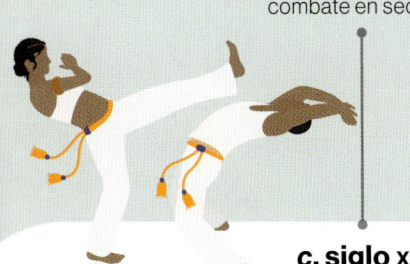

c. siglo XVI

Kabuki

Creada por una bailarina llamada Okuni, el kabuki gana popularidad. A finales de la primera década del siglo XVII, los intérpretes masculinos asumen el papel de actores de kabuki. Hoy en día sigue siendo un arte escénico exclusivamente masculino.

c. siglo XVII

Ballet de la corte

El rey Luis XIV de Francia, que también es bailarín, funda en París la Academia real de danza para formar bailarines. En esa época los bailarines masculinos eran las estrellas de las actuaciones.

1661

Flamenco

De esta época datan los primeros testimonios escritos sobre el flamenco, un baile que tiene su origen en el pueblo gitano que vivía en Andalucía, España. Los bailes flamencos incluyen palmas, cante y música de guitarra.

c. 1775

Bailes sociales

En la alta sociedad europea, hombres y mujeres danzan de lado sin apenas tocarse. Bailan danzas como el minué, con sus elaborados pasos, que suelen basarse en bailes tradicionales del país.

1700

Hula

La forma de la danza llamada hula que se ve hoy en día se desarrolla a partir de formas más antiguas. El hula es una danza religiosa interpretada por los indígenas de Hawái. Cuenta la historia de las islas hawaianas con canciones y cánticos, acompañados de instrumentos de cuerda como la *steel guitar* y el ukelele.

Siglo XIX

Salsa

Originaria del Caribe y traída a Nueva York por inmigrantes de Puerto Rico y Cuba, la salsa evoluciona como un baile moderno de estilo libre que mezcla ritmos afrocubanos, franco-haitianos e hispanos.

1970

Bailar el twist

Este baile enloquece a los adolescentes tras el éxito de Chubby Cheker con *The Twist*. Los bailarines menean las caderas como si se secaran el trasero con una toalla.

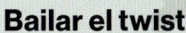

1960

El charlestón

El charlestón se populariza con su aparición en el musical *Runnin' Wild*. Es un baile enérgico de movimiento oscilante de brazos y piernas, que es un éxito instantáneo en los años veinte. Tiene su origen en el juba, una danza traída a Charleston (Carolina del Sur, Estados Unidos) por los negros esclavizados.

1923

Bollywood

Las animadas rutinas de baile de las películas realizadas en Bollywood (en Bombay, India) comienzan combinando las tradiciones de danza clásica de la India con estilos de baile de todo el mundo.

c. 1970

Hip-hop

Creado en el Nueva York de los años setenta por la juventud negra estadounidense, latinoamericana y caribeña, el hip-hop se caracteriza por ritmos fuertes y pausas percusivas, y está influido por diversos estilos, como el breakdance, el jazz y el funk.

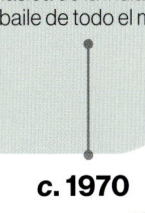

1970

La edad de oro de la piratería

En el siglo XVI, los puertos y mares de Europa, África y las Américas estaban llenos de barcos, muchos de ellos cargados con valiosos tesoros. El incremento del comercio marítimo hizo crecer la piratería. Se asaltaban naves y ciudades para lograr grandes botines. El mar estaba lleno de piratas despiadados, aventureros y criminales durante la edad de oro de la piratería.

ANTES

La piratería no siempre fue un delito. En 1557, la reina María de Inglaterra dio permiso a unos marineros, los corsarios, para atacar y saquear naves enemigas. Compartían las ganancias con la Corona. Los exploradores a menudo robaban tesoros al volver a casa. A principios del siglo XV, la gran cantidad de objetos valiosos que cruzaban el océano atrajo a muchos delincuentes.

Corsarios berberiscos

Turgut Reis es el primero de los grandes corsarios berberiscos, piratas otomanos que atacaban a las flotas cristianas europeas. Más tarde, se convierte en bey (gobernador) de Argel (Argelia) y en pachá (señor) de Trípoli (Libia).

Refugio seguro

Se invita a los piratas a que establezcan su base en Port Royal, Jamaica, y que protejan la ciudad. Al cabo de poco queda repleto de piratas; se la describe como la ciudad más rica y malvada del mundo.

Ronda del Pirata

El océano Índico queda bastante libre de piratas hasta que Thomas Tew dobla el cabo de Buena Esperanza, en África, para saquear una ruta que se acaba conociendo como la Ronda del Pirata. Su éxito anima a otros piratas a seguir su camino.

1546 — c. 1630 — 1657 — 1670 — 1690 — c. 1693

Bucaneros

Los franceses invitan a los bucaneros a instalarse en Tortuga, una isla frente a Haití. «Bucanero» procede del francés «asar a la parrilla»: la carne y el pescado se curaban (se secaban) para los largos viajes oceánicos calentándolos en un *boucan* o parrilla.

Sir Henry Morgan

Morgan provoca diversas destrucciones piratas con su gran liderazgo y su formidable flota. Captura y saquea la ciudad de Panamá en 1671, la segunda ciudad más grande del hemisferio occidental.

Bandera pirata

Un barco pirata francés iza la bandera negra con la calavera y los huesos cuando le persigue una nave de la Armada inglesa. Esta bandera se convierte en la terrorífica señal de que se está produciendo un ataque pirata.

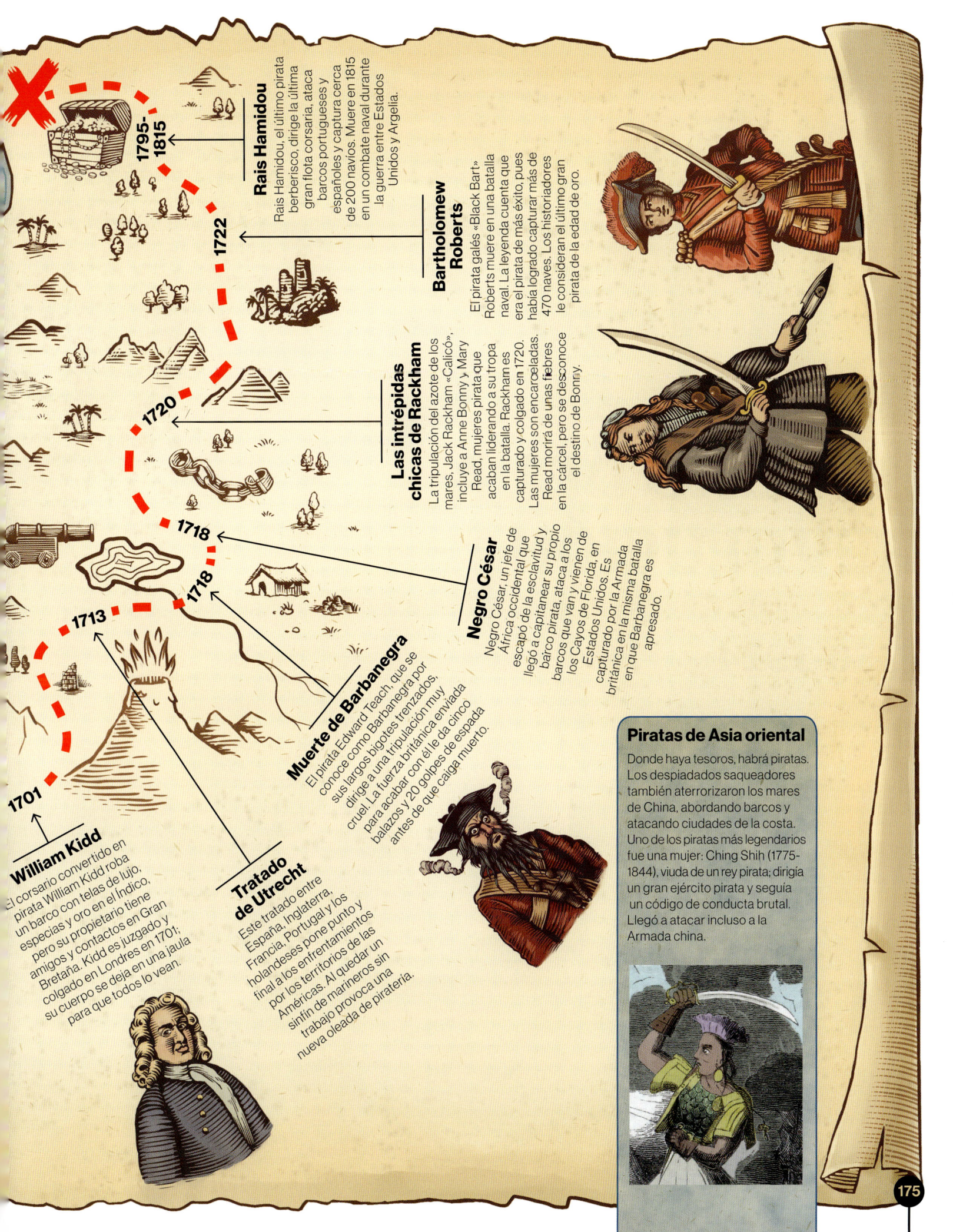

1795-1815

Rais Hamidou

Rais Hamidou, el último pirata berberisco, dirige la última gran flota corsaria, ataca barcos portugueses y españoles y captura cerca de 200 navios. Muere en 1815 en un combate naval durante la guerra entre Estados Unidos y Argelia.

1722

Bartholomew Roberts

El pirata galés «Black Bart» Roberts muere en una batalla naval. La leyenda cuenta que era el pirata de más éxito, pues había logrado capturar más de 470 naves. Los historiadores le consideran el último gran pirata de la edad de oro.

1720

Las intrépidas chicas de Rackham

La tripulación del azote de los mares, Jack Rackham «Calicó», incluye a Anne Bonny y Mary Read, mujeres pirata que acaban liderando a su tropa en la batalla. Rackham es capturado y colgado en 1720. Las mujeres son encarceladas. Read morirá de unas fiebres en la cárcel, pero se desconoce el destino de Bonny.

1718

Negro César

Negro César, un jefe de África occidental que llegó a capitanear su propio barco pirata, ataca a los barcos que van y vienen de los Cayos de Florida, en Estados Unidos. Es capturado por la Armada británica en la misma batalla en que Barbanegra es apresado.

1718

Muerte de Barbanegra

El pirata Edward Teach, que se conoce como Barbanegra por sus largos bigotes trenzados, dirige a una tripulación muy cruel. La fuerza británica enviada para acabar con él le da cinco balazos y 20 golpes de espada antes de que caiga muerto.

1713

Tratado de Utrecht

Este tratado entre España, Inglaterra, Francia, Portugal y los holandeses pone punto y final a los enfrentamientos por los territorios de las Américas. Al quedar un sinfín de marineros sin trabajo provoca una nueva oleada de piratería.

1701

William Kidd

El corsario convertido en pirata William Kidd roba un barco con telas de lujo, especias y oro en el Índico, pero su propietario tiene amigos y contactos en Gran Bretaña. Kidd es juzgado y colgado en Londres en 1701; su cuerpo se deja en una jaula para que todos lo vean.

Piratas de Asia oriental

Donde haya tesoros, habrá piratas. Los despiadados saqueadores también aterrorizaron los mares de China, abordando barcos y atacando ciudades de la costa. Uno de los piratas más legendarios fue una mujer: Ching Shih (1775-1844), viuda de un rey pirata; dirigía un gran ejército pirata y seguía un código de conducta brutal. Llegó a atacar incluso a la Armada china.

LA EDAD DE LA REVOLUCIÓN

1750-1914

La edad de la revolución

Entre 1750 y 1800, los cambios políticos y económicos en Europa y América del Norte tuvieron consecuencias importantes para estas zonas y para el resto del mundo. La guerra de Independencia de Estados Unidos fue la primera de una serie de revoluciones políticas en las que se derrocaron antiguos gobiernos y se formaron nuevos países. Durante la Revolución Industrial en Europa la gente abandonó el campo para llenar pueblos y ciudades, y trabajar en fábricas. La máquina de vapor y la electricidad transformaron el día a día de las personas y trajeron nuevos modos de transporte, como los trenes y los coches. A medida que los países europeos se enriquecían, iban imponiendo sus sistemas políticos y económicos a otras regiones del mundo.

1756-1763
La guerra de los Siete Años entre Gran Bretaña y Francia es el primer conflicto global, con ejércitos europeos luchando en Norteamérica y la India en guerras en las que se ven implicados pueblos indígenas.

1788
Una flota de barcos con convictos y sus guardianes llega a Australia, iniciando el establecimiento de asentamientos coloniales británicos y el desplazamiento de las Primeras Naciones australianas, los habitantes originales de la tierra.

1803
Estados Unidos dobla su territorio con la compra de Luisiana, unas tierras propiedad de Francia.

1755
Un devastador terremoto destruye casi dos tercios de la ciudad de Lisboa, la capital de Portugal.

1769
James Watt inventa una máquina de vapor más eficiente y prepara el camino a la Revolución Industrial.

1775-1783
Trece colonias se escinden del poder británico en la guerra de Independencia de Estados Unidos.

1789
Los campesinos asaltan la Bastilla en París; es el inicio de la Revolución francesa.

1791-1804
Los esclavos de Haití se rebelan contra el dominio colonial francés. Fundan el primer país establecido por exesclavos.

Estados Unidos
Trece colonias de Norteamérica se rebelan contra el dominio británico, inician una guerra por la independencia y fundan Estados Unidos (pp. 190-191).

Trabajo en las fábricas
Con las fábricas y la nueva tecnología de la Revolución Industrial (pp. 194-195) se transforma la vida laboral, aunque las condiciones eran duras, y las ciudades estaban hacinadas y eran insalubres.

Australia
Gran Bretaña envía a Australia a delincuentes convictos (pp. 196-197) y establece colonias, echando de sus tierras a los australianos de las Primeras Naciones.

La Revolución francesa
El pueblo francés se levanta contra la monarquía. La Revolución francesa (pp. 200-201) lleva a un período conocido como el «Reinado del terror».

La *Rocket* de Stephenson

La locomotora de vapor *Rocket* de George Stephenson ganó el concurso de Rainhill en 1829, organizado por la empresa ferroviaria de Liverpool y Mánchester en Inglaterra para seleccionar el mejor diseño de locomotora.

1830-1842
Muchos pueblos indígenas son expulsados de sus tierras por el gobierno estadounidense. El pueblo cherokee se ve obligado a dejar sus hogares y emprender un viaje de 1600 km hasta Oklahoma, que se conoce como el «Sendero de lágrimas» por las penurias a las que se enfrenta en el camino y la muerte de unos 5000 cherokees.

1861-1865
Los llamamientos a la abolición o restricción de la esclavitud provocan una guerra civil en Estados Unidos entre los estados sureños esclavistas y los del Norte, donde la esclavitud había sido restringida.

1884-1885
Un congreso entre los países más poderosos de Europa marca el inicio de la gran colonización de África.

1903
El histórico vuelo tripulado a motor de los hermanos Wright inicia la historia de la aviación.

1815
Napoleón es derrotado en la batalla de Waterloo por un ejército británico, alemán y holandés.

1811
Los revolucionarios Simón Bolívar y Francisco de Miranda proclaman la independencia de Venezuela en el primero de una serie de levantamientos que pondrán fin al dominio español en Sudamérica.

1858
Gran Bretaña convierte la India en una colonia.

1867
Tres provincias de Norteamérica se unen para fundar el Dominio de Canadá, dentro del Imperio británico.

1893
Nueva Zelanda es el primer país del mundo que da el derecho de voto a las mujeres.

1912
El *Titanic* se hunde en su primer y único viaje, con una gran pérdida de vidas.

Latinoamérica
Los pueblos de América Central y del Sur luchan por independizarse de España (pp. 208-209) en una serie de conflictos que acaban con el poder colonial español.

Expansión americana
Los colonos europeos se apoderan de las tierras indígenas al expandirse hacia el oeste de lo que hoy es Estados Unidos. Esto lleva a la destrucción (pp. 216-217) de muchas tribus y naciones indígenas.

La guerra de Secesión
Los estados del Sur, que dependen de los esclavos, se separan de Estados Unidos cuando los del Norte llaman a restringir la esclavitud. Sigue una guerra civil (pp. 224-225), en que vence el Norte.

África colonial
Las naciones europeas se apoderan de la mayor parte de África (pp. 226-227) al competir por sus recursos. Deponen a los gobernantes indígenas y colonizan casi todo el continente.

La Ilustración

En los siglos XVII y XVIII, los pensadores europeos empezaron a cuestionarse los credos religiosos y políticos tradicionales y creyeron que los individuos deberían llegar a sus propias conclusiones sobre la sociedad y la naturaleza. Realizaron experimentos científicos y escribieron muchos libros y ensayos que han tenido una gran influencia.

Era de la razón
El filósofo René Descartes publica *Discurso del método*, en el que argumenta que la razón (el pensamiento consciente) es la fuente de todo conocimiento. Su punto de partida es dudar de todo, incluso de la propia existencia.

1637

Reina erudita
Mecenas de las artes y la filosofía, la reina Cristina de Suecia invita al filósofo francés Descartes a su país. En 1655 se retira a Roma, donde escribe sus propias obras filosóficas sobre la igualdad de sexos, las verdades religiosas y el poder de los monarcas.

1651

Leyes de la física
El matemático inglés Isaac Newton, en su *Principia Mathematica*, describe sus ideas sobre las leyes del movimiento y la gravedad. Estas son popularizadas en Europa por estudiosos como la física italiana Laura Bassi (1711-1778), la primera mujer que es catedrática de Física.

1687

Derechos básicos
En *Dos tratados sobre el gobierno civil*, el filósofo inglés John Locke defiende algunos derechos básicos e inalienables del pueblo, como el derecho a la vida, a la propiedad privada y a rebelarse contra un gobierno injusto.

1690

Enciclopedia
En Francia Denis Diderot recoge la *Encyclopedia*, una obra enorme que intenta catalogar todo el conocimiento. Consta de 17 libros en total y contiene miles de artículos de los principales pensadores franceses del momento.

1751-1765

Hombre de letras
El autor y filósofo francés Voltaire (cuyo nombre real era François-Marie Arouet) completa su obra más conocida, *Cándido*, una historia que critica algunas de las ideas filosóficas y políticas del momento.

1759

El poder del pueblo
En *El contrato social*, el filósofo francés Jean-Jacques Rousseau desafía los puntos de vista clásicos de la sociedad declarando que la fortaleza de las leyes reside en la voluntad de aquellos que deben acatarlas.

1762

Padre fundador
Thomas Jefferson redacta el borrador de la declaración de independencia de Estados Unidos. Locke, Montesquieu y otros pensadores ilustrados influyen mucho en sus ideas sobre la libertad, el gobierno y los derechos individuales.

1776

> **«¡Atreveos a usar vuestra inteligencia! Este es el grito de batalla de la Ilustración.»**
>
> **Immanuel Kant**, *Respuesta a la pregunta: ¿Qué es la Ilustración?*, 1784

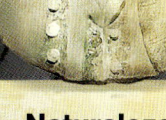

La ciencia de las plantas

El científico sueco Carlos Linneo crea un sistema para clasificar las plantas que aún continúa vigente y con el que los científicos de diferentes países están seguros de que se refieren a las mismas plantas.

1735

Naturaleza humana

Según el filósofo escocés David Hume en *Tratado de la naturaleza humana*, todo el conocimiento proviene de las experiencias de nuestros sentidos, instintos y sentimientos, y no de la razón.

1739

Conocimiento útil

El pensador estadounidense Benjamin Franklin funda la Sociedad Filosófica Americana en Filadelfia con el objetivo de «promover el conocimiento útil» y diseminar las ideas de la Ilustración por Norteamérica.

1743

Separación de poderes

En *El espíritu de las leyes* el francés Charles de Montesquieu afirma que las tareas del gobierno deben dividirse en ramas diferentes para evitar que un grupo de personas pueda acumular un exceso de poder político.

1748

La riqueza de las naciones

Adam Smith publica *La riqueza de las naciones*, el primer libro moderno de economía. Smith es la principal figura de la Ilustración escocesa en Edimburgo, una ciudad que bulle de debate científico y filosófico.

1776

Idealismo

En *Crítica de la razón pura* el pensador alemán Immanuel Kant formula preguntas complicadas sobre cómo pensamos y sabemos las cosas. Considera que nadie puede estar seguro del todo de qué es la realidad.

1789

La ciudadana

La dramaturga y activista feminista Olympe de Gouges publica un panfleto durante la Revolución francesa en el que declara la igualdad entre mujeres y hombres, y que tienen los mismos derechos de ciudadanía. Dos años más tarde es ejecutada.

1791

Derechos de la mujer

En *Vindicación de los derechos de la mujer*, la feminista inglesa Mary Wollstonecraft defiende la educación igualitaria entre niñas y niños. Se inspira en las primeras obras de la historiadora Catherine Macaulay, como *Cartas sobre la educación*.

1792

EL GRAN TERREMOTO DE LISBOA

La catástrofe que sacude Europa

La mañana del 1 de noviembre de 1755 los lisboetas estaban en las iglesias y catedrales de la ciudad para celebrar el Día de Todos los Santos. Mientras, en las profundidades del océano Atlántico una temible fuerza desataría un terremoto que dejaría la ciudad reducida a escombros.

> «Primero oímos un estruendo, como el ruido de un carruaje, que se hizo más y más fuerte... tanto como el disparo de un cañón; a continuación sentimos el primer temblor.»
>
> **Christian Staqueler**,
> testimonio del gran terremoto de Lisboa de 1755

Ciudadanos desprevenidos

El **1 de noviembre de 1755** la población católica copa las iglesias y catedrales de Lisboa. Están de celebración porque es el Día de Todos los Santos. Tras la misa de medianoche, el rey José I de Portugal y su familia dejan Lisboa para pasar el día fuera de la ciudad. A las **9.30 h**, se celebra la misa matutina; miles de personas se reúnen en el área religiosa de la capital lisboeta. Por toda la ciudad se presentan solemnes ofrendas y se encienden velas ceremoniales para honrar a los santos de la Iglesia católica romana.

Tiembla el mundo

A las **9.40 h**, el primero de tres terremotos azota Lisboa. Los edificios se hunden y miles de creyentes entran en pánico. Durante la mañana otros dos terremotos castigan la ciudad. El segundo choque, más potente, dura tres minutos y medio, seguido en menos de diez minutos por un tercero. El temblor se deja notar incluso en el norte de África, a más de 600 km. La urbe se había erigido sobre suelo blando, por lo que el terremoto destruye al instante los cimientos de la ciudad.

Se abren grandes grietas de hasta 4 m de ancho por las calles; se hunde el centro religioso de Lisboa y mueren miles de devotos. La gente huye por las calles hacia el puerto, aparentemente seguro, para buscar refugio entre los botes que se alejan.

Olas de destrucción

Los lisboetas se reúnen en el puerto y son testimonio de un curioso fenómeno marino: el mar se retira y deja al descubierto los barcos hundidos repartidos por el lecho marino. La curiosidad hace que se acerque más gente a verlo. Hacia las **10.30 h**, una ola oceánica de entre 5 y 10 m conocida como tsunami se aproxima de repente hacia la ciudad en ruinas. Llegan una serie de olas devastadoras con un tremendo impacto: inundan el puerto y las calles, y ahogan a la multitud. Los hacinados barcos que abandonan el mar para subir por el río Tajo vuelcan cuando la subida del océano llena de olas el río, lo que causa aún más bajas.

Incendios por doquier

Con los temblores y las inundaciones, los cirios de iglesias y casas caen sobre los escombros. Se desatan miles de incendios por la ciudad. Los edificios caídos bloquean la red de calles estrechas e imposibilitan que los supervivientes apaguen las llamas, cada vez más importantes. Al cabo de poco los incendios se propagan hasta convertirse en cinco días de abrasador infierno sin control (del **2 al 6 de noviembre**). Quedan destruidos más de dos tercios de la ciudad.

Vuelve la calma

El **6 de noviembre** llega la calma: se apagan los incendios y los supervivientes del desastre vuelven para hacer recuento de víctimas. Se calcula que unos 60 000 ciudadanos de Lisboa han perdido la vida en la catástrofe. El terremoto fue tan potente que se notó por toda Europa y el norte de África. El temblor también causó destrucción en Marruecos, donde murieron unas 10 000 personas. La Iglesia declara que el desastre es un «acto de Dios» para castigar a los pecadores. No obstante, cuando empieza la reconstrucción la gente se pregunta por qué han sufrido tantos fieles y es incapaz de explicar qué han hecho los ciudadanos para merecer este castigo tan cruel. Algunos eruditos de Europa empiezan a preguntarse la causa de la devastación y consideran los terremotos como «desastres naturales», lo que lleva al nacimiento del estudio científico de los terremotos: la sismología.

La gran mortandad

La peor extinción masiva de la historia de la Tierra, la gran mortandad, se produce justo antes de la edad de los dinosaurios. Desaparecen el 95 % de las especies en unos 80 000 años por el calentamiento global que causa el aumento de la actividad volcánica.

Supervolcán Toba

El supervolcán Toba explota en Sumatra y lanza 2800 km³ de roca al cielo que enfrían el clima de la Tierra durante unos diez años. Es la mayor erupción volcánica explosiva de los últimos 25 millones de años.

Terremoto de récord

El terremoto más mortífero jamás registrado afecta el norte de China y mata a unas 830 000 personas, un número muy elevado porque las viviendas tradicionales del área son cuevas artificiales excavadas en suelo suelto y poco compacto.

Marea de tempestad

Un enorme ciclón llega a la aldea de Coringa, en la costa india. Causa una desastrosa marea de tempestad: el nivel del mar sube 12 m e inunda la tierra con agua de mar. Unas 300 000 personas resultan muertas.

Monte Tambora

El Tambora de Indonesia entra en erupción y expulsa enormes nubes de polvo que hacen bajar 3 °C la temperatura global. Los cultivos no crecen y se produce una gran hambruna.

74000 a. C.

252 MA (hace millones de años)

79 d. C.

1556

1815

1839

1876

1755

66 MA

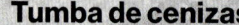

Extinción de dinosaurios

Un asteroide de unos 10 km de ancho impacta en la península del Yucatán, América Central, lanza rocas hacia el cielo y bloquea la luz del sol durante años. Casi todos los grandes animales desaparecen, incluidos todos los tipos de dinosaurios, menos las aves.

Tumba de cenizas

El Vesubio, Italia, entra en erupción, sepulta de ceniza la ciudad de Pompeya y mata a miles de personas. Al cabo de los siglos se redescubre el lugar. Los huecos de la ceniza se rellenan de yeso para mostrar a los muertos.

Terremoto de Lisboa

Un catastrófico terremoto azota la ciudad de Lisboa, en Portugal, y produce tsunamis e incendios que empeoran la devastación. La ciudad queda prácticamente reducida a escombros; mueren 60 000 personas.

Hambruna en China

Una larga sequía en el norte de China provoca tres años sin cultivos y una hambruna generalizada. Mueren de hambre, como mínimo, diez millones de personas, un 10 % de la población local.

«Basta un terremoto para recordarnos que estamos sobre la corteza de un planeta inacabado.»

Charles Kuralt, periodista estadounidense

Desastres naturales

Las fuerzas de la naturaleza pueden tener una gran potencia destructora. La historia está llena de terremotos, erupciones volcánicas, tsunamis y huracanes; su furia nos recuerda que somos pequeños y vulnerables. Aunque estas catástrofes no son provocadas por el hombre, a menudo las políticas gubernamentales, como no detectar ciertas señales de alerta o permitir la construcción en llanuras aluviales, agravan sus efectos.

La erupción más ruidosa

Una erupción volcánica hace desaparecer dos tercios de la isla Krakatoa, en Indonesia. La erupción se oye a más de 4800 km de distancia; es la más atronadora de la historia. Mueren más de 35 000 personas.

Inundaciones en China

La lluvia desborda tres grandes ríos, que inundan 182 000 km² de tierra en China, un área del tamaño de Florida. Mueren entre uno y cuatro millones de personas.

Tsunami en el Índico

Un maremoto del lecho marino ante la costa de Sumatra envía una serie de tsunamis por el océano Índico que provocan la devastación en Indonesia, Malasia, Tailandia, Sri Lanka y la India. Mueren más de 280 000 personas.

Hambruna en África oriental

La falta de lluvia en 2010 y 2011 causa la peor sequía en África oriental en 60 años, que afecta a amplias zonas de Kenia, Somalia y Etiopía. Alrededor de 14 millones de personas se ven afectadas, al perderse las cosechas y morir el ganado. Muchos miles de personas huyen de Somalia a campos de refugiados en el noreste de Kenia.

1883

1931

1960

2004

2011

2011

2005

2010

1906

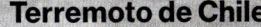

Terremoto de Chile

Chile zozobra por el terremoto más potente del que se tiene constancia: dura 10 minutos, mata a varios miles de personas y deja a dos millones sin techo. Los tsunamis que causa llegan a Hawái, Japón y Filipinas.

Terremoto de San Francisco

Un terremoto destruye más del 80 % de la ciudad de San Francisco en Estados Unidos. Mueren 3000 personas y deja sin casa a casi toda la población.

Huracán Katrina

El 29 de agosto, el huracán Katrina azota la costa de Luisiana, Estados Unidos, con vientos de más de 275 km/h, arrasando casas y creando una enorme marejada ciclónica. Las defensas contra inundaciones de Nueva Orleans, en mal estado, fallan y la ciudad queda sumergida bajo el agua. Más de un millón de personas son evacuadas, pero la tormenta mata a 1800 personas y causa más de 125 000 millones de dólares en daños, lo que la convierte en la mayor catástrofe natural de la historia de Estados Unidos.

Haití devastado

Un gran terremoto sacude el área de Puerto Príncipe, la capital de Haití, el peor en la región desde el siglo XVIII. Amplias zonas de la ciudad quedan arrasadas, 200 000 personas mueren y más de un millón se quedan sin hogar.

Terremoto y tsunami de Tohoku

Un terremoto submarino en el Pacífico Norte provoca un tsunami de 40 m de altura que golpea la prefectura de Tohoku, en la isla japonesa de Honshu. Hay más de 15 000 muertos y miles de hogares son arrasados. También sufren daños tres reactores nucleares, que liberan material radiactivo tóxico a la atmósfera y al mar.

Historia de la música

Las músicas del mundo son tan variadas como las culturas. Desde la antigüedad, los pueblos de todo el mundo han creado diferentes tradiciones musicales. Toda forma de música sirve para expresar emociones, celebrar ceremonias religiosas o actos importantes y, por encima de todo, la música es una fuente de placer.

Música religiosa

El auge del cristianismo populariza la música por toda Europa. Suele cantarse canto llano (una única melodía sin acompañamiento y de ritmo libre) en las misas. La música desempeña un papel importante en otras tradiciones religiosas: la música sufí islámica se inspira en poetas como Rumi y utiliza instrumentos como el ney (una flauta de caña).

c. 800 a.C.

c. siglo I

230

c. 500

Ragas indios

La forma musical clásica india, el raga, se menciona por primera vez en *Upanishads* (antiguo texto del hinduismo). Los ragas siguen patrones de notas asociados a estados de ánimo y momentos del día.

Didyeridú

Los australianos de las Primeras Naciones crean el didyeridú, un instrumento de viento cilíndrico alargado de hasta 3 m de longitud. Se toca como un trombón y suele acompañar canciones, danzas y otros rituales sagrados de las Primeras Naciones australianas. Sus prácticas musicales siguen siendo tradiciones vivas hasta nuestros días.

Gamelán

Una orquesta de gamelán de Indonesia está compuesta por metalófonos (barras de metal afinadas) con mazas, tambores, gongs y xilófonos. La música gamelán se toca en ceremonias tradicionales y en acontecimientos formales.

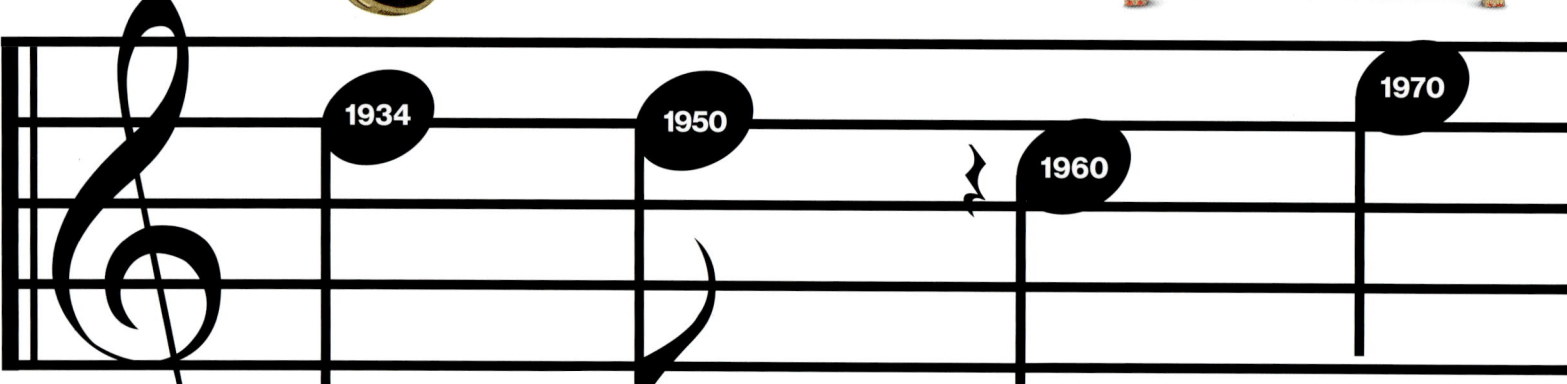

1934

1950

1960

1970

Umm Kulthum

La egipcia Umm Kulthum canta en la primera emisión de Radio Cairo. Su expresivo estilo vocal la convierte en una de las artistas más populares del mundo árabe.

Rock and roll

En Estados Unidos y Gran Bretaña aparece el rock and roll, música popular basada en la guitarra. Sus intérpretes, como Bill Haley & His Comets, Elvis Presley, Chuck Berry y The Beatles son grandes estrellas.

Música latina

Los géneros basados en la música española y portuguesa y los sonidos de África se fusionan para crear una música característicamente latina. Géneros como la bossa nova y la salsa son llevados por las comunidades latinoamericanas a Norteamérica, donde se popularizan la balada latina, la música texana o la bachata.

Afrobeat

Este estilo musical surge de una fusión de influencias africanas y afroamericanas, cuyo pionero es el músico nigeriano Fela Kuti, cuya banda Africa'70 mezcla sonidos ghaneses y nigerianos con jazz, soul y funk estadounidenses.

Música de corte japonesa

Los funcionarios de Japón viajan a China para conocer su cultura. Mezclan la música de corte china con la coreana y otros estilos asiáticos y crean su propia música de orquesta clásica: el gagaku.

Ópera china

El emperador Xuanzong funda la primera escuela de ópera de China: el Jardín de los Perales. A sus artistas (que incluyen cantantes, músicos, bailarines y acróbatas) aún se les conoce como los «niños del Jardín de los Perales».

Música moderna

El francés Claude Debussy compone *Preludio a la siesta de un fauno*, considerada el inicio de la música moderna occidental. Sus obras usan nuevas armonías y crean atmósferas y estados de ánimo, como el movimiento artístico conocido como impresionismo (p. 143).

La era del jazz

La nueva música de América, el jazz, se populariza. Es una mezcla de estilos africanos y europeos, y se caracteriza por la improvisación: los artistas tocan cada uno a su manera.

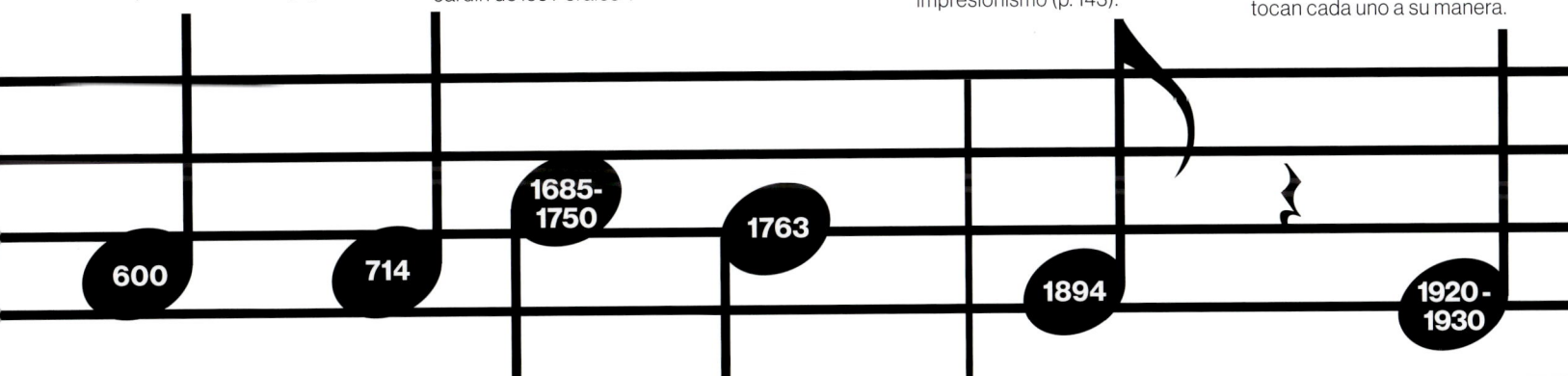

600 · **714** · **1685-1750** · **1763** · **1894** · **1920-1930**

Ludwig van Beethoven

El compositor alemán Beethoven escribe su *Novena sinfonía* y revoluciona este tipo de pieza de orquesta al incluir la voz humana. A pesar de su absoluta sordera, es capaz de dirigir la primera interpretación; al acabar tiene que girarse para ver el entusiasmo y clamor del público.

Wolfgang Amadeus Mozart

El talentoso pianista austríaco Mozart empieza una gira de conciertos por Europa a los 6 años. Se convierte en uno de los principales compositores del período clásico, en el que la música tiene una simplicidad nueva. Entre sus muchas obras están las óperas *Don Juan*, *Las bodas de Fígaro* y *La flauta mágica*.

Partitura

La partitura es un grupo de cinco líneas en el que los compositores occidentales anotan la música. La posición de la nota marca lo grave o aguda que es (su tono). La tradición musical árabe usa un sistema melódico distinto, el maqam, con 72 escalas.

1990 · **2016** · **2020**

K-pop

El K-pop se inspira en una amplia gama de géneros, como el rock, el hip-hop, el folk, el rap y la música electrónica, para crear un sonido exclusivamente coreano. Originado en los años 50, crece en popularidad en los 90 con grupos como Seu Taiji y Boys, y Candy. En la década de 2010, se convertirá en un fenómeno mundial, con el auge de bandas como BTS y BLACKPINK.

Beyoncé

La popularidad de la cantante pop Beyoncé la convierte en el músico negro mejor pagado de la historia. Su álbum *Lemonade* comprende estilos como el reggae, el hip-hop y el funk.

Rap y hip-hop

El hip-hop comenzó en los años 70, cuando los DJ empezaron a decir rimas sobre un ritmo. Esto se convirtió en la música rap, uno de los estilos musicales más populares en la actualidad.

187

Rusia imperial

Con los Romanov, Rusia fue uno de los mayores imperios del mundo, desde lo que hoy es Polonia en el oeste hasta la actual Alaska en el este. Pese a su riqueza cultural, su inmensidad dificultaba dotar a la población, que en buena parte eran siervos, de servicios básicos como transporte, electricidad, sanidad o educación. Esta incapacidad provocó movimientos revolucionarios que acabaron derrocando a la dinastía.

Guerra de Crimea

Rusia intenta ganarle territorio al Imperio otomano, en decadencia, pero es derrotada en la guerra de Crimea contra Gran Bretaña, Francia y Turquía. La derrota muestra las debilidades de la milicia rusa.

1853-1856

Contra Napoleón

Bajo mandato de Alejandro I, el país entra en las guerras napoleónicas, en las que cambia de bando dos veces. La invasión de Napoleón en 1812 acaba en catástrofe para el francés. Rusia tiene un papel crucial en la derrota final de Napoleón.

1805-1815

Edad de oro de la cultura

El siglo XIX es la edad de oro de la literatura y la música rusas. Novelistas como Fiódor Dostoievski y León Tolstói; dramaturgos como Antón Chéjov y compositores como Nikolái Rimski-Kórsakov y Petr Chaikovski crean obras de una belleza perdurable.

Siglo XIX

Catalina la Grande

Tras el asesinato del zar Pedro III gobierna su esposa, Catalina II que continúa con el nombre de la reforma su sistema legal. Rusia se apodera de partes del Imperio otomano y de las actuales Polonia, Bielorrusia, Lituania y Crimea.

1762-1796

San Petersburgo

La ciudad, fundada por Pedro el Grande en 1703, se proclama capital de Rusia y nueva sede del gobierno. En 1725, cuando fallece Pedro I, la ciudad cuenta con 40 000 habitantes.

1712

Pedro el Grande

Pedro I se convierte en zar, o para palabra para decir otra palabra. Aplica métodos emperador. Aumenta el occidentales a la educación y el gobierno. Aumenta el gasto militar y convierte a Rusia en la principal potencia del mar Báltico.

1682-1725

La corona imperial

Desde Catalina la Grande (1762) hasta Nicolás II (1896), todos los zares llevaron el día de su coronación la corona imperial, decorada con 4936 diamantes.

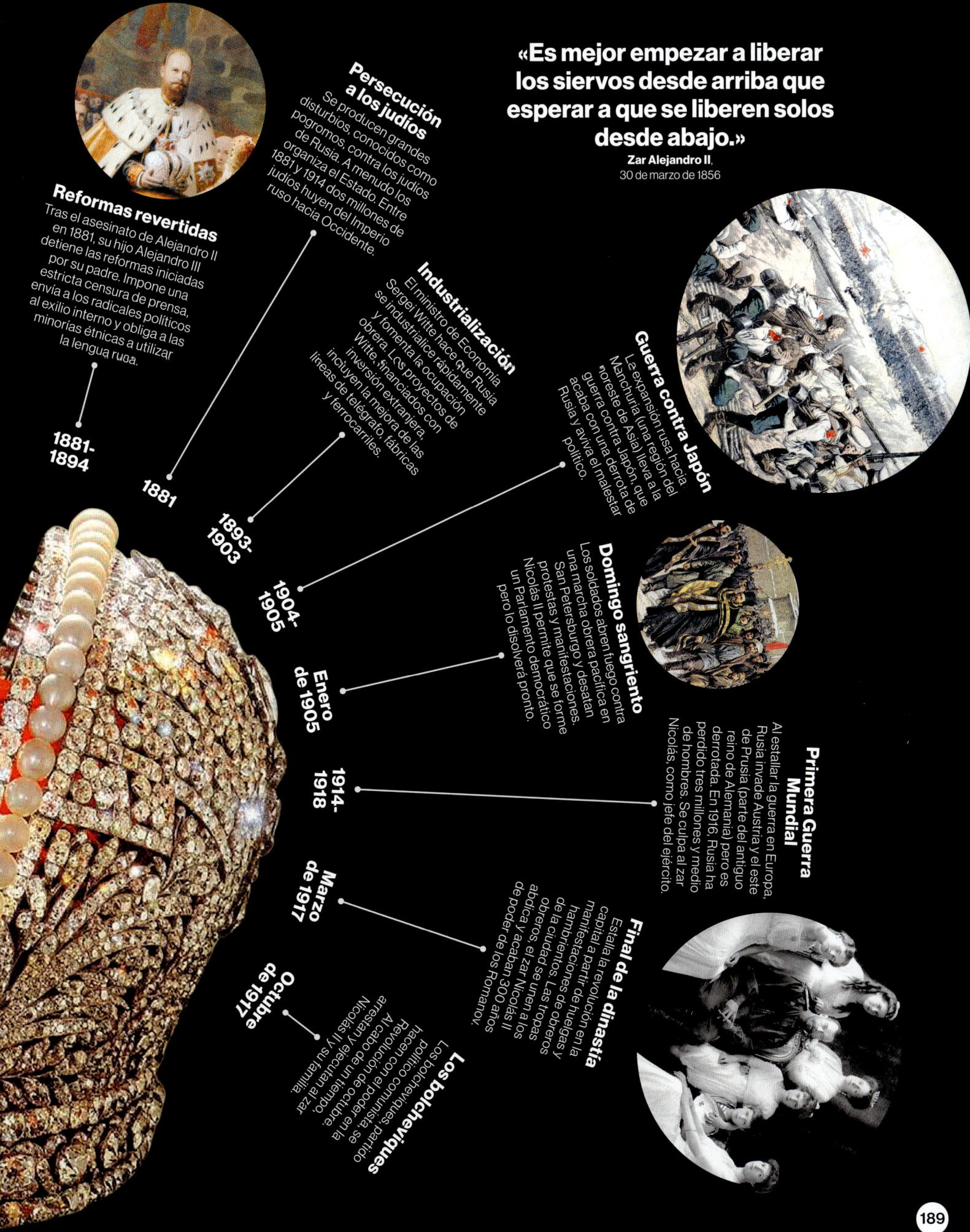

«Es mejor empezar a liberar los siervos desde arriba que esperar a que se liberen solos desde abajo.»

Zar Alejandro II,
30 de marzo de 1856

Reformas revertidas
Tras el asesinato de Alejandro II en 1881, su hijo Alejandro III detiene las reformas iniciadas por su padre. Impone una estricta censura de prensa, envía a los radicales políticos al exilio interno y obliga a las minorías étnicas a utilizar la lengua rusa.

1881-1894

Persecución a los judíos
Se producen grandes disturbios, conocidos como pogromos, contra los judíos de Rusia. A menudo los organiza el Estado. Entre 1881 y 1914 dos millones de judíos huyen del Imperio ruso hacia Occidente.

1881

Industrialización
El ministro de Economía Sergei Witte hace que Rusia se industrialice rápidamente y fomenta la ocupación obrera. Los proyectos de Witte, financiados con inversión extranjera, incluyen la mejora de las líneas de telégrafo, fábricas y ferrocarriles.

1893-1903

Guerra contra Japón
La expansión rusa hacia Manchuria (una región del noreste de Asia) lleva a la guerra contra Japón, que acaba con una derrota de Rusia y aviva el malestar político.

1904-1905

Domingo sangriento
Los soldados abren fuego contra una marcha obrera pacífica en San Petersburgo y desatan protestas y manifestaciones. Nicolás II permite que se forme un Parlamento democrático pero lo disolverá pronto.

Enero de 1905

Primera Guerra Mundial
Al estallar la guerra en Europa, Rusia invade Austria y el este de Prusia (parte del antiguo reino de Alemania) pero es derrotada. En 1916, Rusia ha perdido tres millones y medio de hombres. Se culpa al zar Nicolás, como jefe del ejército.

1914-1918

Final de la dinastía
Estalla la revolución en la capital a partir de huelgas y manifestaciones de obreros hambrientos. Las tropas de la ciudad se unen a los obreros, el zar Nicolás II abdica y acaban 300 años de poder de los Romanov.

Marzo de 1917

Los bolcheviques
Los bolcheviques, partido político comunista, se hacen con el poder en la Revolución de octubre. Al cabo de un tiempo, arrestan y ejecutan al zar Nicolás II y su familia.

Octubre de 1917

189

Estados Unidos

La Revolución estadounidense (1775-1783) se produjo por el aumento de las tensiones entre las 13 colonias (pp. 160-161) y los gobernantes británicos. A los colonos no les gustaban los impuestos británicos y consideraban que el gobierno no respetaba sus derechos.

¡Ataque submarino!
Con el submarino *Turtle* el sargento Ezra Lee intenta fijar una bomba en el casco del navío del almirante británico Richard Howe en el puerto de Nueva York, pero la bomba explota sin causar daños.

Barras y estrellas
El segundo Congreso Continental adopta la bandera de las barras y las estrellas. Las 13 barras y las 13 estrellas representan las 13 colonias.

Signo del dólar
Empieza a verse el signo del dólar ($), quizá como abreviatura de los pesos usados en el comercio con España. En 1792, se producen las primeras monedas de dólar.

| Julio de 1776 | Septiembre de 1776 | Diciembre de 1776 | Junio de 1777 | Octubre de 1777 | Abril de 1778 | Julio de 1781 |

Independencia
El 4 de julio el segundo Congreso Continental aprueba la declaración de independencia, por la cual las 13 colonias se consideran independientes de Gran Bretaña.

Cruce del Delaware
La noche de Navidad George Washington cruza el río Delaware para ejecutar un ataque sorpresa contra las tropas alemanas que luchaban para Gran Bretaña. Su victoria da esperanzas al Ejército Continental.

Saratoga
La segunda batalla de Saratoga es un punto de inflexión en la guerra: los británicos se rinden. Francia entra en la guerra y reconocerá la independencia de Estados Unidos con una alianza en 1778.

James Armistead Lafayette
El afroamericano Armistead, nacido esclavo, trabaja como espía para el Ejército Continental y ayuda a conseguir la victoria de Yorktown.

La masacre de Boston

En Boston, una turba de colonos ataca a los soldados británicos, que abren fuego y matan a varias personas. Esto enciende el sentimiento antibritánico y da alas a los patriotas (quienes se oponen al dominio británico).

Lexington y Concord

Los primeros conflictos de la guerra de Independencia tienen lugar en las ciudades de Lexington y Concord. Las tropas británicas intentan capturar y destruir el arsenal de los colonos, pero estos han sido avisados del ataque.

El sentido común

El patriota Thomas Paine redacta este ensayo, publicado de manera anónima en Filadelfia, que defendía la independencia. Todos los rebeldes se hacen con una copia.

1763 **Marzo de 1770** **Septiembre de 1774** **Abril de 1775** **Junio de 1775** **Enero de 1776**

Pueblos indígenas

Un tratado firmado por Francia y Gran Bretaña restringe los asentamientos europeos en la región. Cuando se funda Estados Unidos, se elimina esta restricción y los pueblos indígenas ven invadidas sus tierras. Hasta 1968 no se les reconocen legalmente los derechos civiles.

Elaboración de la Constitución

Los representantes de las colonias, con George Washington, John y Samuel Adams y Patrick Henry entre otros, se reúnen en el primer Congreso Continental para presentar sus quejas sobre el dominio británico.

General Washington

El segundo Congreso Continental nombra a George Washington como comandante del Ejército Continental. La primera gran batalla de la guerra tiene lugar en Bunker Hill.

Tratado de París

Con él se pone fin a la guerra y se fijan las fronteras de Estados Unidos. Gran Bretaña acepta reconocer la independencia y las tropas británicas vuelven a casa.

Población negra

Aunque algunas se liberan en la guerra de Independencia, principalmente porque se unen a los británicos, la compra de personas esclavizadas está permitida por la Constitución. Según esta, una persona esclavizada solo cuenta como tres quintos de una libre para determinar la población de un estado.

Nueva capital

Washington encarga al arquitecto francés L'Enfant el diseño de una gran ciudad para que sea la capital del nuevo país. La ciudad lleva el nombre de Washington en honor al primer presidente.

Octubre de 1781 **Septiembre de 1783** **Mayo de 1787** **1787** **Febrero de 1789** **Julio de 1790**

Yorktown

Tras estancarse en el norte, la batalla se desplaza al sur. Los británicos se rinden en Yorktown, Virginia, al quedar atrapados por la Armada francesa en la costa y verse superados por el Ejército Continental.

Constitución

Los representantes de los 13 estados se reúnen para aprobar una Constitución oficial. Bajo la denominación «la ley suprema de la nación», la Constitución funda el gobierno de Estados Unidos.

El primer presidente

Los representantes de Estados Unidos votan por unanimidad a George Washington como primer presidente. En abril de 1789 jura el cargo en Nueva York, la capital entonces.

Cruzando el río Delaware

El 25 de diciembre de 1776 George Washington cruza con sus tropas el helado río Delaware para ejecutar un ataque sorpresa en Trenton, Nueva Jersey; esta icónica pintura ilustra ese momento. Washington esperaba que una victoria rápida subiera la moral de su ejército tras una serie de derrotas en la guerra de Independencia de Estados Unidos. A pesar del riesgo, consiguieron cruzar y entrar en Trenton la mañana siguiente y obtuvieron una importante victoria frente a las tropas que luchaban por Gran Bretaña.

Sembradora

Jethro Tull inventa una sembradora mecánica para plantar semillas en línea recta a gran escala. Esta innovación se enmarca en la revolución agrícola, en la que se usan nuevos métodos y tecnologías en las granjas para aumentar la productividad de los campos de Europa.

1701

Hiladora Jenny

James Hargreaves, un carpintero y tejedor británico, inventa la hiladora Jenny, una máquina que hila más de una madeja o hilo a la vez, lo que facilita y acelera la producción de tela.

1764

Máquina de vapor

El ingeniero escocés James Watt patenta una máquina de vapor más eficaz que las anteriores. Además de bombear el agua de las minas, la máquina de Watt se usa en ferrerías, hilaturas y papeleras.

1769

Trabajo infantil

La Ley de fábricas de Gran Bretaña trata sobre las condiciones de los trabajadores menores: les prohíbe trabajar antes de los 9 años y se limita el número de horas. Entre los 9 y los 13 años van a la escuela dos horas al día.

1833

Trenes

Se inaugura el tren Stockton-Darlington, la primera línea ferroviaria de pasajeros del mundo. En 1829, el ingeniero británico George Stephenson gana el concurso de velocidad del ferrocarril de Liverpool a Mánchester con su máquina de vapor *Rocket*, lo que da inicio a la expansión de la red ferroviaria británica.

1825

Minería

Una serie de innovaciones permiten obtener más carbón que nunca, que es el combustible de las máquinas industriales y el transporte, lo que aumenta la contaminación del aire y las aguas.

1815

La Revolución Industrial

Uno de los períodos de cambio más importantes fue la Revolución Industrial, una época de máquinas y fabricación que transformó el estilo de vida y trabajo. Comenzó en Gran Bretaña en 1760 y se extendió revolucionando la agricultura, las fábricas y los viajes. Provocó contaminación y condiciones de hacinamiento e insalubridad para los trabajadores de las ciudades, que acabaron organizándose en sindicatos para intentar mejorarlas.

1846

Máquinas de coser

El inventor estadounidense Elias Howe patenta la máquina de coser moderna. Se produce un cambio general en la producción textil, que pasa de hacerse a mano en casa a producirse con máquinas en las fábricas.

Japón industrial

El gobierno Meiji en Japón promueve el desarrollo tecnológico e industrial, lo que convierte a Japón en el primer país fuera de Europa y Norteamérica que se industrializa a gran escala.

1870

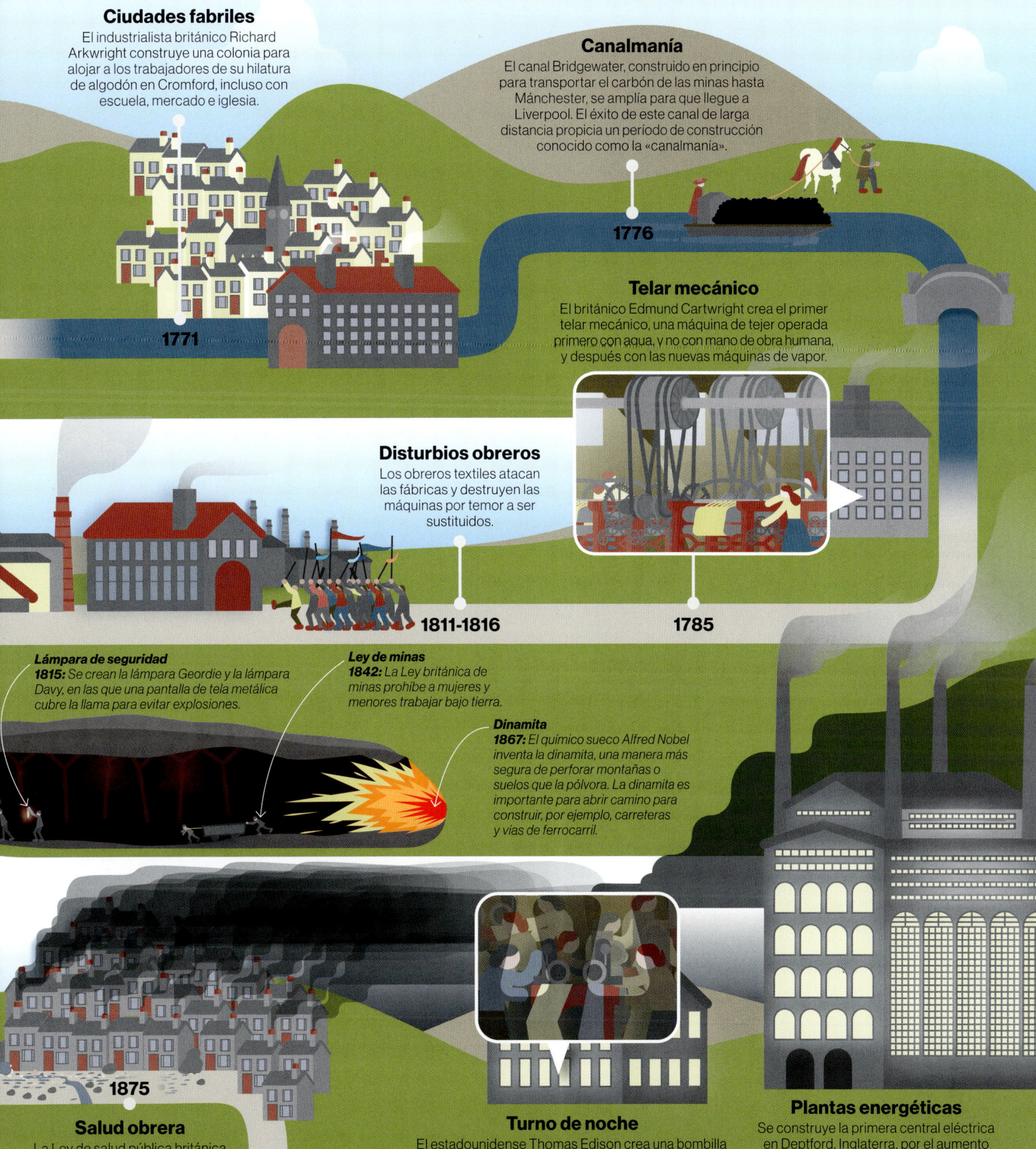

Ciudades fabriles

El industrialista británico Richard Arkwright construye una colonia para alojar a los trabajadores de su hilatura de algodón en Cromford, incluso con escuela, mercado e iglesia.

1771

Canalmanía

El canal Bridgewater, construido en principio para transportar el carbón de las minas hasta Mánchester, se amplía para que llegue a Liverpool. El éxito de este canal de larga distancia propicia un período de construcción conocido como la «canalmanía».

1776

Telar mecánico

El británico Edmund Cartwright crea el primer telar mecánico, una máquina de tejer operada primero con agua, y no con mano de obra humana, y después con las nuevas máquinas de vapor.

1785

Disturbios obreros

Los obreros textiles atacan las fábricas y destruyen las máquinas por temor a ser sustituidos.

1811-1816

Lámpara de seguridad
1815: Se crean la lámpara Geordie y la lámpara Davy, en las que una pantalla de tela metálica cubre la llama para evitar explosiones.

Ley de minas
1842: La Ley británica de minas prohíbe a mujeres y menores trabajar bajo tierra.

Dinamita
1867: El químico sueco Alfred Nobel inventa la dinamita, una manera más segura de perforar montañas o suelos que la pólvora. La dinamita es importante para abrir camino para construir, por ejemplo, carreteras y vías de ferrocarril.

Salud obrera

La Ley de salud pública británica busca garantizar la higiene de las viviendas y el alcantarillado a fin de luchar contra las condiciones insalubres, que conducen a la propagación de enfermedades como el cólera.

1875

Turno de noche

El estadounidense Thomas Edison crea una bombilla que dura más que los diseños anteriores y con la que las fábricas pueden seguir en marcha al ponerse el sol.

1879

Plantas energéticas

Se construye la primera central eléctrica en Deptford, Inglaterra, por el aumento de demanda en el industrializado centro de Londres.

1889

Primeras Naciones de Australia

Habitantes de Australia desde hace más de 65 000 años, las Primeras Naciones australianas son una de las culturas continuadas más antiguas de la Tierra. En armonía con entornos a menudo hostiles, se caracteriza por tradiciones y modos de vida únicos.

c. 63 000 a. C.
Primeros humanos
Los primeros habitantes de Australia llegan en barca por el mar desde el sudeste de Asia aprovechando que el nivel del mar es mucho más bajo en ese momento.

c. 45 000 a. C.
Megafauna
Más del 85 % de la megafauna (animales descomunales) ha desaparecido de Australia en este momento. Es probable que los humanos los cazaran, pero también se puede deber a un cambio en el clima hace 70 000 años. Entre estas criaturas había canguros carnívoros y tortugas de tierra grandes como un coche.

c. 43 000 a. C.
Hombre de Mungo
Los restos humanos más antiguos descubiertos en Australia son de un cazador de la costa sudeste: el hombre de Mungo. Su cuerpo fue enterrado con sumo cuidado y es el primer ejemplo de las tradiciones funerarias de las Primeras Naciones de Australia.

c. 500 a. C.
Didyeridú
Se inventa el didyeridú en el Territorio del Norte, Australia. Se remonta a hace entre 1500 y 2000 años. Se toca soplando por un extremo de un largo tubo para crear sonidos graves y resonantes.

c. 50 000 a. C.
Tiempo del sueño
Los nuevos colonos son cazadores-recolectores que viven en grupos con la misma cultura, religión y arte. Su religión cree fervientemente que la Tierra se creó en un período de tiempo remoto conocido como el «Tiempo del sueño».

c. 45 000 a. C.
Grabados rupestres
En las rocas de Murujuga hay grabados de las Primeras Naciones de Australia con imágenes y símbolos antiguos de animales, figuras y ceremonias.

c. 8000 a. C.
Uluru
Las Primeras Naciones de Australia empiezan a vivir alrededor de Uluru, una enorme roca en pleno desierto. La roca tiene una edad de 600 millones de años y es considerada un sitio sagrado.

Arte rupestre indígena

Los artistas de las Primeras Naciones de Australia han pintado imágenes de su vida y mitología sobre rocas durante decenas de miles de años. Los pigmentos rojos se hacen con arcilla rica en hierro y se aplican con pincel o se soplan para colorear la superficie de la roca.

Colonización de Australia

En Australia la vida para los carceleros (a la izquierda) y los convictos (a la derecha) era dura, especialmente durante los primeros años de la colonia. Al finalizar la pena (que solía ser de siete años), los convictos recibían un certificado de libertad, con el que podían volver a Gran Bretaña o quedarse en la colonia y empezar de cero. Muchos decidieron quedarse, y, al crecer la colonia, el mayor número de europeos expulsó a los miembros de las Primeras Naciones de Australia fuera de sus tierras, a menudo con violencia. No recibieron los mismos derechos ni protección legal que los europeos.

La colonización de Australia

Los primeros europeos convirtieron Australia en una cárcel: enviaban allí a los convictos británicos a cumplir su condena. Durante este proceso, se abusó de los habitantes de las Primeras Naciones de la isla, un legado que aún retumba hoy día.

1768 Órdenes de Cook
Bajo las órdenes del gobierno británico, James Cook leva las anclas de su barco *Endeavour* para explorar el área. Encuentra una tierra en la que viven más de 400 grupos indígenas distintos.

1787 Primera flota
Con la independencia de las colonias en América del Norte, los británicos pierden un destino para enviar convictos y deciden enviar a un grupo de estos a Australia. La Primera Flota, compuesta por 11 barcos, parte hacia el nuevo continente. Desembarca un año después, cerca de la actual Sídney.

1789 Enfermedades mortales
Las enfermedades europeas, ante las que no están inmunizados, diezman a los indígenas. Durante el primer siglo de llegada de colonos, el 90 % de la población aborigen sucumbe a conflictos y enfermedades.

1905-1968 Niños robados
El gobierno y la Iglesia quitan hijos a las familias de las Primeras Naciones y los dan a familias blancas, lo que provoca un sufrimiento increíble a los pueblos aborígenes. El gobierno pide perdón públicamente en 2008.

1976 Derecho a las tierras
El gobierno aprueba leyes que reconocen el sistema de propiedad de tierras de las Primeras Naciones y se devuelven parte de sus propiedades.

1606 Primeros encuentros con los europeos
El explorador holandés Willem Janszoon es el primer europeo que pisa Australia. Otro holandés, Abel Tasman, la circunnavega en 1642 pero la confunde con otro lugar. Tasman bautiza el continente como «Nueva Holanda».

1770 Registros y mapas
Mientras el *Endeavour* está anclado en la bahía de Botany, Australia, el botánico Joseph Banks registra nuevas especies de flora y fauna desconocidas en Europa. Cook cartografía el este de Australia y reclama la tierra para Gran Bretaña.

1788 Resistencia
Los australianos de las Primeras Naciones comienzan pronto a resistirse a la incursión europea en sus tierras, pero el conflicto es desigual y se ven obligados a realizar trabajos forzados a partir de 1810. A partir de 1822, la violencia acabará con cientos de bajas para ellos.

1851 Fiebre del oro
El descubrimiento de oro por los mineros del carbón provoca una avalancha de nuevos colonos que buscan fortuna en las ciudades australianas. La población crece y se hace más próspera. El país se independiza el 1 de enero de 1901.

1970 Bandera aborigen australiana
Harold Thomas, artista australiano de las Primeras Naciones, diseña la bandera aborigen australiana, que simboliza la conexión entre su pueblo y la Aboriginal Tent Embassy establecida en 1972 en Canberra, que es un foco de protestas de las Primeras Naciones en defensa de sus derechos políticos y culturales.

LA TOMA DE LA BASTILLA

Empieza la revolución

En 1789, durante un verano agitado, miles de franceses enfurecidos rodearon la Bastilla, una prisión fortificada de París. Su gobernador se mantuvo firme en ella, pero el tenso enfrentamiento desembocó en una violenta batalla que marcaría el punto de partida de la Revolución francesa y el final de la soberanía del rey.

Símbolo del terror

En **1370**, durante la cruenta guerra de los Cien Años, el rey francés Carlos V refuerza las defensas amuralladas de París y levanta la amenazadora Bastilla para proteger la parte oriental de la capital. Durante los siguientes 400 años la imponente fortaleza se convierte en prisión para cautivos de alto nivel y se gana la fama de ser un centro de tortura y terror.

Verano de rebelión

El **verano de 1789** es un tiempo de inestabilidad para Francia por la subida de impuestos y la escasez de alimentos. Los plebeyos (los que no son miembros de la aristocracia) piden un cambio político. Forman una organización revolucionaria, la Asamblea Nacional, para oponerse al rey Luis XVI, casi en bancarrota; piden modificar la Constitución francesa.

¿Dónde está la pólvora?

El **11 de julio de 1789** Luis XVI destituye al ministro de Economía, Jacques Necker, considerado cercano a los revolucionarios. Las tropas francesas toman posiciones estratégicas en París: la monarquía intenta reafirmar su poder. **El 12 de julio** la Bastilla recibe 250 toneles de pólvora. Mientras tanto, en todo París los alborotadores asaltan armerías y arsenales. Muy temprano en la mañana del **14 de julio** una turba de plebeyos saquean el Hôtel des Invalides en busca de armas, donde no encuentran resistencia, pero tampoco pólvora: se llevan miles de rifles. Un soldado les explica la llegada de los 250 toneles de pólvora a la Bastilla y la masa enfurecida marcha 4 km hacia el este, hacia la prisión.

Pulso firme

Más **entrada la mañana**, la turba rodea la Bastilla y pide pólvora y armas. El gobernador de la prisión, el marqués de Launay, se mantiene firme dentro de la fortaleza. Los 120 soldados veteranos de la guarnición de la Bastilla toman posiciones sobre las murallas y preparan sus 18 cañones. Los delegados de la multitud de plebeyos alrededor de la Bastilla se sienten rechazados por el marqués cuando, enfurecido, hace caso omiso a las demandas de la turba. A **inicios de la tarde** crece la frustración e impaciencia, y un pequeño grupo se cuela en el patio de la prisión.

Rendición del gobernador

El marqués teme perder el control de la fortaleza y ordena a sus hombres que abran fuego contra los invasores. Los disparos enfurecen a la multitud. Se une más gente al asalto, incluidas las tropas francesas desertoras. Estalla la batalla cuando la turba, respaldada por varios cañones, asalta el edificio. El marqués de Launay se huele la derrota y amenaza con encender el polvorín y volar la Bastilla y gran parte de París, pero los revolucionarios no se tragan el farol. A las **5 de la tarde** la guarnición de la Bastilla cambia de bando, se pierde la fortaleza y el gobernador se rinde. Las masas victoriosas liberan la Bastilla, durante años un símbolo de tiranía y terror. Se suelta a los pocos prisioneros encarcelados y los asaltantes saquean el arsenal y el polvorín.

¿Revuelta? No, revolución

Se lleva al marqués de Launay al Hôtel de Ville para juzgarlo, pero por el camino la masa enfurecida lo captura y lo apalea hasta darle muerte. El rey Luis XVI no tiene noticias del levantamiento hasta más tarde. En **agosto de 1789** la Asamblea Nacional abole el feudalismo, un sistema social que otorga a la aristocracia el poder sobre los plebeyos. El **3 de septiembre de 1791** se obliga al rey Luis XVI a aceptar una monarquía constitucional que limita sus poderes, pero este sistema dura solamente un año. Así, en **septiembre de 1792** se proclama la república: el poder pasa a estar en manos del pueblo y no de la monarquía. La transición hacia la república no estará libre de altercados y Francia pasará por un oscuro período lleno de levantamientos y de violencia que es conocido como el Reinado del terror.

La Revolución francesa

Francia vivió tiempos turbulentos durante el siglo XVIII, cuando se acentuó aún más la división entre nobles ricos y plebeyos pobres. El rey Luis XVI era el blanco de la ira nacional, con las calles repletas de disturbios y marchas, que al final acabaron en una sangrienta revolución que vio como el país dejaba atrás más de mil años de realeza y formaba una nueva república.

«¡Libertad, igualdad, fraternidad!»
Lema de la Revolución francesa

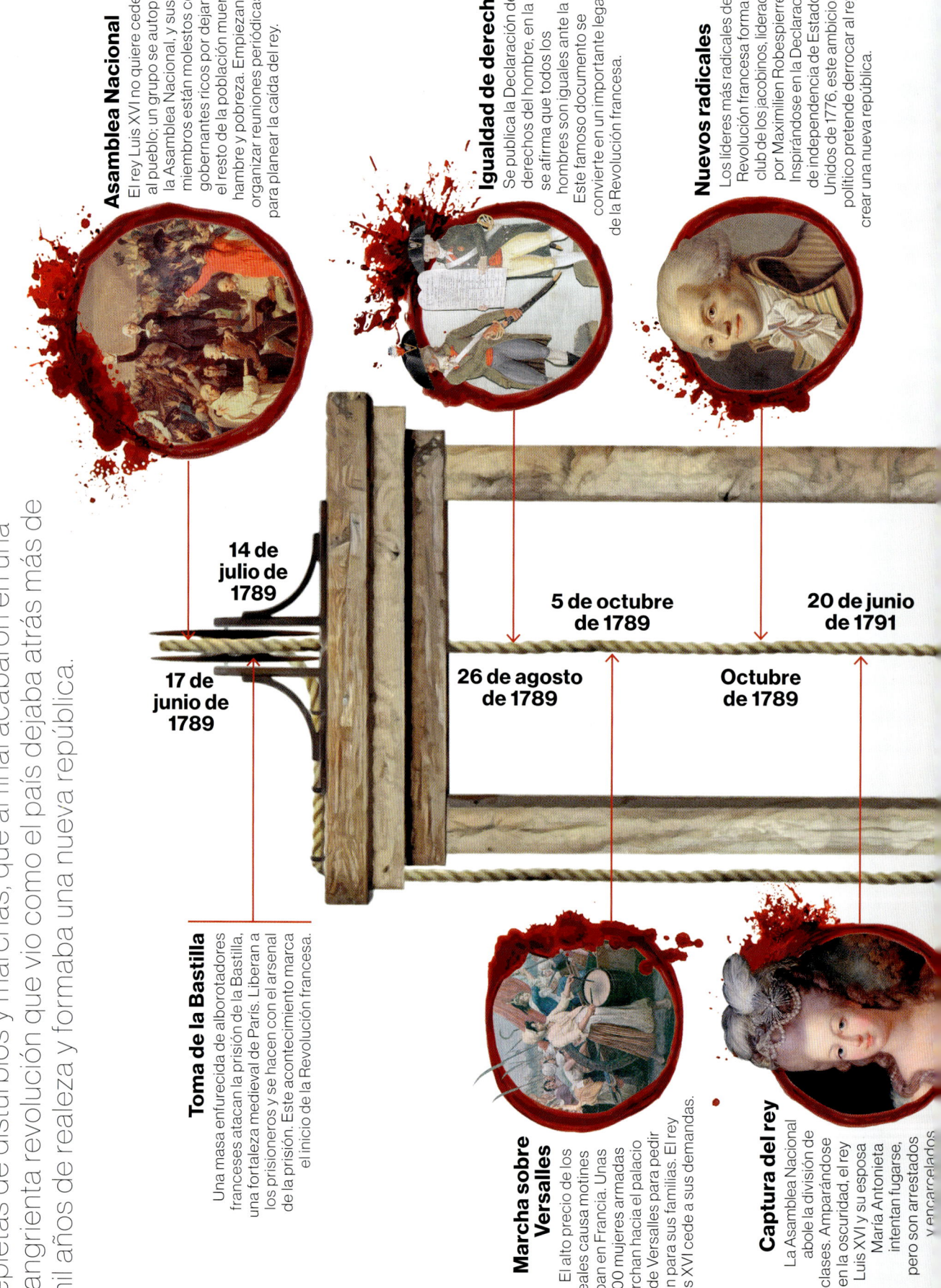

Asamblea Nacional

El rey Luis XVI no quiere ceder poder al pueblo; un grupo se autoproclama la Asamblea Nacional, y sus miembros están molestos con los gobernantes ricos por dejar que el resto de la población muera de hambre y pobreza. Empiezan a organizar reuniones periódicas para planear la caída del rey.

Igualdad de derechos

Se publica la Declaración de los derechos del hombre, en la que se afirma que todos los hombres son iguales ante la ley. Este famoso documento se convierte en un importante legado de la Revolución francesa.

Nuevos radicales

Los líderes más radicales de la Revolución francesa forman el club de los jacobinos, liderado por Maximilien Robespierre. Inspirándose en la Declaración de independencia de Estados Unidos de 1776, este ambicioso político pretende derrocar al rey y crear una nueva república.

Toma de la Bastilla

Una masa enfurecida de alborotadores franceses atacan la prisión de la Bastilla, una fortaleza medieval de París. Liberan a los prisioneros y se hacen con el arsenal de la prisión. Este acontecimiento marca el inicio de la Revolución francesa.

Marcha sobre Versalles

El alto precio de los cereales causa motines del pan en Francia. Unas 7000 mujeres armadas marchan hacia el palacio de Versalles para pedir pan para sus familias. El rey Luis XVI cede a sus demandas.

Captura del rey

La Asamblea Nacional abole la división de clases. Amparándose en la oscuridad, el rey Luis XVI y su esposa María Antonieta intentan fugarse, pero son arrestados y encarcelados.

14 de julio de 1789

17 de junio de 1789

5 de octubre de 1789

26 de agosto de 1789

20 de junio de 1791

Octubre de 1789

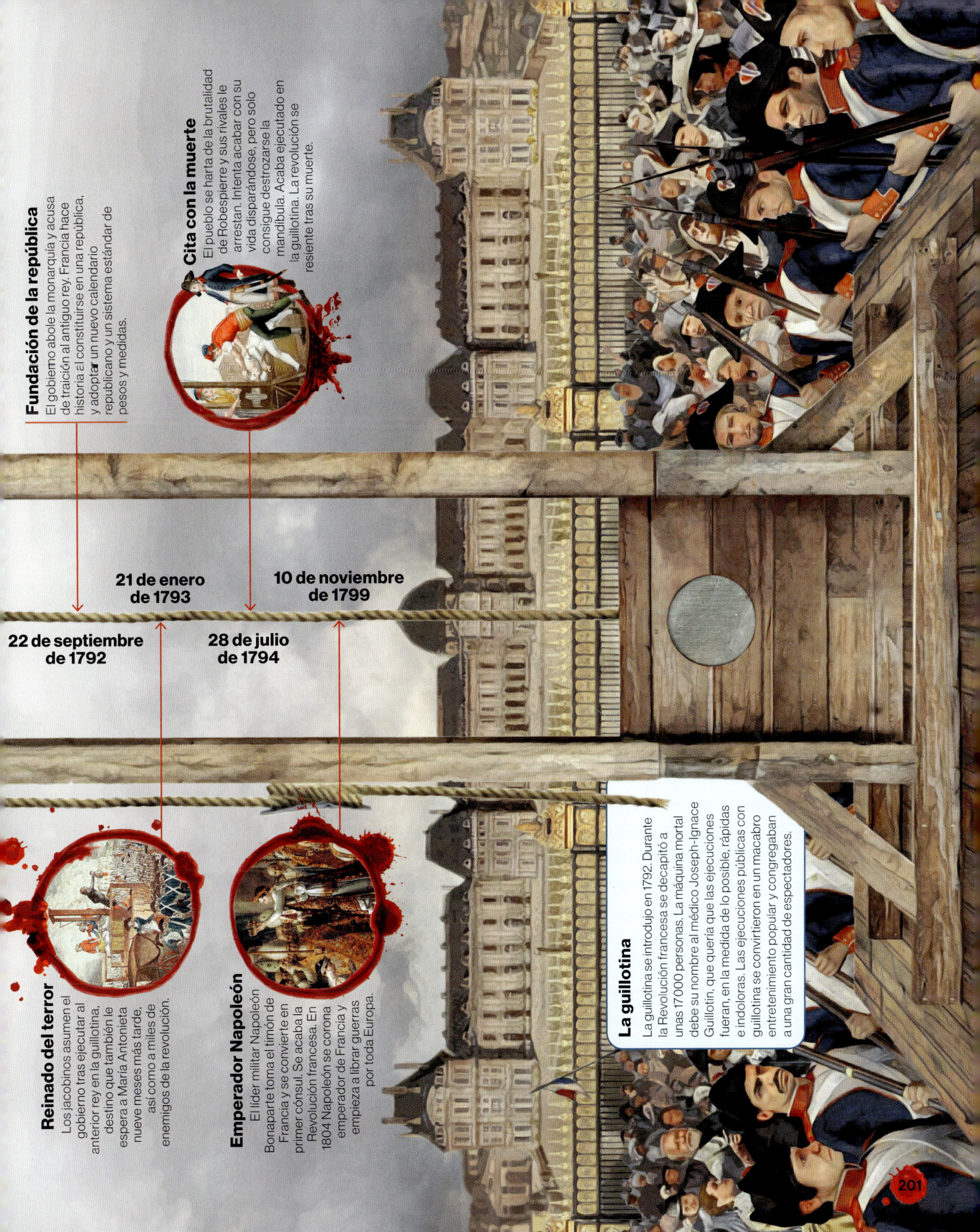

Fundación de la república

El gobierno abole la monarquía y acusa de traición al antiguo rey. Francia hace historia al constituirse en una república, y adopta un nuevo calendario republicano y un sistema estándar de pesos y medidas.

Cita con la muerte

El pueblo se harta de la brutalidad de Robespierre y sus rivales le arrestan. Intenta acabar con su vida disparándose, pero solo consigue destrozarse la mandíbula. Acaba ejecutado en la guillotina. La revolución se resiente tras su muerte.

21 de enero de 1793

10 de noviembre de 1799

22 de septiembre de 1792

28 de julio de 1794

Reinado del terror

Los jacobinos asumen el gobierno tras ejecutar al anterior rey en la guillotina, destino que también le espera a María Antonieta nueve meses más tarde, así como a miles de enemigos de la revolución.

Emperador Napoleón

El líder militar Napoleón Bonaparte toma el timón de Francia y se convierte en primer cónsul. Se acaba la Revolución francesa. En 1804 Napoleón se corona emperador de Francia y empieza a librar guerras por toda Europa.

La guillotina

La guillotina se introdujo en 1792. Durante la Revolución francesa se decapitó a unas 17 000 personas. La máquina mortal debe su nombre al médico Joseph-Ignace Guillotin, que quería que las ejecuciones fueran, en la medida de lo posible, rápidas e indoloras. Las ejecuciones públicas con guillotina se convirtieron en un macabro entretenimiento popular y congregaban a una gran cantidad de espectadores.

Medicina

La medicina nació hace casi 10 000 años, cuando nuestros antepasados prehistóricos practicaban una cirugía rudimentaria. Durante siglos, los curanderos crearon remedios naturales para tratar a enfermos y los antiguos egipcios curaban heridas con miel e hicieron prótesis de madera. Hoy los avances de la ciencia y la mayor comprensión del cuerpo han redefinido la medicina y salvan millones de vidas.

«Lo primero es no hacer daño.»
Hipócrates, c. 400 a.C.

La dama de la lámpara
Florence Nightingale era conocida como la dama de la lámpara.

Ibn Sina

El erudito persa Ibn Sina, conocido como Avicena, publica *El canon de medicina*. Muchas escuelas de medicina adoptan su libro de texto, que continúa siendo una de las obras más importantes de la historia de la medicina.

Transfusión de sangre

El médico británico James Blundell transfiere sangre de un donante a un paciente con una jeringa y realiza así la primera transfusión de sangre satisfactoria. Por desgracia, muchas de las primeras transfusiones causaron la muerte de los pacientes.

Enfermera pionera

La enfermera británica Florence Nightingale ve que en los hospitales de la guerra de Crimea los soldados no mueren por las heridas sino por enfermedad. Reforma la atención y aumenta la supervivencia. Nace la enfermería moderna.

Padre de la medicina occidental

Hipócrates es el médico más célebre de la antigua Grecia. Es el primero en sugerir que la enfermedad no surge por causas sobrenaturales y destaca la importancia de una dieta saludable y el ejercicio.

c. 400 a.C. — **1025** — **1818** — **1854**

c. 1500 a.C. — **c. 805** — **1796** — **1849** — **1859**

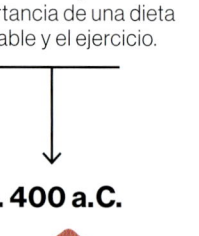
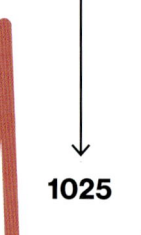

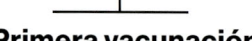

Medicina ayurvédica

El antiguo sistema médico indio del ayurveda hunde sus raíces en los textos hindúes llamados vedas, que contienen cientos de relatos sobre hierbas medicinales. La medicina ayurvédica también influirá en un sistema médico tradicional árabe e islámico conocido como unani, que aún se practica en la actualidad.

Primeros hospitales

El primer hospital que ofrece tratamiento al público general se establece en Bagdad. Este tipo de hospitales, o bimaristaán, se extienden por todo el mundo islámico, con médicos que ofrecen cuidados a ancianos y tratamientos a quienes sufren lesiones o enfermedades.

Primera vacunación

Basándose en la práctica de la inoculación contra enfermedades como la viruela, practicada durante siglos en la Turquía otomana, el médico inglés Edward Jenner desarrolla un método en el que infecta intencionadamente a un niño con la enfermedad leve de la viruela vacuna para hacerlo inmune a la enfermedad mortal de la viruela. Se trata de la primera vacuna del mundo, que pone fin a la viruela en 1980.

Primera mujer médico

Elizabeth Blackwell (1821-1910), de Inglaterra, se gradúa en la Facultad de Medicina de Ginebra tras haber sido rechazada por numerosas facultades debido a su sexo. Es la primera mujer en obtener el título de médico.

Teoría de los gérmenes

El microbiólogo francés Louis Pasteur demuestra que las bacterias y otros gérmenes microscópicos causan las enfermedades, y no el mal aire. Al cabo de poco desarrolla vacunas contra el ántrax y la rabia, enfermedades letales.

Cirugía

Una serie de momentos estelares en la historia de la cirugía han permitido que las operaciones sean mucho más seguras y cómodas para los pacientes.

1860 Primer antiséptico
El cirujano Joseph Lister limpia las heridas con ácido carbólico y detiene las infecciones.

1890 Esterilización
Los índices de infección disminuyen cuando los cirujanos hierven sus instrumentos para eliminar las bacterias.

2014 Cráneo impreso en 3D
Médicos holandeses sustituyen la mitad del cráneo de un paciente por una versión impresa en 3D.

1846 Éter
El dentista William Morton observa que el éter químico deja inconscientes a los pacientes.

1967 Primer trasplante de corazón
El cirujano Christiaan Barnard trasplanta el corazón de una víctima de accidente de tráfico a otro paciente.

Escáner corporal
El profesor estadounidense Raymond Damadian diseña el primer escáner de cuerpo completo. El escáner de resonancia magnética nuclear (RMN) crea una imagen del interior del cuerpo gracias al magnetismo y ayuda a identificar enfermedades y puntos problemáticos.

Células madre
La investigación muestra que se pueden alterar las células madre para que se conviertan en otras células. Esto permite trasplantar células madre para tratar todo tipo de afecciones de la sangre y los huesos.

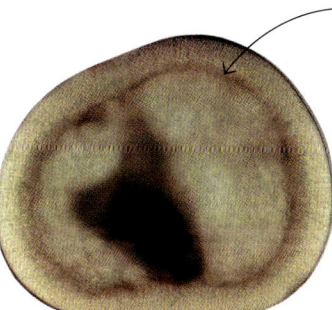

División celular
Las células madre se pueden convertir en cualquier tipo de célula.

Penicilina
El científico escocés Alexander Fleming estudia bacterias en placas de Petri y detecta el crecimiento de un moho que mata las bacterias a su alrededor. El primer antibiótico, la penicilina, se produce en masa a finales de la década de 1940.

Primer bebé probeta
Nace el primer bebé por fecundación *in vitro* (FIV). La inglesa Louise Brown es la primera «bebé probeta» del mundo, nacida a partir de un embrión creado en una placa de laboratorio.

Secuenciación del genoma
La secuenciación del genoma humano permite a los científicos desarrollar nuevas terapias para diversas afecciones, como el cáncer, la distrofia muscular y la fibrosis quística.

1977

1999

1928

1978

2003

1895

1965

1981

2015

Rayos X médicos
El físico alemán Wilhelm Röntgen descubre unas ondas energéticas, que llama «rayos X», capaces de cruzar la piel pero no el hueso. Los rayos X todavía se usan para identificar huesos rotos y problemas dentro del cuerpo.

Desfibrilador portátil
En el siglo XIX los científicos descubren que con un choque eléctrico el corazón a veces vuelve a funcionar e inventaron el desfibrilador, un dispositivo que envía una descarga eléctrica al corazón. En 1965, el médico británico Frank Pantridge diseña un desfibrilador portátil para las ambulancias.

Nanotecnología
Los científicos alemanes Gerd Binnig y Heinrich Rohrer inventan el microscopio de efecto túnel, que permite trabajar a los científicos a nanoescala y mover incluso el más pequeño de los átomos.

Cultivo de riñones
Los científicos cultivan un riñón funcional en el laboratorio y lo trasplantan a un organismo vivo. Las pruebas demuestran que este riñón funciona con éxito en ratas y cerdos. En los próximos años, los pacientes también recibirán trasplantes de otros órganos, como riñones, páncreas, hígado y corazón.

Guerras napoleónicas

Napoleón Bonaparte dirigió el ejército en las guerras revolucionarias francesas. Se convirtió también en un líder político, al remodelar el sistema legal y constitucional y convertirse en emperador. Las guerras que comenzaron en 1803 después de que Francia rompiera la Paz de Amiens (un tratado con Gran Bretaña), se conocen como las guerras napoleónicas, que se prolongaron hasta 1815, cuando Napoleón fue finalmente derrotado.

Emperador de Francia

Cuando termina la república francesa (p. 201), Napoleón se proclama emperador en la catedral de Notre Dame, en París. Es un momento histórico: Napoleón se convierte en el primer francés con el título de emperador en 900 años.

Batalla de Trafalgar

El 21 de octubre, en una batalla naval ante la costa de España, las Armadas francesa y española son derrotadas por la Armada británica, liderada por el almirante Nelson, que muere. Francia, con su Armada muy debilitada, no es capaz de invadir Gran Bretaña.

Batalla de Austerlitz

Una de las mayores victorias de Napoleón se produce el 2 de diciembre en Austerlitz (en la actual República Checa), donde 68 000 tropas francesas se imponen a las fuerzas combinadas de casi 90 000 tropas austríacas y rusas.

Alimentación

En 1795 Napoleón ofrece una recompensa económica a quien descubra la manera de conservar comida para el ejército. Un confitero francés se hace con el premio en 1809 con un diseño de botellas selladas. Un año más tarde el británico Peter Durand patenta la comida en lata.

Imperio europeo

Gran parte de Europa está bajo el control de Napoleón y el ejército francés. Después de 1000 años, el Sacro Imperio Romano (p. 98) finalmente termina cuando Francia conquista Italia y partes de Alemania.

1804

1805

1805

1806

1810

Caballos de guerra
Se usa una cantidad ingente de caballos en las guerras napoleónicas.

Fin de la guerra de la Independencia

En 1814 terminan 6 años de guerra en la que los franceses se han enfrentado a españoles, portugueses y británicos por el control de la península Ibérica. La derrota francesa en la batalla de Vitoria en 1813 es el punto y final de la guerra.

1812

1814

1815

1815

1821

Los Cien Días

Durante los Cien Días Napoleón y un pequeño ejército se desplazan hacia París para derrocar al rey Luis XVIII, que había recuperado el trono en 1814.

Invasión de Rusia

Napoleón lanza la desastrosa invasión de Rusia; otros países declaran la guerra a la perjudicada Francia. Se enviará a Napoleón al exilio en 1814, de donde escapará y regresará a Francia para intentar volver a conseguir toda Europa.

Batalla de Waterloo

Las guerras napoleónicas finalmente acaban en la batalla de Waterloo, cerca de Bruselas. Los ejércitos británico y prusiano aplastan al de Napoleón. El rey Luis XVIII regresa al trono francés.

Exilio y muerte

Tras su derrota en Waterloo, Napoleón es exiliado por segunda vez a la isla de Santa Elena, en el Atlántico sur, lo suficientemente remota como para impedir su huida. Pasa 6 años en la isla antes de su muerte.

Vida de Napoleón

Igual que las guerras que disputó, la vida personal de Napoleón fue turbulenta y desafiante. Se divorció de su primera esposa y pasó dos largos períodos en el exilio. Su ambición le llevó al éxito militar, pero también a su fracaso absoluto.

1796
Asciende por la escala militar para llegar rápidamente a comandante del ejército francés.

1802
Napoleón crea la Legión de Honor, condecoración de Estado que puede recibir cualquier ciudadano francés, al margen de su estatus social.

1810
Tras disolver su matrimonio con Josefina, se casa con María Luisa, hija del emperador austríaco.

1815
En la batalla de Waterloo, cerca de Bruselas, Napoleón es derrotado en la última contienda militar de las guerras napoleónicas.

1769
Napoleón Bonaparte nace el 15 de agosto en Ayacio, en la isla de Córcega, ante la costa francesa.

1796
Napoleón se casa con Joaofina de Beauharnais, una dama de la alta sociedad.

1805
Napoleón es derrotado en la batalla de Trafalgar, pero logra una de sus mayores victorias en Austerlitz.

1811
Nace el hijo de Napoleón el 20 de marzo. Recibe el nombre de Napoleón II.

1821
Tras 6 años en el exilio, muere el 5 de mayo.

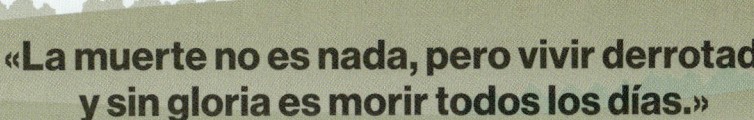

«La muerte no es nada, pero vivir derrotado y sin gloria es morir todos los días.»
Napoleón Bonaparte,
carta al general Lauriston, 1804

Caballería francesa
Los soldados franceses, con el uniforme azul y blanco, cargan contra las tropas británicas.

Cuadrado de batalla
Los soldados británicos mantienen una formación cuadrada muy estrecha para su defensa.

Hervir

Los antiguos hervían la carne en agua calentada con fuego. El proceso de ebullición hace que la carne sea más tierna y fácil de digerir, y mata los patógenos (microorganismos nocivos) que causan la intoxicación alimentaria.

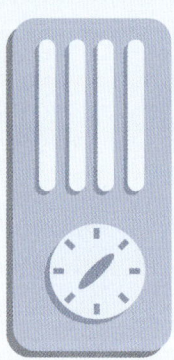

Recipientes de conservación

Con la invención de la cerámica en la antigua China, los alimentos se conservan en vasijas de barro que los mantienen frescos más tiempo. Antes se fabricaban a mano bolsas de cuero, corteza u hojas para conservar los alimentos durante períodos cortos.

Secado

Al deshidratar los alimentos se elimina el agua, por lo que las bacterias nocivas, la levadura y el moho no pueden crecer en ellos. Los habitantes del Mediterráneo usan la abundante luz solar para secar la fruta y la verdura fresca. Los vientos fuertes también sirven para secar los alimentos.

Hace unos 25 000-30 000 años   **Hace unos 20 000 años**   **c. 12 000 a. C.**

Conservar los alimentos

A lo largo de la historia, el fuego y el hielo han sido la clave para cocinar y conservar los alimentos. Cuando los pueblos prehistóricos aprendieron a hacer fuego, los cazadores podían cocinar la carne y comerla caliente. El hielo de los lagos y ríos helados resultó ser una forma natural de conservar los alimentos. Con el tiempo, el hombre inventó muchas formas de preparar y conservar para que supieran mejor, fueran más seguros y duraran más. Esto nos ha permitido transportar productos por todo el mundo y disfrutar de una variedad casi infinita de alimentos de diferentes culturas.

Conservas

Se convoca un concurso para encontrar un método que permita mantener frescos los alimentos del ejército francés. El chef Nicolas Appert consigue su objetivo aplicando calor a tarros de cristal cerrados con corcho.

El frigorífico

El primer frigorífico del mundo es inventado por el empresario australiano James Harrison. Basada en las antiguas neveras, esta máquina de hacer hielo se patenta y se utiliza en fábricas de carne y cervecerías.

Pasteurización

El químico francés Louis Pasteur descubre que calentar los productos lácteos y las bebidas alcohólicas justo por debajo de su punto de ebullición destruye las bacterias nocivas. El proceso de pasteurización, que lleva el nombre de su inventor, permite que estos productos duren más que nunca.

1810   **1855**   **1864**

Fermentación

El proceso de fermentación se utiliza para hacer pan, queso, vino y cerveza. En él, los microorganismos, como la levadura, convierten los azúcares en alcohol para que los alimentos sepan mejor y duren más. La prueba más antigua de la fermentación son los restos de cerveza descubiertos en una cueva de la actual Haifa (Israel).

c. 11000 a. C.

Encurtido

Los antiguos mesopotámicos, que vivían en lo que hoy es Irak, conservaban los pepinos en encurtido, un proceso en el que los alimentos se sellan herméticamente en un tarro que contiene una solución ácida, como el vinagre. El alto contenido de ácido impide que los patógenos crezcan dentro del tarro.

c. 2400 a. C.

Salazón

Salar la carne o el pescado elimina su humedad y destruye las bacterias. Los antiguos egipcios añadían sal a la carne, incluida una de las primeras variedades de tocino, para que se mantuviera fresca.

c. 2000 a. C.

Congelación

En los climas más fríos, la congelación es una opción fácil para conservar los alimentos. En lo alto de los Andes, los incas dejaban las patatas en el frío durante la noche y por la mañana les sacaban el agua. Así se obtienen chuños liofilizados que pueden durar una década.

c. 1000 d. C.

Refrigeración

La colección de poesía china más antigua que se conoce, el *Shijing*, describe bodegas subterráneas llenas de hielo para mantener frescos los alimentos. Estas casas de hielo pronto se extendieron por los calurosos países de Oriente Próximo, donde los alimentos no pueden mantenerse frescos con las altas temperaturas.

c. 1000 a. C.

Enterrado

Bajo tierra, los alimentos quedan protegidos de la luz y el calor, que pueden estropearlos. En lo que hoy es Irlanda, la mantequilla de pantano es mantequilla de leche de vaca enterrada en una turbera, que es un entorno fresco y oscuro ideal para conservar los productos lácteos.

c. 1750 a. C.

Envasado al vacío

Colocar los alimentos en un recipiente hermético y extraer el aire mata las bacterias nocivas y el moho. El inventor alemán Karl Busch crea la primera bomba de vacío para aspirar el aire de los alimentos envasados. Se convierte en un éxito de ventas internacional.

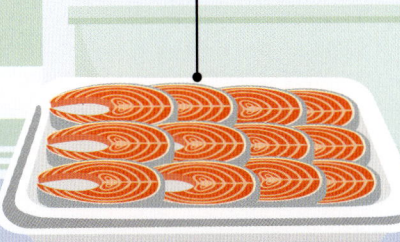

1963

Pascalización

En este proceso, se aplica una presión extrema de agua a los productos alimentarios para prolongar su vida útil destruyendo las bacterias nocivas. El proceso debe su nombre al trabajo pionero del científico francés Blaise Pascal, que estudió los efectos de aplicar altas presiones a los líquidos.

1980

Bioconservación

Esta tecnología alimentaria es una alternativa sostenible y respetuosa con el medio ambiente a los métodos tradicionales de conservación. Se añaden microorganismos beneficiosos, como bacterias lácticas que reducen el impacto de las bacterias nocivas de la salmonela, para que los alimentos duren más.

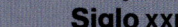

Siglo XXI

Independencia de América Central y del Sur

En 1800 España y Portugal gobernaban casi toda América Central y del Sur. No obstante, cuando Napoleón invadió ambos países a principios del siglo xix su dominio sobre los continentes se debilitó. Se dispararon las exigencias de independencia; en 1825, casi todos los antiguos territorios españoles de América Central y del Sur se habían convertido en países independientes y Brasil ya no formaba parte de Portugal.

Revolución mexicana

Un sacerdote mexicano, Miguel Hidalgo, lidera la revolución de México contra España. Él es ejecutado en 1811, pero la guerra por la independencia mexicana continúa.

1810

Levantamiento de Venezuela

Los revolucionarios venezolanos Francisco de Miranda y Simón Bolívar (arriba) fundan una república en Venezuela, pero esta se hunde al cabo de poco y Bolívar tiene que ocultarse.

1811

Independencia argentina

Un grupo de argentinos luchan por la libertad que declaran que su región, las Provincias Unidas del Río de la Plata (en los actuales del Río de la Plata, Uruguay y parte de Bolivia), es independiente.

1816

Ejército de los Andes

José de San Martín lidera un ejército de 3500 argentinos en un viaje de 25 días a través de la cordillera de los Andes hacia Chile. Ganan la batalla de Chacabuco contra las fuerzas españolas y continuarán hasta conseguir liberar Santiago, la capital del país.

1817

Libertad de Chile

José de San Martín y Bernardo O'Higgins lideres independentistas y liberan Chile del dominio español. Bernardo O'Higgins, chileno de ascendencia irlandesa, es el primer gobernante independiente del país.

1818

Nueva república
Simón Bolívar cruza los Andes desde Venezuela para tomar el control de Nueva Granada (actuales Colombia, Panamá, Venezuela y Ecuador). Bolívar se convierte en el primer presidente de la Gran Colombia.

1819-1821

Campaña de Perú
José de San Martín llega a Perú por mar desde Chile y libera Lima, la capital. Continúa la resistencia y San Martín se retira, dejando la puerta abierta al ejército de Bolívar para que complete la liberación de Perú desde el norte.

1820-1822

Independencia mexicana
Tras una dura guerra contra los españoles, México declara su independencia. Agustín de Iturbide, jefe del ejército. En 1823 es derrocado y México se convierte en república.

1821-1823

Brasil
El rey Juan VI de Portugal, que ha estado viviendo en Brasil, vuelve a Portugal y deja el país americano. Pedro declara la independencia de Brasil y se convierte en emperador.

1822

Claudicación española
Todas las antiguas colonias españolas de Sudamérica, salvo Puerto Rico y Cuba, han logrado su libertad. España lo acepta formalmente en un tratado que reconoce su independencia.

1836

Creación de Bolivia
Sucre libera Alto Perú, el último reducto español de Sudamérica, que se convierte en una república separada bajo el nombre de Bolivia. En 1826 todas las tropas españolas abandonan Sudamérica.

1825

1824

Batalla de Ayacucho
Antonio de Sucre logra una victoria para Perú sobre un decisiva español muy superior en las alturas de los Andes. El líder español y sus generales son capturados como prisioneros.

Trenes

El tren ha avanzado mucho desde los carros tirados por caballos. Los ferrocarriles al principio solo unían ciudades vecinas. Con el tiempo llegarían a todos los países. El tren, ya sea bajo tierra o como monorraíl suspendido, se ha convertido en uno de los principales medios de transporte del mundo.

Vagonetas

Se utilizan vagonetas por primera vez en las minas europeas para transportar rocas pesadas y carbón. Unos caballos tiran de los carros, que se desplazan sobre vigas de madera.

Primera locomotora

El inventor inglés Richard Trevithick crea la primera locomotora de vapor. Transporta a 70 personas y 9 toneladas de carbón por las vías a 8 km/h.

c. 1550

1804

El vapor más veloz

El tren de vapor más rápido de la historia, el *Mallard*, alcanza unos increíbles 203 km/h, todo un récord, en Inglaterra. Viajará casi 2,4 millones de kilómetros antes de retirarse en 1963.

Ferrocarril épico

El ferrocarril transiberiano, completado en 1904 en Rusia, es el sistema ferroviario más largo del mundo. La ruta de Moscú a Vladivostok cubre 9298 km.

El ferrocarril más alto

Se inaugura el Ferrocarril Central del Perú, con líneas ferroviarias que se extienden hasta 4829 m sobre el nivel del mar. Seguirá siendo el sistema ferroviario más alto del mundo hasta que China introduzca el Ferrocarril Qinghai-Tíbet.

El Orient Express

El tren de pasajeros más famoso de la historia realiza su primer viaje directo de París, Francia, a Estambul, Turquía. Se convierte en el emblema de los viajes de lujo.

1938

1904

1900

1889

Tren bala

Se inaugura el servicio de tren japonés Shinkansen, apodado el tren bala, para ofrecer un enlace de gran velocidad entre Tokio y Osaka. El viaje de 514 km dura menos de 4 horas gracias a su velocidad máxima: 210 km/h.

El más veloz sobre ruedas

En un momento en el que la mayoría de los trenes tienen motores de gasóleo, en Francia el Train à Grande Vitesse (TGV) usa motores eléctricos para alcanzar la mayor velocidad del mundo de un tren sobre ruedas. Suele desplazar a 320 km/h y es a la vez silencioso y rápido.

1964

1981

Primeros trenes de pasajeros

Se inaugura el primer ferrocarril público del mundo en Inglaterra. Al principio, el ferrocarril Stockton y Darlington transporta pasajeros en carros tirados por caballos, que acaban sustituidos por locomotoras de vapor en 1833.

La *Rocket* de Stephenson

El ingeniero inglés Robert Stephenson diseña la *Rocket*, la locomotora de vapor más avanzada del momento: es el primer vehículo más rápido que un caballo, y alcanza los 48 km/h.

Conexión interurbana

Se inaugura la primera línea interurbana, que conecta Liverpool y Mánchester, Inglaterra. El político inglés William Huskisson se convierte en la primera víctima de un tren de pasajeros cuando le atropella la *Rocket* de Stephenson en plena inauguración.

1825   **1829**   **1830**

Vía rápida

El mítico ingeniero inglés Isambard Kingdom Brunel diseña la primera línea de alta velocidad, la Great Western, que unía Londres con el oeste de Inglaterra y Gales. Sus trenes alcanzan velocidades de 96 km/h por la red viaria y reducen mucho el tiempo de los viajes.

Transcontinental

La primera línea transcontinental se inaugura en Estados Unidos, al unir vías de las costas este y oeste con 2858 km de nuevos tramos. Se clava en la vía un clavo de oro de 18 quilates para celebrar su conclusión.

Bajo tierra

Se inaugura en Londres el primer metro del mundo, que consta de carros de madera tirados por locomotoras de vapor. Acabará convirtiéndose en una red de 408 km bajo la ciudad.

1869   **1863**   **1835-1838**

Pride of Africa

Entra en funcionamiento uno de los trenes más lujosos del mundo, el Pride of Africa. Recorre Sudáfrica, Zimbabue, Zambia y Tanzania a una velocidad máxima de 60 km/h, lo que permite que los pasajeros disfruten de los impresionantes paisajes del continente.

Túnel Seikan

Se inaugura el túnel Seikan, de 53,8 km, que conecta por tren las islas japonesas de Honshu y Hokkaido. Es el más largo del mundo con una ección submarina. Otra línea ferroviaria submarina construida en Europa en 1994, llamada Eurotúnel o túnel del canal de la Mancha, tiene el segmento submarino más largo.

En las alturas

Se inaugura el ferrocarril más alto del mundo. La línea Qinghai-Tíbet conecta el Tíbet y China; su altitud máxima es de 5072 m. La cabina de pasajeros cuenta con aire presurizado, ya que el aire de la montaña es pobre en oxígeno.

Magia magnética

Los trenes maglev (del inglés «levitación magnética») de Japón llegan a una velocidad récord durante las pruebas de 603 km/h. En lugar de ir sobre ruedas, los trenes maglev flotan sobre las vías con unos potentes electroimanes.

1988   **1989**   **2006**   **2015**

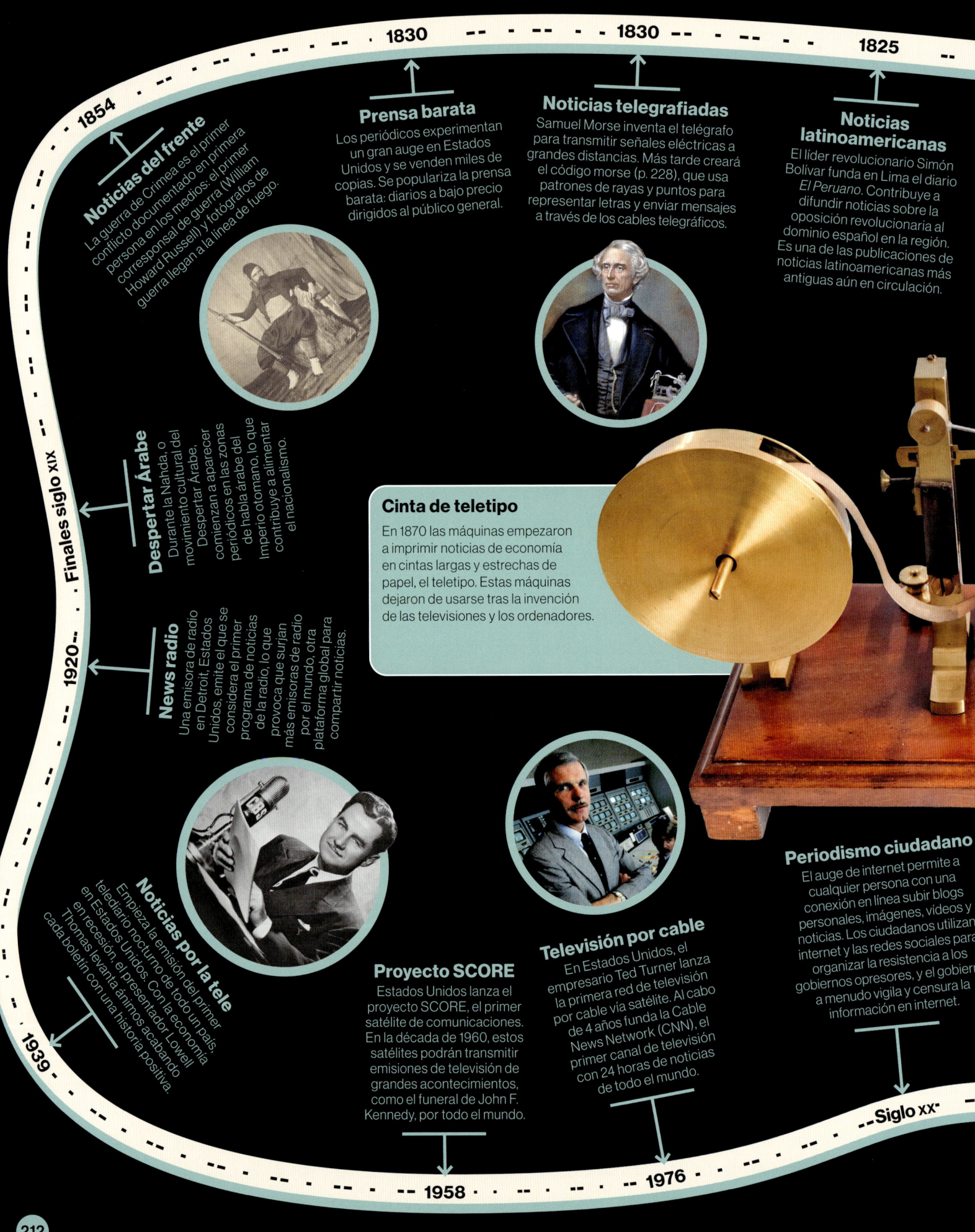

1854

Noticias del frente
La guerra de Crimea es el primer conflicto documentado en primera persona en los medios; el primer corresponsal de guerra (William Howard Russell) y fotógrafos de guerra llegan a la línea de fuego.

1830

Prensa barata
Los periódicos experimentan un gran auge en Estados Unidos y se venden miles de copias. Se populariza la prensa barata: diarios a bajo precio dirigidos al público general.

1830

Noticias telegrafiadas
Samuel Morse inventa el telégrafo para transmitir señales eléctricas a grandes distancias. Más tarde creará el código morse (p. 228), que usa patrones de rayas y puntos para representar letras y enviar mensajes a través de los cables telegráficos.

1825

Noticias latinoamericanas
El líder revolucionario Simón Bolívar funda en Lima el diario *El Peruano*. Contribuye a difundir noticias sobre la oposición revolucionaria al dominio español en la región. Es una de las publicaciones de noticias latinoamericanas más antiguas aún en circulación.

Finales siglo XIX

Despertar Árabe
Durante la Nahda, o movimiento cultural del Despertar Árabe, comienzan a aparecer periódicos en las zonas de habla árabe del Imperio otomano, lo que contribuye a alimentar el nacionalismo.

Cinta de teletipo
En 1870 las máquinas empezaron a imprimir noticias de economía en cintas largas y estrechas de papel, el teletipo. Estas máquinas dejaron de usarse tras la invención de las televisiones y los ordenadores.

1920

News radio
Una emisora de radio en Detroit, Estados Unidos, emite el que se considera el primer programa de noticias de la radio, lo que provoca que surjan más emisoras de radio por el mundo, otra plataforma global para compartir noticias.

Noticias por la tele
Empieza la emisión del primer telediario nocturno de todo un país, en Estados Unidos. Con la economía en recesión, el presentador Lowell Thomas levanta ánimos acabando cada boletín con una historia positiva.

1939

Proyecto SCORE
Estados Unidos lanza el proyecto SCORE, el primer satélite de comunicaciones. En la década de 1960, estos satélites podrán transmitir emisiones de televisión de grandes acontecimientos, como el funeral de John F. Kennedy, por todo el mundo.

Televisión por cable
En Estados Unidos, el empresario Ted Turner lanza la primera red de televisión por cable vía satélite. Al cabo de 4 años funda la Cable News Network (CNN), el primer canal de televisión con 24 horas de noticias de todo el mundo.

Periodismo ciudadano
El auge de internet permite a cualquier persona con una conexión en línea subir blogs personales, imágenes, vídeos y noticias. Los ciudadanos utilizan internet y las redes sociales para organizar la resistencia a los gobiernos opresores, y el gobierno a menudo vigila y censura la información en internet.

Siglo XX

1958

1976

1792 · Semáforo

El inventor francés Claude Chappe desarrolla el sistema de comunicación semáforo para los militares: una línea de torres elevadas con brazos articulados que pueden colocarse en posiciones diferentes para «deletrear» palabras y letras.

1791 · Libertad de prensa

La primera enmienda de la Constitución de Estados Unidos (p. 191) garantiza la libertad de prensa: el derecho de transmitir noticias o compartir opiniones sin que el gobierno las pueda censurar.

Siglo XVII · Primeros periódicos

Se imprime el primer periódico en Estrasburgo, Francia, en 1605. Durante los siguientes 20 años aparecen periódicos por toda Europa. En 1618, los holandeses publican el primer periódico de gran formato.

c. 1440 · Imprenta

El inventor alemán Johannes Gutenberg crea la imprenta de tipos móviles que abarata la impresión y, por lo tanto, se pueden producir panfletos para difundir noticias a gran velocidad.

c. siglo XII · Paloma mensajera

Las palomas, domesticadas por primera vez por los antiguos egipcios, sirven para enviar mensajes a casa desde Bagdad, en el actual Irak. Se aceleran las comunicaciones a larga distancia.

Noticias gubernamentales

El emperador persa Ciro desarrolla un sistema postal, con relevos de jinetes y caballos para llevar noticias a través de su imperio. Alrededor del año 200 a. C., la dinastía Han en China utiliza el Dibao: envío a sus funcionarios en las provincias de todo el imperio de de hojas con la recopilación de noticias oficiales.

c. siglo XI · Pregonero

Los pregoneros son los primeros que transmiten noticias: tocan una corneta y empiezan con «Se hace saber...» antes de compartirlas. Su trabajo es esencial porque la mayoría de personas no saben leer.

c. 540 a. C.

Redes sociales

Se funda Facebook, que pronto se convierte en el mayor sitio de medios sociales. A través de él y de sitios similares, la gente intercambia noticias y opiniones, pero la facilidad para publicarlas plantea el peligro de que las opiniones extremistas y las noticias falsas se difundan con mayor facilidad.

Estés donde estés

CNN es la primera cadena de noticias que transmite 24 horas en línea y a través de aplicaciones móviles. Esto significa que las noticias del mundo están ahora disponibles en cualquier lugar y en cualquier momento. Hoy, más de 5000 millones de personas tienen acceso a internet y a la información.

2004

2011

Difundir las noticias

A medida que los imperios crecían y las civilizaciones se hacían más extensas, se intentaba difundir las noticias con todo tipo de métodos, desde mensajeros a caballo hasta pregoneros. La invención de la imprenta hizo más asequible la difusión. Así la gente pudo leer las noticias en periódicos, antes de que la televisión y la radio trajeran las noticias hasta casa. Gracias a la tecnología actual, como los satélites de comunicación, la televisión digital, internet y redes sociales, podemos acceder a las noticias a todas horas todos los días.

Ingeniería

Construir estructuras grandes y complejas como puentes, túneles y rascacielos sería imposible sin los ingenieros, cuyos conocimientos científicos y matemáticos garantizan que un edificio soporte su propio peso y se mantenga estable y seguro. Como demuestra la historia, las construcciones bien diseñadas se mantienen en pie durante siglos.

Chand Baori

En la árida región del Rayastán, en la India, se construye la mayor cisterna escalonada del mundo. Sus 3500 escalones de piedra siguen un patrón geométrico regular y bajan 30 m para dar acceso a una reserva de agua.

Palacio del Acantilado

Los pueblo construyeron sus casas en los acantilados de arenisca de lo que hoy es el Parque Nacional de Mesa Verde, en Colorado (EE. UU.). Con unas 150 habitaciones, 23 kivas (salas subterráneas utilizadas en ceremonias) y varias torres, es uno de los mayores asentamientos en acantilados del mundo.

Siglo I d.C.

Puente del Gard

Los romanos levantan el puente del Gard, el más alto de los aproximadamente 1000 acueductos del Imperio romano. Tiene una altura de 49 m y forma parte de un sistema ideado para transportar 40 millones de litros de agua diarios a Nimes, Francia.

120 d.C.

Panteón

Construido de hormigón, el Panteón tiene una cúpula hemisférica. A pesar de que la forma circular soporta un techo de 4500 toneladas, no cuenta con columna alguna. Sigue en pie tras 1900 años desde su construcción.

Siglo IX

c. siglo XIII

1781

Puente de hierro

Se crea el primer puente de hierro colado del mundo en Inglaterra, sobre el río Severn. Es considerado una maravilla de la ingeniería; consta de casi 1700 piezas, hechas una por una colando hierro fundido.

Siglo XIV

Gran Muralla

La dinastía Ming de China reconstruye y amplía la antigua muralla que protege al país de los asaltos de las tribus del norte. La nueva muralla, de ladrillo y piedra, cubre 8850 km e incluye 10 000 torres de vigía. Es la estructura artificial más larga de la Tierra.

Canal de Panamá

Francia y Estados Unidos construyen en 33 años el canal de Panamá, un enlace entre los océanos Atlántico y Pacífico. Para completar este titánico y complicado proyecto deben excavarse más de 200 millones de toneladas de tierra. Durante el proceso mueren más de 20000 trabajadores.

1881-1914

1863

Metro de Londres

En Londres se inaugura la primera línea subterránea del planeta. El primer día los carros de madera tirados por locomotoras de vapor transportan a 38 000 pasajeros. Al final del primer año habrán dado servicio a 9,5 millones de pasajeros.

Torre Eiffel

El ingeniero francés Gustave Eiffel completa la torre Eiffel en París, que será el edificio más alto del mundo durante 41 años. Su exclusivo diseño es un entramado de 18 038 piezas de hierro transportadas en carros tirados por caballos y unidas con 2,5 millones de remaches.

1889

Estación Espacial Internacional
Se pone en órbita el primer módulo de la Estación Espacial Internacional, el mayor objeto tripulado lanzado al espacio. Se construye con la cooperación de 16 países.

Ascensor Bailong
Se inaugura el ascensor al aire libre más alto del mundo en Wulingyuan, China. El ascensor de cristal sube por un barranco de 326 m y ofrece unas espectaculares vistas sobre las columnas y gargantas de arenisca de las montañas Wuling.

Eurotúnel
El Eurotúnel, el túnel ferroviario submarino continuo más largo del mundo, une Inglaterra y Francia. En su punto más profundo, el triple túnel está 75 m bajo el lecho marino.

1994

1998

2002

1930-1936

Presa Hoover
Se usan casi 7 millones de toneladas de hormigón para levantar la presa Hoover, en el río Colorado en Arizona, Estados Unidos, que crea el embalse más grande del país, el lago Mead, que tarda más de 6 años en llenarse de agua.

2001-2007

Islas artificiales
Se construye la Palm Jumeirah, un conjunto de islas que incluye la mayor isla artificial del mundo, ante la costa de Dubái, a partir de arena dragada del lecho marino. Se crean 565 hectáreas de tierra nueva con 28 hoteles y numerosas casas.

2008

Nido de Pájaro
El Estadio Nacional de Pekín (China), también conocido como Nido de Pájaro, se construye para los Juegos Olímpicos de Verano de 2008. Su compleja estructura de acero, como ramitas entretejidas, es una de las más grandes del mundo.

1891-1916

Ferrocarril transiberiano
Rusia construye la línea de ferrocarril más larga del mundo, con la que conecta Moscú y Vladivostok, a 9298 km de distancia. Sus trenes cuentan con lavabos de mármol, bibliotecas y salas de música; el viaje dura cuatro semanas.

El puente marino más largo
El puente Hong Kong-Zhuhai-Macao, el más largo del mundo, conecta la isla de Hong Kong con la China continental. Sus 55 km de longitud cuentan con tres puentes suspendidos y un túnel submarino conectado con dos islas artificiales.

2017

La frontera de Estados Unidos

Un gran número de colonos blancos van al oeste de Norteamérica en busca de oportunidades. Exploradores, tramperos, comerciantes y gente corriente construyen una sociedad fronteriza basada en la autosuficiencia, aunque a costa de los indígenas, de cuyas tierras se apoderan.

1739 Montañas Rocosas
Dos peleteros franceses, Pierre y Paul Mallet, realizan un viaje por el interior de Norteamérica. Son los primeros europeos que ven las montañas Rocosas.

1769 Asentamientos españoles
Junípero Serra, sacerdote español, establece asentamientos en San Diego y otros lugares de la costa de California, iniciando así la expulsión de los pueblos indígenas de la región.

1803 Compra de Luisiana
El presidente Jefferson compra a Francia el territorio de Luisiana por 15 millones de dólares y dobla así el tamaño de Estados Unidos.

Años 1830 Senda de Oregón
Las primeras caravanas de colonos se abren camino por lo que acabará conociéndose como la senda de Oregón, una ruta terrestre hacia el oeste a través de las montañas Rocosas.

1845 Destino manifiesto
Se usa por primera vez el «destino manifiesto», concepto que indica que los estadounidenses tienen derecho a apoderarse de todo el continente, despojando incluso a los indígenas.

1866 Forajidos
Jesse y Frank James inician su carrera delictiva asaltando un banco. La historia del «salvaje oeste» estará repleta de letales forajidos y sus escaramuzas con la ley.

1804-1806 Lewis y Clark
Los exploradores Meriwether Lewis y William Clark lideran una expedición por los ríos y cursos de agua de Norteamérica. Tienen como tarea cartografiar el territorio de Luisiana. Se les unirá Sacagawea, una mujer lemhi shoshón, que garantizará el éxito de la expedición mediando con otros indígenas como intérprete y haciendo de guía.

1848 Fiebre del oro
Tras el descubrimiento de oro en un riachuelo cerca de un aserradero, California es el destino de buscadores de oro de todo el mundo. En el primer año de la fiebre del oro 80 000 almas llegarán a tierras californianas.

1858 Transporte
Llega la primera diligencia directa de San Luis a Los Ángeles. El viaje dura 20 días. En 1860, el servicio postal Pony Express completa su primera entrega de San Luis a Sacramento en 11 días.

1869 Línea transcontinental
Se finaliza el primer ferrocarril que cruza todo el país en Promontory Summit, Utah. Construido por más de 10 000 emigrantes chinos, une Sacramento (California) con Council Bluffs (Iowa).

Ciudades fronterizas

A medida que se avanza hacia el oeste, aparecen ciudades fronterizas como Tonopah, Nevada (arriba) por todo el oeste. Allí la tierra es barata, pero los colonos tienen que trabajar duro, a menudo con poca ayuda del gobierno. Bandas criminales asaltan caravanas, granjas y ciudades , y los ataques de los indígenas a estos asentamientos en sus tierras dificultan la obtención de suministros básicos.

Batalla de Little Bighorn

Tatanka Iyotake (Toro Sentado), líder de los lakota hunkpapa, inspira a otros jefes y guerreros lakota, hinono-eino (arapaho) y tsis tsis'tas (cheyenne) a resistirse a la invasión de sus tierras por parte del gobierno estadounidense. En 1876, infligen una gran derrota al ejército estadounidense, cuando el coronel George Custer comete el error de dividir sus fuerzas, lo que provoca que su columna quede atrapada por la fuerza más numerosa de Toro Sentado cerca del río Little Bighorn, en Montana. Abrumado por las cargas de los lakota, la línea defensiva de Custer se rompe y los supervivientes son perseguidos y muertos.

Guerras fronterizas

Desde el principio, la relación entre los colonos y los pueblos indígenas se caracterizó por la apropiación violenta de tierras indígenas. Las diferencias culturales y la demanda de alimentos y tierras por parte de los colonos provocaron conflictos que a menudo eran desiguales. Una serie de sangrientas guerras y masacres confinaron a los grupos indígenas a tierras marginales y reservas.

1622 Confederación de powhatan
Los powhatan, un grupo indígena muy organizado, atacan por sorpresa a los colonos ingleses, que les habían exigido alimentos y tierras. Matan a casi 350 personas. La guerra entre powhatan y colonos continúa durante una década.

1610 Pocahontas
Pocahontas, miembro de la Confederación Powhatan, participa en las negociaciones de paz entre su pueblo y los colonos ingleses. En un conflicto en 1613, los colonos la secuestran y la mantienen como rehén. Se la llevan a Inglaterra y nunca vuelve a ver a su padre.

1636 Guerra pequot
Los colonos matan a unos 500 pequot en Connecticut, como represalia por sus ataques. Con ello, estos indígenas desaparecen prácticamente por completo.

1680 Revuelta pueblo
Tras el intento español de suprimir la cultura de los pueblo del sudoeste, estos se sublevan y expulsan a muchos colonos. La revuelta es en parte sofocada, pero los españoles no recuperan algunos asentamientos. Los pueblo logran preservar gran parte de su cultura.

1830 Ley de traslado forzoso
El presidente Andrew Jackson ordena el traslado forzoso de los pueblos indígenas a tierra no colonizada al oeste del río Misisipi. Algunos grupos lo aceptan de forma pacífica y se van al «territorio indio» designado, pero muchos otros ofrecen resistencia.

1831 Sendero de lágrimas
Los pueblos indígenas sufren las inclemencias del tiempo, hambre y enfermedades al obligarles a irse a sus nuevos territorios asignados. Su larga marcha se conocerá como el «Sendero de lágrimas».

1862 Resistencia sioux
El pueblo sioux se rebela contra los colonos porque no respetan los tratados, por el hambre y las tensiones, pero son derrotados y 38 de ellos acaban colgados.

1864 Masacre de Sand Creek
Colonos blancos europeos y estadounidenses invaden las tierras indígenas de las llanuras de Colorado en busca de oro. El ejército estadounidense y los colonos masacran a cientos de hinono-eino (arapaho) y tsis tsis'tas (cheyenne) en Sand Creek, Colorado.

1867 Toro Sentado
La valentía de Tatanka Iyotake (Toro Sentado) lo convierte en el líder de los lakota. Los hinono-eino (arapaho) o los tsis tsis'tas (cheyenne), no tardan en seguirle.

1890 Wounded Knee
La masacre de sioux en Dakota del Sur marca el fin de la resistencia de los pueblos indígenas. Mueren más de 150 hombres, mujeres y niños. Continuará la discriminación contra los pueblos indígenas, que apenas tienen medios para resistir.

Las revoluciones de 1848

En 1848, una oleada de revoluciones recorre Europa, con diferentes demandas. En Francia se exige la reforma económica y el derecho al voto. En Prusia y Alemania se reclama una Constitución democrática y la unificación alemana. En partes del Imperio austríaco de los Habsburgo se pide la independencia. Los gobiernos prometen reformas, pero al final pocas cosas cambian.

ANTES

Tras ser derrotado Napoleón en 1815 por británicos y prusianos, el Congreso de Viena crea la Confederación Germánica y permite a los monarcas europeos revertir las reformas y recuperar el poder. Las monarquías conservadoras de Austria, Rusia y Prusia forman la Santa Alianza, lo que dificulta el liberalismo.

Enero de 1848

12 de enero
Revuelta en Sicilia

Estado independiente

Tras un levantamiento en Sicilia (parte del reino de Nápoles desde 1815), los nobles sicilianos fundan un Estado independiente, que acabará en mayo de 1849, cuando el rey Fernando II de Sicilia y Nápoles ordena a sus naves que bombardeen la isla. Esta acción le vale ganarse el apodo de «Re Bomba» («Rey Bomba»).

Febrero de 1848

Revuelo político

21 de febrero
Manifiesto comunista

Se publica el *Manifiesto comunista* en Londres. El escrito original es en alemán y sus autores, Karl Marx y Friedrich Engels, llaman a la clase obrera a la revolución. Europa se llena de copias en todos los idiomas que animan a los indignados a protestar contra los gobiernos.

22-23 de febrero
REVOLUCIÓN EN PARÍS

La prohibición de la protesta política hace que los parisinos tomen la calle. Los soldados abren fuego contra la multitud y matan a 52 personas. El rey Luis Felipe es derrocado y se declara la Segunda República Francesa.

Marzo de 1848

DISTURBIOS EN ALEMANIA Y AUSTRIA

13-22 de marzo
Dimite el príncipe Metternich

Los disturbios en Viena obligan al príncipe Metternich, canciller de Austria y odiado símbolo de la represión, a dimitir. Hungría exige su independencia y se le concede Parlamento propio. Estalla la lucha en las calles de Milán, capital de la Italia austríaca.

18-19 de marzo
POR LA UNIDAD ALEMANA

Los manifestantes de la Confederación Germánica buscan la unidad nacional alemana. Tras dos días de lucha en las calles de Berlín, el rey de Prusia acepta crear una Asamblea Nacional y promete una nueva Constitución; no obstante, las protestas se mantienen.

Abril de 1848

10 de abril
LONDRES SE MANIFIESTA

Sufragio masculino

El cartismo obrero de Gran Bretaña organiza en Londres una gran manifestación para exigir que todos los hombres (pero no las mujeres) tengan derecho a voto. Por miedo a una revolución, el gobierno moviliza el ejército, pero la protesta acaba siendo pacífica.

Mayo de 1848

18 de mayo
PARLAMENTO DE FRÁNCFORT

Esperanzas en la reforma liberal

Tras las revoluciones de marzo, los representantes de los estados de la Confederación Germánica se reúnen por primera vez en Fráncfort, con la tarea de crear una Constitución para Alemania y planear la unificación.

Revolución en Europa

Las revoluciones de 1848 estallaron en una gran área de Europa, desde Berlín, en el norte de Alemania, hasta Palermo, en Sicilia. Este mapa ilustra la ubicación de las revoluciones mencionadas en estas páginas.

LEYENDA

— Límites de la Confederación Germánica

Mapa con las siguientes ubicaciones: BÉLGICA, Berlín, PRUSIA, POLONIA, París, FRANCIA, Viena, Budapest, IMPERIO AUSTRÍACO, Milán, ESTADOS PAPALES, Roma, IMPERIO OTOMANO, REINO DE LAS DOS SICILIAS, Palermo, Mar Mediterráneo

---

Diciembre de 1848

INICIO DE UNA NUEVA ERA

2 de diciembre
Abdica el emperador

Aunque nunca ha sido el objetivo de los manifestantes, se obliga al débil emperador austríaco Fernando I a abdicar en favor de su sobrino de 18 años, Francisco José I, quien reinará durante 68 años.

10 de diciembre
PRESIDENTE FRANCÉS

En las primeras elecciones presidenciales de la historia de Francia, el príncipe Luis-Napoleón Bonaparte, sobrino de Napoleón I, se convierte en presidente de la República. Promete restablecer el orden y la prosperidad en el país.

Junio de 1848

23-26 de junio

PROBLEMAS EN PARÍS

Levantamiento de las Jornadas de junio

En Francia, el nuevo gobierno de la Segunda República cierra los talleres nacionales abiertos en marzo para dar trabajo a los desempleados. Miles de obreros toman las calles en una protesta que ahora conocemos como las Jornadas de junio. El ejército acaba con la protesta de una manera brutal.

Octubre de 1848

6-31 de octubre

REVOLUCIÓN DE OCTUBRE

Batallas en las calles de Viena

La furia por el intento del gobierno austríaco de aplastar las reformas en Hungría provoca batallas callejeras en Viena; el emperador incluso llega a huir de la ciudad. El ejército vuelve a tomar el control y los líderes de la protesta son ejecutados.

Noviembre de 1848

15 de noviembre

LEVANTAMIENTO DE ROMA

Ministro asesinado

El Papa huye de Roma tras el asesinato de un ministro de los Estados Pontificios (las partes de Italia gobernadas por el Papa). Los manifestantes llenan las calles para exigir reformas sociales y una forma de gobierno democrática, lo que llevará a la breve República Romana de febrero de 1849.

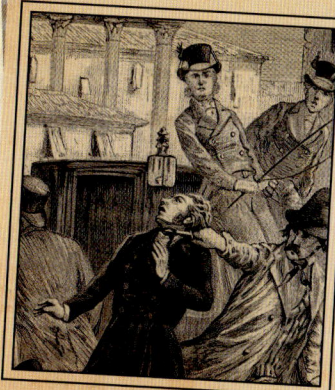

DESPUÉS

En abril de 1849, el Parlamento de Fráncfort ofrece a Federico Guillermo IV de Prusia la Corona imperial de Alemania, pero este la rechaza diciendo que no acepta «la Corona de las alcantarillas». Con esta decisión se esfuma cualquier esperanza de reforma liberal en Alemania.

Biología

Hace más de 40 000 años que empezó nuestro interés por el mundo natural, cuando el hombre primitivo pintó los primeros animales en las paredes de las cuevas. Con el tiempo, la zoología y la botánica se combinaron en una nueva ciencia: la biología. Hace poco que la biología se centra más en estudiarnos a nosotros mismos: los genetistas investigan el cuerpo humano para descubrir los secretos de la vida.

c. 39 000 a. C.

Pinturas rupestres

Aparecen muestras del interés de los humanos prehistóricos por los animales en las pinturas de las paredes de la cueva del Castillo, en España. Estas obras de arte están entre las primeras representaciones sofisticadas de la vida salvaje descubiertas en el mundo.

Obra de arte
Este bisonte es uno de los muchos animales pintados en la cueva del Castillo, junto con íbices, mamuts y cabras.

Carne tapada   *Carne destapada*

 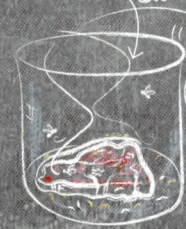

1674

Círculo de la vida

El biólogo italiano Francesco Redi (1626-1697) desmiente la idea de la «generación espontánea», en la que los seres vivos, como moscas o pulgas, aparecen del polvo o la carne putrefacta. Observa que las moscas ponen los huevos en la carne destapada y que eclosionan en forma de larva.

Microscopio mejorado

El mercader textil holandés Antonie van Leeuwenhoek (1632-1723) realiza un gran avance en microbiología al desarrollar un microscopio más potente, con el que es capaz de ver organismos diminutos en el agua.

c. 330 a. C.

Clasificar la naturaleza

El filósofo griego Aristóteles (384-322 a. C.) viaja por Grecia y Turquía para estudiar la vida salvaje. Divide plantas y animales en categorías y da nombre a diferentes especies. Esta clasificación de la naturaleza es el inicio de la zoología y la botánica.

1668

Primer microscopio

El óptico holandés Zacharias Janssen (1580-1638) inventa el primer microscopio compuesto, que ayuda a los científicos de todas las áreas de la biología a estudiar a los sujetos con mucho más detalle.

1735

Nombres en latín

El botánico sueco Carlo Linneo (1707-1778) inventa la taxonomía, una manera de agrupar las especies relacionadas de animales y plantas. En el libro *Systema Naturae* usa nombres en latín para géneros (subfamilias) y especies.

1543

1595

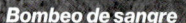

Disección humana

El científico flamenco Andreas Vesalius (1514-1564) disecciona cuerpos humanos y crea ilustraciones detalladas de los sistemas circulatorio y nervioso. Su publicación *De Humani Corporis Fabrica* revoluciona el campo de la anatomía, el estudio del cuerpo humano.

Bombeo de sangre
Estudiando el corazón humano, Vesalius descubrió cómo fluye la sangre por el cuerpo.

Dos nombres
Canis lupus (lobo) y Canis familiaris (perro) son ejemplos del sistema de dos nombres en latín, aún vigente en la actualidad.

1838

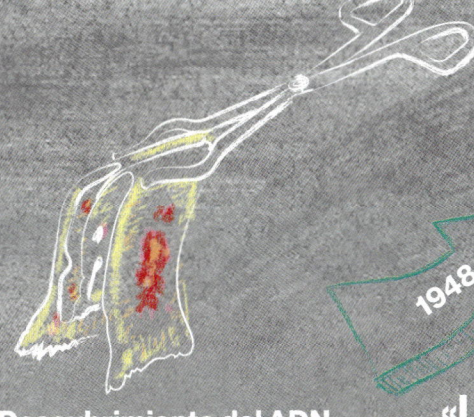

Genética móvil

La científica estadounidense Barbara McClintock (1902-1992) estudia el maíz y descubre los genes saltarines (o transposones): genes que pueden cambiar de posición en el ADN de las células. Estudiando estos genes saltarines descubre que los genes se pueden activar o desactivar y cambiar así las características del maíz.

1948

1953

El secreto de la vida

Los científicos Franklin, Crick y Watson combinan sus obras para crear el primer modelo de ADN; se conoce como el «secreto de la vida» y revela la información química en el interior de los seres vivos.

Descubrimiento del ADN

Con vendajes con pus de una clínica, el químico suizo Friedrich Miescher (1844-1895) identifica lo que denomina «nucleína» en los glóbulos blancos humanos, que contiene la información genética de la persona. Hoy se conoce con el nombre de «ácido desoxirribonucleico» (ADN).

«La ley general que lleva a la mejora de todos los seres orgánicos, a saber: la de multiplicar, variar, dejar vivir al más fuerte y dejar morir al más débil.»

Charles Darwin
El origen de las especies, 1859

1869

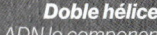

Doble hélice
El ADN lo componen dos cadenas enrolladas.

Genética

El monje austríaco Gregor Mendel (1822-1884) planta guisantes y descubre que las plantas transmiten características, como el color y el tamaño, a su descendencia siguiendo un sencillo patrón. Así se descubren los genes.

1996

Pinzones de Darwin
La evolución del pico de los pinzones depende de la comida disponible en el sitio donde viven.

1866

ADN compartido
Para crear a Dolly, se insertó el ADN de una oveja en el óvulo de otra.

La oveja Dolly

Los científicos hacen historia al duplicar células adultas de ADN para clonar por primera vez un mamífero. Dolly, la oveja recién nacida, es una copia exacta de otra oveja.

Selección natural

El naturalista inglés Charles Darwin (1809-1882) publica *El origen de las especies*, su teoría de la «selección natural». Estudiando la vida silvestre en Sudamérica observa que los animales con las mejores características según su entorno sobreviven y transmiten estos rasgos a su descendencia.

2003

Proyecto Genoma Humano

Se completa el Proyecto Genoma Humano, que descifra la secuencia del ADN humano. Un gran equipo internacional de científicos ha cartografiado e identificado la función de los más de 20 000 genes del ADN humano.

1859

Teoría celular

El botánico alemán Matthias Schleiden (1804-1881) descubre que todas las plantas están hechas de células. Un año más tarde el zoólogo alemán Theodor Schwann (1810-1882) observa lo mismo en los animales.

Centro de mando
El núcleo controla la célula y contiene toda su información genética.

2013

CRISPR

La bioquímica estadounidense Jennifer Doudna desarrolla la herramienta CRISPR, con la que los científicos pueden editar genes, lo que permite erradicar enfermedades hereditarias como la anemia falciforme.

Inicios comerciales

Un grupo de comerciantes de Londres funda la Compañía Británica de las Indias Orientales para beneficiarse del comercio de seda y especias con la India y las Indias Orientales (actual sudeste asiático). En los 200 años siguientes, la Compañía utiliza su riqueza y un ejército privado para dominar gran parte de la India.

Colonia americana

Tras un primer asentamiento fallido en la moderna Carolina del Norte, los británicos ocupan las tierras de la tribu indígena powhatan y fundan Jamestown (en la actual Virginia) como su primera colonia permanente en Norteamérica.

Esclavitud

Los comerciantes británicos comienzan a esclavizar a un gran número de africanos y los llevan a través del Atlántico para trabajar en las plantaciones de azúcar de Jamaica, que Gran Bretaña captura en 1655. Muchos mueren en el viaje y muchos otros por las terribles condiciones de trabajo que sufren.

1600

1607

1655

Imperio británico

El Imperio británico nació de la rivalidad con los españoles, portugueses, franceses y holandeses en Asia, África y América. Esta derivó en el dominio político, pues los europeos impusieron condiciones comerciales injustas a sus colonias, depusieron a sus gobernantes y se apoderaron de sus tierras. Los británicos crearon un gran imperio, que entró en decadencia tras la Primera Guerra Mundial, cuando los pueblos colonizados se sublevaron contra su dominio.

Nueva Zelanda

Gran Bretaña asume el control de Nueva Zelanda con la firma del Tratado de Waitang. Aunque garantiza a los indígenas maoríes la posesión de sus tierras a cambio de renunciar a sus derechos de soberanía, los británicos siguen intentando ocuparlas, lo que provoca guerras con los maoríes.

1840

1857-1858

Gobierno directo colonial

Tras suprimir una revuelta de los cipayos, Gran Bretaña toma el control directo de la India. La reina Victoria se convierte en emperadora de la India en 1877, pero nunca llega a visitarla.

Segunda guerra bóer

Los bóeres, colonos de origen holandés, libran una dura guerra contra Gran Bretaña por el control de las tierras de Transvaal. Su derrota llevará a la creación de la Unión Sudafricana en 1910.

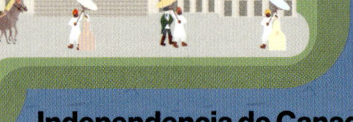

Independencia de Canadá

Tres provincias británicas de Norteamérica (Nuevo Brunswick, Nueva Escocia y Canadá [actuales Ontario y Quebec]) se unen para formar un único país, el Dominio de Canadá, dentro del Imperio británico.

Expansión africana

El imperio crece con la captura de vastos territorios de África a sus pueblos indígenas, incluidos Egipto y Sudán en el norte, Gambia y Ghana en el oeste y casi todo el sur de África, rico en minerales.

1867

1880-1900

1899-1902

India
La Compañía Británica de las Indias Orientales construye un fuerte, Fort William, en Calcuta, desde donde usa su ejército privado de soldados indios, o «cipayos», para someter a casi toda la India.

Guerra en las colonias
La guerra de los Siete Años en Europa se convierte en global cuando la lucha llega a las colonias de ultramar. Al final de la guerra, Gran Bretaña se hace con Nueva Francia (actual Canadá) y otros territorios franceses.

Independencia estadounidense
Las 13 colonias de Norteamérica se rebelan contra el dominio británico. Declaran su independencia el 4 de julio y acaban creando los Estados Unidos de América.

1702

1756-1763

1776

Colonia en Australia
Veinte años después de que el capitán Cook reclamara Australia para Gran Bretaña atraca una flota en Port Jackson (actual Sídney). La colonia se funda con la mano de obra de los prisioneros. El creciente número de colonos europeos expulsa a los indígenas de sus tierras, a menudo con violencia, y muchos más mueren por enfermedades introducidas por los europeos.

Posición en África
En 1664, la British Royal African Company captura el fuerte del Castillo de la Costa, en África occidental, que utiliza como base para el transporte de esclavos a América. Poco a poco, la presencia británica en África se amplía y, en 1795, arrebata Ciudad del Cabo a los holandeses.

Singapur
Las islas de Indonesia y la península malaya han estado dominadas por comerciantes portugueses y holandeses desde principios del siglo XVI. El colonialista británico Stamford Raffles funda un puerto comercial en la isla de Singapur, en el sudeste asiático, en la principal ruta comercial entre la India y China. Se convierte en colonia británica en 1824.

1819

1795

1788

Levantamiento irlandés
Tras siglos de gobierno británico en Irlanda, los nacionalistas se rebelan en Dublín en la Pascua de 1916. El «alzamiento de Pascua» se sofoca rápido, pero la lucha contra el dominio británico continúa. El Estado Libre Irlandés, antecesor de la república de Irlanda, se fundará en 1922.

Tras la Primera Guerra Mundial
En los tratados de paz del final de la Primera Guerra Mundial, Gran Bretaña asume el control de las antiguas colonias alemanas en África y en Oriente Medio tras la disgregación del Imperio otomano, partes del cual pasan a manos de Francia y Gran Bretaña.

Partición de la India
La India consigue independizarse en dos nuevos países: India, de mayoría hindú, y Pakistán, de mayoría musulmana. La partición de la India obliga a emigrar a millones de personas, lo que provoca disturbios y miles de muertes.

DESPUÉS
Casi todas las colonias británicas se independizaron entre 1957 y 1980. Muchas de ellas se unieron a la Commonwealth, asociación voluntaria de países con lazos históricos con el imperio. Otras quedaron como repúblicas separadas.

1916

1919-1920

1947

Guerra de Secesión de Estados Unidos

La esclavitud de millones de negros fue fuente de conflictos en los Estados Unidos del siglo XIX, pues los abolicionistas abogaban por el fin de la esclavitud en todo el país, mientras que los partidarios de la esclavitud sostenían que cada estado tenía derecho a decidir conservarla. Los estados del Sur se separaron y estalló la Guerra Civil entre el Norte y el Sur, en la que murieron más de 620 000 soldados, muchos de ellos negros.

Belle Boyd

La espía confederada Belle Boyd, una de las varias mujeres espía de esta guerra, logra una información con la que el ejército del general confederado Stonewall Jackson captura otra vez Front Royal, Virginia.

Estalla la guerra

Lincoln no acepta transferir todas las propiedades militares de los estados confederados al nuevo gobierno. Las fuerzas confederadas atacan Fort Sumter en Carolina del Sur y estalla la guerra. Otros cuatro estados (conocidos como la Unión durante la guerra) abandonan Estados Unidos.

Abolicionistas

Entre los abolicionistas (quienes quieren acabar con la esclavitud) hay negros que habían sido esclavos, como Frederick Douglass, que publica el *North Star*, periódico que defiende el fin de la esclavitud. Otra abolicionista, Sojourner Truth, da conferencias y ayuda a los que escapan a alcanzar la libertad en el Norte.

1847

Febrero de 1861

Abril de 1861

Julio de 1861

Mayo de 1862

Septiembre de 1862

Antietam

El día más cruento de toda la guerra acaba con 23 000 soldados muertos, heridos o desaparecidos. Tras una victoria de la Unión, Lincoln aprueba la Proclamación de Emancipación, una orden que libera a todas las personas esclavizadas de los estados confederados.

Estados confederados

Los líderes blancos del Sur creen que su economía, basada en las plantaciones, no prosperará sin explotar a los negros esclavizados. Siete estados dejan la Unión y crean los Estados Confederados de América, con Jefferson Davis (derecha) como presidente. Un mes después, Abraham Lincoln será el presidente de la Unión, formada por los 23 estados que no se separaron.

Primera batalla de Bull Run

La Unión pierde esta batalla en Virginia (también conocida como la batalla de Manassas). Se fortifica Washington D. C. para protegerla. En agosto de 1862, los confederados ganarán la segunda batalla de Bull Run.

Cañón napoleónico

Este tipo de cañón, bautizado así en honor al emperador francés Napoleón III, se usó mucho en la guerra de Secesión. Podía hacer diana sobre un blanco a 1600 m y disparar una bala de cañón a 439 m/s.

Soldados negros

En enero de 1863, el presidente Lincoln firma la Proclamación de Emancipación, que hace legalmente libres a todas las personas esclavizadas en las zonas controladas por la Confederación. También permite a los negros por primera vez alistarse oficialmente en el ejército de la Unión. Unos 180 000 hombres negros, muchos de los cuales habían sido esclavos, luchan por el Norte, y constituyen aproximadamente una décima parte del ejército de la Unión.

Gettysburg

Esta batalla en Pensilvania es un punto de inflexión, pues deja a los confederados sin esperanzas de invadir la Unión. Es el conflicto de varios días más sangriento de toda la guerra.

Encuentro para la rendición

Después de intentar sin éxito romper las líneas de la Unión, el comandante confederado Robert E. Lee se reúne con el general de la Unión Ulysses S. Grant en el juzgado de Appomattox para firmar el documento de rendición.

Marcha hacia el mar

El general de la Unión William Sherman y sus tropas comienzan la marcha desde la ciudad capturada de Atlanta hasta el puerto de Savannah y devastan los estados confederados.

1863   **Julio de 1863**   **Noviembre de 1863**   **Noviembre de 1864**   **1865**   **Abril de 1865**   **Mayo de 1865**

Discurso de Gettysburg

El presidente Lincoln pronuncia su discurso más famoso en el cementerio nacional de los soldados en Gettysburg. Declara que la guerra de Secesión es la lucha por la libertad y la igualdad.

Pueblos indígenas

Miles de indígenas luchan en la Guerra Civil, en ambos bandos, y uno de ellos, Ely Parker, llega a teniente coronel de la Unión. En general, sin embargo, no se respetan sus intereses, y un tercio de la nación cherokee muere de enfermedad, hambre y violencia a causa de la guerra.

Asesinato de Lincoln

El actor John Wilkes Booth dispara al presidente Lincoln en una obra de teatro de Washington para vengar a los confederados. Lincoln muere a la mañana siguiente.

Fin de la guerra

El resto de los ejércitos confederados abandonan la lucha. Ambas facciones acuerdan la rendición y el nuevo presidente Andrew Johnson declara el final oficial de la guerra de Secesión y el final de la esclavitud en Estados Unidos.

Batallas cruciales

Desde los primeros disparos hasta la rendición final, la guerra de Secesión tuvo dividido al país. Ninguna de las dos facciones partía con ventaja clara al principio. La Unión disponía de más soldados y dinero, pero los confederados tenían la ventaja de luchar en terreno conocido.

Marzo de 1862
Monitor contra *Virginia*
En este choque entre dos naves acorazadas vuelan muchas balas de cañón pero nadie logra la victoria.

Diciembre de 1862
Fredericksburg
Un mal momento para la Unión: el ejército confederado los derrota.

Abril-mayo de 1863
Chancellorsville
El ejército confederado, con menos tropas, consigue una victoria estratégica.

Mayo de 1864
Spotsylvania
Nadie se lleva la victoria en esta lucha brutal en Virginia.

Abril de 1862
Shiloh
La victoria de la Unión se produce tras dos días de fuego y batalla.

Mayo- julio de 1863
Vicksburg
El ejército de la Unión sale victorioso del asedio de esta ciudad de Misisipi.

Julio de 1864
Atlanta
El general Sherman y sus tropas se hacen con esta ciudad de Georgia.

Colonialismo en África

En 1870, el comercio de personas esclavizadas (pp. 164-165) había asolado África durante siglos, dañando a los Estados indígenas y sus economías. Las potencias europeas, sin embargo, rara vez se habían adentrado en el interior, y solo poseían el 10 % de África, en su mayoría en zonas costeras. La competencia entre ellas por el control de los recursos las llevó a destruir Estados centenarios como Congo, el reino zulú y Benín. En 1900, los europeos habían colonizado el 90 % de África, y esas regiones tardarían más de medio siglo en recuperar su independencia.

Reparto de África

Este mapa ilustra el dominio de las potencias europeas en África a finales del siglo xix. Francia y Gran Bretaña colonizaron las mayores áreas del continente. Solo Liberia y Etiopía mantuvieron su independencia.

LEYENDA

- Bélgica
- Francia
- Alemania
- Italia
- Portugal
- España
- Reino Unido
- Independiente

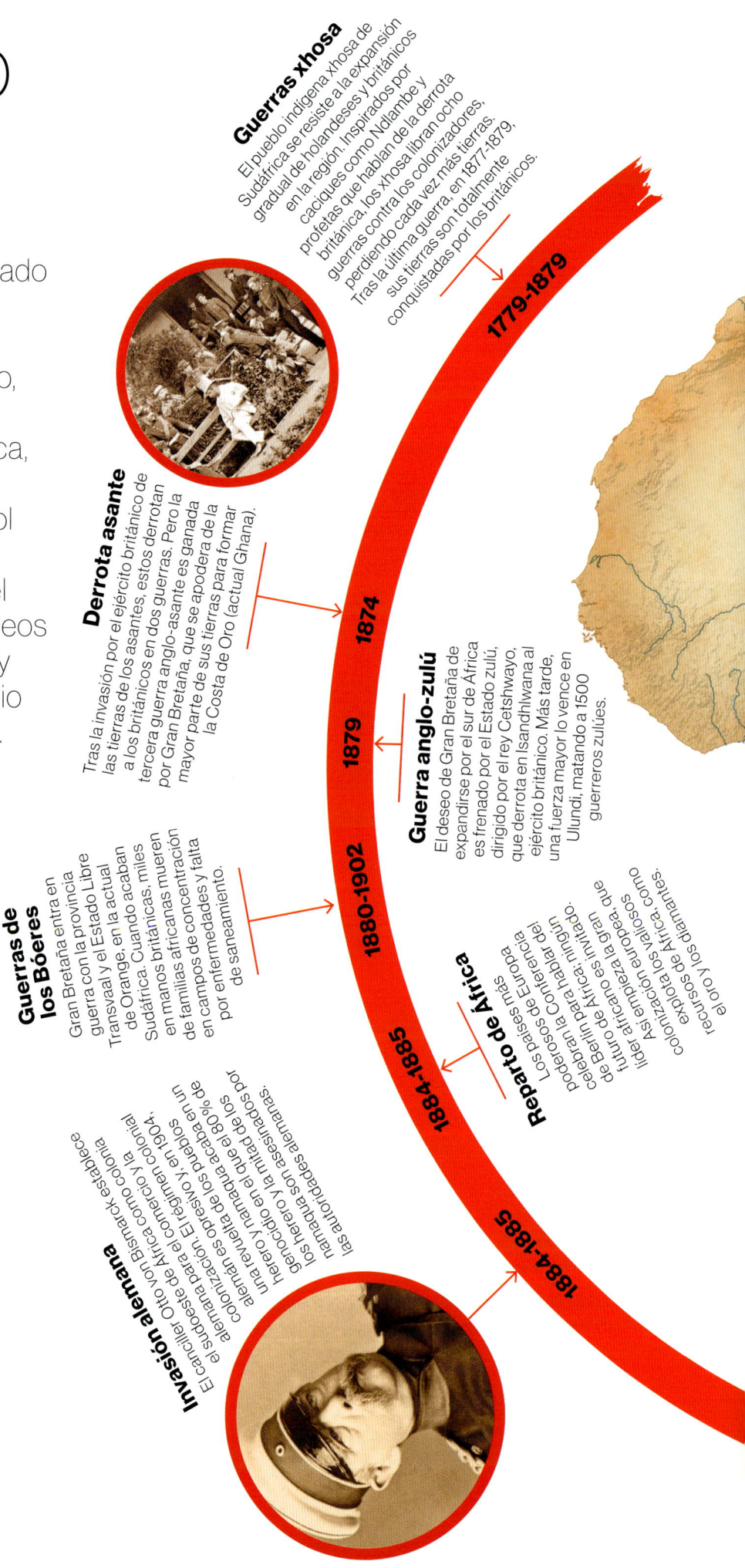

Guerras xhosa

El pueblo indígena xhosa de Sudáfrica se resiste a la expansión gradual de holandeses y británicos en la región. Inspirados por caciques como Ndlambe y profetas que hablan de la derrota británica, los xhosa libran ocho guerras contra los colonizadores, perdiendo cada vez más tierras. Tras la última guerra, en 1877-1879, sus tierras son totalmente conquistadas por los británicos.

1779-1879

Derrota asante

Tras la invasión por el ejército británico de las tierras de los asantes, estos derrotan a los británicos en dos guerras. Pero la tercera guerra anglo-asante es ganada por Gran Bretaña, que se apodera de la mayor parte de sus tierras para formar la Costa de Oro (actual Ghana).

1874

Guerra anglo-zulú

El deseo de Gran Bretaña de expandirse por el sur de África es frenado por el Estado zulú, dirigido por el rey Cetshwayo, que derrota en Isandlwana al ejército británico. Más tarde, una fuerza mayor lo vence en Ulundi, matando a 1500 guerreros zulúes.

1879

Guerras de los Bóeres

Gran Bretaña entra en guerra con la provincia Transvaal y el Estado Libre de Orange, en la actual Sudáfrica. Cuando acaban las guerras, miles en manos británicas mueren de familias africanas mueren en campos de concentración por enfermedades y falta de saneamiento.

1880-1902

Reparto de África

Los países más poderosos de Europa celebran la Conferencia de Berlín para hablar del futuro africano; ningún líder africano es invitado. Así empieza la gran colonización de África, como la explota los valiosos recursos los diamantes, el oro y los ...

1884-1885

Invasión alemana

El canciller Otto von Bismarck establece el sudoeste de África como colonia alemana para El régimen en 1904. colonización es opresivo y los pueblos por una revuelta herero y namaqua que acaba en un el los herero y namaqua en el 80 % de genocidio y los asesinados por las autoridades son alemanas.

1884-1885

Año de África

Este año 17 países del África subsahariana se independizan del control europeo. Más tarde se conocerá como el Año de África.

1960

Levantamiento keniano

Un grupo de manifestantes llamado Ejército de la Tierra y la Libertad de Kenia (KLFA), también conocido como Mau Mau, organiza un levantamiento contra los colonizadores británicos. Unos 13000 partidarios del KLFA son asesinados, pero Kenia obtiene la independencia en 1963.

1952

Transporte de minerales

Los gobiernos europeos valoran África por sus recursos minerales, que explotan sin tener en cuenta el coste para los pueblos indígenas. Se inaugura el ferrocarril Benguela para llevar el cobre local de Katanga, en el Congo Belga de Katanga al puerto de Lobito, en Angola. África se llena de líneas de tren.

1902

Tesoros robados

En el reino de Benin, los soldados británicos roban miles de objetos de gran valor. Al extenderse el colonialismo, los europeos siguen robando tesoros de África, como esculturas de terracota de la cultura indígenas de los pueblos Nok de Ghana y figuritas de madera del pueblo Luba de África central.

1897

Victoria etíope

Cuando las fuerzas coloniales italianas invaden Etiopía, el Emperador Menelik II las derrota en Adua, logrando una rara victoria de un ejército africano contra invasores europeos. Etiopía conserva su independencia, pese a un nuevo intento de Italia de conquistarla en 1936.

1896

Triunfo de Touré

Samory Touré del Imperio mandinga vende armas al ejército francés para comprar miles de oro y marfil para francesas en África occidental cara a los Tras la captura de Touré por los mandinga en 1898, el Imperio mandinga se desmorona. Millones de mandingas siguen viviendo en la región.

1895

Mina de diamantes

El empresario británico Cecil John Rhodes compra abrir una mina de diamantes y así derechos exclusivos para los recursos naturales y nativos. África explotando así sus

1888

Régimen brutal

El rey Leopoldo de Bélgica establece el Estado Libre del Congo como su dominio privado. Los congoleños obligados a trabajar en las plantaciones de caucho sufren graves penurias y brutalidad, y hasta 10 millones de personas mueren a causa de ello.

1885-1908

227

Telecomunicaciones

La comunicación ha avanzado mucho desde la antigüedad, cuando se enviaban mensajes a través de señales de humo, faros o palomas mensajeras. Con la invención del telégrafo, el teléfono, la radio e internet, personas de distintos países e incluso continentes pueden enviarse mensajes y conversar. La televisión llenó de imágenes millones de hogares y cambió la forma en la que pasamos actualmente el tiempo libre.

Mensajes eléctricos

La invención de un telégrafo eléctrico por parte de los inventores británicos William Fothergill Cooke y Charles Wheatstone hace posibles los mensajes a larga distancia. Se envían señales eléctricas a través de cables conectados a agujas, que giran y apuntan a letras y números concretos de una placa para formar un mensaje. Los mensajes enviados a través del telégrafo se denominan «telegramas».

Cables continentales

Nace una nueva era de comunicación intercontinental cuando el primer cable de telégrafo cruza el océano Atlántico. En 1902 también se instalaron cables por el océano Pacífico, lo que permitió enviar telegramas a cualquier punto del globo.

Emisión de Tesla

El ingeniero serboamericano Nikola Tesla es el primero que produce y emite ondas de radio. También es el ideólogo de muchos otros inventos, como los motores eléctricos que mueven las máquinas modernas.

1837

1876

1895

1844

1792

1858

1888

1897

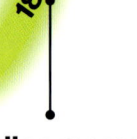

Código morse

El inventor norteamericano Samuel Morse crea un código para interpretar las señales eléctricas enviadas por los cables telegráficos. Para ello usa señales de distintas longitudes para crear patrones de rayas y puntos que representan diferentes letras y números.

Ondas de radio

El científico alemán Heinrich Hertz es el primero que descubre las ondas de radio. Cuando lo hace, es consciente del potencial de estas ondas electromagnéticas para transferir información.

Mensaje de Marconi

El inventor italiano Guillermo Marconi funda su propia empresa para investigar las ondas de radio. Inventa un telégrafo inalámbrico, que envía código morse a través de ondas de radio, por el aire, sin cables.

Telégrafo óptico

El inventor francés Claude Chappe inventa un sistema de brazos de madera móviles, cuya posición indica letras o números. Estos brazos se colocan al final de altos mástiles para que se vean desde muy lejos y se puedan transmitir mensajes de pueblo a pueblo. Le da el nombre de telégrafo, que significa «escribir a distancia».

Llamada telefónica

El inventor escocés Alexander Graham Bell experimenta con el envío de sonidos a través de los cables del telégrafo, que pueden escucharse en el otro extremo, en una primigenia llamada telefónica. La primera comunicación se produce entre Bell y su asistente Thomas Watson, con estas célebres palabras: «Señor Watson, venga aquí. Le necesito».

Voz en la radio

La primera voz que se transmite por la radio es la del inventor canadiense-estadounidense Reginald Fessenden. Así empieza la construcción de transmisores de radio para crear una nueva forma de ocio con la que muchos disfrutan, sentados alrededor de la radio en casa.

Visión en color

En 1928 se presenta la primera televisión en color, pero hasta la década de 1950 estos aparatos no son asequibles. Las primeras emisiones de televisión digital –en pantallas de plasma, que ofrecen imágenes de alta definición– comienzan a principios de la década do 2000.

Nace el correo electrónico

Los mensajes electrónicos entre ordenadores, o correo electrónico, nacen cuando el programador Ray Tomlinson envía el primer correo electrónico de la historia: un mensaje de prueba para él mismo. Será una de las formas de comunicación más populares del mundo.

World Wide Web

El científico británico Tim Berners-Lee crea la World Wide Web, una manera de conectar todos los recursos de internet del planeta. Cualquier ordenador puede acceder a su sistema para compartir información a través de páginas web vinculadas.

Primer teléfono móvil

Se lanza el primer teléfono móvil, pero es demasiado grande y caro para usarlo. La primera llamada de teléfono móvil se hace con un aparato que pesa 1,1 kg y tarda 10 horas en cargarse. En 1994, IBM lanzará el «IBM Simon», primer teléfono inteligente del mundo.

1906

1925

Hacia 1950

1962

Década de 1970

1971

1989

1984

Siglo XXI

Comunicación espacial

Estados Unidos pone en órbita el primer satélite de comunicaciones, el Telstar 1. Recibe señales de radio de la Tierra y las devuelve a los receptores en el mismo planeta; así se transmiten la televisión y las comunicaciones telefónicas.

Teléfono «ladrillo»

El DynaTAC es el primer teléfono móvil comercial del mundo. Conocido como «el ladrillo», cuesta el equivalente de unos 3500 euros de la época (unos 9600 euros actuales), solo asequible para unos pocos. Su batería da para una llamada de 30 minutos.

Inteligencia artificial

Las empresas tecnológicas se centran en el desarrollo de la inteligencia artificial (IA), la capacidad de los ordenadores para aprender por sí mismos. El científico británico Demis Hassabis, fundador de DeepMind, y su equipo desarrollan un aprendizaje automático que permite a un ordenador ganar por primera vez una partida de go contra un jugador profesional.

Televisión mecánica

El inventor británico John Logie Baird crea la primera televisión mecánica del mundo, que usa discos giratorios para generar una señal de vídeo. La fabrica con objetos que tiene por casa: agujas de hacer punto, latas de galletas y una caja de infusiones. Se presenta en Londres en 1926.

Fotografía

Imagina un mundo sin fotos: sin selfis, sin imágenes de las noticias y sin forma de registrar los acontecimientos importantes. Durante siglos, los eruditos griegos, chinos y árabes conocían la cámara oscura, que podía proyectar una imagen borrosa del exterior en una pantalla, pero no había forma de fijarla. La fotografía, que comenzó a principios del siglo XIX, hizo que la imagen fuera permanente, cambiando la forma en que la gente veía el mundo que los rodeaba. Hoy las cámaras se han reducido a teléfonos inteligentes de bolsillo.

1840

Expansión mundial

La fotografía se extiende rápidamente, llegando a Japón y China. En la segunda mitad del siglo, aparecen estudios que permiten a la gente encargar fotografías de sí mismos y sus familiares. En Japón se fotografía al emperador Meiji, para que la gente pueda ver por primera vez el verdadero retrato de un emperador.

1855

Fotografía de guerra

Aparecen los primeros fotógrafos de guerra. El británico Roger Fenton documenta la guerra de Crimea en la década de 1850 y el estadounidense Matthew Brady, la guerra civil de Estados Unidos en la década de 1860.

1861

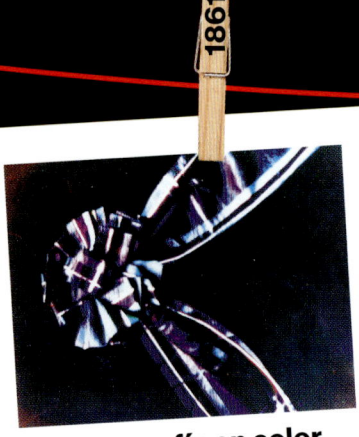

Fotografía en color

El físico escocés James Clerk Maxwell proyecta tres exposiciones separadas de una cinta de tartán a través de filtros rojo, verde y azul para crear una fotografía en color.

1947

Cámaras Polaroid

La hija de Edwin Land, de 3 años, le pregunta por qué hay que esperar para ver una foto y él inventa la cámara instantánea Polaroid 95, capaz de revelar fotografías en 60 segundos. En 1956 se han vendido más de un millón de Polaroids.

1950

Cámaras réflex

Las cámaras réflex llegan al gran mercado durante la década de 1950. Este tipo de cámaras, como la Nikon F (arriba), dan a los fotógrafos un control sin precedentes sobre sus ajustes.

1963

Apuntar y disparar

Kodak presenta su nueva cámara Instamatic, que facilita el laborioso proceso de cambio de película. Es la primera de una nueva generación de cámaras «apuntar y disparar» inteligentes que seleccionan automáticamente los ajustes adecuados para hacer una foto.

1826

La primera fotografía

El inventor francés Joseph Nicéphor Niépce hace la foto más antigua que ha llegado a nuestros días: una vista desde su tejado. Para ello, usa agentes químicos sensibles a la luz. Hacen falta varias horas de exposición (la luz creando la imagen sobre la película).

1838

Primera foto de una persona

Louis Daguerre fotografía esta escena urbana con su invento, el daguerrotipo. Las únicas personas que aparecen en la imagen son un hombre y su limpiabotas, ya que permanecen quietos durante los siete minutos de exposición.

1839

Retrato

El fotógrafo estadounidense Robert Cornelius hace el primer autorretrato; para ello, usa un daguerrotipo. Para conseguir la exposición debe sentarse inmóvil durante 15 minutos.

1888

Fotografía de masas

La fotografía se convierte en un pasatiempo accesible y popular cuando Kodak lanza su cámara de carrete. Doce años después se produce en masa y sale a la venta la cámara «Brownie» por un dólar.

1895

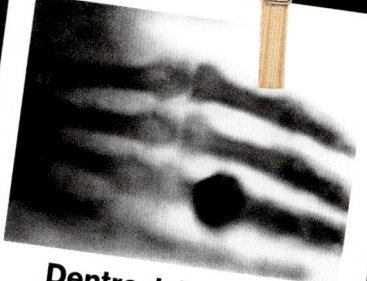

Dentro del cuerpo

El físico alemán Wilhelm Röntgen saca una radiografía de la mano de su esposa y demuestra que los rayos X pueden atravesar la piel y los músculos, pero no los huesos. En 1964 se inventa el fibroscopio, que permite a los médicos ver zonas del interior del cuerpo.

1930

Fotoperiodismo

Nace la edad de oro del fotoperiodismo gracias a los avances tecnológicos con los que las cámaras son más portátiles. En Estados Unidos revistas como *Time* y *Life* empiezan a incluir «ensayos fotográficos» para denunciar injusticias sociales.

1991

Cámaras digitales

Se lanza al mercado la primera cámara digital comercial, 16 años después de su invención por el ingeniero estadounidense Steven Sasson. Las cámaras digitales almacenan las imágenes como datos electrónicos y no precisan de película.

2000

Selfis

Aparecen los primeros teléfonos móviles con cámara digital integrada en Corea del Sur y Japón. Las selfis se convierten en un fenómeno global: todo el mundo, desde famosos hasta líderes políticos se hacen fotos y las cuelgan en línea.

El laboratorio

Antes de que las cámaras digitales almacenaran las imágenes en forma de datos electrónicos, se usaba película fotográfica para registrar las imágenes (o también exposiciones). La película se convertía en fotografía usando productos químicos en un laboratorio oscuro a la luz de una tenue bombilla roja. Las impresiones resultantes se tendían para que se secaran.

Detección de delitos

Los delincuentes son cada vez más sofisticados, y también lo es la tecnología para atraparlos. Desde los avances (ya sean teléfonos o redes sociales) hasta los descubrimientos de nuevos equipos y técnicas, los investigadores forenses han transformado la lucha contra el crimen.

Ensayo de Marsh

Esta prueba desarrollada por James Marsh detecta el arsénico, un veneno común entre los asesinos del siglo XIX. El ensayo se estrenó en Francia en 1840 durante el juicio de Marie Lafarge.

1836

Fotografía de la ficha policial

El policía francés Alphonse Bertillon hace varias fotografías de un sospechoso de cara y de perfil. Estas fotografías se diseminan para que el público identifique a los delincuentes.

1888

Análisis balístico

El químico forense Paul Jeserich analiza diversas balas usadas y detecta diferencias entre ellas. Durante un juicio por asesinato es capaz de demostrar qué revólver disparó la bala letal.

1898

Huellas dactilares de sangre

Dos chicos son asesinados en Buenos Aires, Argentina. Se identifica al asesino por su huella dactilar impresa en sangre en el lugar del crimen.

1892

Conocer la sangre

Paul Uhlenhuth crea una prueba para determinar si la sangre es humana o animal. El mismo año Karl Landsteiner identifica los grupos sanguíneos, con lo que pueden descartarse sospechosos si las muestras de sangre halladas en el lugar del crimen no son de su grupo sanguíneo.

1901

Detector de mentiras

Desde 1930 se usan detectores de mentiras (o polígrafos) en las comisarías de policía de Estados Unidos. Registran cambios en la respiración, el sudor y la presión arterial. Los polígrafos son controvertidos, ya que no siempre dan un resultado exacto. ¡Una persona deshonesta puede salirse con la suya mintiendo con toda tranquilidad!

1930

Detalle microscópico

Los laboratorios policiales aprovechan el microscopio electrónico de barrido de la Universidad de Cambridge, capaz de producir imágenes en 3D de las muestras del lugar del crimen con un detalle increíble.

1965

Inspector insecto

La investigación de Alexander Mearns le permite calcular el tiempo que lleva muerta una víctima estudiando el ciclo de vida de las larvas del cadáver.

1935

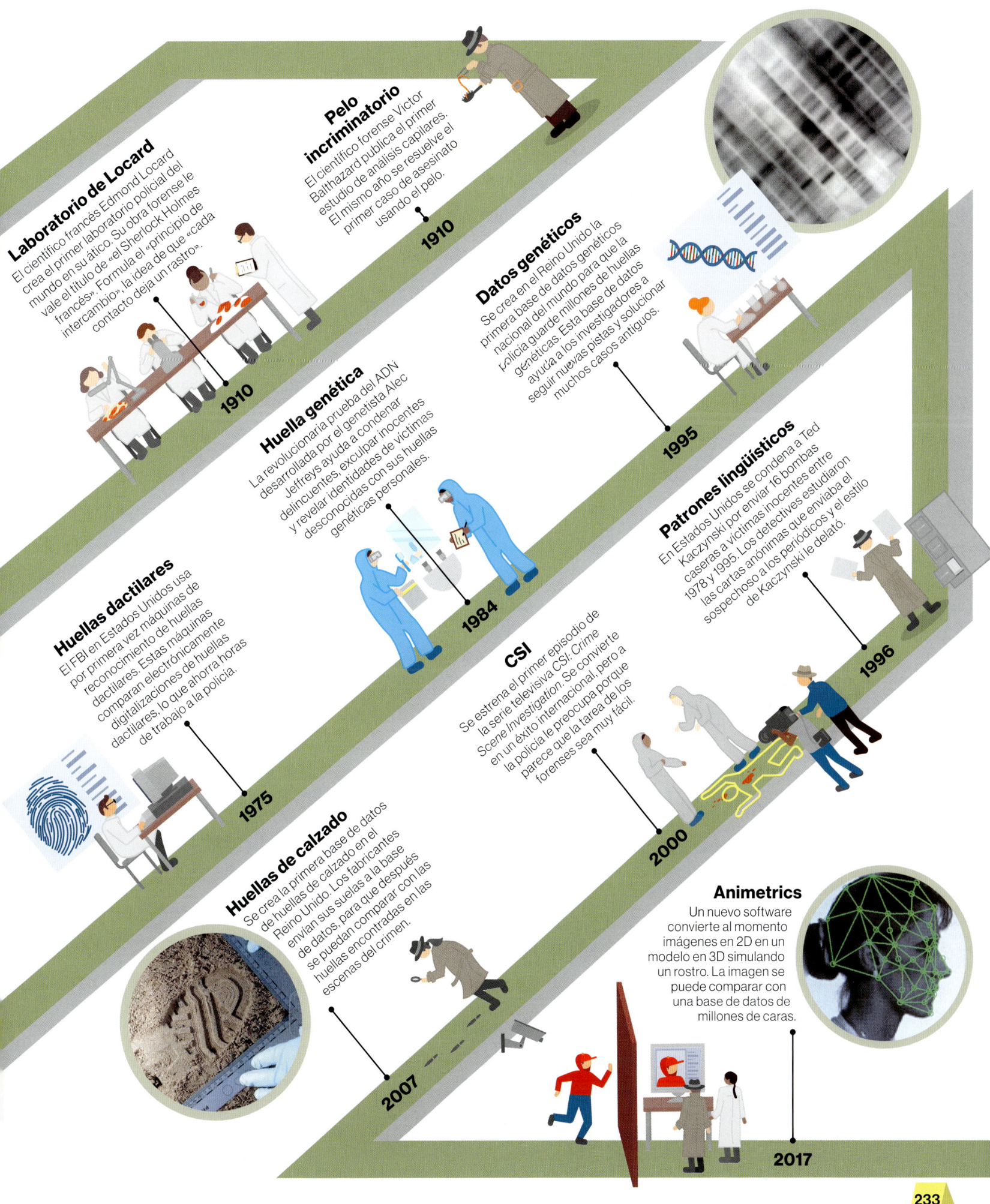

Laboratorio de Locard

El científico francés Edmond Locard crea el primer laboratorio policial del mundo en su ático. Su obra forense le vale el título de «el Sherlock Holmes francés». Formula el «principio de intercambio», la idea de que «cada contacto deja un rastro».

1910

Pelo incriminatorio

El científico forense Victor Balthazard publica el primer estudio de análisis capilares. El mismo año se resuelve el primer caso de asesinato usando el pelo.

1910

Datos genéticos

Se crea en el Reino Unido la primera base de datos genéticos nacional del mundo para que la policía guarde millones de huellas genéticas. Esta base de datos ayuda a los investigadores a seguir nuevas pistas y solucionar muchos casos antiguos.

1995

Huella genética

La revolucionaria prueba del ADN desarrollada por el genetista Alec Jeffreys ayuda a condenar delincuentes, exculpar inocentes y revelar identidades de víctimas desconocidas con sus huellas genéticas personales.

1984

Patrones lingüísticos

En Estados Unidos se condena a Ted Kaczynski por enviar 16 bombas caseras a víctimas inocentes entre 1978 y 1995. Los detectives estudiaron las cartas anónimas que enviaba el sospechoso a los periódicos y el estilo de Kaczynski le delató.

1996

Huellas dactilares

El FBI en Estados Unidos usa por primera vez máquinas de reconocimiento de huellas dactilares. Estas máquinas comparan electrónicamente digitalizaciones de huellas dactilares, lo que ahorra horas de trabajo a la policía.

1975

CSI

Se estrena el primer episodio de la serie televisiva CSI: Crime Scene Investigation. Se convierte en un éxito internacional, pero a la policía le preocupa porque parece que la tarea de los forenses sea muy fácil.

2000

Huellas de calzado

Se crea la primera base de datos de huellas de calzado en el Reino Unido. Los fabricantes envían sus suelas a la base de datos, para que después se puedan comparar con las huellas encontradas en las escenas del crimen.

2007

Animetrics

Un nuevo software convierte al momento imágenes en 2D en un modelo en 3D simulando un rostro. La imagen se puede comparar con una base de datos de millones de caras.

2017

233

Aeronaves y aviación

El primer objeto creado por el hombre que se elevó por los aires fue la cometa. Las primeras volaron probablemente en China en el siglo v a.C. con fines de comunicación militar o para comprobar la velocidad del viento. En el siglo xv el italiano Leonardo da Vinci diseñó máquinas voladoras basándose en sus estudios de las aves. En los cuatro siglos siguientes, los inventores tuvieron la vista puesta en el cielo, pero no fue hasta el vuelo histórico de los hermanos Wright a principios del siglo xx cuando empezó la historia real de la aviación.

¡Más y más arriba!
Los hermanos franceses Joseph y Étienne Montgolfier envían una oveja, un pollo y un pato a las alturas en un globo de aire caliente. Los animales aterrizan sanos y salvos tras un vuelo de ocho minutos. Este mismo globo se usará más adelante para el primer vuelo con personas.

1783

Reactor comercial
Tras 3 años de pruebas despega el primer avión de reacción de pasajeros comercial. El De Havilland DH106 Comet transporta personas por todo el mundo más rápido que cualquier otra nave.

1949

Batalla de Inglaterra
Durante la Segunda Guerra Mundial miembros de la Real Fuerza Aérea británica con Supermarine Spitfires se enzarzan a luchar en los cielos contra la Luftwaffe alemana en combates aéreos cerrados.

1940

Helicóptero moderno
Igor Sikorsky, un ruso-americano inventa y hace volar el primer helicóptero práctico. Igual que los helicópteros modernos, su diseño incluye un rotor principal y un rotor de cola para equilibrarlo.

1939

Helicópteros de doble rotor
El innovador estadounidense de la aeronáutica Frank Piasecki inventa los helicópteros de doble rotor, incluido el famoso *Chinook*, que se usan para llevar a soldados al combate y participar en misiones de rescate.

Años 1960

Despegue vertical
El Harrier Jump Jet se convierte en el primer avión de despegue vertical del mundo. Es perfecto para una rápida salida de zonas de combate.

1966

Vuelo supersónico
Despega por primera vez el Concorde, avión de pasajeros supersónico con turborreactores francobritánico. Dobla la velocidad del sonido y continúa operando hasta 2003.

1969

Nave de hidrógeno

El francés Jules Henri Gifford fabrica la primera aeronave de motor del mundo. Está llena de hidrógeno y cuenta con un motor de vapor; realiza un viaje controlado de 27 km.

1852

El vuelo de los Wright

Orville Wright logra realizar el primer vuelo de motor de una máquina más pesada que el aire: dura 12 segundos y cubre una distancia de 36,5 m.

1903

A través del Canal

El inventor francés Louis Blériot se convierte en el primero que cruza volando el canal de la Mancha. Tarda 37 minutos con su *Blériot XI*.

1909

La vuelta al mundo

Dos Douglas World Cruisers, aeronaves de diseño especial de las fuerzas aéreas de Estados Unidos, se convierten en los primeros aviones que circunnavegan la Tierra. La vuelta al mundo cubre 44 250 km en 6 meses.

A chorro

Despega por primera vez el primer avión reactor de propulsión a chorro funcional plenamente, el Heinkel He 178. El diseño del alemán Hans von Ohain alcanza velocidades de 610 km/h.

1939

Motor de reacción

El ingeniero británico Frank Whittle diseña los planos del motor de reacción. Patenta el diseño y fabrica la primera versión útil al cabo de 7 años.

1930

1924

Travesía del Atlántico

Los aviadores británicos John Alcock y Arthur Brown realizan el primer vuelo sin escalas a través del océano Atlántico: cruzan 3040 km en menos de 16 horas.

1919

Drones no tripulados

Las máquinas voladoras conocidas como drones no llevan piloto a bordo, sino que se pilotan mediante un control remoto portátil. Hoy en día se usan muchos drones para fines militares, de vigilancia y ocio.

Siglo XXI

A bordo del Airbus

La nave de pasajeros más grande y pesada del mundo, el Airbus A380, surca los cielos por primera vez. Dispone de cuatro motores Rolls-Royce. Tiene espacio para 853 pasajeros.

2005

Avión hipersónico

Ingenieros chinos comienzan las pruebas para construir un proyecto de avión que viajará a velocidades hipersónicas (más de cinco veces superiores a la del sonido) de hasta 4184 km/h. Será capaz de viajar de Pekín (China) a Nueva York (Estados Unidos) en 2 horas.

2018

Derecho a voto

Al hacerse más complejas las sociedades antiguas, la gente tenía poco que decir sobre quién las gobernaba. Los antiguos griegos establecieron un sistema en el que los hombres libres podían votar en las elecciones. En el siglo XVII apareció el gobierno representativo: el pueblo vota y es representado por funcionarios electos. El derecho a votar se denomina «sufragio», pero ¿quién debería tener este derecho? En muchos países, el «electorado» (quienes tienen derecho a voto) ha ido creciendo cuando las personas han luchado para que se escuche su voz.

«Todos los hombres...»

Entra en vigor la Constitución de Estados Unidos, que establece las leyes del país. Los estados tienen el poder de decidir quién puede votar y quién no. La mayoría de los estados solo dan derecho a voto a los hombres blancos con propiedades.

Derechos del hombre

La Declaración de los derechos del hombre, redactada por la Asamblea Nacional Constituyente de Francia, declara que todos los hombres libres, no solo los que tienen dinero y propiedades, pueden votar y participar en la legislación.

Más democracias

Cuando se colapsa la Unión Soviética, una nueva ola de democracia barre Europa. Más gente tiene derecho a voto y por ello observadores internacionales empiezan a supervisar las elecciones para comprobar su limpieza.

Progreso de los derechos civiles

La Ley de derecho al voto de 1965 es resultado de la campaña del Movimiento por los derechos civiles de Estados Unidos. Ilegaliza la discriminación contra los votantes negros, como rechazarlos el día de los comicios o hacerles pruebas de alfabetización.

Día de la Libertad

Sudáfrica celebra sus primeras elecciones con sufragio universal: todos los individuos, independientemente de su raza, tienen derecho al voto. Antes el sistema de Sudáfrica de separación racial, el *apartheid*, no permitía votar a los negros.

Votantes jóvenes

Austria es el primer país de la Unión Europea en el que se puede votar a los 16 años. Algunos países permiten votar a esa edad, pero en la mayoría se vota a partir de los 18.

Ley de reforma
1832

Tras disturbios en Gran Bretaña por unas elecciones nada transparentes, el Parlamento mejora la seguridad de los comicios. La ley amplía el número de hombres con propiedades que tiene derecho a voto y regula las elecciones.

Primeras elecciones
1840

El Imperio otomano es el primer Estado de mayoría musulmana que celebra elecciones a las asambleas locales. En 1877 se crea un Parlamento nacional, aunque las mujeres no pueden votar hasta 1935. Otros Estados musulmanes le siguen, especialmente tras la descolonización.

La 15.ª enmienda
1870

A pesar de que en 1865 se abolió la esclavitud en Estados Unidos, los negros de los estados del Sur aún no pueden votar. La 15.ª enmienda ilegaliza negar el voto por el color de la piel, pero los votantes negros aún están discriminados.

Voto obligatorio
1893

Bélgica es el primer país que hace obligatorio votar, pero solo los hombres tienen derecho. Si no se vota hay que pagar una multa; y si no se hace en cuatro elecciones seguidas, se pierde el derecho de voto. En 1949 se aprueba el voto obligatorio femenino.

La 19.ª enmienda
1920

Tras décadas de lucha y protestas, las mujeres de Estados Unidos pueden votar. La campaña de mujeres como Elizabeth Cady Stanton, Susan B. Anthony y Alice Paul logró mejorar la educación y el empleo de las mujeres, además de obtener el derecho de voto. Las mujeres de color siguen siendo discriminadas y se les niega el derecho de voto.

Campaña por el cambio
1903-1918

Emmeline Pankhurst funda la Unión Social y Política de las Mujeres en Inglaterra. Su lema, «Hechos, no palabras», es la llamada a la acción de las *suffragettes*, que usan tácticas de choque para ganar simpatizantes. En 1918, las mujeres de más de 30 años obtienen el derecho de voto; en 1928, podrán votar las de más de 21 años, como los hombres.

Pioneras
1893

Tras una larga campaña por la igualdad de derechos, Nueva Zelanda es el primer país con voto femenino. Australia le sigue en 1902; después las mujeres tienen derecho a votar en Escandinavia, Canadá y parte de Europa.

2015

«Votar no es solo un derecho: es el poder.»

Loung Ung, activista estadounidense de origen camboyano

Progreso para la mujer

Más de 120 años después de que las mujeres de Nueva Zelanda –incluidas las maoríes– hicieran campaña por el voto y lo obtuvieran, las mujeres de Arabia Saudí pueden votar en las elecciones locales por primera vez.

237

Física

Durante más de 2500 años los científicos han estudiado el comportamiento de la materia, las fuerzas y la energía para entender cómo funciona el universo. Con la propuesta de teorías durante los siglos se han establecido los principios de la física. Hoy sabemos más sobre el universo que los físicos antiguos; aun así, todavía queda mucho por descubrir.

c. 600 a. C.

Electricidad estática

Los griegos antiguos descubren la electricidad estática (que no se mueve). Tales de Mileto (624-546 a. C.) observa que el ámbar (resina de árbol fosilizada), si se frota con pelo, atrae objetos ligeros, como cabellos, paja y hierba.

Sol
El Sol produce rayos de luz que viajan por el espacio e impactan sobre los objetos de la Tierra.

1514

Óptica original

El físico árabe Alhacén ibn al-Haytham (965-1040) rechaza la idea de que el ojo humano ve porque crea su propia luz y afirma que la luz solar rebota en un objeto y al reflejarse en el ojo nos permite verlo.

Luz
La luz del Sol rebota en la flor y se refleja en el ojo.

Rotación terrestre

Cuando se creía que la Tierra ocupaba el centro del universo, el astrónomo polaco Nicolás Copérnico (1473-1543) usa modelos matemáticos para demostrar que el Sol está en el centro y los planetas giran a su alrededor.

c. 400 a. C.

Partículas

El griego Demócrito (460-370 a. C.) teoriza que el universo son minúsculas partículas en movimiento, aunque no es capaz de demostrarlo. Las bautiza como átomos, pero sus ideas se parecen poco a lo que sabemos de los átomos en la actualidad.

c. 250 a. C.

¡EUREKA!

c. 1000

¡Eureka!

El matemático griego Arquímedes (287-212 a. C.) vive un momento «¡Eureka!» («¡Lo encontré!») en pleno baño. El agua rebosa al entrar él en la bañera, lo que le lleva a formular el principio que explica por qué flotan los objetos en el agua.

1604

Teoría de Galileo

Galileo (1564-1642) experimenta con la gravedad y el movimiento. Tira bolas de cañón de diferentes tamaños a gran altura y demuestra que todas llegan a la vez al suelo. También teoriza sobre la inercia: la teoría de que los objetos se mantendrán en movimiento o quietos a no ser que actúe una fuerza sobre los mismos.

Caída de objetos
La gravedad atrae a la misma velocidad todos los objetos.

Electromagnetismo

El científico escocés James Clerk Maxwell (1831-1879) observa que la electricidad y el magnetismo no son fenómenos separados, sino una única fuerza, y que la luz es un tipo de radiación electromagnética. Su obra lleva al descubrimiento de las ondas de radio, usadas en muchos tipos de tecnología.

1861

2015

Ondas gravitatorias

Se detectan las ondas gravitatorias en el espacio, ya predichas por primera vez por Einstein. Estas minúsculas oscilaciones revelan información sobre el universo, incluidos agujeros negros y el Big Bang.

Materia oscura

La astrofísica estadounidense Katherine Freese publica un trabajo sobre la materia y la energía oscuras, que constituyen el 95% de todo el universo, pero no interactúan con la materia o la energía normales de forma detectable.

1895

La «partícula de Dios»

Los científicos descubren la partícula que da masa a toda la materia. El bosón de Higgs, apodado la «partícula de Dios», avanza la teoría del campo unificado, que intenta explicar las partículas y las fuerzas.

Experimento eléctrico

Según algunos científicos, en una tormenta eléctrica el político e inventor estadounidense Benjamin Franklin (1706-1790) hace volar una cometa con una llave de metal. Un relámpago hace saltar chispas de la llave, lo que demuestra que el relámpago es un tipo de electricidad.

2014

2012

Invención de los rayos X

El físico alemán Wilhelm Röntgen (1845-1923) produce los primeros rayos X tras descubrir que la radiación electromagnética penetra objetos sólidos. Los rayos X revolucionan la ciencia médica: los médicos pueden ver el cuerpo por dentro.

Teoría electrodébil

El físico paquistaní Mohammad Abdus Salam es el primer científico de un país islámico que gana un Premio Nobel, por sus trabajos sobre una teoría que explica cómo interactúan algunas partículas diminutas de un átomo.

1752

Nuevos elementos
El polonio debe su nombre a Polonia, tierra natal de Marie Curie.

1898

1979

El gato de Schrödinger

El físico austriaco Erwin Schrödinger (1887-1961) imagina a un gato en una caja con material radiactivo. Al no ver el gato, este podría estar vivo o muerto, o ambas cosas. Igualmente, los científicos no pueden saber qué hace una partícula hasta que la observan.

84 Po Polonio (209)

88 Ra Radio (226)

Elementos radiactivos

Pierre y Marie Curie descubren el radio y el polonio, dos elementos radiactivos muy inestables, ya que sus átomos se pueden dividir por sí solos. Cuando lo hacen, emiten radiactividad, en forma de minúsculos fragmentos de partícula u ondas de energía.

1935

Origen latino
Radio en latín significa «rayo».

La gravedad de Newton

El físico inglés Isaac Newton (1643-1727) publica su emblemática obra *Principia Mathematica*, que explora el movimiento y explica cómo la fuerza de la gravedad mantiene unido el universo.

La ecuación más famosa
Einstein observó que se puede calcular la energía de un objeto multiplicando su masa por la velocidad de la luz al cuadrado.

1905

Universo en expansión

El físico y profesor belga Georges Lemaître (1894-1966) propone que el universo está en expansión; más adelante sugiere que todo empezó con una explosión conocida como Big Bang.

$$E = mc^2$$

Espacio y tiempo

El alemán Albert Einstein (1879-1955) propone que la gravedad existe porque los objetos pesados doblan el espacio y el tiempo. Imaginemos la Tierra sobre una lámina de goma elástica; al dejarla, se hundirá. Cuando la Luna pase cerca, se quedará atrapada dando vueltas a la Tierra, incapaz de salir de la depresión.

1687

1927

Coches

Los primeros vehículos sobre ruedas se movieron en el 3500 a. C. cuando los carros tirados por caballos desplazaban cargas pesadas. Pero tuvieron que pasar más de 5000 años para que los primeros coches sin caballos pisaran el asfalto. El avance definitivo fue la invención del motor de combustión interna. Después llegó la producción en masa y cambió para siempre nuestra manera de viajar.

Máquina de vapor

El ingeniero francés Nicolas-Joseph Cugnot fabrica el primer automóvil: un coche de tres ruedas y motor de vapor con un horno de madera en la parte frontal. Su velocidad máxima es de 3 km/h y tiene que repostar cada 15 minutos.

1769

Primer coche diésel

El fabricante de coches alemán Mercedes-Benz lanza al mercado el primer coche de pasajeros diésel. El modelo 260-D se presenta en el salón del automóvil de Berlín y al cabo de poco ya tiene lista de espera de un año.

Semáforos

Los primeros semáforos eléctricos se instalan en Cleveland, Ohio, Estados Unidos. Su luz verde y roja indican si se puede pasar.

Cadena de montaje

Ford introduce una cadena de montaje en sus fábricas: una cinta transportadora mueve las piezas de un trabajador al siguiente. Así puede montarse un modelo T cada 90 minutos. En 1927 se habrán vendido 15 millones de unidades.

1936 **1914** **1913**

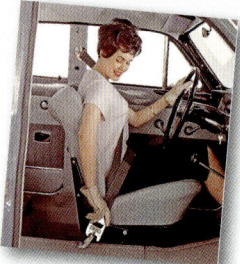

Auge del coche en Japón

La industria automovilística japonesa se expande rápidamente gracias a vehículos pequeños, asequibles y fiables de fabricantes como Nissan, Toyota y Datsun que venden más de 7 millones cada año. En 1975, Japón se convierte en el primer exportador mundial de automóviles.

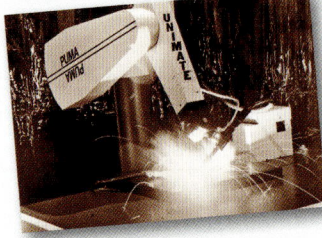

Ponte el cinturón

El fabricante sueco Volvo presenta el cinturón de seguridad moderno. Por la seguridad de todos, Volvo deja la patente abierta para que cualquier fabricante de coches pueda usarla.

Robots en la fábrica

Se usa el primer robot industrial en la automoción. El Unimate es un brazo robótico que suelda y ensambla en la línea de producción del gigante automovilístico General Motors.

1959 **1960** **1961**

Motor de combustión

El inventor suizo François Isaac de Rivaz crea un motor que aprovecha una explosión de hidrógeno dentro de un cilindro para empujar un pistón hacia fuera. Usa el motor para hacer avanzar un poco un carro. Es el primer automóvil del mundo con motor de combustión interna.

Diseño explosivo

El ingeniero inglés Samuel Brown patenta un motor de combustión interna que consume hidrógeno. Monta el motor en un carro con el que sube por una cuesta de Greenwich, Londres, ante una multitud.

Ciclo de cuatro pasos

El ingeniero alemán Nikolaus Otto inventa el motor de cuatro tiempos, un motor de combustión interna con un ciclo de cuatro pasos: admisión del combustible, compresión, explosión y escape.

1807   **1823**   **1876**

Modelo T

El empresario estadounidense Henry Ford abre la Ford Motor Company y vende 1700 coches el primer año. Cinco años más tarde se produce el modelo T en la fábrica que Ford tiene en Detroit para convertirse en el primer coche asequible del mundo.

Neumáticos hinchables

El inventor escocés John Boyd Dunlop inventa las ruedas de goma neumáticas (hinchables) para el triciclo de su hijo de 10 años. Al cabo de poco se adaptan a los automóviles y obtienen un enorme éxito.

Primer viaje por carretera

El ingeniero alemán Karl Benz diseña el Motorwagen, el primer automóvil comercial de gasolina. En 1888 su esposa Bertha se embarca en el primer viaje de automóvil de larga distancia de la historia, en el que hace de piloto y de mecánico.

1903   **1887**   **1885**

Coches autónomos

Los gobiernos de Estados Unidos, Reino Unido, China y Alemania han empezado a conceder permisos para coches sin conductor, y en Pekín y Shenzhen circulan «robotaxis» sin conductor humano. Estos coches usan un ordenador con una unidad de GPS, sensores láser, cámaras y otros dispositivos para conducir sin intervención humana.

Deportivos

El fabricante de coches italiano Ferruccio Lamborghini funda Lamborghini. Sus lujosos deportivos cobran popularidad a ambos lados del Atlántico, pero solo un grupo reducido de personas se los pueden permitir.

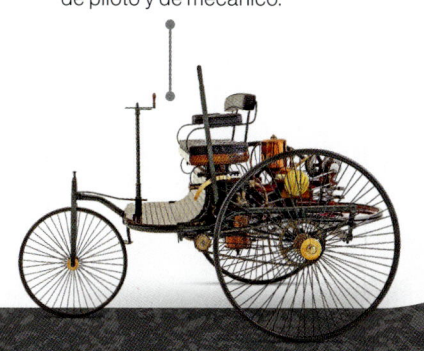

Coches híbridos

Sale a la venta el Toyota Prius, uno de los primeros y mejores coches híbridos. Tiene dos motores: uno de gasolina y otro eléctrico, lo que mejora su eficiencia y reduce las emisiones tóxicas. Durante la década siguiente se venden más de un millón de coches híbridos.

1963   **1997**   **2022**

Grandes aventuras

En el siglo XX se vio una explosión de hazañas intrépidas e increíbles aventuras cuando los pioneros llevaron al límite las capacidades humanas. Aunque los avances científicos y tecnológicos ayudaron a conseguir estas empresas, su éxito definitivo dependió en gran medida del coraje y la resiliencia inspiradores de hombres y mujeres extraordinarios.

Despegue

El estadounidense Orville Wright vuela en el primer avión de motor, que diseña con su hermano Wilbur Wright. La nave cubierta de tela parece una cometa de caja con hélices. Su vuelo tan solo dura 12 segundos a 6 metros de la arena de una playa de Carolina del Norte, Estados Unidos.

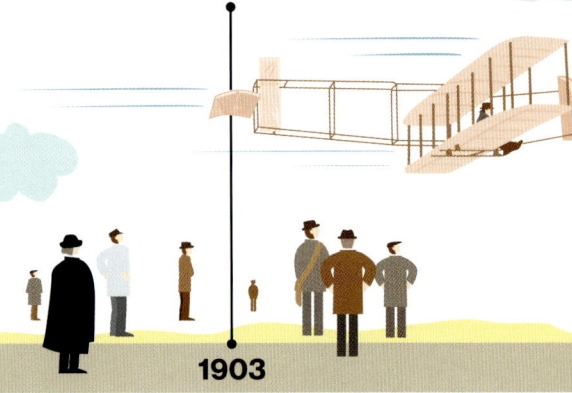

1903

Conquista del Everest

Edmund Hillary de Nueva Zelanda y Tenzing Norgay de Nepal logran coronar el Everest, la montaña más alta del mundo, por primera vez. Llegar a la cima del mundo es una misión peligrosa y extenuante.

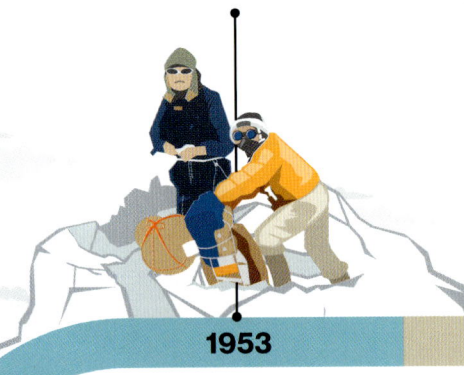

1953

Vuelo pionero

El norteamericano Charles Lindbergh cruza volando en solitario el océano Atlántico sin escalas con su avión, el *Spirit of St. Louis*. El vuelo de Nueva York a París dura casi 34 horas. Su éxito le hace famoso en el mundo entero.

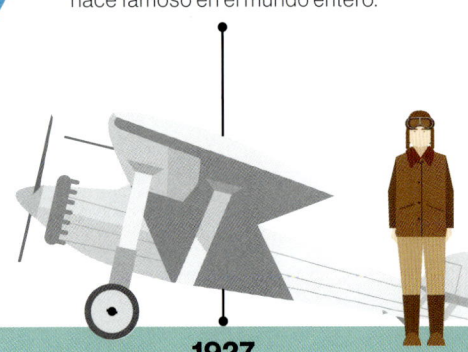

1927

Desaparición misteriosa

Amelia Earhart despega de Oakland, California, en el primer tramo de su viaje para convertirse en la primera mujer que circunnavega el mundo, pero desaparece durante la ruta. El misterio que envuelve su desaparición la convierte en una leyenda.

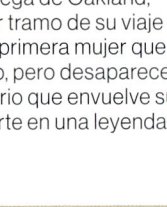

1937

Hasta el fondo

Jacques Piccard de Suiza y Don Walsh de Estados Unidos, en el submarino *Trieste*, son los primeros que llegan al abismo Challenger, el punto más profundo que se conoce del océano. Su descenso de 11 km por la fosa de las Marianas en el océano Pacífico occidental dura casi 5 horas; solo pasan 20 minutos en el lecho marino.

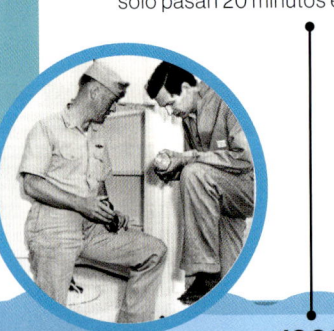

1960

Escaladora estrella

La alpinista japonesa Junko Tabei es la primera mujer que alcanza la cima del Everest, tras sortear una avalancha en el camino. En 1992, se convertirá en la primera mujer en escalar las Siete Cumbres, las cimas más altas de cada uno de los siete continentes.

1975

Travesía histórica

La nadadora de resistencia Diana Nyad se convierte en la primera persona que cruza a nado los 164 km entre las Bahamas y Florida. Por el camino deja atrás cocodrilos, medusas y tiburones.

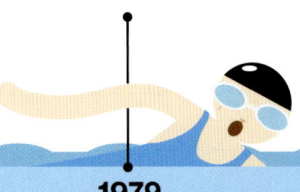

1979

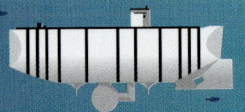

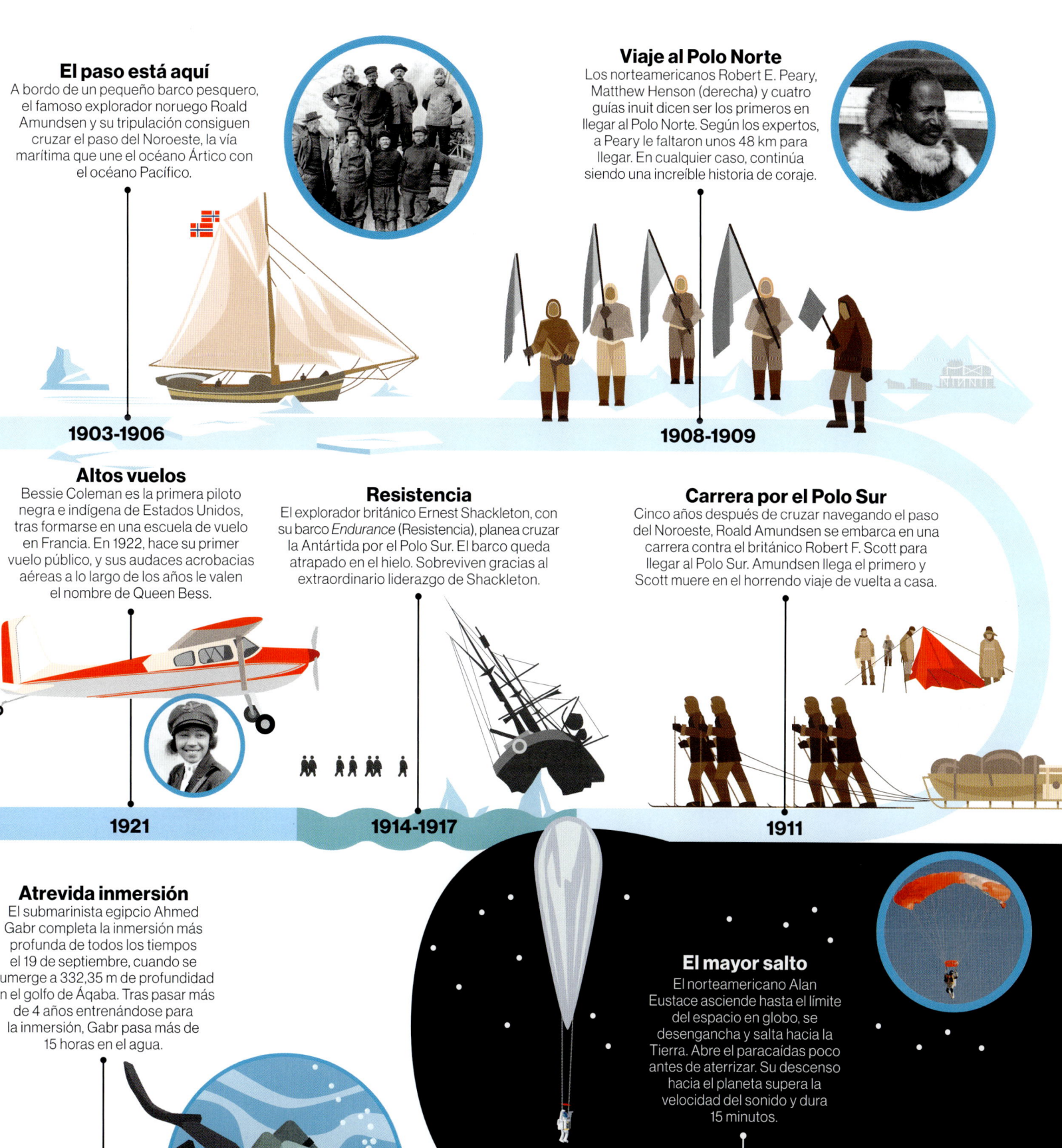

El paso está aquí

A bordo de un pequeño barco pesquero, el famoso explorador noruego Roald Amundsen y su tripulación consiguen cruzar el paso del Noroeste, la vía marítima que une el océano Ártico con el océano Pacífico.

1903-1906

Viaje al Polo Norte

Los norteamericanos Robert E. Peary, Matthew Henson (derecha) y cuatro guías inuit dicen ser los primeros en llegar al Polo Norte. Según los expertos, a Peary le faltaron unos 48 km para llegar. En cualquier caso, continúa siendo una increíble historia de coraje.

1908-1909

Altos vuelos

Bessie Coleman es la primera piloto negra e indígena de Estados Unidos, tras formarse en una escuela de vuelo en Francia. En 1922, hace su primer vuelo público, y sus audaces acrobacias aéreas a lo largo de los años le valen el nombre de Queen Bess.

1921

Resistencia

El explorador británico Ernest Shackleton, con su barco *Endurance* (Resistencia), planea cruzar la Antártida por el Polo Sur. El barco queda atrapado en el hielo. Sobreviven gracias al extraordinario liderazgo de Shackleton.

1914-1917

Carrera por el Polo Sur

Cinco años después de cruzar navegando el paso del Noroeste, Roald Amundsen se embarca en una carrera contra el británico Robert F. Scott para llegar al Polo Sur. Amundsen llega el primero y Scott muere en el horrendo viaje de vuelta a casa.

1911

Atrevida inmersión

El submarinista egipcio Ahmed Gabr completa la inmersión más profunda de todos los tiempos el 19 de septiembre, cuando se sumerge a 332,35 m de profundidad en el golfo de Áqaba. Tras pasar más de 4 años entrenándose para la inmersión, Gabr pasa más de 15 horas en el agua.

2014

El mayor salto

El norteamericano Alan Eustace asciende hasta el límite del espacio en globo, se desengancha y salta hacia la Tierra. Abre el paracaídas poco antes de aterrizar. Su descenso hacia el planeta supera la velocidad del sonido y dura 15 minutos.

2014

EL VIAJE DEL *TITANIC*

Se hunde el «insumergible»

El 10 de abril de 1912, el colosal barco de vapor R.M.S. *Titanic* leva anclas en su viaje inaugural desde Southampton, Inglaterra. Con unos 2200 pasajeros y tripulación a bordo, el mayor barco del mundo surcaba las aguas del océano Atlántico rumbo a Nueva York, Estados Unidos. Se esperaba que el viaje durase 7 días, pero el *Titanic*, que había sido proclamado «insumergible», se dirigía sin saberlo hacia su catastrófico final.

Malos augurios

A principios de **abril de 1912**, antes de la partida programada del primer viaje del R. M. S. *Titanic*, la tripulación avisa de un incendio en una carbonera bajo la cubierta. Ante la imposibilidad de apagar el incendio y tras considerar al *Titanic* apto para la navegación, se ordena a la tripulación que controle las llamas hasta que el barco toque tierra en Nueva York. El **10 de abril**, cuando el *Titanic* deja Southampton, la succión creada por la potencia de las hélices rompe las cadenas de amarre del S.S. *City of New York*, que queda a la deriva hasta casi colisionar contra el *Titanic*. La rápida decisión del capitán Smith y el uso de varios botes salvavidas ayudan a evitar el desastre inicial.

Avisos de hielo

El *Titanic* avanza a buen ritmo por el océano Atlántico. El **12 de abril** la tripulación recibe el primer aviso de hielo del R. M. S. *Empress of Britain*. Llegan más avisos por la tarde del barco francés S. S. *La Touraine*. Dos días más tarde, el **14 de abril**, se reciben más avisos de icebergs. A las **11.00 h** el capitán Smith cancela el primer simulacro programado de botes salvavidas. A las **14.00 h** comunica al director ejecutivo de White Star Line, el propietario del *Titanic*, Joseph Bruce Ismay, que va a bordo por el viaje inaugural, las advertencias de hielo.

Noche sin luna

En el atardecer del **14 de abril** la temperatura cae casi hasta el punto de congelación. Llegan más avisos, pero el capitán Smith está cenando con los pasajeros y no recibe las noticias hasta más tarde. A las **23.00 h** llega un último aviso del S. S. *Californian*, que informa al *Titanic* de que ha decidido detenerse por el hielo. El operario ignora el mensaje, ya que está muy atareado transmitiendo mensajes de los pasajeros a tierra firme. A las **23.40 h** en una noche en calma y sin luna el vigía no ve un iceberg hasta que está a tan solo 900 m. El primer oficial William Murdoch ordena dar marcha atrás y el *Titanic* gira de manera pronunciada en un intento de evitar la colisión. El *Titanic* impacta a 40 km/h contra el iceberg, que rasga el casco por estribor (a la derecha) y destruye cinco compartimentos estancos.

> ## «No hay peligro de que el *Titanic* se hunda. El barco es insumergible.»
>
> **Phillip Franklin,**
> vicepresidente de la White Star Line

Mujeres y niños primero

Justo **antes de la medianoche** del 14 de abril el capitán Smith y el diseñador del barco Thomas Andrews evalúan los daños. Andrews predice lo inimaginable: el *Titanic* se hundirá en apenas un par de horas. **A medianoche** el S. S. *Californian*, a tan solo 8 km de distancia, no recibe el primer aviso de socorro del *Titanic*. A las **12.20 h** del **15 de abril** el capitán Smith ordena el uso de los botes salvavidas. El *Titanic* cuenta con 20 botes salvavidas, con espacio como mucho para unas 1200 personas. La tripulación prioriza la evacuación de mujeres y niños. Cinco minutos después el R. M. S. *Carpathia* responde al aviso de socorro, pero está a 107 km de distancia. En el caos de la evacuación, los botes parten con solo 705 personas. A las **2.20 h** el «insumergible» *Titanic* se hunde en las gélidas aguas con más de 1500 pasajeros y tripulación.

Rescate y socorro

A las **4.10 h** llega el *Carpathia* y hacia las **8.00 h**, con los 705 supervivientes a bordo, pone rumbo a Nueva York, a donde llega al cabo de tres días, el **18 de abril**. Los supervivientes desembarcan entre multitudes de familiares y amigos, así como fotógrafos que siguen una historia que sorprende al mundo.

Lecciones aprendidas

El hundimiento del *Titanic* es uno de los peores desastres marítimos de la historia. Tras varios meses de noticias, teorías y una investigación oficial, la catástrofe se considera un accidente. La elevada velocidad a la que viajaba el colosal barco de vapor se considera «práctica estándar», lo que exime de culpa al capitán Smith y su tripulación. Tras el incidente del *Titanic* se introducen cambios para garantizar la seguridad de los pasajeros. Los barcos se construyen ahora con casco reforzado y se les exige que haya botes salvavidas para todos los pasajeros y tripulantes. La tripulación recibe formación sobre cómo actuar en caso de emergencia y se aprueba una ley que obliga a los buques a mantener contacto por radio las 24 horas con otros buques y estaciones costeras.

EL MUNDO MODERNO

Desde 1914

El mundo moderno

En la primera mitad del siglo XX las tensiones entre las potencias internacionales hicieron estallar dos guerras mundiales. Tras ellas, se iniciaron movimientos revolucionarios en muchas naciones colonizadas, que les permitieron ganar su independencia frente a los debilitados regímenes coloniales europeos. A finales del siglo XX surgieron otras rivalidades que desataron nuevos conflictos. Simultáneamente la tecnología dio un gran salto adelante: los humanos se lanzaron al espacio y la invención de los ordenadores llevó a una era digital que continúa en el siglo XXI.

1924
Iósif Stalin se convierte en el líder del Partido Comunista de la Unión Soviética.

1933
Adolf Hitler llega al poder en Alemania.

1936-1939
España se enzarza en una guerra civil entre el gobierno legítimo y los nacionalistas, capitaneados por el general Franco.

1945
EE. UU. lanza dos bombas atómicas en las ciudades japonesas de Hiroshima y Nagasaki que matan a 200 000 civiles, y finaliza la Segunda Guerra Mundial.

1948
Se proclama el Estado de Israel como patria de los judíos, contra los deseos de la población que vive en Palestina.

1914-1918
La guerra en Europa se extiende a África y Asia y se convierte en la Primera Guerra Mundial.

1929
El desplome de la bolsa de Wall Street provoca la Gran Depresión.

1939
Hitler invade Polonia; estalla la Segunda Guerra Mundial.

1941
El ataque japonés a Pearl Harbor hace entrar a EE. UU. en la Segunda Guerra Mundial.

1948
Empieza la Guerra Fría con el bloqueo soviético de Berlín occidental.

1949
Mao Zedong proclama la comunista República Popular de la China.

Primera Guerra Mundial
La Primera Guerra Mundial (pp. 250-251) empieza en Europa pero se extiende rápidamente por el mundo. La guerra se cobra la vida de 20 millones de personas.

La Unión Soviética
Una revolución comunista en Rusia transforma el país en la Unión Soviética (pp. 256-257). Bajo el mando de Iósif Stalin, sus habitantes pasan muchas penurias.

Segunda Guerra Mundial
Adolf Hitler de Alemania invade Polonia y la Segunda Guerra Mundial (pp. 260-261) azota el planeta entero. La guerra se cobra unos 50 millones de vidas.

Descolonización
Tras la Segunda Guerra Mundial, muchas colonias de África y Asia luchan y consiguen independizarse de Europa (pp. 270-271).

Exploración de Marte

En la década de 1970, tras algunos intentos fallidos de llegar al planeta rojo, los módulos de aterrizaje *Viking 1* y *Viking 2* de la NASA devolvieron imágenes de la superficie marciana. En 2022, Marte ya había sido estudiado por orbitadores, módulos de aterrizaje y exploradores enviados por la NASA y otras agencias espaciales. El róver *Perseverance* (izquierda) de la NASA, del tamaño de un automóvil, aterrizó en el planeta en febrero de 2021. Sigue buscando señales de vida antigua en Marte.

1950
Corea del Norte invade Corea del Sur; estalla la guerra de Corea.

1955
Activistas negros reclaman la igualdad de derechos en EE. UU. Rosa Parks se niega a ceder su asiento en un autobús a un hombre blanco, iniciando un boicot.

1960
En el Año de África, 17 países africanos logran la independencia.

1962
La Guerra Fría se calienta cuando la Unión Soviética y Estados Unidos se enfrentan por los misiles soviéticos de Cuba. El episodio se conoce como la «crisis de los misiles de Cuba».

1964-1965
Con la escalada de los combates entre las guerrillas apoyadas por el Vietnam del Norte comunista y el gobierno de Vietnam del Sur aliado de EE. UU., este país entra formalmente en la guerra de Vietnam del lado del Sur.

1989
El ingeniero inglés Tim Berners-Lee crea la World Wide Web.

1989
La caída del Muro de Berlín señala el inicio del colapso de la Unión Soviética.

1994
Nelson Mandela gana las elecciones y es el primer negro en presidir Sudáfrica.

2001
Los ataques terroristas en Estados Unidos dan inicio a la «guerra contra el terrorismo», que lleva a conflictos en Irak y Afganistán.

2004
Un tsunami (ola gigante) devasta el sudeste asiático.

2022
En noviembre hay en el planeta 8000 millones de personas.

Oriente Medio
La interferencia occidental en los asuntos de Oriente Medio (pp. 274-275) desemboca en décadas de conflicto en la región, que hoy en día continúa sin resolver.

La Guerra Fría
Estados Unidos y la Unión Soviética están en los bandos opuestos de una «Guerra Fría» (pp. 286-287) disputada en otros puntos del planeta.

Derechos civiles
Más de un siglo después del fin de la esclavitud en Estados Unidos, los afroamericanos buscan la igualdad con el Movimiento por los derechos civiles (pp. 294-295).

La era digital
La aparición de los ordenadores y los teléfonos inteligentes (pp. 302-303) y de internet (pp. 308-309) nos ha llevado a una era digital en la que la información siempre está disponible.

Primera Guerra Mundial

Durante la entrada al siglo XX, en Europa los países competían por las tierras y el poder; se formaron alianzas militares y rivalidades hostiles. Todo apuntaba hacia una guerra. Entre 1914 y 1918, Rusia, Francia y Gran Bretaña lucharon contra el Imperio austrohúngaro y Alemania; ambos lados causaron la devastación con nuevas armas y tácticas. Los combates se extendieron a África oriental y Oriente Próximo, y en ellos participaron gran número de soldados de las colonias europeas del sur de Asia y África. La Primera Guerra Mundial fue uno de los conflictos más sangrientos de la historia.

Campaña de los Dardanelos

Las tropas británicas, francesas, australianas y neozelandesas preparan un gran ataque en Galípoli para sacar a Turquía de la guerra, pero el plan fracasa: 200 000 soldados aliados acaban muertos o heridos.

25 de abril de 1915- 9 de enero de 1916

ANTES

En 1882, Alemania, Italia y el Imperio austrohúngaro firman la Triple Alianza. El aumento de poder de Alemania alarma a Gran Bretaña y Rusia. En 1904, Gran Bretaña y Francia se alían y en 1907 se les une Rusia en la Triple Entente.

Estalla la guerra

El Imperio austrohúngaro culpa a Serbia del magnicidio y le declara la guerra el 28 de julio de 1914. Rusia envía tropas para defender a Serbia, y por eso Alemania declara la guerra a Rusia el 1 de agosto de 1914. Un país tras otro se apresuran a defender a sus aliados y declarar la guerra a los rivales. En el frente oriental (Europa Central y del Este), el ejército ruso invade Alemania el 26 de agosto de 1914, pero sufre una aplastante derrota.

1 de agosto de 1914

Frente occidental

Las tropas aliadas frenan el avance alemán por Europa occidental. Ambos bandos excavan las trincheras que formarán el frente occidental, una línea que acabará cubriendo los 720 km que separan la frontera de Suiza y el mar del Norte.

Septiembre de 1914

Guerra en el cielo

La Primera Guerra Mundial es la primera gran guerra en la que se usan aeronaves. A partir de principios de 1915, se usan aviones en misiones de reconocimiento y para hacer fotografías. Después se movilizan para tirar bombas y luchar entre ellos en las alturas.

Enero de 1915

---

28 de junio de 1914

Magnicidio

El heredero del trono del Imperio austrohúngaro, el archiduque Francisco Fernando, es asesinado en su visita a Sarajevo, Bosnia. El asesino, Gavrilo Princip, es un nacionalista que cree que Bosnia debería formar parte de Serbia y no del Imperio austrohúngaro.

1914-1918

Campañas de Palestina y Mesopotamia

Los Aliados libran prolongadas campañas contra el Imperio otomano en Palestina y Mesopotamia (actual Irak). Un gran número de soldados del ejército indio desempeñan un papel clave en las batallas, que terminan con la toma de Jerusalén y Bagdad. Tres soldados obtienen la Cruz Victoria, la más alta condecoración al valor del ejército.

25 de diciembre de 1914

Tregua de Navidad

A finales de 1914, ambos lados del frente occidental están en un punto muerto. Se declara una tregua espontánea por Navidad. Los soldados entran en la tierra de nadie, entre las trincheras, y juegan al fútbol, cantan villancicos e intercambian sencillos regalos.

22 de abril de 1915

Gas tóxico

El ejército alemán estrena una nueva arma: el tóxico gas de cloro. El primer ataque se produce cerca de la ciudad belga de Ypres: 1000 soldados mueren al propagarse el gas por las trincheras y unos 4000 más acaban siendo afectados.

La paz

Con la ayuda de Estados Unidos, los aliados superan a Alemania. Ambos bandos acuerdan terminar la guerra. Los combates acaban oficialmente a las 11.00 del mes 11. Las amapolas rojas se convierten en el símbolo de la trágica pérdida que ha supuesto la Primera Guerra Mundial.

Passchendaele

Tras un diluvio sin pausa, esta campaña de batalla de 4 meses cerca de Ypres concluye con 500 000 víctimas. Los aliados consiguen solo 8 km de tierra. La batalla se recuerda por las horrendas condiciones y el terrible coste humano.

Batalla de Jutlandia

Las Armadas británica y alemana disputan la batalla naval más larga de la guerra ante la península de Jutlandia, en Dinamarca. Ambos lados sufren muchas pérdidas. La Armada alemana se retira por el resto de la guerra.

U-Boote

Alemania anuncia que usará U-Boote (submarinos) para disparar torpedos a los barcos mercantes británicos no armados con cargas de alimentos y munición.

**31 de julio-
6 de noviembre
de 1917**

**11 de noviembre
de 1918**

**31 de mayo-1 de
junio de 1916**

**31 de enero
de 1917**

DESPUÉS

La Primera Guerra Mundial se cobra la vida de casi 10 millones de militares y 10 millones de civiles. El Tratado de Versalles (1919) acaba con los Imperios turco y austrohúngaro. Alemania también acaba humillada y enfadada. Pese a todas las promesas de paz de los líderes, en 1939 el mundo vuelve a estar en guerra.

**21 de febrero-18 de
diciembre de 1916**

**1 de julio-
18 de noviembre
de 1916**

**6 de abril
de 1917**

**21 de marzo
de 1918**

Batalla de Verdún

La guerra en Francia está en punto muerto. Alemania planea una gran ofensiva en la ciudad francesa de Verdún. Más de 700 000 hombres mueren o son heridos en la batalla más larga de la guerra.

Batalla del Somme

Los tanques abren camino y los soldados británicos salen de las trincheras hacia la línea alemana para asestar un «gran golpe», donde los reciben con un incesante fuego de artillería. El primer día caen más de 19 000 soldados británicos.

Estados Unidos entra en la guerra

Estados Unidos ha mantenido su neutralidad, pero el hundimiento por parte de Alemania del crucero de pasajeros *Lusitania* el 7 de mayo de 1915, que acabó con la vida de los estadounidenses a bordo, hace cambiar la opinión pública. Estados Unidos se une a los aliados cuando descubre que Alemania está animando a México a entrar en guerra contra su país.

Ofensiva de primavera

Tras rendirse Rusia, Alemania lanza una serie de grandes ataques contra las fuerzas aliadas, que ahora incluyen soldados estadounidenses. Los alemanes esperan conseguir una rápida victoria, pero no consiguen asestar el golpe definitivo.

Década de 1920

Tras los horrores de la Primera Guerra Mundial, los «felices años 20» fueron un tiempo más despreocupado y esperanzador, especialmente en Estados Unidos, donde gracias al *boom* de la economía había dinero para disfrutar de lo bueno de la vida: desde coches hasta cultura. La música, la escritura y la moda rebosaban de ideas nuevas, y se vivió la eclosión de la industria del cine.

1920 Ley seca
Se prohíbe el alcohol en Estados Unidos. Las bandas criminales se enriquecen produciendo y vendiendo alcohol, y regentando tabernas ilegales. La prohibición del alcohol durará hasta 1933.

1920 Emisiones de radio
La primera radio comercial emite en Estados Unidos. El nuevo medio revoluciona las comunicaciones, permitiendo que las noticias sobre los acontecimientos mundiales se difundan rápidamente y que los líderes políticos se dirijan directamente a los ciudadanos.

1922 La era del jazz
La música de jazz, originaria de los afroamericanos de Nueva Orleans, despega con tanta fuerza que la década de 1920 se acaba conociendo como la era del jazz. La música jazz se caracteriza por los potentes ritmos y la improvisación.

1923 Turquía moderna
El Imperio otomano es abolido y Kemal Atatürk se convierte en el primer presidente de la República de Turquía. Establece un sistema democrático sin un papel central para la religión y cambia el sistema de escritura turco del alfabeto árabe al latino.

1925 ¡*Boom*!
Los bienes de consumo son más abundantes y baratos al volver a la producción las fábricas que fabricaban para el ejército en la Primera Guerra Mundial. La gente compra coches y artículos de lujo a crédito, y la economía está en pleno auge. Sin embargo, muchos ciudadanos más pobres salen perdiendo.

1926 Llegada de la televisión
El inventor escocés John Logie Baird muestra las primeras imágenes de televisión a unos científicos de Londres, Reino Unido. Ha nacido la televisión.

1927 *El cantante de jazz*
La primera película con sonido sincronizado es *El cantante de jazz*. El filme es un éxito y señala el inicio del fin de la época de las películas mudas.

1927 Modelo T de Ford
Salen los últimos modelos T de las fábricas de Ford. Se vendieron más de 15 millones de unidades en todo el mundo. Su éxito se debe a la producción en masa y el *boom* económico.

1929 Los Óscar
Se entregan los primeros premios de la Academia de las Artes y Ciencias Cinematográficas en una pequeña ceremonia en Hollywood.

1929 El crac del 29
Miles de millones de dólares se pierden en la bolsa de Wall Street, Nueva York, con el fin del *boom* económico. La debacle de Wall Street acabará convertida en la peor catástrofe económica de la historia de Estados Unidos.

Flappers

La locura de las *flappers* asalta la moda femenina occidental: llevan falda corta, pelo corto y escuchan jazz: actos de rebeldía para las anteriores generaciones.

Década de 1930

El crac del 29 puso punto y final a los «felices años 20». La década siguiente fue un período de penurias y conflicto como nunca antes se había vivido, con consecuencias desastrosas que llevaron a la Segunda Guerra Mundial en 1939. No obstante, también hubo aspectos positivos. El New Deal volvió a activar la economía de Estados Unidos, y las historietas entretuvieron al mundo entero.

1930 Gran Depresión
El crac del 29 hace que las empresas estadounidenses dejen de invertir e importar artículos de Europa. Esta pérdida de negocio desata una Gran Depresión global. Millones de personas pierden sus empleos, casas y la capacidad de adquirir productos de primera necesidad, como la comida. Europa en particular sufre mucho.

1931 Crisis en Europa
Las economías de Alemania y Austria son un caos absoluto. El mayor banco comercial de Austria se hunde en mayo y provoca el pánico financiero en Europa. En Alemania se queman billetes, sin apenas valor, para combatir el frío.

1933 Hitler y el fascismo
Las dificultades económicas y la incertidumbre hacen que mucha gente se incline por ideas políticas extremas. En Alemania, Adolf Hitler sube al poder con la promesa de arreglar la economía. Su partido nazi es fascista, promueve el nacionalismo y ataca a grupos minoritarios como los judíos y la comunidad LGBTQ+.

1932 Hoovervilles
Millones de norteamericanos no tienen casa; la tasa de paro es del 25 %. Surgen barrios de barracas: las Hoovervilles, por el presidente Herbert Hoover, incapaz de resolver la situación.

1933 New Deal
Franklin D. Roosevelt se convierte en presidente de Estados Unidos y promete un New Deal (nuevo trato) para los norteamericanos, que incluye empleos y un gran programa social para ayudar a superar la Gran Depresión.

1934 La Larga Marcha
Mao Zedong, líder del Partido Comunista Chino, dirige las fuerzas comunistas en una marcha de 9650 km hasta la provincia de Shaanxi. Ganan la guerra civil contra las fuerzas nacionalistas de Chiang Kai-shek.

1935 Dust Bowl
Los años de grave sequía en las praderas de Estados Unidos y Canadá hacen que los vientos azoten el suelo seco y generen tormentas de polvo que destruyen la agricultura y empeoran los problemas de la Gran Depresión.

1936 Guerra civil española
Los nacionalistas españoles, liderados por el general Francisco Franco, se rebelan. El gobierno legítimo se les opone y estalla una guerra civil que durará tres años hasta la victoria de los nacionales.

1938 ¡Auge de los superhéroes!
La edad de oro de las historietas empieza con la aparición de superhéroes como Superman y Wonder Woman (Mujer Maravilla).

Cola para obtener comida
El desplome económico deja a millones de personas sin casa, sin trabajo o sin nada y obliga a muchos a sobrevivir gracias a la caridad. Se forman grandes colas en panaderías y comedores sociales para obtener comida gratis.

Arqueología

La arqueología estudia el pasado a través de objetos, edificios y restos humanos dejados por generaciones anteriores. En todo el mundo se han descubierto ciudades sepultadas, civilizaciones olvidadas por la historia, y se han desenterrado tesoros espectaculares. Los primeros arqueólogos se llevaron objetos sin permiso de los países de origen, pero ahora muchos de esos países piden la devolución de su patrimonio cultural.

Descubrir Pompeya

En Italia se empieza a excavar en Pompeya, ciudad sepultada por una erupción volcánica en el 79 d. C., en busca de obras de arte. Aparecen calles, tiendas, casas y templos, además de los espacios vacíos que dejaron los cadáveres de los que quedaron sepultados de ceniza por la erupción.

1748

1797

Descifrar los jeroglíficos

Jean-François Champollion usa la piedra de Rosetta, descubierta en Egipto en 1799, para descifrar los jeroglíficos egipcios. La piedra tiene la misma inscripción en griego, jeroglíficos y demótico (la escritura egipcia común).

1822

Capas de historia

El historiador John Frere es el primero en usar la estratigrafía para describir un asentamiento de la Edad de Piedra de Hoxne en Suffolk, Reino Unido. La estratigrafía se basa en la idea de que las capas más antiguas son las más profundas.

La ciudad de Uruk

William Loftus descubre y excava la ciudad sumeria de Uruk, en el sur del actual Irak. Uruk, fundada hacia el 4500 a. C., es la ciudad más antigua del mundo.

Tesoros asirios

En el actual Irak, Henry Layard descubre y excava los palacios asirios de Nimrud y Nínive. Descubre estatuas de dioses con cabezas humanas, alas de ave y cuerpos de leones o toros.

Sistema de las tres edades

El historiador danés Christian Thomsen divide la prehistoria en las edades de Piedra, del Bronce y del Hierro a partir del uso de herramientas por parte de los humanos: las primeras herramientas que usaron los humanos fueron de piedra, después de bronce y al final de hierro.

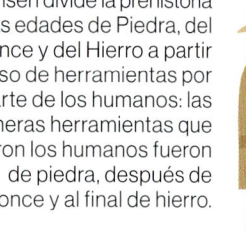

1836

1849-1854   **1845-1851**

Tumbas reales

El alemán Heinrich Schliemann excava Tirinto y Micenas, en cuyas tumbas reales descubre hermosas máscaras de oro. En Troya cree haber encontrado la ciudad de la guerra de Troya de las leyendas griegas, pero en realidad ha excavado directamente a través de ese nivel, destruyéndolo, y encuentra un escenario de la ciudad de cientos de años antes.

1870-1890

Barco de Gokstad

El historiador noruego Nicolay Nicolayson excava el barco funerario de Gokstad, del siglo IX. Tiene una longitud de 23 m y se conserva a la perfección. Contiene el cuerpo de un soberano vikingo.

1880

Ötzi, el hombre del hielo

Unos excursionistas descubren el cuerpo momificado de un cazador-recolector de 5300 años de antigüedad que vivió y murió en los Alpes de Ötzal, entre Austria e Italia. Le apodan Ötzi. El estudio de su cuerpo revela muchos detalles sobre él, como su dieta, su última comida y el estado de sus dientes y huesos.

Los guerreros de terracota

Los arqueólogos chinos empiezan a excavar los fosos de un ejército de 8000 guerreros de terracota a tamaño real. Fueron enterrados el 210 a. C. para proteger la tumba del primer emperador de China.

1991

1974

Huesos inscritos

El arqueólogo chino Li Ji excava Anyang, la capital de la dinastía Shang, que gobernó el norte de China en los años 1600-1046 a. C. Halla miles de huesos de animales inscritos con la escritura china más antigua que se conoce.

Tumba del rey Pacal

En Palenque, México, Alberto Ruz Lhuillier excava bajo un templo pirámide maya y descubre la tumba del rey Pacal (que reinó entre 615 y 683), cuyo esqueleto llevaba una preciosa máscara de mosaico de jade.

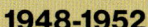

1928-1937

1948-1952

La civilización del Indo

En la India, John Marshall excava las ciudades de Harappa y Mohenjo-Daro. Revela la existencia de la olvidada civilización del Indo, que prosperó aquí del 2500 al 1700 a. C.

Machu Picchu

En los Andes peruanos, Hiram Bingham halla Machu Picchu, una ciudadela inca perdida. Erigida en la cresta de una montaña a 2350 m sobre el nivel del mar, Machu Picchu se abandonó en el siglo XVI.

1927

Tumbas de Ur

Leonard Woolley excava las tumbas reales sumerias de Ur, fechadas en c. 2600-2300 a. C. Entre los tesoros encuentra la estatua de una cabra de oro y lapislázuli (una piedra semipreciosa azul).

1922

1921-1922

1911

Tumba del faraón

Howard Carter descubre en 1922 la tumba del faraón Tutankamón, la única tumba egipcia real sin saquear jamás descubierta. El rey fue enterrado en 1323 a. C. con una máscara de oro macizo e incrustaciones de cristal azul.

1905-1906

Gran Zimbabue

El arqueólogo británico-estadounidense David Randal-MacIver realiza las primeras excavaciones científicas de los grandes recintos amurallados de la antigua ciudad de Gran Zimbabue, que estuvo habitada desde alrededor de 1250 hasta mediados del siglo XIV.

Datación por secuencias

En Egipto, Flinders Petrie desarrolla la datación por secuencias. Documentando los cambios de estilo de la cerámica del cementerio de Naqada, calcula las fechas de cada tumba.

Civilización minoica

Arthur Evans excava el palacio de Cnossos en Creta, Grecia, y halla una civilización desconocida de la Edad del Bronce, en su cenit entre el 2000-1500 a. C. La bautiza como minoica, por Minos, el legendario rey de Creta.

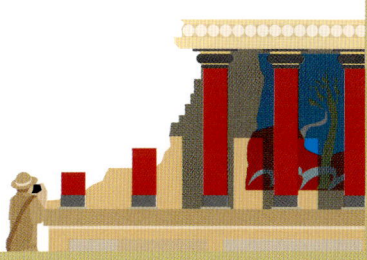

1880-1901

1900-1905

La Unión Soviética

A principios del siglo XX Rusia se transformó: su monarquía se extinguió y vivió dos revoluciones y una guerra civil. Convertida en la Unión Soviética (o la URSS), fue el primer Estado comunista del mundo, en el que se creía que el gobierno debía tomar el control de recursos como la tierra y las granjas y compartir la riqueza creada por estos recursos entre el pueblo. Estaba formada por 15 repúblicas, algunas de las cuales, como Estonia y Ucrania, se harían independientes en la década de 1990. A partir de la década de 1940, la Unión Soviética ocupó muchos países del este de Europa, como Polonia y Hungría, aunque no llegaron a formar parte de ella.

Guerra Fría
La Alemania norteamericana, británica y francesa forma un nuevo país, Alemania occidental; Alemania oriental sigue siendo soviética. La URSS corta las vías de transporte con Berlín para amenazar a Alemania occidental. Occidente entrega víveres a Berlín occidental por aire: empieza la Guerra Fría entre Oriente y Occidente.

1947-1949

1939

Segunda Guerra Mundial
La URSS y Alemania firman un pacto e invaden Polonia, con lo que estalla la Segunda Guerra Mundial. Pero poco después, Alemania ataca a la URSS, que acaba derrotando a los nazis. El país y su capital, Berlín, se dividen en cuatro zonas, bajo control del Reino Unido, Estados Unidos, Francia y la Unión Soviética.

1936-1938

La Gran Purga
Stalin se deshace de todo miembro del Partido Comunista, militar o agricultor que se le oponga. 20 millones de soviéticos son enviados a campos de concentración (*gulags*), y muchos mueren.

Gran hambruna
Las granjas colectivas son un fiasco. Los cereales del campo alimentan a los habitantes de las ciudades, pero los campesinos se mueren de hambre. Así se provoca una devastadora hambruna en la que mueren ocho millones de personas, muchas en Ucrania.

1932

Plan quinquenal
Para industrializar el país, se aumenta la producción de carbón, metal y petróleo en los siguientes cinco años. Se expropian las tierras a los agricultores (*kulaks*) para crear granjas colectivas.

1928-1932

El auge de Stalin
Cuando el líder comunista de Rusia Vladimir Lenin muere, Iósif Stalin ocupa su lugar. Stalin ha llegado al poder asesinando a sus rivales y colocando a sus acólitos en posiciones estratégicas.

1924

Del zar a la URSS

A partir del siglo XIX los rusos empezaron a exigir vivir mejor. Una enorme hambruna provocó múltiples revoluciones, en las que el zar (emperador) perdió el poder, que ocuparon los bolcheviques, un partido político comunista. Al final de estos alborotos políticos, en 1922, se formó la Unión Soviética.

Marzo de 1917
Más protestas masivas hacen que abdique el zar.

1918
Los bolcheviques ejecutan a todo aquel que no muestra lealtad y se convierten en el Partido Comunista ruso.

1905
El zar Nicolás II concede al pueblo la posibilidad de elegir el gobierno.

Noviembre de 1917
Los bolcheviques, bajo el mando de Vladimir Lenin, toman el poder.

1922
El Partido Comunista ruso funda la Unión Soviética.

> **«Del éxito de la perestroika... depende el futuro de la paz.»**
> **Mikhail Gorbachev**, 1987

Muerte de Stalin

Stalin muere de un ictus. El dictador fue responsable de millones de muertes, pero también consiguió convertir a la Unión Soviética en una gran potencia de Europa central y oriental.

1953

La carrera espacial

La Unión Soviética lanza el Sputnik 1, primer satélite artificial, que orbita la Tierra en 98 minutos. Esto desencadena una carrera espacial con Estados Unidos por el dominio de la exploración espacial, pero en 1961 la URSS vuelve a tomar la delantera, cuando Yuri Gagarin, un cosmonauta soviético, se convierte en el primer ser humano en llegar al espacio.

1957

Década de 1970

1985

Estancamiento económico

Bajo el mandato de Leonid Brézhnev, la economía deja de crecer. Existe una corrupción generalizada, las tiendas tienen pocos productos y se vive muy mal; el pueblo deja de creer en el gobierno.

Glasnost y perestroika

El líder soviético Mikhail Gorbachev introduce políticas de apertura, o glasnost, y reestructuración, conocida como perestroika. Esto alienta la mejora de relaciones con Occidente.

Catástrofe nuclear

El reactor nuclear de Chernóbil (actual Ucrania) se funde en el peor desastre nuclear de la historia. Decenas de personas mueren en la explosión y miles a causa del cáncer provocado por la radiación. Las zonas cercanas a la central serán inhabitables durante siglos.

1986

Revoluciones

Los gobiernos impuestos por la URSS son derribados en Europa Central y Oriental, y el Muro de Berlín, construido para dividir Berlín occidental de Alemania Oriental, es derribado (arriba), marcando el fin del régimen comunista en Europa.

1989

Caída de la Unión Soviética

Boris Yeltsin se convierte en el primer presidente ruso elegido democráticamente; ilegaliza el Partido Comunista Soviético. Se desmantela la Unión Soviética, que queda dividida en Rusia y otros 14 países.

1991

La historia de los rascacielos

Desde los primerísimos edificios altos del siglo XIX hasta las gigantescas torres de cristal actuales, los rascacielos se han convertido en potentes símbolos de la vida moderna. Cada vez llegan a mayores alturas, lo que es posible gracias a emocionantes mejoras de los materiales y métodos de construcción. Muchos de los arquitectos e ingenieros actuales están ante un desafío personal: diseñar espectaculares edificios que respeten el medio ambiente.

> «El rascacielos es el punto en el que se unen el arte y la ciudad.»
>
> **Ada Louise Huxtable,**
> *The Tall Building Artistically Reconsidered*, 1984

Burj Khalifa

En 2010 se inaugura el Burj Khalifa en Dubái. Con sus 828 m de altura, puede verse desde unos 100 km de distancia. En respuesta al atentado contra las Torres Gemelas, el Burj Khalifa se diseña con zonas de refugio presurizadas y climatizadas, para ofrecer protección en caso de incendio.

Torre de Shanghái

Coronada en 2013, esta retorcida torre de China tiene 632 m de altura y cuenta con los ascensores más rápidos del mundo: se pueden mover a 74 km/h. El edificio recoge el agua de la lluvia para usarla en los sistemas de aire acondicionado y calefacción.

Iconic Tower

Está previsto que la construcción de la Iconic Tower de El Cairo (Egipto) finalice en 2023, lo que convertirá a este rascacielos de 80 plantas en el edificio más alto de África, con 385 m de altura. Su forma cilíndrica se inspira en la de los antiguos obeliscos egipcios.

Torres Obispado

El edificio más alto de América Latina y el primero en superar los 300 m de altura, las Torres Obispado de Monterrey (México), incluyen hoteles, residencias privadas y oficinas en sus 64 plantas.

World Trade Center

Los ingenieros conocen el efecto del viento en estos edificios, que pueden llegar a alturas considerables. En 1971 se completan en Nueva York las Torres Gemelas, símbolos de la riqueza y el poder de la ciudad. En 2001 caen cuando unos terroristas estrellan sendos aviones en ambas torres.

Q1 Tower

Cuando esté terminado, el Q1 de Queensland (Australia) se convertirá en el rascacielos más alto del país. Tiene una altura de 322,5 m. Su plataforma de observación, a 230 m de altura, ofrece vistas panorámicas de la Costa del Oro.

Empire State Building

Este edificio de gran altura, inaugurado en 1931, es un símbolo de esperanza para Nueva York en un periodo de penuria económica porque ofrece trabajo a los parados. Con sus 102 plantas es el edificio más alto del mundo durante 40 años.

Torres Petronas

Finaliza la construcción de estos rascacielos gemelos en Kuala Lumpur (Malasia). Con 452 m de altura, son los edificios gemelos más altos del mundo y están conectados por un puente elevado. Su diseño está influido por el arte islámico.

Edificio Chrysler

Las empresas de Estados Unidos compiten por tener la sede corporativa más alta en Nueva York. En una disputa contra el Bank of Manhattan, la Chrysler levanta una espiral de acero inoxidable en la parte superior de su edificio en 1930 para llegar a los 319 m de altura.

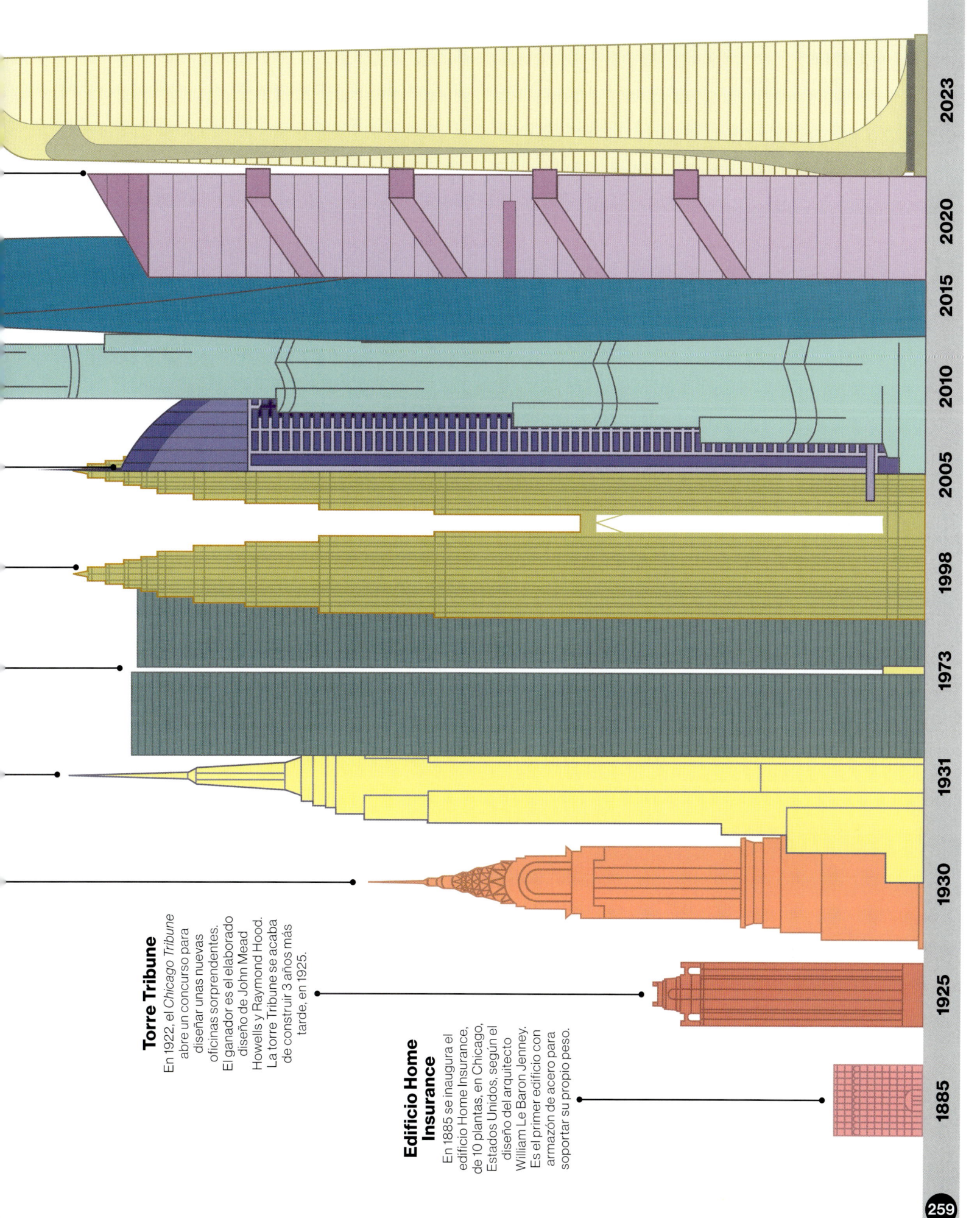

Torre Tribune

En 1922, el *Chicago Tribune* abre un concurso para diseñar unas nuevas oficinas sorprendentes. El ganador es el elaborado diseño de John Mead Howells y Raymond Hood. La torre Tribune se acaba de construir 3 años más tarde, en 1925.

Edificio Home Insurance

En 1885 se inaugura el edificio Home Insurance, de 10 plantas, en Chicago, Estados Unidos, según el diseño del arquitecto William Le Baron Jenney. Es el primer edificio con armazón de acero para soportar su propio peso.

2023
2020
2015
2010
2005
1998
1973
1931
1930
1925
1885

ANTES

En 1933, Hitler vence en las elecciones alemanas y llega al poder, en parte por resentimiento por el Tratado de Versalles, firmado tras la Primera Guerra Mundial, que prohíbe la expansión alemana. Pese a ello, las tropas de Hitler toman Austria en 1938. Los líderes europeos no plantan cara a Hitler y este se hace más agresivo.

Estalla la guerra

Las tropas de Hitler invaden Polonia el 1 de septiembre; el 3 de septiembre, Francia y Gran Bretaña declaran la guerra a Alemania. Hitler ocupa Polonia con una abrumadora fuerza.

3 de septiembre de 1939

Blitzkrieg

Hitler invade los Países Bajos, Bélgica, Francia y Luxemburgo con tácticas de *Blitzkrieg* (guerra relámpago): potencia aérea y tanques rápidos. El mismo día Winston Churchill se convierte en primer ministro de Gran Bretaña.

10 de mayo de 1940

Batalla del Atlántico

Gran Bretaña depende del petróleo, los alimentos y las materias primas que llegan por mar, pero los submarinos alemanes atacan y hunden los barcos de carga. Empiezan a navegar buques aliados para escoltar a los convoyes.

1940-1941

El Blitz

Durante casi 40 semanas Alemania azota a pueblos y ciudades británicos con el Blitz, bombardeos nocturnos, para minar el esfuerzo de guerra de Gran Bretaña. La gente se protege en refugios subterráneos; se evacúa a los menores a áreas de menor riesgo de ataque.

Septiembre de 1940 -mayo de 1941

Guerra Mundial en Europa

La Segunda Guerra Mundial, librada entre 1939 y 1945, ha sido el conflicto con más coste y destrucción de la historia: murieron y quedaron heridos varios millones de personas. Los distintos países se unieron al conflicto y el mundo se dividió entre las potencias del eje (lideradas por Alemania, Italia y Japón) y los aliados (Gran Bretaña, Francia, la Unión Soviética y, más adelante, Estados Unidos).

22 de enero-10 de diciembre de 1941   **6 de abril de 1941**   **22 de junio de 1941-2 de febrero de 1943**   **8 de noviembre de 1942**

Asedio de Tobruk

Los aliados conquistan Tobruk en Libia, en el norte de África, y resisten los ataques alemanes durante 9 meses de asedio. Esta tenaz defensa no permite a los alemanes avanzar hacia Egipto.

Invasión de los Balcanes

Las tropas alemanas, italianas y búlgaras atacan Yugoslavia. Tras unas pérdidas terribles, Yugoslavia capitula. La batalla de Grecia acaba con la caída de Atenas el 27 de abril. Hitler consigue un acceso directo al mar Mediterráneo.

La URSS, invadida

Alemania ataca a la URSS con una gran fuerza. El ejército soviético resiste ferozmente, y Alemania es derrotada en la batalla de Stalingrado el 2 de febrero de 1943, que resulta ser un punto de inflexión crucial en la guerra. Millones de soldados y civiles soviéticos mueren en los combates, por enfermedades y por hambre.

Operación Torch

Cuando el presidente Franklin D. Roosevelt lleva a Estados Unidos a la guerra, sus soldados ayudan a invadir el norte de África. Tras 6 meses de lucha, las tropas alemanas e italianas son obligadas a rendirse.

26 mayo-4 junio, 1940

Dunkerque

Las tropas alemanas marchan hacia Francia y las tropas aliadas quedan atrapadas en Dunkerque, al norte de Francia. Buques civiles británicos y franceses rescatan a estas tropas hasta puertos seguros al otro lado del Canal.

Italia, en guerra

Benito Mussolini, el dictador de Italia, se une a la guerra como miembro de las potencias del eje. Ordena la invasión de Grecia, pero Hitler tiene que mandar tropas para que lo consiga.

10 de junio de 1940

14 de junio de 1940

Caída de Francia

Francia, una de las mayores potencias de Europa, ha caído tras solo 6 semanas de lucha. Las tropas alemanas entran triunfales en París y ocupan gran parte del país. La mirada de Hitler va más allá.

Batalla de Inglaterra

Hitler lanza un ataque aéreo sobre Gran Bretaña a través del canal de la Mancha. Los aviones británicos mantienen a raya los cielos y evitan la invasión gracias a la invención del radar, que ayuda a los pilotos a detectar los aviones enemigos.

Guerra en el desierto

Las fuerzas aliadas y del eje tienen sus rifirrafes en Egipto y Libia, en el norte de África. Ambos bandos dependen de tanques y aviones para cruzar el hostil terreno desértico.

10 de julio-31 de octubre de 1940

Junio de 1940-mayo de 1943

Guerra total

Los aliados deciden que Estados Unidos bombardeará las ciudades alemanas de día y que los británicos lo harán de noche para obligar a Alemania a capitular. Los incesantes bombardeos matan a unos 600 000 civiles y arrasan ciudades.

La caída de Berlín

Se movilizan dos millones y medio de tropas soviéticas y 6000 tanques para el ataque final sobre la capital alemana. El 30 de abril, los soldados soviéticos toman el control del Reichstag, el antiguo edificio del Parlamento alemán.

Rendición de Alemania

Hitler se suicida el 30 de abril y Alemania se rinde de manera incondicional a los aliados el 7 de mayo, poniendo punto final a la guerra en Europa. El día siguiente se declara el Día de la Victoria en Europa, y desata las celebraciones de victoria en los países aliados.

24 de julio de 1943

6 de junio de 1944

16 de abril de 1945

7-8 de mayo de 1945

Día D

Tras cuatro años de planificación empieza la «operación Overlord»: la invasión aliada de Francia. Más de 150 000 soldados desembarcan en la costa francesa. Tras dos meses de enfrentamientos con las fuerzas alemanas, empiezan a penetrar en Francia para liberarla de la ocupación nazi.

DESPUÉS

En la Conferencia de Potsdam del 17 de julio de 1945, los aliados dividen Alemania, y Berlín, en varias zonas. Se crea Naciones Unidas con el objetivo de encontrar soluciones pacíficas a los conflictos. Aunque ha acabado la guerra, Europa tiene una enorme crisis de refugiados.

GRAN BRETAÑA SE PREPARA

Junio
Se acerca la guerra

En vísperas de la guerra se construyen refugios antiaéreos y los hospitales se preparan para atender a los heridos. Se vuelve a activar el cuerpo de mujeres del ejército, que había desempeñado un papel crucial durante la Primera Guerra Mundial, para aportar más mano de obra a las granjas.

Evacuación

1 de septiembre

Anticipándose a los bombardeos nazis, el gobierno británico desplaza casi tres millones de personas, la mayoría de ellas menores, a zonas rurales y de ultramar, como parte de la operación Flautista de Hamelín. En Francia se evacúa a la población de Estrasburgo para evitar las bombas alemanas.

Trabajo forzoso

1939-1945

Ante la escasez de trabajadores civiles, las autoridades alemanas obligan a la población de los países ocupados a trabajar en sus industrias de guerra. Alrededor de 12 millones son obligados a ello, incluidos más de 2 millones de prisioneros de guerra.

RECORTES

Agosto
Racionamiento

La escasez de bienes se tradujo en que la población del planeta tuvo que ajustarse a los recortes. Alemania activa el racionamiento de alimentos, pero Hitler mantiene las restricciones al mínimo por miedo a que se hunda la moral de su pueblo. En Gran Bretaña se racionan el beicon, la mantequilla y el azúcar en enero de 1940.

La guerra en casa

La Segunda Guerra Mundial no se libró solo en el campo de batalla, sino que afectó a millones de civiles, que tuvieron que ajustarse a las condiciones de guerra y sus vidas cambiaron de manera drástica.

1940

3 de julio
Refugios antiaéreos

La línea del frente llega a los civiles británicos cuando Alemania empieza a bombardear las zonas urbanas. Cardiff es la primera ciudad bombardeada. En Londres, el primero de muchos ataques aéreos, conocidos como el Blitz, tiene lugar el 7 de septiembre. Los bombardeos obligan a la población a resguardarse en refugios y estaciones de metro.

Ciudades sitiadas

1940-1944

Los civiles de las ciudades situadas en el frente de los ejércitos invasores sufren terriblemente. La ciudad soviética de Leningrado soporta un asedio de casi 900 días por parte de las fuerzas alemanas, durante el cual 800 000 civiles mueren de hambre, enfermedades, frío y los efectos de los bombardeos. Muchas otras ciudades, como Stalingrado y Varsovia, sufren una destrucción atroz.

1940

REINO UNIDO BAJO ASEDIO

Junio
Batalla del Atlántico

Los submarinos alemanes hunden 3 millones de toneladas de productos básicos transportados en barcos mercantes aliados desde Norteamérica hasta Gran Bretaña. El país suele importar gran parte de sus alimentos, pero con los problemas de las naves para cruzar el Atlántico, la población puede acabar sufriendo hambruna.

FRANCIA LIBRE

18 de junio
Nace la resistencia

Tras la ocupación nazi de Francia, Charles de Gaulle, un joven general, vuela a Londres y hace un llamamiento por la radio para que Francia resista. Es el principio de «Francia Libre», el gobierno de Francia en el exilio.

1941

PROPAGANDA

Junio

Todos los bandos de la guerra recurrieron a la propaganda: carteles, mítines y discursos para impulsar el apoyo al esfuerzo bélico entre sus civiles. Cuando Alemania invade la URSS, los carteles soviéticos instan a los jóvenes a alistarse en el ejército, animan a los trabajadores a producir más para el frente y animan a los civiles a llevar a cabo actos de sabotaje para detener la invasión.

SOLDADOS CON FALDA

7 de diciembre

Cuando Estados Unidos entra en la guerra tras el ataque japonés a Pearl Harbor, Hawái, su ejército recluta a mujeres. La medida es controvertida, pues muchos creían que solo los hombres podían hacer este tipo de trabajo.

1942

La solución final

20 de enero

El partido nazi quiere acabar con la población judía de Europa. En un congreso en Wannsee, cerca de Berlín, formalizan un plan para transportar a los judíos de toda Europa a los campos de exterminio de Polonia, donde serán asesinados u obligados a realizar trabajos forzados.

Trabajo peligroso

1942

En el apogeo de la guerra cada país depende de mantener en marcha la maquinaria de guerra con munición, tanques, armas y explosivos. En las fábricas de munición las mujeres ocupan los puestos que los hombres han dejado para ir al frente. Trabajan de mecánicas, soldadoras, ingenieras, pilotos y operadoras de maquinaria.

Bombardeo de Alemania

1942-1945

Las Fuerzas Aéreas Aliadas inician una serie de incursiones masivas en ciudades alemanas en un intento de destruir la moral de la población. En algunas incursiones participan un millar de bombarderos y en una de ellas, sobre Dresde en febrero de 1945, una auténtica tormenta de fuego mata a más de 25 000 personas.

1943

Industria de guerra alemana

Febrero

Hitler se ve obligado a introducir «medidas de guerra total». La economía y la sociedad entera se movilizan para la producción de guerra. Alemania importa trabajadores de los países ocupados por los nazis como mano de obra esclava.

Resistencia francesa

1943-1944

El movimiento francés para hundir a los ocupantes nazis llega a su cenit. El pueblo llano francés forma grupos de resistencia por todo el país, que reparten propaganda antinazi, ayudan a los pilotos aliados abatidos y usan tácticas de sabotaje y guerrilla para enfrentarse a la ocupación nazi.

1945

Hiroshima y Nagasaki

6-9 de agosto

Estados Unidos lanza las primeras bombas atómicas de la historia sobre las ciudades japonesas de Hiroshima y Nagasaki. Mueren 120 000 personas al instante. Estos ataques sin precedentes obligan a Japón a rendirse, pero los daños de las bombas y la radiación afectarán durante décadas a la población de ambas ciudades.

El Blitz

Durante el Blitz (septiembre de 1940-mayo de 1941), Alemania realiza 71 bombardeos nocturnos en Londres. Guardas antiaéreos y civiles buscan supervivientes entre los escombros de los edificios.

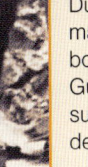

El Holocausto

Entre 1933 y 1945 gobernó en Alemania el partido nazi, organización política extremista y antisemita (antijudía) que culpaba a los judíos de las penurias del país. Los nazis construyeron campos de concentración, donde encarcelaron y asesinaron a 6 millones de judíos en un genocidio conocido como el «Holocausto», así como a homosexuales, discapacitados, romaníes y prisioneros.

Ana Frank

Ana Frank era una niña judía que vivía en los Países Bajos cuando estalló la Segunda Guerra Mundial. Acabó muriendo en el campo de concentración de Bergen-Belsen. Sin embargo, su diario sobrevivió con todas las reflexiones y experiencias de cuando se ocultaban del régimen nazi. Su escritura es un recordatorio del miedo y la penuria constantes que vivieron muchos bajo la ocupación nazi.

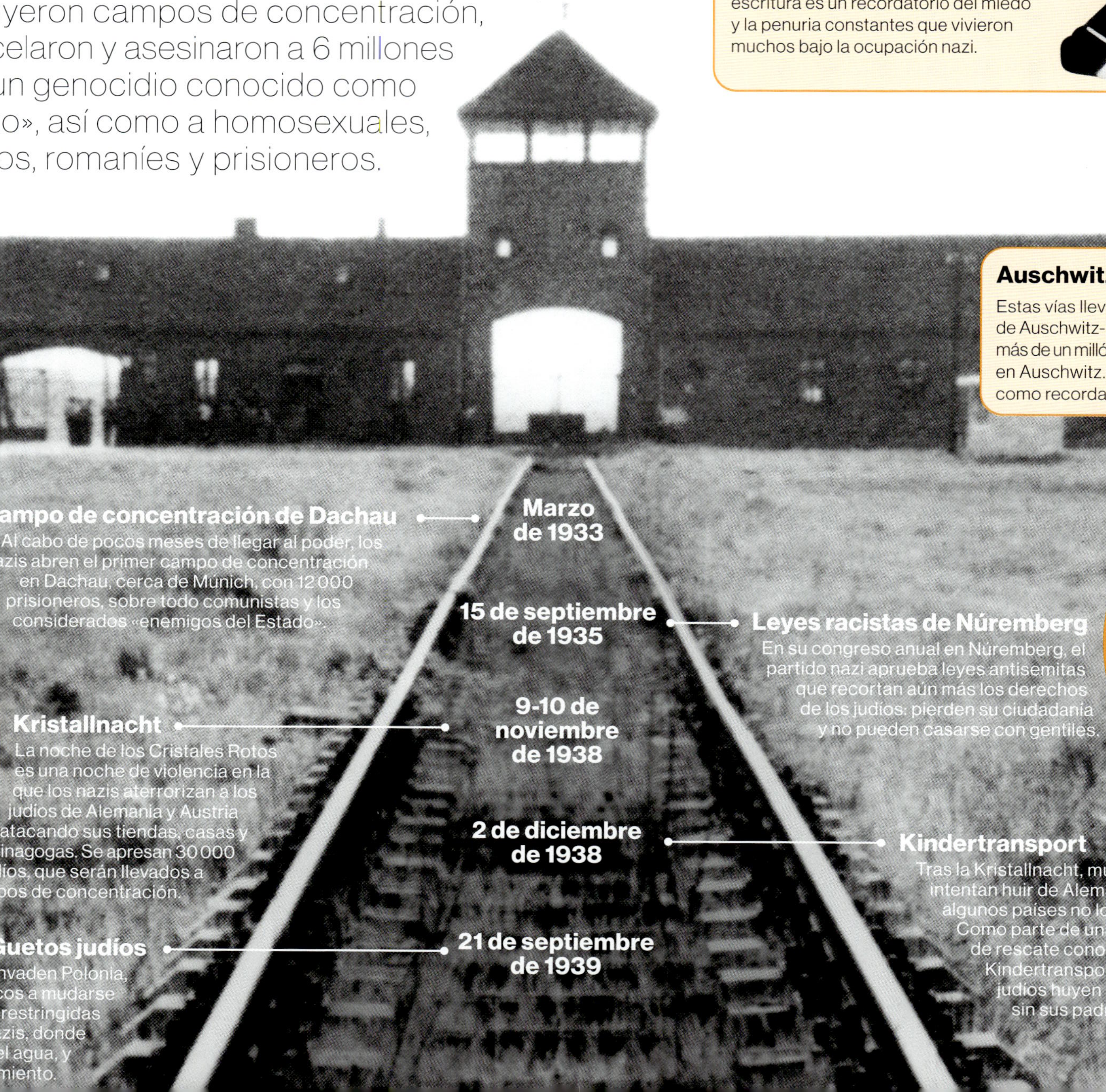

Auschwitz, Polonia

Estas vías llevan al campo de concentración de Auschwitz-Birkenau. Durante el Holocausto más de un millón de personas fueron asesinadas en Auschwitz. Hoy el campo se conserva como recordatorio de lo sucedido.

Marzo de 1933
Campo de concentración de Dachau
Al cabo de pocos meses de llegar al poder, los nazis abren el primer campo de concentración en Dachau, cerca de Múnich, con 12 000 prisioneros, sobre todo comunistas y los considerados «enemigos del Estado».

15 de septiembre de 1935
Leyes racistas de Núremberg
En su congreso anual en Núremberg, el partido nazi aprueba leyes antisemitas que recortan aún más los derechos de los judíos: pierden su ciudadanía y no pueden casarse con gentiles.

9-10 de noviembre de 1938
Kristallnacht
La noche de los Cristales Rotos es una noche de violencia en la que los nazis aterrorizan a los judíos de Alemania y Austria atacando sus tiendas, casas y sinagogas. Se apresan 30 000 judíos, que serán llevados a campos de concentración.

2 de diciembre de 1938
Kindertransport
Tras la Kristallnacht, muchos judíos intentan huir de Alemania, pero algunos países no los aceptan. Como parte de una operación de rescate conocida como Kindertransport, 10 000 niños judíos huyen a Gran Bretaña sin sus padres.

21 de septiembre de 1939
Guetos judíos
Cuando las tropas nazis invaden Polonia, se obliga a los judíos polacos a mudarse a los guetos: zonas restringidas controladas por tropas nazis, donde escasean la comida y el agua, y hay un gran hacinamiento.

14 de junio de 1940

Apertura de Auschwitz

Llegan los primeros prisioneros al campo de concentración Auschwitz I en Polonia. Se tatúa el número de llegada a los prisioneros, la gran mayoría rebeldes políticos polacos.

1 de septiembre de 1941

Estrella de David

A partir de esta fecha, los judíos mayores de 6 años de la Europa ocupada por los nazis deben llevar obligatoriamente esta insignia de la estrella de David (un símbolo tradicional judío), o un brazalete, para poder identificarlos rápidamente.

20 de enero de 1942

La solución final

Los altos cargos nazis se reúnen para tratar la solución final, el plan para exterminar a todos los judíos de Europa, a quienes consideran *Untermenschen* (infrahumanos) y un problema para solucionar. Acuerdan deportar a todos los judíos a Polonia, donde serán asesinados en campos de exterminio.

1942

Campos de exterminio

Los nazis crean seis «campos de exterminio» en la Polonia ocupada. Los judíos de toda Europa son arrestados y transportados en tren bajo condiciones inhumanas hacia los campos, donde se usarán como mano de obra esclava o serán ejecutados de manera inmediata.

15 de febrero de 1942

Cámaras de gas

Los nazis usan métodos cada vez más sistemáticos para asesinar en masa: liberan gas tóxico en duchas herméticas llenas de prisioneros. Los cuerpos se entierran en fosas comunes o se incineran.

Julio de 1944- mayo de 1945

Liberación

A medida que las tropas aliadas avanzan hacia Alemania, van liberando los campos de concentración del control nazi. Los soldados quedan horrorizados de la muerte y devastación que encuentran. Los prisioneros están débiles, hambrientos y enfermos. Tras la liberación siguen muriendo a miles por las enfermedades contraídas durante el cautiverio.

1945-1949

Los juicios de Núremberg

Tras el final de la Segunda Guerra Mundial en septiembre de 1945, los aliados quieren llevar a los tribunales a los responsables del Holocausto. Los juicios se emiten por televisión y por primera vez el público descubre el horrible alcance de los crímenes de guerra nazis.

14 de mayo de 1948

Una patria para los judíos

Tras los horrores del Holocausto, la comunidad internacional siente la presión de encontrar una tierra para que los judíos establezcan su patria. Se crea el nuevo Estado de Israel en Palestina, en contra de los deseos del pueblo palestino.

Desembarcos del día D

El 6 de junio de 1944, el día D, las fuerzas aliadas de Gran Bretaña, Estados Unidos, Canadá y Francia ejecutaron la mayor operación naval, terrestre y aérea de la historia. Sus tropas desembarcaron en las playas de Normandía, Francia, incluida la playa de nombre en código Omaha (imagen). Al final del día D habían desembarcado más de 150 000 soldados en Normandía, que se movieron tierra adentro para que pudieran desembarcar más tropas en los días siguientes. Este día marcó el primer paso en la liberación de Europa de la ocupación nazi.

La guerra del Pacífico

La mayor zona de combates de la Segunda Guerra Mundial fue Asia y el Pacífico, donde estalló el conflicto en 1941 tras el ataque japonés a la base naval estadounidense de Pearl Harbor. Japón, aliado de Alemania, que buscaba el control de los recursos de la región, como el petróleo, también atacó las colonias europeas en el sudeste asiático, que estaban mal defendidas. Hubo combates en Malasia y Birmania (actual Myanmar), y en islas y mares de toda la región antes de que los japoneses fueran derrotados en 1945.

Batalla del mar del Coral
Las fuerzas aliadas truncan los planes japoneses de invadir Nueva Guinea. Esta batalla naval es la primera en la que barcos enemigos no llegan a verse, sino que luchan aviones lanzados desde portaaviones.

Ataque en Australia
Los aviones japoneses bombardean el puerto de Darwin en la costa norte y destruyen gran parte de las estructuras militares de la ciudad.

Alianza militar
Japón forma alianza militar con Alemania e Italia; firman un documento conocido como el Pacto Tripartito. Alemania e Italia prometen a Japón un imperio que cubrirá Asia.

Victorias japonesas
Con una increíble velocidad las fuerzas japonesas atacan Hong Kong, Filipinas, Malaca, Tailandia, Guam e Isla Wake, y conquistan enormes áreas de tierra.

Septiembre de 1940

7 de diciembre de 1941

Diciembre de 1941

15 de febrero de 1942

19 de febrero de 1942

27 de febrero- 1 de marzo de 1942

4-8 de mayo de 1942

Batalla del mar de Java
Después de derrotar a las fuerzas navales aliadas en el mar de Java, Japón conquista las Indias Orientales Neerlandesas (actual Indonesia). Supone otra devastadora victoria contra las fuerzas aliadas; Japón domina el aire y el mar.

Rendición de Singapur
Continúa el avance de las fuerzas japonesas. La caída de Singapur y la pérdida de unas 85 000 tropas de la Mancomunidad británica marcan una humillante derrota para Gran Bretaña.

Pearl Harbor
Las fuerzas japonesas bombardean la base naval de Estados Unidos en Pearl Harbor, Hawái. El ataque sorpresa pilla desprevenidos a los norteamericanos. Estados Unidos y los aliados declaran la guerra a Japón y Alemania se la declara a Estados Unidos.

Lucha en los cielos
Los cazas japoneses eran más rápidos que los de Estados Unidos. Dominaron el cielo hasta 1943, cuando las naves norteamericanas mejoraron hasta superar a las japonesas.

Bombas atómicas
Dos bombas atómicas de Estados Unidos destruyen las ciudades de Hiroshima y Nagasaki. Decenas de miles de personas mueren al instante; decenas de miles más morirán por los efectos de la radiación.

De isla en isla
Las tornas empiezan a cambiar cuando las fuerzas de Estados Unidos vuelven a la carga y derrotan a las tropas japonesas, isla por isla. Muchos japoneses no quieren ser tomados como prisioneros y se suicidan.

Batalla de Iwo Jima
Las tropas estadounidenses llegan a Iwo Jima y se enfrentan a las tropas japonesas, ocultas en túneles por la isla. Los soldados japoneses rehúsan rendirse, por lo que es una de las batallas más cruentas de la guerra del Pacífico.

4-7 de junio de 1942

Agosto de 1942-febrero de 1943

Octubre de 1944

Febrero-marzo de 1945

9-10 de marzo de 1945

6 y 9 de agosto de 1945

15 de agosto de 1945

Batalla de Midway
Las fuerzas aliadas resisten los intentos de la Armada japonesa de tomar el control de las islas Midway en el Pacífico central. Japón sufre la pérdida de unas 3000 tropas y cuatro portaaviones en su primer gran revés.

Ataques kamikaze
Los pilotos japoneses adoptan tácticas extremas durante la batalla y estrellan sus aviones contra las cubiertas de los barcos de guerra de Estados Unidos. Estas misiones suicidas, los ataques kamikaze, destruyen barcos de guerra por docenas.

Asedio de Japón
Las fuerzas de Estados Unidos bombardean para impedir la llegada de productos básicos del continente. Las ciudades japonesas no se libran de los ataques: un bombardeo sobre Tokio se cobra unas 100 000 víctimas.

Japón se rinde
A pesar de la devastación de las bombas atómicas, los jefes militares de Japón y parte del gobierno no quieren rendirse. El emperador Hirohito les presiona para que admitan la derrota. Tras un baño de sangre de 4 años, la guerra finalmente acaba.

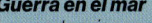

Guerra en el mar
Los portaaviones se convirtieron en los elementos más importantes de las fuerzas navales para que los cazas pudieran despegar y aterrizar en plena batalla.

Birmania e India
Ante la expectativa de que la población india se levantara contra el dominio colonial británico, Japón intentó invadir la India desde Birmania (Myanmar). Sin embargo, los británicos se defendieron y la jungla se convirtió en uno de los escenarios más sangrientos de la Segunda Guerra Mundial.

Independencia india

En la década de 1760, los británicos empezaron a controlar la India, y a mediados del siglo XIX ya la habían colonizado toda. Al crecer la demanda de independencia, aprovecharon las divisiones entre hindúes y musulmanes, lo que llevó a la partición del país y a la muerte millones de personas.

1885 El CNI
Se forma el Congreso Nacional Indio (CNI) para hacer campaña por la independencia. Dado que es básicamente hindú, los musulmanes forman la Liga Musulmana en 1906 para hacer su propia campaña.

1930 Marcha de la sal
Gandhi camina 390 km en protesta por los impuestos británicos sobre los productos básicos, como la sal. Se producen muchos arrestos, pero la marcha da más visibilidad al movimiento independentista.

1939 Segunda Guerra Mundial
El Imperio británico declara la entrada de la India en la Segunda Guerra Mundial sin consultar a sus líderes. A pesar de que luchan 2,5 millones de soldados indios, la decisión aumenta el malestar.

1945 Final de la guerra
La victoria en la guerra tiene un alto coste para Gran Bretaña, que no tiene la capacidad o el deseo de intentar conservar la India, por lo que empieza a negociar cómo retirar su control.

1947 Independencia
Pakistán obtiene la independencia; Jinnah es su primer gobernador general. Un día más tarde la India finalmente consigue la libertad. Nehru se convierte en su primer primer ministro.

1909 Concesiones británicas
Los británicos aprueban leyes en 1909, 1919 y 1935 que conceden más control del país a los indios. El CNI y la Liga Musulmana creen que esto no basta y siguen la campaña por la independencia.

1920 Gandhi
El nacionalista indio y activista Mohandas Gandhi empieza a organizar la oposición al dominio británico del país a través de la no violencia, por ejemplo desobedeciendo las leyes británicas.

1942 Movimiento Quit India
Gandhi y Jawaharlal Nehru (el líder del CNI) piden a los británicos que se vayan con el movimiento Quit India (Salid de India). Gandhi es arrestado y el movimiento prohibido, pero lo único que hace es conseguir más apoyo.

1946 Disturbios
Mohamed Ali Jinnah, líder de la Liga Musulmana, exige un Estado musulmán separado; el CNI lo rechaza. Estallan disturbios en Calcuta, que acaban con la muerte de 4000 personas. Más tarde se acuerda que las poblaciones del nordeste y noroeste, principalmente musulmanas, se convertirán en Pakistán.

1948 Primeros enfrentamientos
Un extremista hindú asesina a Gandhi porque le considera el responsable de la partición. Después la India y Pakistán irán a la guerra por la región de Cachemira.

Migración

La partición de la colonia en 1947 convierte en minorías religiosas a millones de musulmanes en la India e hindúes y sijs en Pakistán. A continuación se produce la mayor migración en masa de personas de la historia: unos 15 millones abandonan su morada y la mayoría de sus posesiones para llegar al otro lado de la nueva frontera. La violencia durante el trayecto se cobra casi dos millones de refugiados. Estos sijs abandonan Pakistán para llegar al Punyab oriental, en el norte de la India.

Primer presidente de Ghana

Kwame Nkrumah se convierte en el primer presidente de Ghana independiente en 1957. Inmediatamente se pone manos a la obra para mejorar el país: abre escuelas y funda un sistema de bienestar social. Una de sus ideas más perennes quizá es la promoción del panafricanismo, un movimiento intelectual dedicado a estudiar, entender y comunicar la cultura africana. Fomenta la creencia de que los descendientes de africanos, estén donde estén, están vinculados entre sí y al continente africano.

Independencia africana

Después de la Segunda Guerra Mundial, las potencias coloniales europeas cada vez tenían más complicado mantener sus colonias. Algunos países africanos lucharon por la libertad; otros, en cambio, la obtuvieron de manera democrática.

1952 Levantamiento keniano
Un grupo de manifestantes kenianos, los Mau Mau, se sublevan contra el control británico. Mueren por lo menos 13 000 de ellos, pero Kenia logrará finalmente la independencia en 1963, con Jomo Kenyatta como primer presidente.

1957 Libertad ghanesa
Ghana solicita su libertad del dominio británico y la recibe de inmediato. Kwame Nkrumah se convierte en el primer presidente del nuevo país.

1962 Acuerdo argelino
Los años de guerra entre los argelinos y el ejército de Francia acaban cuando el presidente francés Charles de Gaulle concede a Argelia la independencia, con el revolucionario Ahmed Ben Bella como primer presidente. Ruanda también obtiene la libertad de Bélgica y Uganda se independiza de Gran Bretaña.

1964-1968 Adiós al Imperio británico
Seis países africanos se liberan del dominio británico en 4 años. Malaui se independiza, al igual que Zambia, con Kenneth Kaunda como presidente. Botsuana y Lesoto consiguen la libertad 2 años después. Mauricio y Suazilandia se independizan en 1968, junto con Guinea Ecuatorial, que se libera de España.

1954 Egipto
Gamal Abdel Nasser es el primer presidente de Egipto, arrebatando el control político a Gran Bretaña (que seguía ocupando Egipto, pese a que se independizó oficialmente en 1922). En 1956, pone el canal de Suez bajo control estatal y evita un intento de reocupación por parte de Gran Bretaña y Francia.

1956 Marruecos y Túnez
Dos antiguas colonias francesas del norte de África se liberan del poder francés en cuestión de semanas. Marruecos consigue la independencia tras un breve período de malestar; la transición de Túnez, en cambio, es más bien pacífica, con Habib Bourguiba como presidente.

1960 Independencia africana
Diecisiete países de África subsahariana, entre ellos 14 antiguas colonias francesas, logran independizarse del control europeo. Se conocerá como el Año de África.

1963 Unidad africana
Treinta y dos países africanos fundan la Organización para la Unidad Africana con el objetivo de mejorar la vida del pueblo africano a través de la cooperación y el debate entre los Estados miembros.

1974-1975 Colonias portuguesas
La dictadura que había gobernado Portugal desde 1933 se derroca en 1974. Angola, São Tomé y Príncipe, Mozambique y Cabo Verde aprovechan la oportunidad y se independizan de Portugal.

Antiguos espías

Algunos de los primeros espías actúan durante la guerra entre los antiguos egipcios y el Imperio hitita. Los hititas envían gente disfrazada para dar información falsa a los egipcios con la intención de que caigan en una emboscada.

c. 1274 a. C.

El arte de la guerra

En el libro *El arte de la guerra* el antiguo general chino Sun Tzu advierte de que el espionaje es necesario para la guerra. El uso de espías permite conocer al máximo al enemigo y sus planes de batalla.

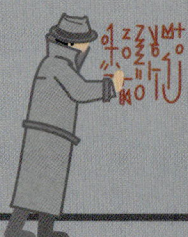

c. siglo V a. C.

Tinta simpática

La red de espías conocida como el círculo Culper, organizada por un comandante norteamericano, usa tinta simpática o invisible para escribir mensajes ocultos. Esta tinta ayuda a los norteamericanos a comunicarse secretamente en la guerra de Independencia.

1778

Cabinet Noir

El cardenal Richelieu, secretario de Estado del rey Luis XIII de Francia, y su sucesor, el cardenal Mazarino, amplían el servicio de inteligencia que intercepta las cartas enviadas entre los nobles franceses, lo que les permite frustrar las amenazas contra el rey. El sistema pasa a conocerse como el Cabinet Noir («gabinete negro»).

Década de 1630

Nueva tecnología

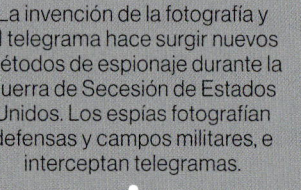

La invención de la fotografía y el telegrama hace surgir nuevos métodos de espionaje durante la guerra de Secesión de Estados Unidos. Los espías fotografían defensas y campos militares, e interceptan telegramas.

1861

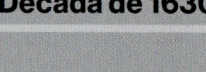

Descifrado de códigos

La sofisticación de los códigos aumenta durante las guerras mundiales. Los aliados descifran el código secreto de la máquina alemana Enigma analizando miles de mensajes. El Cuerpo de Marines de Estados Unidos emplea a «codificadores» navajos, que crean un código basado en su lengua, imposible de descifrar para los japoneses.

1914-1945

Máquina Enigma
La victoria de los aliados en la Segunda Guerra Mundial no habría sido posible sin descifrar el código alemán Enigma.

Historia del espionaje

Hace miles de años que los espías intentan descubrir información secreta. La mayoría de los espías trabajan para los gobiernos: investigan los secretos de enemigos, declarados o posibles, y deben mantener en secreto sus actividades; a lo largo de los siglos los espías han inventado ingeniosas maneras de encubrir su trabajo.

Actualidad

Espionaje digital

Muchos gobiernos vigilan activamente a sus ciudadanos. El auge de internet plantea problemas de privacidad, ya que gobiernos y particulares pueden acceder fácilmente a datos sensibles. Esto se utiliza en el espionaje industrial, pero también lo usan los denunciantes que divulgan datos sobre actividades gubernamentales.

Primeros códigos

Para evitar que el enemigo lea sus comunicaciones durante la guerra del Peloponeso, los espartanos inventan la escítala, uno de los sistemas primigenios para cifrar y descifrar mensajes secretos.

Primera red de espías

Hasan-e-Sabbāh, jefe del grupo musulmán chií Nizarí, crea una red de espías llamados los hashashins («asesinos»), que se infiltran en los campamentos de sus enemigos en Siria y Palestina y matan a sus líderes.

1467-1603

Maestros de la infiltración

Con sigilo y rapidez, los shinobi (conocidos como ninja) son los agentes secretos de los poderosos caudillos japoneses. Espían, sabotean y asesinan para lograr sus objetivos.

Shuriken
Conocidos como estrellas ninja, los shuriken pueden lanzarse contra un enemigo o usarse en la mano a modo de arma blanca.

c. 431-405 a. C.

c. siglo XII d. C.

Ocultos a simple vista

Finaliza la redacción del Códice florentino, que revela que los mercaderes aztecas, los pochtecas, a menudo ejercían de espías. Sus grandes viajes los convierten en candidatos perfectos para esta tarea, ya que pueden descubrir mucho sobre el Imperio azteca.

Jefe de espías de Inglaterra

Frances Walsingham se convierte en el secretario principal y maestro de espías de la reina Isabel I de Inglaterra. Walsingham crea una red de espías con el objeto de descubrir tramas para derrocar a la reina.

Maestro de espías
Walsingham hacía torturar a los conspiradores para que confesaran sus tramas.

1573

1585

La resistencia francesa

En la Francia ocupada por Alemania surgen grupos que sabotean la actividad enemiga. La resistencia mantiene rutas de escape para aviadores y prisioneros fugados, y atenta contra transportes y comunicaciones alemanas.

Lápices mecha
Usados en la Segunda Guerra Mundial, estos lápices eran mechas para retardar una explosión, para que quien preparara la bomba pudiera huir antes de la detonación.

1940

Primeras agencias modernas de espionaje

En la Segunda Guerra Mundial se crean servicios de inteligencia para ayudar en la guerra, como la Dirección de Operaciones Especiales británica y la Oficina de Servicios Estratégicos de Estados Unidos.

Espionaje global

Algunos países recién independizados desarrollan sofisticadas agencias de espionaje, como el Mossad de Israel (fundado en 1949) y el Research and Analysis Wing de la India (creado en 1968). Estas agencias son especialmente eficaces a la hora de proporcionar a sus gobiernos información sobre países rivales.

Se funda la CIA

Para mejorar la inteligencia tras la Segunda Guerra Mundial y el inicio de la Guerra Fría, Estados Unidos crea la Agencia Central de Inteligencia (CIA, por sus siglas en inglés), un servicio de inteligencia exterior.

1940-1942

Videovigilancia

Las cámaras sirven para controlar el tráfico y la delincuencia, pero también son una gran herramienta para espías y agencias de inteligencia: las usan para seguir los movimientos de cualquier persona.

Formación de la KGB

La Unión Soviética crea una agencia de inteligencia, el Comité para la Seguridad del Estado, o KGB, que se convierte en una de las organizaciones de inteligencia más efectivas del mundo.

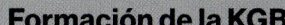

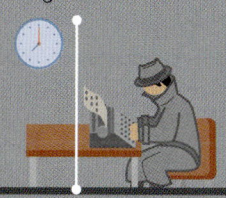

1949

1947

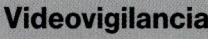

Década de 1970

1954

Oriente Medio

El Oriente Medio moderno se ha visto marcado por divisiones, como las que se dan entre árabes y no árabes, entre distintas corrientes de la fe islámica y entre países ricos y pobres en petróleo. En el último siglo, ha tenido que lidiar con la creación del Estado judío de Israel, la injerencia occidental y las crecientes tensiones sobre el papel de la religión en la sociedad. Muchas naciones han entrado en conflicto por estas cuestiones, haciendo de Oriente Próximo una región volátil.

ANTES

Desde la década de 1890, el sionismo reclamaba una patria judía en Palestina y, en 1917, con la Declaración Balfour, el gobierno británico se comprometió a ayudar. Tras la Primera Guerra Mundial, Francia y Gran Bretaña arrebataron al Imperio otomano el control de lo que hoy es Siria, Líbano, Palestina e Israel. Esto chocaba con el deseo de independencia de las poblaciones árabes, y la ira estalló tras los numerosos intentos de las Naciones Unidas de repartir Palestina entre judíos y palestinos árabes musulmanes.

Décadas de 1940-1960

14 de mayo de 1948

Creación de Israel

La decisión británica de retirarse de Palestina conduce a la división del territorio entre el pueblo judío y los árabes palestinos. Los políticos judíos crean un nuevo Estado judío llamado Israel, y estalla la guerra entre Israel y sus vecinos árabes, que intervienen en apoyo de la población árabe de Palestina. Israel se hace con el control de la mayor parte de la tierra que había sido asignada a los palestinos y 750 000 de ellos huyen, refugiados en los países vecinos. Más de 5 millones de sus descendientes siguen viviendo en campos de refugiados a principios de la década de 2020.

1956

La crisis de Suez

El presidente de Egipto Gamal Abdel Nasser toma el control del canal de Suez. Esta vía artificial navegable une el Mediterráneo con el mar Rojo. Francia, Gran Bretaña e Israel lanzan una operación militar para apoderarse de él, junto con una región de Egipto conocida como la península del Sinaí. La operación fracasa y Nasser se convierte en un héroe en el mundo árabe.

Décadas de 1960-1970

5-10 de junio de 1967

Guerra de los Seis Días

Las fuerzas árabes de Egipto, Jordania y Siria atacan a Israel, pero este se hace con la victoria y ocupa franjas de territorio árabe, como Cisjordania o la franja de Gaza, en Palestina, que pasan a conocerse como los territorios ocupados. En noviembre, el Consejo de Seguridad de la ONU aprueba la Resolución 242, para que Israel se retire de las tierras de las que se ha apoderado, pero el gobierno israelí hace caso omiso de la Resolución.

6-26 de octubre de 1973

Guerra de Yom Kipur

Egipto y Siria, los vecinos árabes de Israel, atacan a los judíos en el Yom Kipur, día festivo; Israel está con la guardia baja. Sin embargo, consigue sobreponerse y sus tropas llegan a Siria. El conflicto acaba cuando la ONU pide un alto el fuego. En respuesta, los países árabes imponen un embargo de petróleo a las naciones que apoyan a Israel. Esto provoca un gran aumento del precio del combustible en Europa y Estados Unidos.

1975

Guerra civil libanesa

Los acuerdos tras la independencia de Líbano de Francia en 1943 dividían el poder político según la religión. Con el flujo constante de refugiados palestinos musulmanes tras 1948, este sistema se volvió inestable. En 1975, estalla la guerra civil entre las comunidades religiosas, que desencadena la intervención de Siria, y también de Israel, que invade Líbano varias veces, sobre todo en 1982, cuando ocupa amplias zonas del sur durante 18 años. La guerra civil, que dejará un Líbano devastado y más de 100 000 muertos, no termina hasta 1990.

Enero de 1978-abril de 1979

Revolución iraní

El intento de Mohammad Reza, sha de Irán, de modernizar su país siguiendo el modelo industrial occidental provoca protestas que desembocan en la revolución iraní (o islámica) y el sha se ve obligado a dejar el país. Los nuevos dirigentes instauran un régimen basado en la ley islámica estricta, encabezado por el ayatolá Jomeini. La tensión con EE. UU., que había apoyado al sha, desemboca en la toma de rehenes de la embajada estadounidense en Teherán.

26 de marzo de 1979

Acuerdo de paz Israel-Egipto

Recibidos en EE. UU. por el presidente Carter (centro), el presidente egipcio Anwar Sadat (izquierda) y el primer ministro israelí Menachem Begin (derecha) asisten a conversaciones de paz y firman un acuerdo por el que Israel devuelve a Egipto las tierras que capturó en la guerra de los Seis Días de 1967.

Década de 1980

22 de septiembre de 1980- 20 de agosto de 1988

Guerra Irán-Irak

Ante la posibilidad de un levantamiento en su propio país tras la revolución iraní, Saddam Hussein, presidente de Irak, invade Irán. Estalla una brutal guerra de 8 años que hace subir la tensión en la región.

6 de junio de 1982

Invasión de Líbano

Israel invade Líbano intentando atacar a las fuerzas rebeldes palestinas del país. Las fuerzas palestinas, lideradas por Yasir Arafat y la OLP (Organización para la Liberación de Palestina), huyen a Túnez.

9 de diciembre de 1987- 13 de septiembre de 1993

La primera intifada

Los palestinos de Cisjordania y Gaza lanzan una intifada (levantamiento popular) contra la ocupación israelí. Los soldados israelíes enviados para parar la rebelión matan a más de 300 civiles durante el primer año.

Década de 1990

2 de agosto de 1990- 28 de febrero de 1991

Guerra del Golfo

Irak invade y ocupa Kuwait, un país lleno de valioso petróleo. Al cabo de 6 meses se lanza una operación militar liderada por Estados Unidos con el apoyo de las fuerzas de 35 países para expulsar a Irak. Tras un gran esfuerzo de Estados Unidos y sus aliados se derrota a Saddam Hussein.

1993

Acuerdos de Oslo

En un avance sin precedentes Israel acuerda retirarse de parte de los territorios árabes ocupados si la OLP renuncia a la violencia contra Israel. Jordania también firma un acuerdo de paz con Israel.

Década del 2000

28 de septiembre de 2000- 8 de febrero de 2005

La segunda intifada

Explota un período de violencia tras la visita de Ariel Sharon, un político israelí, a la Explanada de las Mezquitas y el Monte del Templo. Los palestinos consideran un insulto la visita a un lugar sagrado del islam.

Desde el 11 de septiembre de 2001

Guerra contra el terrorismo

La banda terrorista Al Qaeda ataca objetivos de gran repercusión mediática en Estados Unidos, que acaban con la destrucción del World Trade Center en Nueva York. Considerando que los talibanes, otra banda terrorista, apoya a Al Qaeda, Estados Unidos interviene en Afganistán para hacer caer su régimen.

20 de marzo-1 de mayo de 2003

Armas de destrucción masiva

Estados Unidos, Reino Unido, Australia y Polonia atacan Irak, pues consideran que oculta armas de destrucción masiva. La intervención occidental en el mundo islámico no hace más que aumentar la ira contra Occidente.

12 de julio-14 de agosto de 2006

Guerra de Líbano de 2006

Estalla la guerra en Líbano después de que Hizbulá, un poderoso grupo militar libanés, capture a unos soldados israelíes. Israel responde con la fuerza. Mueren casi 1200 libaneses y 165 israelíes en 34 días de lucha.

Organizaciones de Oriente Medio

Hay diversos grupos implicados en los conflictos de Oriente Medio. A continuación se enumeran los principales, junto con su año de fundación. Algunos, como Al Qaeda, ISIL y Hamás, son considerados terroristas por gobiernos como el de Estados Unidos y el Reino Unido, y están sujetos a sanciones.

1897 Sionismo
Este movimiento tiene como objetivo crear un Estado nacional judío permanente en Palestina.

1982 Hezbolá
Grupo militar islámico libanés creado en respuesta a la invasión israelí del Líbano.

1987 Hamás
Este grupo militar islámico se dedica a destruir Israel y crear un Estado islámico en Palestina.

1994 Los talibanes
Los talibanes, movimiento político y religioso islámico extremo, tienen su base en Afganistán.

1964 OLP
La Organización para la Liberación de Palestina busca liberar Palestina y destruir el Estado de Israel. El 15 de noviembre de 1988, la OLP declara un Estado palestino independiente, con el apoyo internacional.

1988 Al Qaeda
Creada por Bin Laden, Al Qaeda quiere liberar a los países islámicos de la influencia occidental.

2013 Estado Islámico (EI)
Esta banda terrorista quiere fundar un Estado islámico más allá de Irak y Siria.

Década de 2010

Desde 2010

Primavera Árabe

Un período de revueltas en Oriente Próximo, conocido como la Primavera Árabe, cuestiona los liderazgos y reclama democracia. La peor violencia se registra en Siria, que se suma en una guerra civil (derecha) entre el régimen sirio y numerosas facciones, entre ellas el grupo terrorista Estado Islámico.

DESPUÉS

Los países de Oriente Medio se enfrentan a grandes desafíos en la década de 2020: los acuerdos de Oslo entre Israel y Palestina aún no se han aplicado del todo, la guerra civil en Siria sigue causando estragos y el pueblo kurdo (en el sudeste de Turquía, el norte de Siria y el norte de Irak) sigue siendo uno de los mayores grupos étnicos del mundo sin Estado propio. En 2022 estallan en Irán protestas generalizadas contra el régimen, y la agitación política en Yemen y Afganistán sigue devastando a esos países.

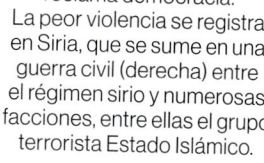

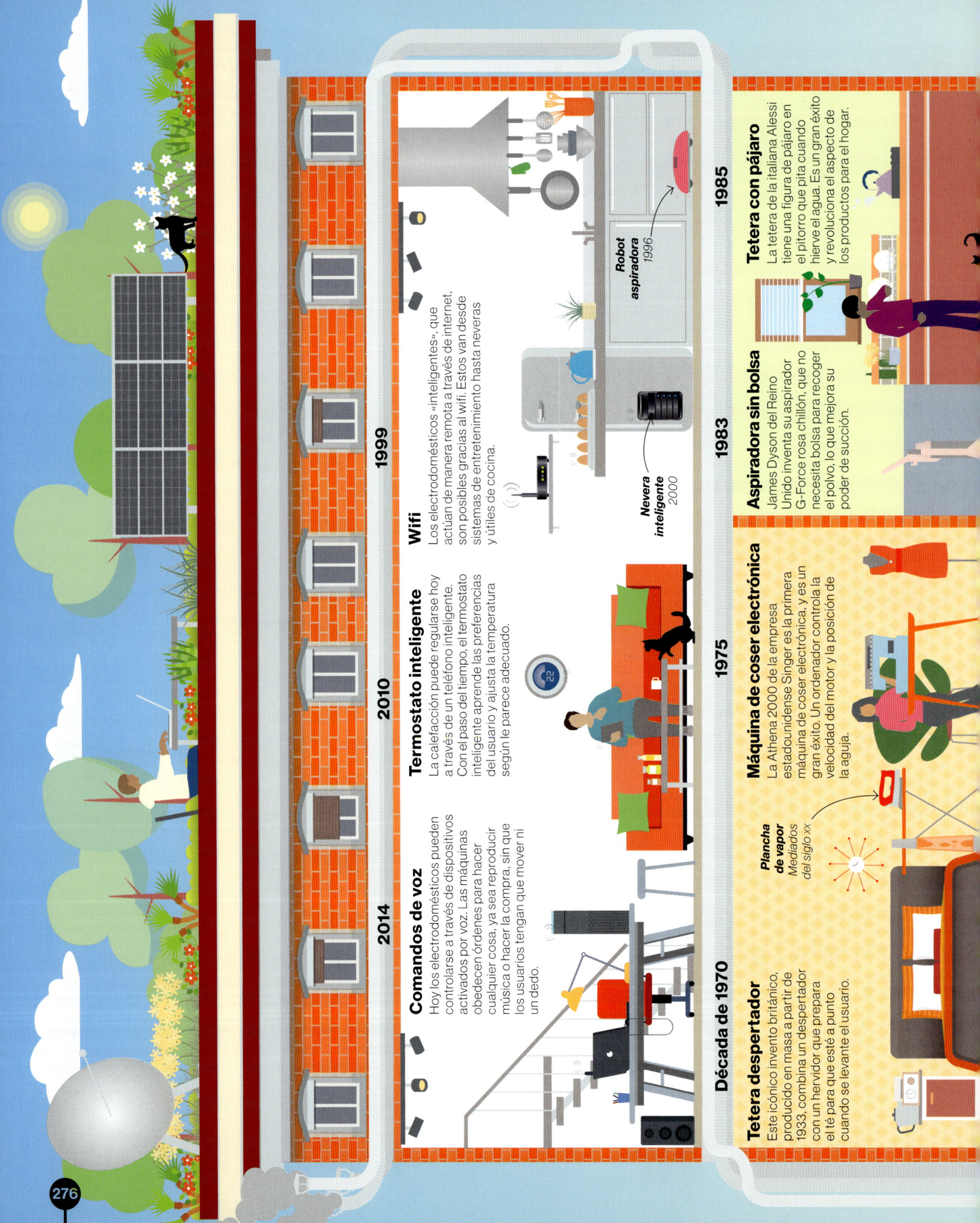

2014

Comandos de voz

Hoy los electrodomésticos pueden controlarse a través de dispositivos activados por voz. Las máquinas obedecen órdenes para hacer cualquier cosa, ya sea reproducir música o hacer la compra, sin que los usuarios tengan que mover ni un dedo.

2010

Termostato inteligente

La calefacción puede regularse hoy a través de un teléfono inteligente. Con el paso del tiempo, el termostato inteligente aprende las preferencias del usuario y ajusta la temperatura según le parece adecuado.

1999

Wifi

Los electrodomésticos «inteligentes», que actúan de manera remota a través de internet, son posibles gracias al wifi. Estos van desde sistemas de entretenimiento hasta neveras y útiles de cocina.

Robot aspiradora
1996

Nevera inteligente
2000

1985

Tetera con pájaro

La tetera de la italiana Alessi tiene una figura de pájaro en el pitorro que pita cuando hierve el agua. Es un gran éxito y revoluciona el aspecto de los productos para el hogar.

1983

Aspiradora sin bolsa

James Dyson del Reino Unido inventa su aspirador G-Force rosa chillón, que no necesita bolsa para recoger el polvo, lo que mejora su poder de succión.

1975

Máquina de coser electrónica

La Athena 2000 de la empresa estadounidense Singer es la primera máquina de coser electrónica, y es un gran éxito. Un ordenador controla la velocidad del motor y la posición de la aguja.

Plancha de vapor
Mediados del siglo XX

Década de 1970

Tetera despertador

Este icónico invento británico, producido en masa a partir de 1933, combina un despertador con un hervidor que prepara el té para que esté a punto cuando se levante el usuario.

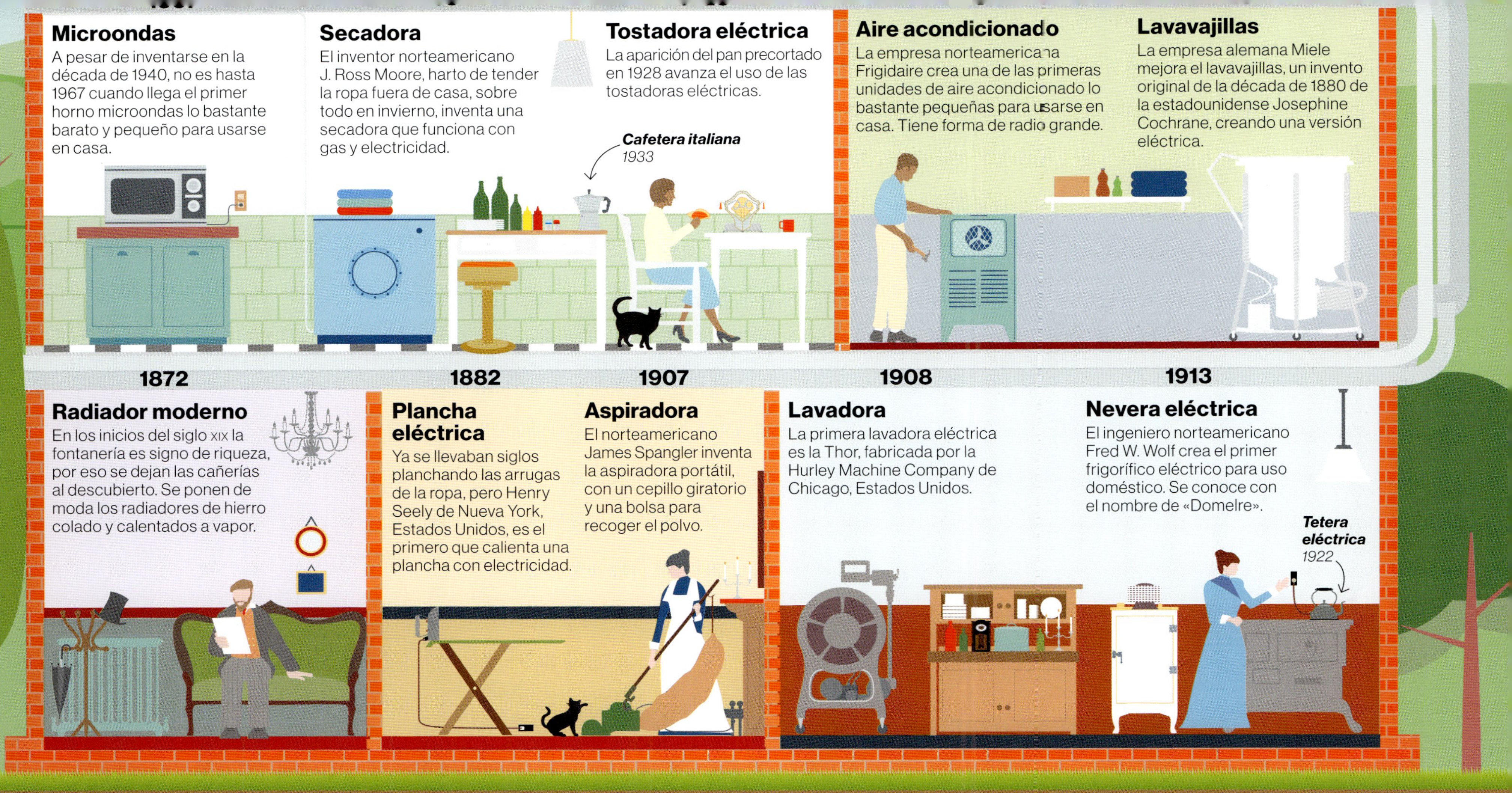

Electrodomésticos

A inicios del siglo xx la electricidad revolucionó el día a día. Un sinfín de dispositivos para hacer la vida más cómoda transformó los hogares y simplificó las tareas domésticas. Algunos de ellos, como aspiradoras o lavadoras, permitieron a las personas dedicar menos tiempo a las tareas del hogar y poder trabajar o dedicarse a otras cosas. En el siglo xxi han aparecido nuevos dispositivos para hacer más fácil la vida de la gente.

Microondas
A pesar de inventarse en la década de 1940, no es hasta 1967 cuando llega el primer horno microondas lo bastante barato y pequeño para usarse en casa.

Secadora
El inventor norteamericano J. Ross Moore, harto de tender la ropa fuera de casa, sobre todo en invierno, inventa una secadora que funciona con gas y electricidad.

Tostadora eléctrica
La aparición del pan precortado en 1928 avanza el uso de las tostadoras eléctricas.

Cafetera italiana
1933

Aire acondicionado
La empresa norteamericana Frigidaire crea una de las primeras unidades de aire acondicionado lo bastante pequeñas para usarse en casa. Tiene forma de radio grande.

Lavavajillas
La empresa alemana Miele mejora el lavavajillas, un invento original de la década de 1880 de la estadounidense Josephine Cochrane, creando una versión eléctrica.

1872

Radiador moderno
En los inicios del siglo xix la fontanería es signo de riqueza, por eso se dejan las cañerías al descubierto. Se ponen de moda los radiadores de hierro colado y calentados a vapor.

1882

Plancha eléctrica
Ya se llevaban siglos planchando las arrugas de la ropa, pero Henry Seely de Nueva York, Estados Unidos, es el primero que calienta una plancha con electricidad.

1907

Aspiradora
El norteamericano James Spangler inventa la aspiradora portátil, con un cepillo giratorio y una bolsa para recoger el polvo.

1908

Lavadora
La primera lavadora eléctrica es la Thor, fabricada por la Hurley Machine Company de Chicago, Estados Unidos.

1913

Nevera eléctrica
El ingeniero norteamericano Fred W. Wolf crea el primer frigorífico eléctrico para uso doméstico. Se conoce con el nombre de «Domelre».

Tetera eléctrica
1922

Publicidad
Tras la Segunda Guerra Mundial, la publicidad anunciaba dispositivos que prometían reducir el tiempo de las tareas domésticas. Los roles basados en el género –la mujer como ama de casa y el hombre en un papel de sostén de la familia– siguieron representándose durante décadas en Estados Unidos. Hoy, esto está empezando a cambiar.

Energía eólica

Los primeros molinos de viento conocidos en el mundo se instalan en China durante la dinastía Qin. Su diseño aprovecha la fuerza del viento para moler el grano para hacer pan y bombear agua para la agricultura.

Ruedas hidráulicas

Se comienzan a utilizar energías renovables cuando se construyen las primeras ruedas hidráulicas conocidas en Oriente Próximo y, posteriormente, en ríos europeos y chinos. Son ruedas de gran tamaño que aprovechan la fuerza natural del agua para mover maquinaria.

La fuerza del viento

Los habitantes de lo que hoy es Irán aprovechan los fuertes vientos estacionales para construir los primeros molinos de viento con abobe, paja y madera. Colocados en las cimas de los acantilados, aprovechan la fuerza del viento para moler el grano y convertirlo en harina.

c. **200 a.C.**

c. **1-300 d.C.**

c. **644**

Sentir el calor

Los habitantes de la avenida Warm Springs de Boise (EE. UU.) son los primeros en calentar sus casas con energía geotérmica procedente de las aguas subterráneas de la ciudad. En la actualidad, Islandia utiliza su abundante actividad geotérmica para el 66 % de sus necesidades energéticas.

Central eléctrica pionera

Se inaugura en Wisconsin (EE. UU.) la primera central hidroeléctrica del mundo, que aprovecha la energía del río Fox. Su potencia solo permite iluminar la central y un edificio vecino, pero más tarde la energía hidroeléctrica despega como una fuente fiable de energía renovable.

1892

1882

Gigante geotérmico

Se inaugura en Larderello (Italia) la primera central geotérmica. Sus tuberías subterráneas atrapan los gases naturales de la actividad geotérmica, que accionan turbinas que producen electricidad para los pueblos de los alrededores y para el ferrocarril.

Energía solar

Ingenieros estadounidenses inventan la célula solar de silicio, que convierte la luz solar en electricidad. Cuanto más intensa es la luz solar, más energía se genera. El invento abre paso a los paneles solares que se instalan en los tejados de los edificios.

Energía mareomotriz

La primera central mareomotriz del mundo entra en funcionamiento en el estuario de La Rance (Francia), y aprovecha la energía de las mareas para abastecer a la zona vecina. La energía mareomotriz se utiliza aquí desde el siglo XII para mover los molinos de las fábricas.

1913

1954

1966

Energías renovables

El planeta tiene unas reservas limitadas de combustibles fósiles, como el carbón, el petróleo y el gas, que terminarán por agotarse. La naturaleza nos da la respuesta con fuentes de energía que no contaminan la atmósfera y son casi infinitas. Las energías renovables pueden sacar partido del Sol, el viento y los océanos, y actualmente son la fuente de energía de mayor crecimiento. Los avances científicos de siglos pasados han sentado las bases de las tecnologías renovables que hoy transforman el mundo.

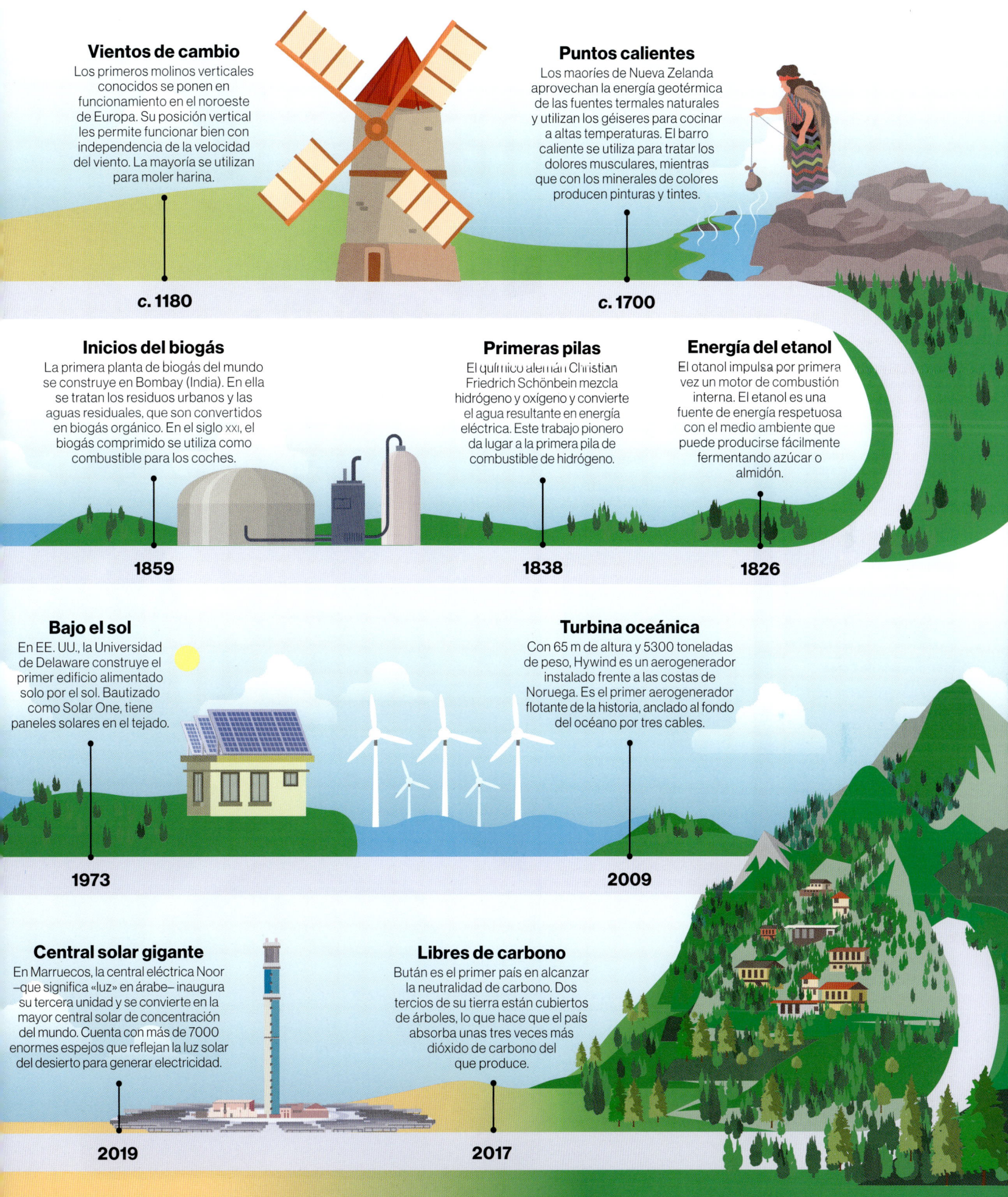

Vientos de cambio

Los primeros molinos verticales conocidos se ponen en funcionamiento en el noroeste de Europa. Su posición vertical les permite funcionar bien con independencia de la velocidad del viento. La mayoría se utilizan para moler harina.

c. 1180

Puntos calientes

Los maoríes de Nueva Zelanda aprovechan la energía geotérmica de las fuentes termales naturales y utilizan los géiseres para cocinar a altas temperaturas. El barro caliente se utiliza para tratar los dolores musculares, mientras que con los minerales de colores producen pinturas y tintes.

c. 1700

Inicios del biogás

La primera planta de biogás del mundo se construye en Bombay (India). En ella se tratan los residuos urbanos y las aguas residuales, que son convertidos en biogás orgánico. En el siglo XXI, el biogás comprimido se utiliza como combustible para los coches.

1859

Primeras pilas

El químico alemán Christian Friedrich Schönbein mezcla hidrógeno y oxígeno y convierte el agua resultante en energía eléctrica. Este trabajo pionero da lugar a la primera pila de combustible de hidrógeno.

1838

Energía del etanol

El etanol impulsa por primera vez un motor de combustión interna. El etanol es una fuente de energía respetuosa con el medio ambiente que puede producirse fácilmente fermentando azúcar o almidón.

1826

Bajo el sol

En EE. UU., la Universidad de Delaware construye el primer edificio alimentado solo por el sol. Bautizado como Solar One, tiene paneles solares en el tejado.

1973

Turbina oceánica

Con 65 m de altura y 5300 toneladas de peso, Hywind es un aerogenerador instalado frente a las costas de Noruega. Es el primer aerogenerador flotante de la historia, anclado al fondo del océano por tres cables.

2009

Central solar gigante

En Marruecos, la central eléctrica Noor –que significa «luz» en árabe– inaugura su tercera unidad y se convierte en la mayor central solar de concentración del mundo. Cuenta con más de 7000 enormes espejos que reflejan la luz solar del desierto para generar electricidad.

2019

Libres de carbono

Bután es el primer país en alcanzar la neutralidad de carbono. Dos tercios de su tierra están cubiertos de árboles, lo que hace que el país absorba unas tres veces más dióxido de carbono del que produce.

2017

La guerra de Corea

Corea, dividida tras la Segunda Guerra Mundial en dos mitades –un norte comunista y un sur alineado con Estados Unidos– entró en conflicto en 1950. Millones de coreanos murieron mientras China intervenía a favor del norte y Estados Unidos y sus aliados apoyaban militarmente al sur. Tras tres años de una guerra devastadora, Corea siguió dividida más o menos como en 1945.

1948 Tras la Segunda Guerra Mundial
Antes de la Segunda Guerra Mundial la península de Corea estaba bajo dominio japonés. Tras la derrota de Japón en la guerra, la Unión Soviética ocupa el norte del país, mientras que Estados Unidos controla el sur.

1950 Invasión de Corea del Norte
La Corea del Norte comunista mueve ficha primero e invade el sur. El norte gana mucho terreno y toma Seúl, la capital surcoreana.

1953 Tregua
Ambos bandos acuerdan una tregua para acabar con la lucha. La frontera entre ambos países queda fijada en el mismo sitio que antes de la guerra; se habilita una zona desmilitarizada cerca de la frontera.

1947 Doctrina Truman
El presidente de Estados Unidos Harry Truman anuncia que su país intentará detener el avance del comunismo allí donde no haya llegado; esta política se conoce como «Doctrina Truman».

1948 Partición
Corea se divide en dos países, pero tanto Corea del Norte, comunista, como Corea del Sur, democrática, espera conquistar a la otra mitad y volver a unir el país.

1950 Entrada de Estados Unidos y China
A través de la ONU, Estados Unidos envía tropas para ayudar a Corea del Sur en julio; la balanza se decanta a favor del sur. En octubre han hecho retroceder al norte y toman su capital, Pionyang. China entra en guerra para ayudar al norte.

1951 Punto muerto
La intervención de China fuerza a las tropas surcoreanas y la ONU hacia el sur. Se llega a un punto muerto: el territorio de ambos bandos vuelve a ser el de antes de la guerra. Empiezan las negociaciones de paz, sin éxito.

1954 Acuerdos de Ginebra
Estados Unidos y China se reúnen para hablar sobre la unión de ambas Coreas, pero no logran un acuerdo. La guerra es terrible para los coreanos, con un millón de víctimas civiles en el norte y más de medio millón en el sur. Hoy la península de Corea continúa estando dividida.

Refugiados

El tira y afloja natural de la guerra crea una gran crisis de refugiados que huyen. En 1951 se han congregado medio millón de refugiados en la ciudad de Busan, en Corea del Sur. Se calcula entre 4 y 6 millones el número global de refugiados de la guerra.

Una guerra complicada

Estados Unidos descubrió que luchar en Vietnam era extremadamente complicado. Los ataques comunistas eran esporádicos e imprevisibles: libraban una guerra de guerrillas. Aprovechaban mucho mejor el terreno que los norteamericanos y les minaron lentamente la moral arrastrándolos hacia una lucha compleja y aparentemente eterna.

La guerra de Vietnam

Las raíces de la guerra están en la lucha contra los colonizadores franceses tras la Segunda Guerra Mundial. En los años sesenta se convirtió en una guerra entre el norte comunista y el sur, apoyado por Estados Unidos, con la muerte de millones de soldados y civiles. El norte se impuso y el país se reunificó.

1945 Ho Chi Minh
La derrota japonesa en la Segunda Guerra Mundial deja un vacío de poder en Vietnam. El líder comunista Ho Chi Minh declara la independencia de Vietnam del Norte; sus guerrilleros Viet Minh atacan Francia, el antiguo poder colonial de Vietnam.

1959 Ruta Ho Chi Minh
Vietnam del Norte monta una línea de suministros, la ruta Ho Chi Minh hacia Vietnam del Sur, que usa para apoyar a los rebeldes a favor de los comunistas del sur, conocidos como el Frente Nacional de Liberación.

1962 Agente Naranja
EE. UU. usa Agente Naranja, un herbicida letal, para rociar y matar el follaje en el que se ocultan los guerrilleros y destruir sus alimentos, lo que provoca problemas de salud a largo plazo en civiles y tropas de ambos bandos, además de arruinar grandes franjas de suelo vietnamita.

1968 Ofensiva del Tet
Los comunistas lanzan la ofensiva del Tet, una serie de ataques por todo Vietnam del Sur. Tras la sorpresa inicial del asalto, las fuerzas de Vietnam del Sur y Estados Unidos se reagrupan y contraatacan.

1975 Caída de Saigón
En 1973 se anuncia un alto el fuego y EE. UU. se retira. El norte lanza otro ataque y cae la capital del sur, Saigón. Al cabo de poco Vietnam se une en un Estado comunista. Unos 3 millones de personas han muerto en la guerra, y muchas más en la posguerra por hambre o enfermedades.

1950 Apoyo de Estados Unidos
Estados Unidos aumenta su apoyo militar y económico a Francia y el presidente Truman autoriza una ayuda de 15 millones de dólares. La República Popular China (formada en 1949) y la Unión Soviética apoyan a Vietnam del Norte.

1954 Retirada y partición
Los franceses se retiran tras una sonada derrota en la batalla de Dien Bien Phu. Vietnam queda dividido por la mitad; Ho Chi Minh toma el control del norte y Ngo Dinh Diem, anticomunista con el apoyo de Estados Unidos, domina el sur desde 1955.

1964-1965 Golfo de Tonkín
Vietnam del Norte lanza un ataque contra dos barcos de guerra de Estados Unidos, que responde con la Resolución del golfo de Tonkín. La URSS aumenta su apoyo a Vietnam del Norte.

1965 Primeras protestas
Primeras marchas contra la guerra en Estados Unidos e indignación general por el aumento de bajas y el gran coste. Más de 100 000 personas se manifiestan en Washington D. C. en 1967.

1971 Papeles del Pentágono
El *Washington Post* publica los Papeles del Pentágono, que demuestran que el gobierno cree imposible ganar la guerra, pese a decir lo contrario. Estados Unidos había empezado a retirar tropas en 1969; las negociaciones de paz secretas empezaron en 1970.

Invasión de bahía de Cochinos

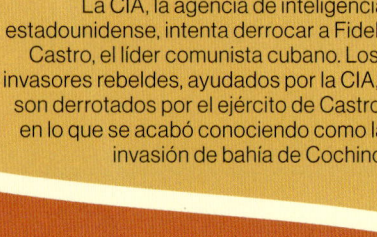

La CIA, la agencia de inteligencia estadounidense, intenta derrocar a Fidel Castro, el líder comunista cubano. Los invasores rebeldes, ayudados por la CIA, son derrotados por el ejército de Castro en lo que se acabó conociendo como la invasión de bahía de Cochinos.

Crisis de los misiles en Cuba

La Unión Soviética instala misiles nucleares en Cuba y Estados Unidos exige su retirada. El mundo teme una guerra nuclear a gran escala, pero al cabo de 13 días la URSS se ofrece a retirar las armas si Estados Unidos promete no invadir Cuba.

Desarme nuclear

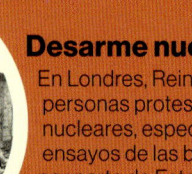

En Londres, Reino Unido, miles de personas protestan contra las armas nucleares, especialmente por los ensayos de las bombas de hidrógeno por parte de Estados Unidos y la Unión Soviética. La organización Campaña para el Desarme Nuclear (CDN) lidera la protesta.

Primera mujer primera ministra

Sirimavo Bandaranaike, de Sri Lanka, se convierte en la primera mujer primera ministra del mundo. Intenta llevar a cabo reformas económicas, pero se enfrenta a una elevada inflación y a tensiones entre las comunidades cingalesa y tamil.

Sentadas antisegregación

Los estudiantes afroamericanos lanzan una serie de sentadas de protesta contra la segregación (separación de blancos y negros) negándose a abandonar las mesas «para blancos» de los comedores.

Los sesenta

La década de 1960, que comenzó con la liberación de 17 naciones africanas de la colonización europea, fue testigo de grandes cambios. La Guerra Fría (pp. 286-287) se afianzó con el eterno conflicto de Vietnam, y la guerra nuclear fue una amenaza constante. Pero también hubo optimismo. Las nuevas actitudes sobre la libertad de expresión y la igualdad se reflejaron en la moda, la música y la política.

1962
1963
1961
1960
1969
1968
1967

Woodstock

Se celebra un festival de música de tres días en las montañas de Catskill, en el estado de Nueva York, Estados Unidos. Asisten más de 500 000 personas, que provocan un gran caos en las carreteras. Actúan artistas de la talla de Jimi Hendrix (derecha), Janis Joplin y Ravi Shankar.

Revolución

Estallan protestas por todo el mundo para exigir cambios políticos y una mejora de los derechos. En París, Francia, van a la huelga más de 10 millones de estudiantes y obreros.

Disturbios de Stonewall

Una redada policial en el Stonewall Inn, un club gay de Nueva York, Estados Unidos, acaba de manera violenta. Este hecho inspira la formación de diversas organizaciones para la defensa de los derechos de gais, lesbianas, bisexuales y transgénero y protegerles de la discriminación social y política.

Asesinato de Luther King

Martin Luther King, Jr. es asesinado a tiros en Memphis, Estados Unidos. Al cabo de pocos días su viuda Coretta y sus hijos lideran una gran multitud en una marcha silenciosa de recuerdo por la misma ciudad.

La mística de la feminidad

La norteamericana Betty Friedan lanza el movimiento feminista moderno con un libro que versa sobre el papel de la mujer en la sociedad y aboga por la igualdad. Vende millones de ejemplares.

«Tengo un sueño»

Martin Luther King, Jr. lidera la campaña por los derechos civiles en Estados Unidos. Reclama la igualdad en su apasionado discurso «Tengo un sueño», dirigido a los manifestantes de Washington D. C., Estados Unidos.

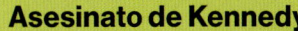

Asesinato de Kennedy

El presidente estadounidense John F. Kennedy, el presidente electo más joven del país, es asesinado en Dallas, Texas. Su muerte conmociona al país.

Invasión británica

Algunos grupos británicos como The Beatles, The Who y The Rolling Stones copan las listas de éxitos norteamericanas, consiguen la fama y cambian la música para siempre.

1964

Guerra de Vietnam

Estados Unidos interviene en Vietnam para impedir que un gobierno aliado caiga en manos comunistas, y despliega más de medio millón de tropas en una guerra en la que mueren cientos de miles de civiles. Las pérdidas en ambos bandos provocan protestas masivas en todo el mundo.

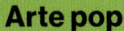

Arte pop

Inspirándose en los cómics y la publicidad, crece el movimiento del arte pop. El artista estadounidense Andy Warhol es el artista pop más famoso; usa imágenes atrevidas y colores vivos para retratar objetos cotidianos.

1965

Revolución de la moda

Los adolescentes empiezan a tener dinero para comprarse ropa y no sienten la presión de vestirse como sus padres, lo que provoca una revolución en el mundo de la moda, con diseños dirigidos a este nuevo público.

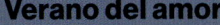

Segunda guerra indo-pakistaní

Las tensiones entre India y Pakistán, que se disputan el territorio de Cachemira, desencadenan la segunda guerra entre ambos países, y el mayor conflicto en el que participan fuerzas blindadas desde la Segunda Guerra Mundial. La guerra termina en tablas.

Hippies

Surgen los hippies, un movimiento juvenil, en San Francisco, Estados Unidos. Se los reconoce por su pelo largo y ropajes de color; sus ideas se basan en la no violencia y el amor.

Verano del amor

Los jóvenes de California, Estados Unidos, rechazan la violencia de los telediarios y desean la paz, el amor y la amistad en todo el mundo. Sus influencias son la música y religiones como el budismo y el hinduismo.

África poscolonial

En las décadas de 1950 y 1960, los países africanos se independizaron del dominio colonial europeo con mayor o menor éxito. Aunque esta libertad se vio mermada en muchos casos por la corrupción, los golpes militares, la guerra civil y las divisiones étnicas, hay muchos motivos para el optimismo. La gran población del continente, culturalmente vibrante, su riqueza y recursos minerales, y una estabilidad política cada vez mayor, lo sitúan en una buena posición para afrontar los retos del siglo XXI.

Genocidio de Ruanda

Unas 800 000 personas de etnia tutsi en Ruanda son asesinadas por miembros del grupo étnico vecino, los hutus. La comunidad internacional es incapaz de evitarlo.

Independencia de Ghana

Kwame Nkrumah se convierte en el primer primer ministro independiente tras años de dominio colonial británico. En un emotivo discurso dirigido a decenas de miles de ghaneses afirma que «vuestro amado país es libre para siempre».

Unidad africana

Tras la independencia de muchos países africanos y su liberación del dominio colonial, 32 países africanos fundan la Organización para la Unidad Africana a fin de fomentar y proteger los intereses de África.

Presidente Nelson Mandela

Tras décadas de *apartheid* (segregación racial) en su país y 27 años en prisión por protestar por ello, Nelson Mandela es el primer presidente negro electo de Sudáfrica: el punto y final a 300 años de dominio blanco.

1957	1960-1965	1961	1971-1979	1975-2002	1983-1985	1994	1994

Crisis del Congo

Cuando el Congo (actual República Democrática del Congo) se independiza de Bélgica en junio de 1960, la provincia de Katanga se escinde con el apoyo de Bélgica, que quiere controlar sus recursos minerales. Estados Unidos niega su ayuda a Patrice Lumumba, primer ministro y este recurre a la URSS, pero es derrocado. En 1963, la ONU ayuda a devolver Katanga al Congo.

Idi Amin

El presidente Amín de Uganda expulsa a las minorías asiáticas del país y lanza ataques contra sus enemigos de Tanzania. No respeta los derechos humanos y usa la violencia contra otros grupos étnicos. Es derrocado en 1979.

Julius Nyerere

Julius Nyerere, líder independentista de Tanzania, se convierte en presidente del país tras su independencia de Gran Bretaña. Defiende el *Ujamaa*, una forma africana de socialismo que aboga por la organización de las tierras de cultivo, las campañas de alfabetización masiva y la cooperación económica y la armonía entre grupos raciales.

Hambruna etíope

Décadas de guerra y una sequía extrema causan hambre en Etiopía, donde más de un millón de personas mueren y millones pasan penurias económicas y alimentarias. Muchos se ven obligados a abandonar sus casas y refugiarse en otros sitios.

Guerra civil angoleña

Angola se independiza de Portugal. Quienes habían luchado por la libertad libran entonces una larga y amarga guerra civil que causa cientos de miles de muertos y pobreza en un país con ricos recursos de petróleo y diamantes.

Boom económico

Se predice que África será el continente con más crecimiento económico de la siguiente década, por su población joven, mejor acceso al agua que anteriormente y la reducción de la pobreza y las enfermedades.

Kofi Annan

Kofi Annan, de Ghana, se convierte en secretario general de Naciones Unidas. Asigna más tareas a la ONU: proteger el medio ambiente, luchar contra el VIH y el sida en África y mejorar los derechos humanos.

Política honesta

El presidente de Nigeria Goodluck Jonathan pierde en los comicios ante Muhammadu Buhari. Jonathan acepta la derrota y permite un pacífico traspaso del poder, un ejemplo que seguir en toda África.

Guerra civil en Sudán

Las divisiones en Sudán –entre un sur mayoritariamente africano negro y un norte árabe musulmán– estallan en una guerra civil entre los grupos del sur que exigen la independencia y el gobierno de Jartum. Varios cientos de miles de personas mueren y millones huyen de sus hogares en un conflicto que sigue sin resolverse.

Independencia de Sudán del Sur

Sudán del Sur vota separarse de Sudán tras una cruenta guerra civil entre el sur, principalmente cristiano, y el norte, árabe musulmán. Gran parte del mundo reconoce el nuevo país, que continúa siendo una de las áreas más pobres del mundo.

Robert Mugabe dimite

Robert Mugabe, presidente de Zimbabue desde 1980 y héroe del movimiento anticolonial, pierde el control del poder y dimite después de que los militares tomen el control. Se le culpa del caos económico, de impedir la libertad política y de la vulneración de los derechos humanos.

| 1997 | 2003 | 2004 | 2010 | 2010 | 2011 | 2011 | 2013-2016 | 2015 | 2017 | 2021 |

Premio a Kenia

Wangari Maathai, una feminista y ecologista keniana, recibe el Premio Nobel de la Paz. Su movimiento Cinturón Verde enseña a las mujeres a cultivar árboles para mejorar sus condiciones de vida.

Ébola

África occidental vive el mayor brote del virus del ébola jamás conocido, que produce miles de muertos y daños en las economías de muchos países, muchos de los cuales aún se recuperan de la guerra civil.

Campeonato del Mundo

El Mundial de Fútbol se celebra en Sudáfrica; es la primera vez que un país africano organiza un acontecimiento internacional de tal prestigio. La percepción del país y el continente mejora para muchos.

Reforma de Ruanda

Ruanda consigue rehacer su economía después de una devastadora guerra civil. Han aumentado la esperanza de vida, el número de niños escolarizados y los fondos dedicados a sanidad.

Megaciudades africanas

Se espera que, en 2030, a las ciudades africanas de más de 10 millones –El Cairo en Egipto, Lagos en Nigeria y Kinshasa en la República Democrática del Congo– se les sumen Luanda (Angola), Dar es Salaam (Tanzania) y Johannesburgo (Sudáfrica).

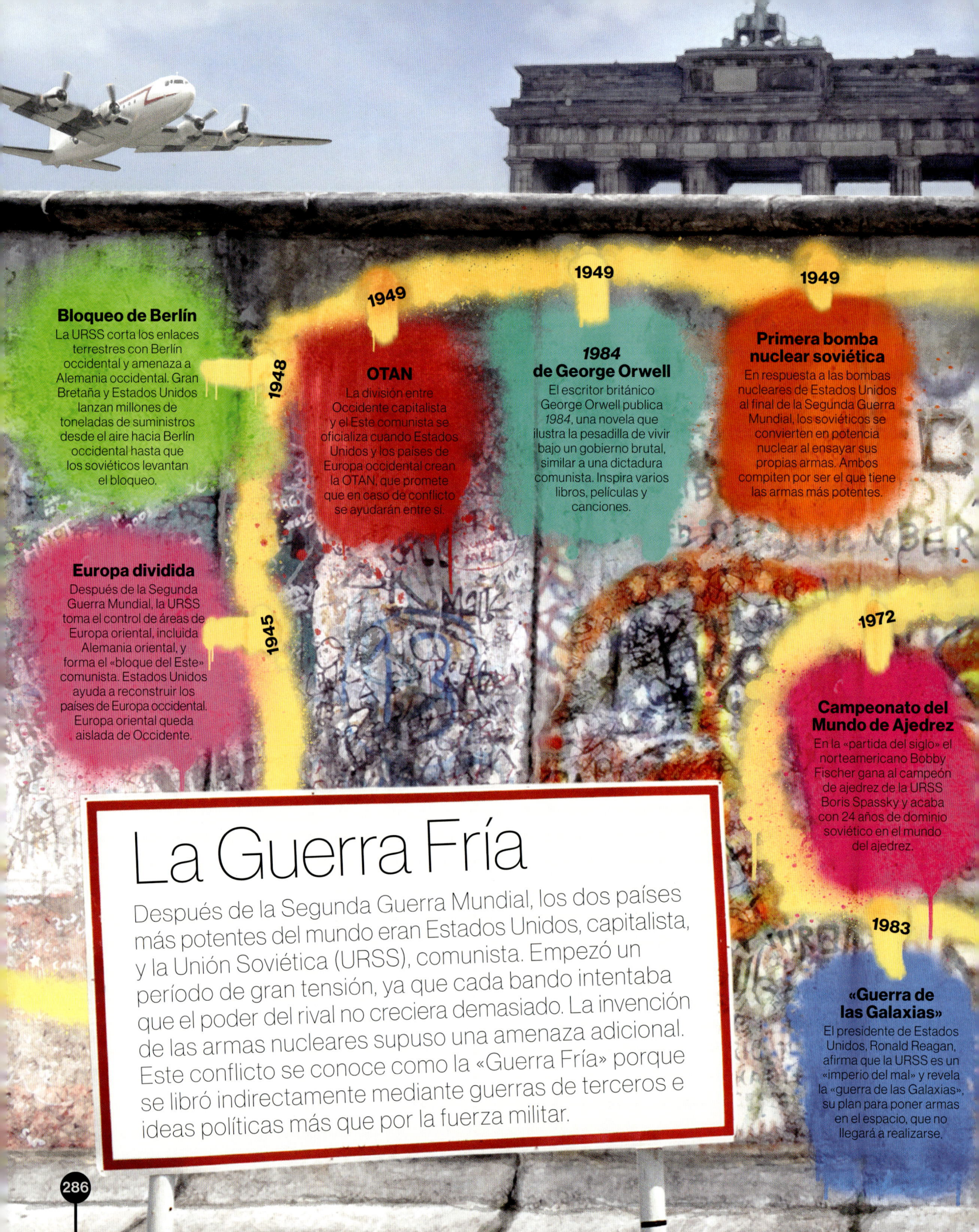

Bloqueo de Berlín

La URSS corta los enlaces terrestres con Berlín occidental y amenaza a Alemania occidental. Gran Bretaña y Estados Unidos lanzan millones de toneladas de suministros desde el aire hacia Berlín occidental hasta que los soviéticos levantan el bloqueo.

1948

1949

OTAN

La división entre Occidente capitalista y el Este comunista se oficializa cuando Estados Unidos y los países de Europa occidental crean la OTAN, que promete que en caso de conflicto se ayudarán entre sí.

1949

1984 de George Orwell

El escritor británico George Orwell publica *1984*, una novela que ilustra la pesadilla de vivir bajo un gobierno brutal, similar a una dictadura comunista. Inspira varios libros, películas y canciones.

1949

Primera bomba nuclear soviética

En respuesta a las bombas nucleares de Estados Unidos al final de la Segunda Guerra Mundial, los soviéticos se convierten en potencia nuclear al ensayar sus propias armas. Ambos compiten por ser el que tiene las armas más potentes.

1945

Europa dividida

Después de la Segunda Guerra Mundial, la URSS toma el control de áreas de Europa oriental, incluida Alemania oriental, y forma el «bloque del Este» comunista. Estados Unidos ayuda a reconstruir los países de Europa occidental. Europa oriental queda aislada de Occidente.

1972

Campeonato del Mundo de Ajedrez

En la «partida del siglo» el norteamericano Bobby Fischer gana al campeón de ajedrez de la URSS Boris Spassky y acaba con 24 años de dominio soviético en el mundo del ajedrez.

La Guerra Fría

Después de la Segunda Guerra Mundial, los dos países más potentes del mundo eran Estados Unidos, capitalista, y la Unión Soviética (URSS), comunista. Empezó un período de gran tensión, ya que cada bando intentaba que el poder del rival no creciera demasiado. La invención de las armas nucleares supuso una amenaza adicional. Este conflicto se conoce como la «Guerra Fría» porque se libró indirectamente mediante guerras de terceros e ideas políticas más que por la fuerza militar.

1983

«Guerra de las Galaxias»

El presidente de Estados Unidos, Ronald Reagan, afirma que la URSS es un «imperio del mal» y revela la «guerra de las Galaxias», su plan para poner armas en el espacio, que no llegará a realizarse.

Las guerras calientes

Aunque la Guerra Fría nunca desembocó en una guerra abierta entre la URSS y Estados Unidos, provocó guerras en otros países cuando ambos intentaban ampliar su influencia. Se conocieron como guerras de poder o guerras calientes.

1950-1953 Guerra de Corea

1956 Revolución de Hungría

1973 Golpe de Estado en Chile

1975-2002 Guerra civil angoleña

1979-1990 Revolución de Nicaragua

1955-1975 Guerra de Vietnam

1959 Revolución cubana

1968 Levantamiento de Checoslovaquia

1979-1989 Guerra de Afganistán

1950

Macartismo

Estalla el escándalo porque funcionarios del gobierno de Estados Unidos pasan secretos estadounidenses a la URSS. El senador Joseph McCarthy diseña una campaña para cazar a los comunistas rebeldes, pero en el proceso se acusa también a inocentes.

1951

Círculo de Cambridge

Se descubre que cuatro hombres fueron reclutados en los años 30 como espías soviéticos durante su paso por la Universidad de Cambridge en el Reino Unido y que pasan información secreta a la URSS. Tres son obligados a irse a la Unión Soviética, y el cuarto revela secretos soviéticos a cambio de su libertad.

1955

Pacto de Varsovia

La URSS une el bloque del Este con el Pacto de Varsovia, que, igual que la OTAN en Occidente, acuerda el apoyo mutuo entre los países miembros. También refuerza el poder soviético sobre el bloque del Este.

1962

Crisis de los misiles en Cuba

La URSS instala misiles nucleares en la Cuba comunista, cerca de la costa de Estados Unidos, país que exige su retirada. Parece imposible evitar la guerra nuclear, pero los soviéticos se retiran en el último instante.

13 de agosto de 1961

El Muro de Berlín

Los alemanes comunistas levantan un muro que divide Berlín oriental y occidental. Se convierte en el símbolo de la división entre los dos ideales políticos de la Guerra Fría. El muro separa a muchos de sus familias, casas y empleos.

Años 1960

Internet

En los años 60, el gobierno de Estados Unidos patrocina un proyecto de DARPA (Agencia de Proyectos de Investigación Avanzados de Defensa) para desarrollar un modo rápido de compartir información entre ordenadores militares. Así nace internet.

1957-1969

Carrera espacial

Estados Unidos y la URSS compiten por avanzar en la exploración espacial. Su progreso refleja el poder científico y económico de cada país. Acaba cuando la nave espacial norteamericana *Apollo 11* se posa sobre la Luna.

1985-1991

Glasnost y perestroika

El líder soviético Mikhail Gorbachev inicia una serie de cambios en la URSS. La perestroika («reestructuración») mejora la economía, mientras que la glasnost («apertura») permite la libertad de prensa y expresión política.

9 de noviembre de 1989

Caída del Muro de Berlín

La URSS se debilita y los alemanes del Este se sorprenden porque por fin pueden viajar libremente a Alemania occidental. Cae el muro y Alemania se reunifica. Esto marca el fin del dominio comunista en Europa oriental.

1991

Colapso de la Unión Soviética

Por primera vez se celebran elecciones presidenciales en Rusia. El Partido Comunista es derrotado y es obligado a abandonar el poder. El mundo asiste atónito a la desintegración de la URSS en 15 países independientes.

Proceso de selección de astronautas soviéticos

El Instituto de Investigaciones Científicas de las Fuerzas Aéreas Soviéticas recluta astronautas para futuras misiones.

Agosto de 1959

Primera nave espacial soviética en la Luna

Se lanza *Luna 2* hacia la Luna. Es la primera nave espacial que aluniza y el primer objeto artificial que se posa sobre un cuerpo espacial.

12 de septiembre de 1959

Primeros astronautas estadounidenses

La NASA selecciona a sus primeros astronautas antes del inicio de los vuelos espaciales tripulados. Alan Shepard, Gus Grissom y Gordon Cooper (fila superior), y Wally Schirra, Deke Slayton, John Glenn y Scott Carpenter (fila inferior) son conocidos como los Mercury 7.

9 de abril de 1959

20 de febrero de 1947

Creación de la NASA

Se funda la Administración Nacional de la Aeronáutica y el Espacio (NASA), una agencia federal para la exploración espacial.

1 de octubre de 1958

Primeros animales en el espacio

Estados Unidos envía los primeros animales al espacio: moscas de la fruta. Iban a bordo de un cohete V-2 de diseño alemán de la Segunda Guerra Mundial.

4 de octubre de 1957

3 de noviembre de 1957

Primer satélite en órbita

El *Sputnik 1* de la URSS, el primer satélite artificial del mundo, orbita el planeta. Estados Unidos intensifica sus esfuerzos en su propio programa espacial. En 1958, Estados Unidos lanza su primer satélite artificial, el *Explorer 1*, que se convierte también en el primer satélite que transporta instrumentos científicos al espacio.

Primer animal en órbita

Laika, una perra abandonada en las calles de Moscú, es el primer animal que orbita la Tierra, en el *Sputnik 2* soviético. Se envía para probar los efectos del vuelo espacial sobre un ser vivo.

Carrera hacia la Luna

Durante la Guerra Fría (pp. 286-287) Estados Unidos y la Unión Soviética (URSS) empezaron a desarrollar tecnología para explorar el espacio. Estos programas espaciales eran un orgullo para la población de ambos países. La excitación nacional crecía con cada logro. Empezó una larga e intrépida carrera por ser el primer país en colocar un satélite en el espacio y, en última instancia, un astronauta en la Luna.

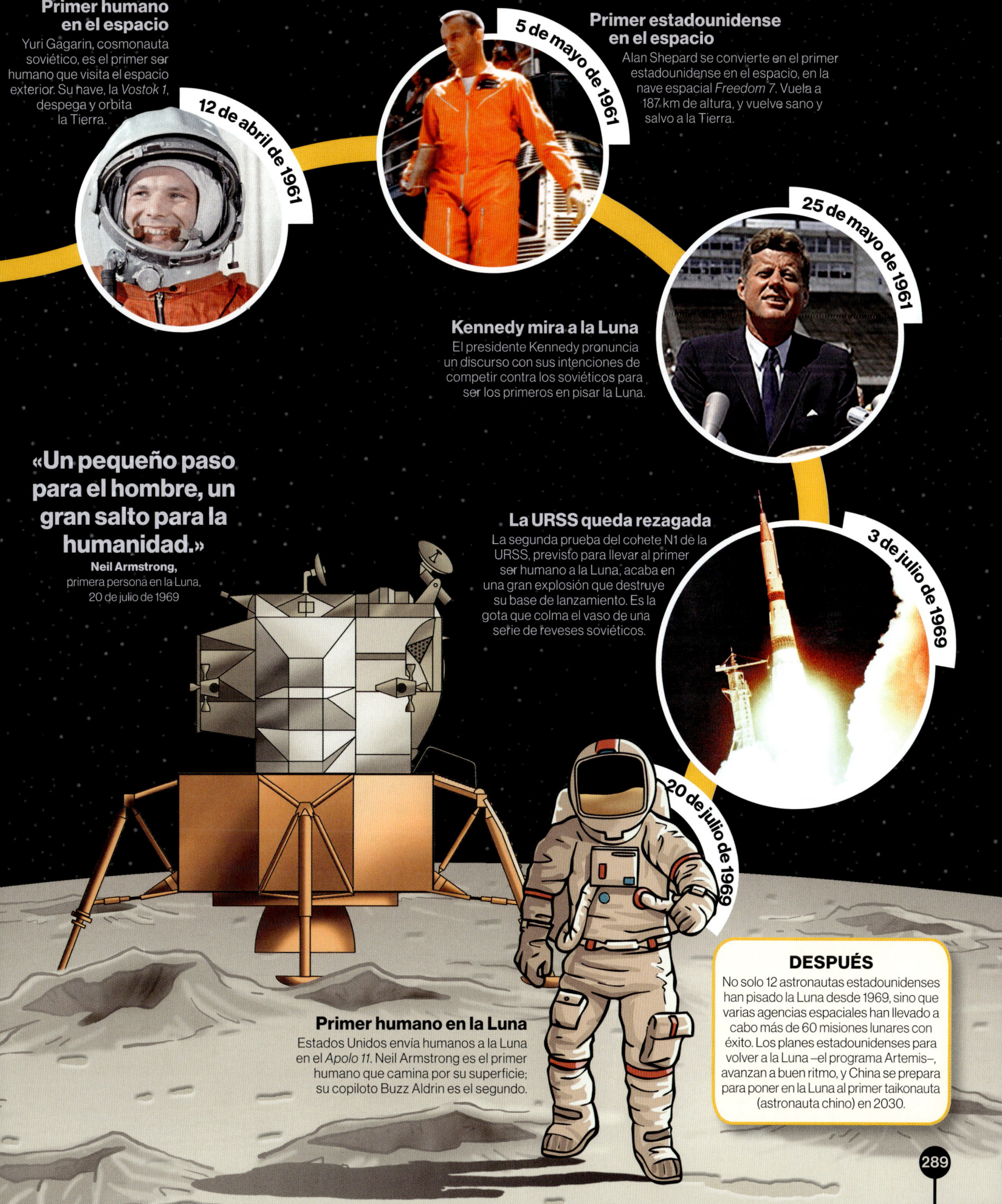

Primer humano en el espacio

Yuri Gagarin, cosmonauta soviético, es el primer ser humano que visita el espacio exterior. Su nave, la *Vostok 1*, despega y orbita la Tierra.

12 de abril de 1961

5 de mayo de 1961

Primer estadounidense en el espacio

Alan Shepard se convierte en el primer estadounidense en el espacio, en la nave espacial *Freedom 7*. Vuela a 187 km de altura, y vuelve sano y salvo a la Tierra.

25 de mayo de 1961

Kennedy mira a la Luna

El presidente Kennedy pronuncia un discurso con sus intenciones de competir contra los soviéticos para ser los primeros en pisar la Luna.

> **«Un pequeño paso para el hombre, un gran salto para la humanidad.»**
> **Neil Armstrong,**
> primera persona en la Luna,
> 20 de julio de 1969

La URSS queda rezagada

La segunda prueba del cohete N1 de la URSS, previsto para llevar al primer ser humano a la Luna, acaba en una gran explosión que destruye su base de lanzamiento. Es la gota que colma el vaso de una serie de reveses soviéticos.

3 de julio de 1969

20 de julio de 1969

Primer humano en la Luna

Estados Unidos envía humanos a la Luna en el *Apolo 11*. Neil Armstrong es el primer humano que camina por su superficie; su copiloto Buzz Aldrin es el segundo.

DESPUÉS

No solo 12 astronautas estadounidenses han pisado la Luna desde 1969, sino que varias agencias espaciales han llevado a cabo más de 60 misiones lunares con éxito. Los planes estadounidenses para volver a la Luna –el programa Artemis–, avanzan a buen ritmo, y China se prepara para poner en la Luna al primer taikonauta (astronauta chino) en 2030.

289

Lanzamiento del *Apolo*

Apolo 11 fue la primera misión tripulada que aterrizó en la Luna. El viaje de los astronautas no hubiera sido posible sin el extremadamente potente cohete *Saturno V*. La mañana del 16 de julio de 1969, el enorme cohete de tres fases, de pie con sus 110 m sobre la plataforma de lanzamiento de Florida, lanzó al *Apolo 11* de la Tierra hacia una órbita terrestre baja, donde su fase superior lanzó la nave hacia su épico viaje de 384 400 km hacia la Luna.

LA CRISIS DE LOS MISILES EN CUBA

El mundo al borde de la guerra nuclear

En otoño de 1962 las superpotencias mundiales de Estados Unidos y la Unión Soviética llegaron a una situación crítica diplomática, que empezó cuando los soviéticos instalaron misiles nucleares en Cuba, una isla caribeña cerca de Estados Unidos. Ambos países intercambiaron cartas, declaraciones oficiales y amenazas mientras el resto del mundo veía durante 13 tensos días cómo la frágil paz mundial iba caminando por la cuerda floja de la guerra nuclear.

Viejos camaradas, rivales

Durante la **década de 1950**, dos antiguos aliados de la Segunda Guerra Mundial, Estados Unidos y la Unión Soviética, se convierten en superpotencias rivales y acumulan lentamente sendas reservas de armas nucleares. Mientras se desarrolla esta Guerra Fría, en **1952**, Estados Unidos apoya en secreto un golpe militar en Cuba, a unos 160 km de la costa de Florida, un estado de Estados Unidos, que permitió al dictador militar Fulgencio Batista recuperar el poder. Al cabo de 7 años, en **1959**, la revolución que lidera el nacionalista cubano Fidel Castro derroca a Batista y Cuba se convierte en el primer país comunista de Occidente.

Invasión fracasada

En **1960** el presidente de Estados Unidos, Dwight D. Eisenhower, prohíbe el comercio y la ayuda a Cuba, cuyo aislamiento hace que Castro busque nuevos aliados. En **diciembre de 1960** Castro acepta el apoyo militar y diplomático de la Unión Soviética. En **1961** John F. Kennedy es el nuevo presidente de Estados Unidos y aprueba un plan para derrocar al gobierno de Castro, que se activa el **17 de abril de 1961** cuando una fuerza de cubanos exiliados en Estados Unidos invaden bahía de Cochinos, en el oeste de Cuba. La rebelión apoyada por Estados Unidos fracasa y las fuerzas militares de Castro emergen victoriosas tras matar a más de 100 exiliados invasores y capturar a unos 1200 más.

Misiles instalados

Las relaciones entre Estados Unidos y la Unión Soviética continúan en declive por los desacuerdos sobre Berlín, controlado por los aliados, en Alemania. En **abril de 1962** Estados Unidos cierra un trato para desplegar sus armas nucleares en Turquía, cerca de la frontera soviética. En **julio**, como represalia por esta amenaza a su país, el primer ministro de la Unión Soviética, Nikita Khrushchev, cierra un trato con Castro para construir bases con misiles soviéticos en la isla. El **31 de agosto** el senador de Estados Unidos Kenneth Keaning advierte a su gobierno de la presencia militar soviética en Cuba. El **21 de septiembre** el ministro de Asuntos Exteriores soviético Andrei Gromyko conmina a Estados Unidos a retirarse de Cuba o enfrentarse a la posibilidad de una guerra.

Estalla la crisis

El **14 de octubre de 1962** se presentan las pruebas recogidas tras el vuelo de un avión U-2 espía sobre Cuba al presidente Kennedy y su comité ejecutivo. Tras 8 días de debates y análisis Kennedy acaba pronunciando un discurso al pueblo norteamericano a las 19.00 h del **22 de octubre** en el que afirma tener pruebas de misiles soviéticos en Cuba. Estados Unidos envía a la Armada a rodear la isla caribeña y bloquear la entrada de cualquier otra nave. Se ordena a los militares que se preparen para la guerra.

Tensión en aumento

El **23 de octubre de 1962** el primer ministro Khrushchev responde al presidente Kennedy indicando que las armas de Cuba son de defensa. El **24 de octubre** aumenta la tensión cuando se acercan naves soviéticas al bloqueo naval estadounidense, seguidas por submarinos soviéticos. Estados Unidos reacciona preparando las bases aéreas de Florida y poniendo al Mando Aéreo Estratégico en alerta máxima por primera vez en su historia. Durante 2 días se producen comunicaciones entre Kennedy y Khrushchev a través de Naciones Unidas. Se acerca un acuerdo para acabar con el pulso hasta que se abate un avión espía de Estados Unidos sobre Cuba el **27 de octubre**.

El mundo deja de respirar

El resto del mundo mira cómo se va tejiendo la guerra nuclear. Entonces, el **28 de octubre** se llega a un acuerdo que cierra la crisis: Estados Unidos promete no invadir Cuba y retirar sus misiles de Turquía a cambio de que Rusia retire sus misiles de Cuba. El bloqueo naval acaba el **20 de noviembre** cuando la última nave soviética abandona el Caribe. Al cabo de un mes, el **23-24 de diciembre** Estados Unidos envía alimentos y suministros médicos a Cuba a cambio de los capturados en la invasión de bahía de Cochinos. Al cabo de un año, el **30 de agosto de 1963**, Estados Unidos y la Unión Soviética establecen un «teléfono rojo» entre sus líderes para mantener el contacto diplomático directo en el futuro.

«Nos estamos mirando a los ojos, y creo que el otro acaba de parpadear.»
El secretario de Estado de Estados Unidos Dean Rusk al conocer la retirada de las naves soviéticas, octubre de 1962

Los derechos civiles en Estados Unidos

La guerra de Secesión puso fin a la esclavitud, pero fue solo el punto de partida de la lucha de los afroamericanos por la igualdad de derechos. En muchas partes del país la ley favorecía el racismo y el tratamiento desigual de los negros. Durante las décadas de 1950 y 1960 el pueblo se unió por la lucha de la igualdad del Movimiento por los derechos civiles.

Febrero-julio de 1960
PROTESTAS EN COMEDORES

Sentada de Greensboro

Los estudiantes universitarios de Greensboro, Carolina del Norte, se sientan en mesas exclusivas para blancos de un comedor de Woolworth. Pronto se popularizan estas pacíficas sentadas de protesta por todo el sur.

17 de mayo de 1954
ESCUELAS INTEGRADAS

Brown contra el Consejo de Educación de Topeka

Una escuela de primaria exclusiva para blancos en Topeka, Kansas, se niega a matricular a Linda Brown, una estudiante negra de 8 años; su padre interpone una demanda. El caso acaba en el Tribunal Supremo, que dictamina que segregar (separar) blancos y negros en escuelas públicas es inconstitucional.

1 de diciembre de 1955
ARRESTO DE ROSA PARKS

Boicot de autobuses

La policía arresta a Rosa Parks en Montgomery, Alabama, tras negarse a ceder su asiento del autobús a un blanco. Durante un año un joven Martin Luther King, Jr. insta a los ciudadanos negros a boicotear los autobuses hasta que el Tribunal Supremo considera ilegal la segregación en los autobuses.

1957
Cambio legal

4 de septiembre
Los Nueve de Little Rock

Algunos estados no cumplen la ley. Nueve estudiantes negros se matriculan en un instituto para blancos de Little Rock, Arkansas, y el gobernador envía a la Guardia Nacional a detenerlos. El 25 de septiembre, las tropas del gobierno de Estados Unidos escoltarán a los que se conoce como los «Nueve de Little Rock» hasta el instituto.

9 de septiembre
Ley de derechos civiles de 1957

El gobierno de Estados Unidos responde al movimiento creciente con la Ley de derechos civiles de 1957, la primera en más de 80 años, que protege el derecho de voto de las personas negras y señala el principio del cambio.

Mayo-diciembre de 1961
PASAJEROS DE LA LIBERTAD

Activistas atacados

Estudiantes universitarios blancos y negros muestran su apoyo a los derechos civiles subiendo juntos a autobuses de áreas segregadas. Las fotos de estos «pasajeros de la libertad» siendo atacados dan la vuelta al mundo.

1963

DISTURBIOS

11 de mayo
Disturbios de Birmingham

Una protesta tras una noche de atentados con bomba de extremistas blancos contra líderes de los derechos civiles provoca ocho días de disturbios en Birmingham, Alabama, por parte de manifestantes negros enfurecidos por los ataques. La policía responde violentamente y conmociona al país. La cobertura mediática de las protestas desencadena un debate nacional.

28 de agosto
«Tengo un sueño»

Al final de la Marcha en Washington por el Trabajo y la Libertad, a la que asisten 250000 personas, Martin Luther King, Jr., líder de los derechos civiles, pronuncia un discurso sobre cómo la desigualdad está reñida con la imagen de tierra de libertad. En una parte no preparada del discurso que se ha convertido en la más famosa, King imagina un futuro de relaciones raciales amistosas.

1964

¿VOTOS O BALAS?

3 de abril
Discurso de Malcolm X

El activista y líder religioso Malcolm X pronuncia un discurso en el que defiende el cambio, sea cual sea el medio: a través de los votos o por medio de las balas. Sus rivales le asesinan en 1965.

VERANO DE LA LIBERTAD

Junio
Registro para votar

En Misisipi cooperan miles de voluntarios para registrar tantos votantes negros como sea posible. Estos voluntarios se enfrentan al acoso y la intimidación.

Igualdad

2 de julio
Ley de derechos civiles de 1964

Tras un verano de protestas, el gobierno de Estados Unidos propone una ley para acabar con la segregación en lugares públicos y garantizar el acceso equitativo a empleos, independientemente de la raza, color o religión. El presidente Lyndon B. Johnson firma la ley.

7-25 de marzo de 1965

Selma

Marcha por Alabama

Miles de personas caminan con Martin Luther King, Jr. los 87 km que separan Selma de Montgomery, la capital del estado. La marcha consigue que se apruebe la Ley de derecho de voto en agosto de 1965.

1968

VIOLENCIA

4 de abril
Asesinato de Martin Luther King

Un francotirador asesina a Martin Luther King, Jr. en Memphis, Tennessee. Hay disturbios en varias ciudades y el presidente Johnson pide a los ciudadanos que abandonen la violencia y presiona al Congreso para que acelere la nueva legislación.

ACCESO EQUITATIVO

11 de abril
Ley de derechos civiles de 1968

El Congreso firma esta ley para garantizar un acceso equitativo y justo a la vivienda. Esta ley tiene un enorme impacto potencial, pero la marcha por la igualdad no se detiene.

Selma

La marcha de Selma a Montgomery se organizó para visibilizar los problemas que tenían los afroamericanos para registrarse y votar. Pese a que los afroamericanos tenían derecho al voto, los funcionarios intentaban que no se registraran. Las oficinas de registro apenas abrían y sus funcionarios sometían a las personas a pruebas de alfabetización del todo innecesarias, les hacían rellenar interminables formularios y pagar tasas.

DESPUÉS

Pese a las leyes y enmiendas constitucionales de los años sesenta, la población negra de Estados Unidos sigue sufriendo graves discriminaciones y penurias. En 2020, el asesinato de un hombre negro, George Floyd, a manos de un policía blanco provoca protestas y desencadena el movimiento mundial Black Lives Matter («las vidas de los negros importan»), con manifestaciones y uso de las redes sociales para llamar la atención sobre el racismo y la discriminación que sufren los negros.

Aztecas

Los hombres aztecas vestían un maxlatl (taparrabos), cubierto con un tilmatli (capa) o chaleco. Las mujeres vestían cueitl (falda larga) y huipil (blusa), a menudo muy estampada. Las mujeres indígenas de América Central siguen vistiendo huipiles.

c. 3150 a.C.-30 d.C.

c. 750-30 a.C.

c. 509 a.C.-476 d.C.

c. 1200-siglo xv

c. 1350-siglo xv

Antiguo Egipto

Los egipcios viven en un clima caluroso y por eso toda su ropa es de ligero lino, tejido a partir de las plantas de lino que crecen en las orillas del río Nilo. Tanto hombres como mujeres llevan maquillaje y pelucas.

Antigua Grecia

Hombres, mujeres, niños y niñas llevan un simple quitón (túnica larga sin mangas atada con un cinturón). Puede ser corta o larga, estampada o lisa, ceñida o suelta, y con una capa encima para resguardarse más del frío.

Roma

La mayoría de las personas llevan túnicas sencillas y togas de lana y lino. El color del ropaje marca la posición del portador en la sociedad. Por ejemplo, las clases gobernantes visten de color púrpura.

Edad Media europea

El elemento más típico de la indumentaria medieval es la túnica. Los ricos llevan túnicas vistosas. Se populariza el uso de medias (pantalones finos y ajustados) entre los hombres, la versión primigenia de los pantalones modernos.

Moda

A la gente siempre le ha interesado su indumentaria, desde los antiguos egipcios y sus elaboradas pelucas hasta los compradores actuales, que pueden adquirir la última moda por internet. La moda ha cambiado tantas veces como tú te cambias de calcetines y tiene una historia tan larga y colorida como algunas de sus creaciones más sensacionales.

Moda maorí

Los motivos de la artesanía maorí tradicional del tejido y el trabajo de la madera experimentan un renacimiento y aparecen en la ropa contemporánea con llamativos dibujos curvos y en espiral, evocando un sentido de continuidad y renovación.

2018

Años 1990

Años 1990

Años 1980

Años 1970

Moda ecológica

Se funda la Union for Concerned Researchers in Fashion («Unión de Investigadores Preocupados por la Moda») para promover la moda sostenible, que busca alternativas a materiales como el algodón, cuyo cultivo daña el medio ambiente. Estos partidarios de la moda ecológica pretenden acabar con las prácticas laborales injustas en las fábricas de confección y con la cultura de la moda rápida, que se fija en el precio más que en proteger el medio ambiente.

Moda rápida

La moda cada vez es más accesible. Al mismo tiempo, preocupan cada vez más las condiciones laborales de las fábricas y el impacto ambiental de esta ropa barata y de poca calidad.

Harajuku

Los jóvenes del barrio de Harajuku, en Tokio (Japón), inician un movimiento de moda en el que visten trajes creativos y coloridos. Hay varios estilos, que suelen estar influidos por elementos góticos y otras tendencias estrafalarias.

Tacón y pantalones de campana

El pantalón se populariza en las mujeres y se acampana cada vez más. Los zapatos de plataforma se ponen de moda con la influencia de artistas como David Bowie y Elton John.

c. 1450-siglo XVII

c. 1450-siglo XVII

Siglo XVII

1603-1857

Siglo XVIII

Renacimiento

La indumentaria pasa de ser suelta a ceñida, y se empieza a diferenciar entre hombres y mujeres. Los ricos comienzan a viajar por el mundo y las modas de los diferentes países se influyen entre sí. Muchos en Europa copian el estilo de la reina Isabel I de Inglaterra, famosa por sus vestidos con falda y grandes gorgueras.

Imperio otomano

El Imperio otomano, que cubre desde el sur de Europa hasta Asia, inspira la moda europea. Incluye turbantes y ropajes largos y holgados hechos con telas preciosas y caras.

Europa barroca

Francia (y en menor grado, Inglaterra) lleva la voz cantante en cuanto a moda; el resto de Europa se limita a seguirla. Ahora más que nunca, la ropa indica la riqueza y la posición en la sociedad. Los ricos visten a la última moda: seda y terciopelo decorados a mano.

Kimono

Durante el período Edo de Japón (pp. 158-159) se vive el auge del kosode, presursor del kimono, una indumentaria con mangas sueltas y cinturón ancho. Los ricos compiten por las telas más caras para expresar con ellas su estatus y su estilo.

Europa rococó

Un movimiento artístico conocido como rococó inspira prendas más ligeras y fluidas. Los vestidos ajustados se sustituyen por otros con grandes faldas y más tarde por mantos abiertos y enaguas. Los hombres llevan chaquetones y calzones (pantalones cortos), ya lejos de las medias ajustadas.

Camiseta

La Marina estadounidense introduce esta prenda icónica, pensada para llevarla como una capa extra debajo de la camisa. Es elástica y mantiene su forma, y es barata y fácil de limpiar.

Años 1960

Años 1920

1913

1873

1846

siglo XIX

Movimiento juvenil

Los adolescentes se liberan: cuentan con su propio dinero y abandonan la moda de sus padres. Las diseñadoras jóvenes son lo más, como Mary Quant, que escandaliza a las personas de más edad cuando diseña la minifalda en 1964.

Era del jazz

Después de la Primera Guerra Mundial se populariza la vestimenta práctica y cómoda. Las faldas se hacen más cortas y muchas chicas jóvenes, conocidas como *flappers*, llevan el pelo corto, fuman y bailan al son del jazz para rebelarse contra la anticuada sociedad. En la década siguiente, un crac financiero pone fin a la diversión de esta época. Incapaz de comprar moda, la gente normal admira, en cambio, la ropa de las glamurosas estrellas de cine.

Vaqueros

Jacob W. Davis y Levi Strauss inventan en Estados Unidos los primeros vaqueros, unos pantalones con cierres de metal en las costuras para que duren más. Cobran popularidad entre los obreros de Estados Unidos; a mediados del siglo XX se convertirán en una pieza clave en los armarios de todo el mundo.

Estampados africanos

En África se adopta el proceso batik para teñir con cera y se utiliza para crear tejidos coloridos que no destiñen. Se conocen como kitenge en África oriental y ankara en África occidental. Sus patrones se utilizan para crear dibujos que cuentan historias e ideas.

Ropa deportiva

La aparición de las vacaciones a principios del siglo XVII da más tiempo al deporte. Los ricos adaptan su indumentaria al deporte, como la caza, la equitación y el tiro con arco. La moda deportiva es para mujeres y hombres.

Exploración espacial

Gracias al deseo de explorar el espacio hemos conseguido increíbles avances. En 1969 los humanos pisaron la Luna. Al cabo de 20 años las naves espaciales ya han explorado todos los planetas del sistema solar. Ahora empieza la siguiente era de la exploración espacial, con ambiciosos planes de crecimiento del turismo espacial y volver a enviar humanos a la Luna, e incluso a Marte.

«El siglo xx pasará a la historia por dos avances tecnológicos: la energía atómica y el vuelo espacial.»

Neil Armstrong, en el prólogo de *Moon Shot: The Inside Story of America's Apollo Moon Landings*, 1994

Sputnik 1
El diámetro de este sencillo satélite es el doble que una pelota de baloncesto.

Viking 1
La Viking 1, *una de las dos naves* Viking *que la NASA envía a Marte, consiste en un orbitador y un segmento de aterrizaje.*

Primer satélite

La Unión Soviética entra en la era espacial con el lanzamiento al espacio del *Sputnik 1*, el primer satélite artificial. El *Sputnik 1* tarda unos 98 minutos en dar la vuelta a la Tierra. Su éxito es un acicate para Estados Unidos, que acelerará su propio programa espacial.

Primeras misiones planetarias

La nave *Venera 7* de la URSS envía datos a la Tierra tras estrellarse en Venus en 1970. La *Viking 1* de la NASA (arriba) se convierte en la primera nave espacial que no solo aterriza a salvo en Marte, sino que también toma fotos y recoge datos que se envían de vuelta a la Tierra.

1957

1965

1976

1990

Telescopio espacial

La NASA lanza el telescopio espacial *Hubble*, que se convierte en el observatorio espacial en vuelo más famoso. Puede observar objetos a más de 28 000 millones de años luz de la Tierra.

Imágenes de Marte

Llegan a la Tierra las primeras fotos del planeta Marte de cerca, de la nave espacial norteamericana *Mariner 4*. Muestran un paisaje lleno de cráteres y estéril. Sin embargo, misiones posteriores apuntan a un pasado más habitable.

Telescopio espacial Hubble
Este histórico telescopio tarda 96 minutos en dar una vuelta a la Tierra.

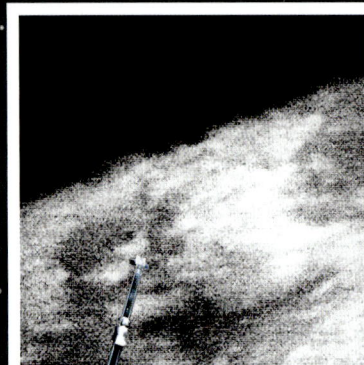

Mariner 4
Esta nave espacial graba imágenes cuando pasa cerca de Marte. Es la primera nave que fotografía un planeta que no es la Tierra.

Humanos en el espacio

Desde el primer momento en el que los humanos hemos mirado las estrellas, hemos soñado en explorar el universo. En 1961 salió al espacio la primera persona en su nave espacial, hecho que marcó el inicio de un viaje extraordinario para los humanos hacia el espacio exterior.

1963
Valentina Tereshkova (URSS) es la primera mujer en el espacio.

1965
Alexey Leonov (URSS) es el primer humano que pasea por el espacio.

1998-2011
Se construye la Estación Espacial Internacional (ISS).

2019
La astronauta Christina Koch completa el vuelo espacial individual más largo (328 días) de una mujer.

1961
Yuri Gagarin (URSS) es el primer humano en el espacio.

1969
El estadounidense Neil Armstrong pisa la Luna.

1980
A bordo de una *Soyuz* soviética, el cubano Arnaldo Tamayo Méndez es el primer negro y el primer latinoamericano en ir al espacio.

2001
Dennis Tito (EE. UU.), primer turista espacial.

2003
Se lanza la primera misión espacial china pilotada.

Exploración espacial interestelar

La *Voyager 1* de la NASA es el primer objeto artificial que viaja hasta los confines del sistema solar. En 2021, la *Voyager 1* y su nave gemela *Voyager 2* surcan el espacio interestelar. Ninguna nave espacial ha llegado allí antes.

Disco de oro
La Voyager 1 *lleva un disco con sonidos e imágenes de la vida en la Tierra por si la hallan los extraterrestres.*

Juno
La sonda espacial Juno *tiene más o menos el tamaño de una cancha de baloncesto.*

Helicóptero en Marte

Un helicóptero robótico llamado *Ingenuity* (que forma parte del róver *Perseverance* de la NASA en Marte) logra el primer vuelo propulsado en otro planeta al sobrevolar la superficie marciana durante 39,1 segundos.

Misión a Júpiter

La sonda espacial *Juno* orbita alrededor de Júpiter, el mayor planeta del sistema solar. Estudia el interior del planeta, su campo magnético y cómo se formó.

Cara oculta de la Luna

La nave china *Chang'e 4*, que lleva un vehículo explorador llamado *Yutu-2*, es la primera que aterriza en la cara oculta de la Luna, que no es visible desde la Tierra.

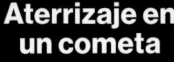
2012

2014

2016

2017

2019

2021

Aterrizaje en un cometa

La *Philae* es la primera nave espacial que consigue aterrizar en la superficie de un cometa a toda velocidad. Envía la primera fotografía de la superficie de un cometa.

Fin de la misión a Saturno

La misión de la *Cassini*, lanzada en 1997, finaliza tras 20 años explorando Saturno y sus lunas. Se destruye precipitándose en las nubes de Saturno, un final espectacular para una de las misiones de más éxito de la NASA.

Sobrevuelo más lejano

La nave espacial *New Horizons* de la NASA sobrevuela el objeto Arrokoth del Cinturón de Kuiper, el objeto más lejano explorado por una nave espacial. En 2015, *New Horizons* capta las primeras imágenes en primer plano del planeta enano Plutón y sus lunas.

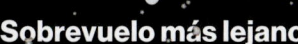

Philae
El módulo de aterrizaje robótico lleva cámaras y sensores para explorar los secretos del cometa.

Cassini
Esta sonda transforma el conocimiento de Saturno, sus anillos y sus lunas.

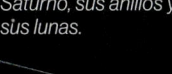

Países prósperos

Tras la Segunda Guerra Mundial y el fin gradual del control colonial europeo, los países del este y el sudeste asiático pudieron tomar sus propias decisiones económicas. Muchos de ellos prosperaron desde la pobreza hasta la riqueza extrema. Esta mejora empezó en los sesenta, cuando los países asiáticos, con Japón a la cabeza, comenzaron a producir artículos de alta tecnología, como cámaras y ordenadores. Al exportarlos a otros continentes, su economía creció hasta situarse entre las más sólidas del planeta.

1964	1965	1974	1978

Tren bala

Se fabrica en Japón el primer tren de alta velocidad del mundo, conocido como «tren bala». Su velocidad llega a los 210 km/h y une las ciudades japonesas de Tokio y Osaka, reduciendo el tiempo de viaje de siete horas a cuatro.

Singapur

Tras obtener la independencia de Malasia, Singapur vive un gran crecimiento económico. Se fomenta el desarrollo de empresas y fábricas, lo que atrae la inversión exterior. Un gran número de empresas internacionales construyen sedes aquí.

Diez proyectos

En la isla de Taiwán se realizan una serie de mejoras conocidas como los diez grandes proyectos de construcción. Algunos proyectos son industriales, pero seis de ellos se centran en mejorar el transporte con la creación de nuevas carreteras, vías de tren, puertos y aeropuertos.

Cambio chino

Deng Xiaoping se convierte en líder de China y ejecuta grandes reformas en la economía del país. Se invita a las empresas extranjeras a invertir en China por primera vez en muchos años. Casi todas las organizaciones se someten a grandes cambios que transforman China.

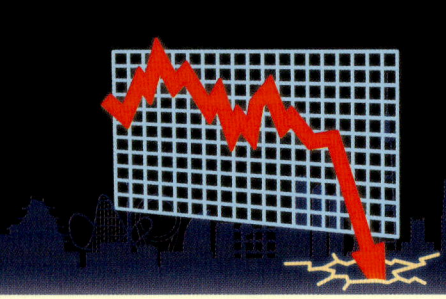

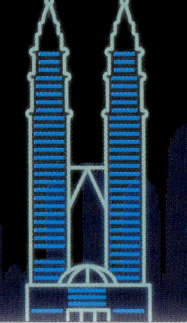

1990	1993-1998	1997	2003

Colapso japonés

Japón renace tras la Segunda Guerra Mundial y se convierte en la segunda economía del mundo. Sin embargo en 1990 su economía se colapsa y provoca lo que se conoce como la «década perdida», durante la que el país no consigue hacer dinero.

Dando la talla

Se levantan las torres Petronas en Kuala Lumpur, Malasia. Estos rascacielos gemelos de reminiscencias islámicas serán los edificios más altos del mundo hasta 2004, con sus 452 m de altura. Simbolizan el éxito económico de Malasia.

Hong Kong

Gran Bretaña transfiere el control de Hong Kong a China tras un dominio de más de 150 años. La mano de obra muy cualificada de Hong Kong y su tradición de negocios y comercio internacionales permiten que su economía siga creciendo con fuerza.

Presa de las Tres Gargantas

China erige una presa en el río Yangtsé, de 2,3 km de largo y 185 m de alto. Es una gran hazaña de ingeniería, pero China es criticada por hacer que más de un millón de personas dejen sus casas por el proyecto.

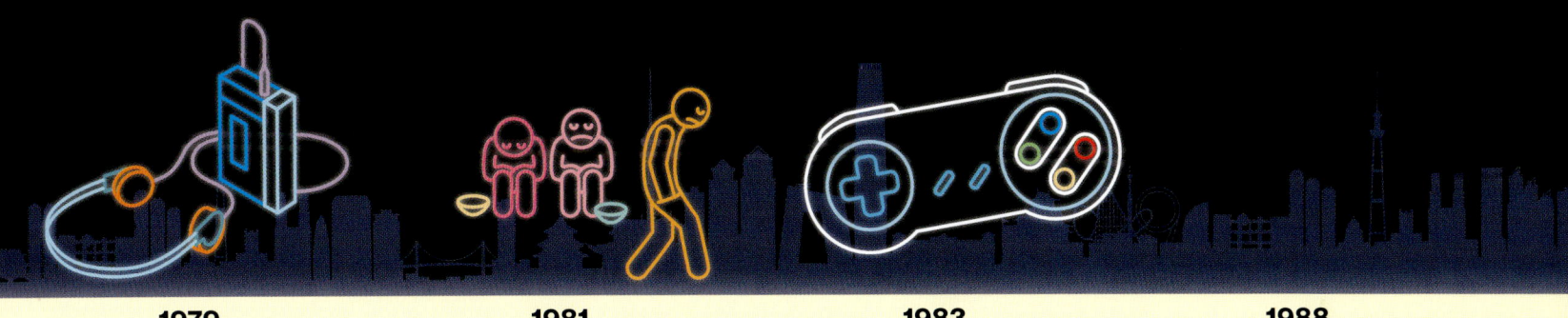

1979   **1981**   **1983**   **1988**

Walkman

La empresa japonesa Sony saca un reproductor portátil de cintas de casete, el Walkman, con el que es posible escuchar música en cualquier sitio. Se agota en las tiendas japonesas y al cabo de poco se convierte en un fenómeno global.

Gran pobreza

Los negocios y la tecnología mejoran rápidamente en Asia, pero las condiciones de vida de la mayoría de la población no lo hacen. Asia oriental tiene el mayor índice de pobreza del mundo: el 77 % de la población vive con menos de un dólar al día, según el Banco Mundial.

Auge del videojuego

La japonesa Nintendo lanza la que será la consola más vendida de todos los tiempos. Revoluciona el tiempo libre y convierte a Nintendo en la líder del nuevo sector de los videojuegos.

Coches coreanos

Tras una década de crecimiento de su sector automovilístico, las principales marcas surcoreanas, como Hyundai Motor Company y Kia Motors, exportan medio millón de coches al resto del mundo en un único año. A inicios del siglo XXI Corea del Sur es uno de los mayores fabricantes de coches del planeta.

2004   **2008**   **2015**   **2022**

Tsunami

Un terremoto (el tercero más grande jamás registrado) bajo el océano Índico cerca de Indonesia provoca un enorme tsunami, con olas de unos 30 m. Más de una docena de países se ven afectados y mueren unas 230 000 personas, y millones pierden sus casas.

Juegos de Pekín

China organiza los Juegos Olímpicos de verano de Pekín. Es la oportunidad que el país necesita para impresionar al resto del mundo: más de 4700 millones de telespectadores de todo el mundo verán las pruebas.

China e India

El Banco Mundial sitúa a China como la mayor economía del mundo, superando a Estados Unidos, y se convierte en líder mundial en la fabricación de tecnología, como los teléfonos inteligentes. En cinco años, la economía india alcanza los 3 billones de dólares, impulsada por el crecimiento de los servicios.

Hito demográfico

A mediados de noviembre, la población humana en la Tierra alcanza un nuevo máximo de 8000 millones. La Organización de las Naciones Unidas (ONU) anuncia este hito histórico.

Ordenadores

Antes de 1935, la palabra «computar» se refería a la tarea de realizar cálculos matemáticos. Hoy una computadora, u ordenador, es una máquina que recibe datos, los almacena y los procesa, y ofrece resultados. Al principio los ordenadores tenían componentes mecánicos, como palancas y piñones, hasta que se usaron piezas electrónicas en el siglo XX. Los primeros ordenadores eran inmensos: ocupaban grandes habitaciones. Ahora un teléfono inteligente de bolsillo tiene la misma potencia de computación.

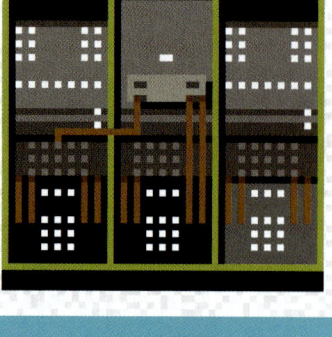

1946
ENIAC

John Mauchly y J. Presper Eckers, científicos de la Universidad de Pensilvania, Estados Unidos, fabrican uno de los primeros ordenadores para uso general, el ENIAC. Pesa más de 30 toneladas y está equipado con más de 18 000 válvulas, y tiene como objetivo realizar más cálculos que todos los que ha hecho la humanidad hasta este momento.

1936
Máquina de Turing

El científico de computadoras británico Alan Turing tiene una idea: una máquina capaz de resolver cualquier problema que tenga solución. Es el origen del ordenador moderno. En la Segunda Guerra Mundial crea herramientas para descifrar los códigos nazis.

1890
Tarjeta perforada

El inventor estadounidense Herman Hollerith diseña una máquina para calcular el censo de Estados Unidos en 1890. Gracias a la electricidad lee un patrón de agujeros perforados en una tarjeta. Su invención ahorra tiempo y millones de dólares.

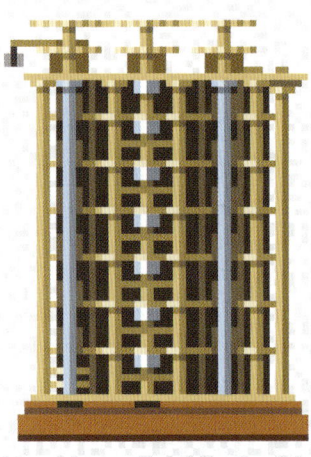

1822
Máquina diferencial de Babbage

El inventor británico Charles Babbage dibuja los planos de la máquina diferencial, un dispositivo mecánico capaz de realizar cálculos complicados. Se imagina que esta máquina almacenará datos en el futuro, anticipándose así a la tecnología informática que está por llegar. Empieza a fabricar la máquina, pero nunca llega a acabarla.

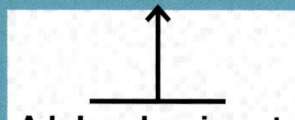

1843
Ada Lovelace inventa la programación

Babbage muestra a Ada Lovelace, destacada matemática, su idea de la computadora mecánica, conocida como máquina analítica (en la imagen). Lovelace observa que esta puede manipular letras y símbolos, además de números. Su idea se avanza décadas a su tiempo, y por ello los historiadores consideran a Lovelace como la primera programadora.

> «Un ordenador... es la herramienta más destacable que hemos creado. Es como una bicicleta para nuestra mente.»
>
> **Steve Jobs**, en un documental de 1990

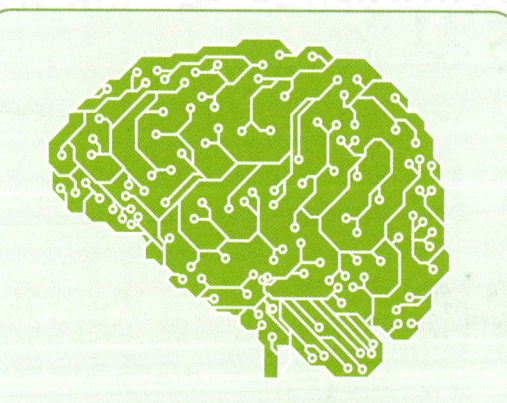

Inteligencia artificial

Ya en 1950 Alan Turing quiso saber si las máquinas llegarían jamás a pensar de manera inteligente como los humanos. Para ello preparó un test para decidir si se había llegado a la inteligencia artificial. Actualmente los informáticos e inventores con acceso a máquinas más rápidas y potentes se acercan a conseguir el objetivo de Turing de crear una máquina con la inteligencia de un humano.

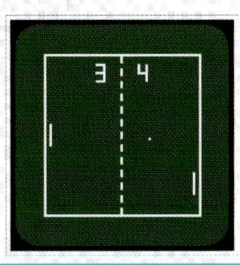

1958

Primer videojuego

Cientos de personas hacen cola para jugar en Nueva York, Estados Unidos, cuando el físico William Higinbotham presenta el que se considera el primer videojuego de la historia: dos jugadores usan botones y diales para devolver un punto de luz a través de una cancha virtual.

1959

Lenguaje de programación

Mientras trabaja para la Armada de Estados Unidos, el matemático Grace Hopper desarrolla el primer lenguaje de programación, que se acaba conociendo como COBOL, lenguaje que continúa usándose hoy en día.

1971

Disquete

Los ingenieros de la empresa tecnológica IBM inventan el disquete, un pequeño sobre de plástico con un disco flexible de mylar (plástico) que permite a los usuarios compartir datos de manera rápida. Se venden miles de millones de discos al año.

1976

Apple I y Apple II

Steve Wozniak, Ron Wayne y Steve Jobs crean y venden uno de los primeros ordenadores de sobremesa, el Apple I, como kit para los fanáticos de la informática. Un año más tarde se crea el Apple II, dirigido a un público más general, con su teclado, mandos de juego y el videojuego *Breakout*.

2010

Primer iPad

Apple lanza la primera tableta que se hace popular. El iPad tiene pantalla táctil y acceso a juegos, música, correo electrónico e internet, y pone la potencia de una máquina mucho más grande en manos de los usuarios.

1994

Teléfono inteligente

El Simon Personal Communicator de IBM es el primer teléfono inteligente, creado años antes de que exista esa etiqueta. Tiene pantalla táctil para hacer llamadas, enviar y leer correos electrónicos y gestionar la agenda. En 2007, Apple lanza el iPhone, un teléfono inteligente con cámara y conexión a internet.

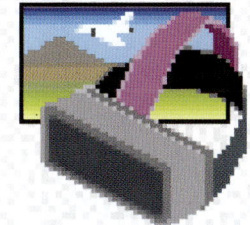

1984

Primeros Mac

Apple lanza su Macintosh, el primer ordenador de éxito controlado con un ratón. Se simplifica su uso gracias a su menú desplegable. Un año más tarde Microsoft lanza un sistema operativo Windows que también usa ratón.

1982

Auge del PC

El Commodore 64 populariza los ordenadores personales. Se publican miles de programas, como procesadores de texto, hojas de cálculo y juegos, para esta máquina, uno de los ordenadores más vendidos de la historia.

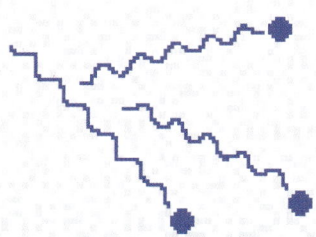
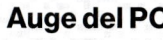

2012

Raspberry Pi

Este diminuto y asequible ordenador es la puerta de entrada a la programación para una generación de niños a través de proyectos divertidos y fáciles que los programadores jóvenes cargan y comparten en línea.

2016

Se generaliza la RA/RV

Pueden añadirse elementos digitales a lo que se ve en un teléfono inteligente con la tecnología de realidad aumentada (RA) y sumergirse en los entornos digitales artificiales de realidad virtual (RV).

2021

El chip más rápido

Intel anuncia el desarrollo de su 12.ª generación de procesadores informáticos, los chips más rápidos de la historia, capaces de realizar 2 trillones de cálculos por segundo.

2022

Ordenadores cuánticos

Utilizando las propiedades de los fotones (partículas de luz, arriba) y las leyes de la física cuántica, los científicos desarrollan unos ordenadores que realizan cálculos mucho más rápidamente que los convencionales. Con ordenadores como el Jiuzhang 2.0, China se pone a la cabeza de esta tecnología.

Tecnología asistiva

Inventores y activistas siempre han buscado formas de mejorar la vida de las personas con discapacidades o problemas crónicos de salud. Los primeros inventos eran muy sencillos, pero evolucionaron hasta convertirse en las maravillas médicas de los siglos XIX y XX. Hoy, una asombrosa variedad de tecnologías han transformado la vida cotidiana de las personas con discapacidad.

Silla de ruedas

La primera silla de ruedas autopropulsada es un invento del relojero alemán Stephen Farffler, que quedó paralítico tras romperse la espalda de niño. El diseño se basa en sus conocimientos sobre el funcionamiento de los relojes y consta de tres ruedas, la delantera de las cuales se acciona con una manivela.

Gafas

Los monjes italiano son los primeros en llevar gafas para corregir los problemas de visión. Son de las pocas personas que leen manuscritos en la época. Este cuadro de 1403, titulado *Apóstol de las gafas*, es uno de los primeros que las representan.

Dentadura postiza

Aunque los antiguos egipcios y etruscos eran capaces de fijar en su posición los recambios para los dientes que faltaban, no es hasta el siglo XVI cuando los japoneses inventan las dentaduras postizas, que tallan en madera de boj. Con un molde de cera de abeja se obtiene la impresión de la boca del paciente para conseguir el mejor ajuste.

1655

Prótesis

Un dedo gordo artificial en el pie de una mujer del antiguo Egipto. Fabricado en cuero y madera, es posible que sirviera para mantener el equilibrio al caminar, lo que lo convierte en uno de los primeros ejemplos de prótesis práctica para facilitar el movimiento. A finales del siglo XX, esta prótesis es descubierta en una de las tumbas del jeque Abd el-Qurna.

c. 1300 d.C.

Siglo XVI

c. 1000-900 a.C.

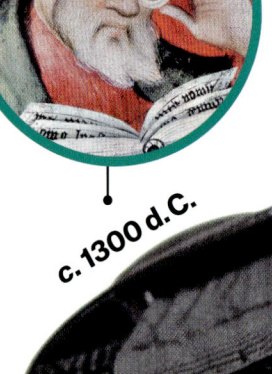

Prótesis moderna

Las prótesis modernas son más realistas, adaptables y ligeras que nunca. Las últimas tecnologías robóticas se encapsulan en materiales de última generación, como la fibra de carbono, para crear partes del cuerpo biónicas revolucionarias. Los sensores electrónicos registran los impulsos cerebrales o las respuestas nerviosas que hacen que la prótesis se mueva.

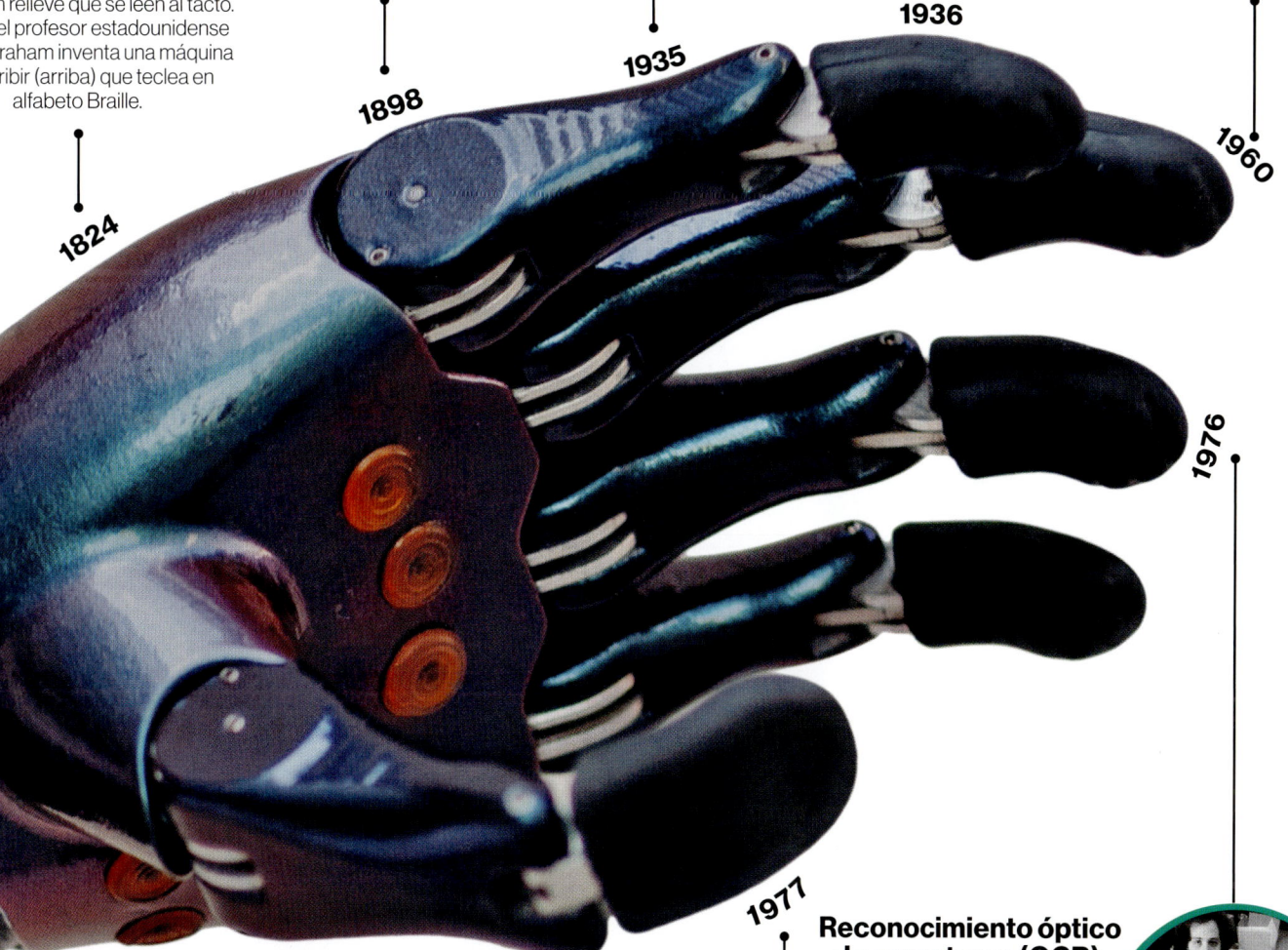

Braille

Tras perder la vista en un accidente, el inventor francés Louis Braille crea un sistema de lectura para ciegos: puntos en relieve que se leen al tacto. En 1951, el profesor estadounidense David Abraham inventa una máquina de escribir (arriba) que teclea en alfabeto Braille.

1824

Audífonos

El primer audífono eléctrico, llamado Akouphone, lo inventa el ingeniero estadounidense Miller Reese Hutchison. Sin embargo, pesa 3 kg y cuesta 400 dólares. En la década de 1930 se inventan audífonos más pequeños, baratos y portátiles.

1898

Audiolibros

El Real Instituto Nacional de Ciegos del Reino Unido edita libros grabados en discos de gramófono para soldados ciegos. Leídos por actores profesionales, los primeros libros incluyen el *Evangelio según San Juan*, de la Biblia, y *El asesinato de Roger Ackroyd*, de Agatha Christie.

1935

Sintetizador de voz

El primer sintetizador electrónico del habla, el Voder, se construye para imitar los sonidos de la caja de voz humana. Más tarde se desarrollan sintetizadores avanzados, como el Speech, además de la voz generada por ordenador utilizada por el científico Stephen Hawking.

1936

Silla de ruedas «sorber y soplar»

Desarrollada en Estados Unidos, la silla de ruedas «sorber y soplar» es utilizada por personas que no pueden mover sus extremidades. Este ingenioso diseño permite al usuario controlar la silla mediante la presión de aire producida al sorber o resoplar con una pajita.

1960

1976

Guantes inteligentes

2020

Estos guantes de alta tecnología están diseñados para traducir el lenguaje de signos en habla a través de una aplicación de móvil. Los sensores convierten los signos de las manos que representan palabras y frases en señales eléctricas listas para que un móvil las convierta en palabras habladas.

Vehículos autónomos

2010

Las ventajas de los vehículos autónomos dan mayor movilidad a las personas con discapacidad. Los coches sin conductor de Google están entre los que funcionan mediante sensores de aceleración, cámaras de detección y láseres.

Tecnología de mirada

2010

Esta revolucionaria tecnología permite a personas que apenas pueden moverse utilizar los ojos para controlar un ordenador. Un dispositivo registra los movimientos de los ojos y rastrea hacia dónde mira la persona para permitirle navegar por internet, jugar y enviar mensajes a sus amigos.

1977

Reconocimiento óptico de caracteres (OCR)

El informático estadounidense Ray Kurzweil crea el primer programa de reconocimiento óptico de caracteres (OCR) para convertir en voz las palabras impresas. Aplica esta tecnología a su máquina de lectura Kurzweil, que lee libros y revistas a personas ciegas.

Implante coclear

Sin conocimientos médicos, el ingeniero de la NASA Adam Kissiah utiliza sus conocimientos electrónicos para diseñar un implante coclear para sordos. En lugar de amplificar los sonidos como en un audífono, una parte del implante coclear se coloca en el oído interno. El dispositivo convierte los sonidos en impulsos eléctricos que se transmiten al nervio auditivo. El cerebro reconoce entonces estos impulsos nerviosos como sonidos.

Sor Juana Inés de la Cruz

Esta monja mexicana es conocida como la primera autora feminista de América. Su obra *La respuesta* es una carta escrita en contestación a un sacerdote que ha intentado silenciarla, a ella y a otras mujeres, y negarles la educación.

Mary Wollstonecraft

Se publica *Vindicación de los derechos de la mujer* de la escritora y filósofa británica Mary Wollstonecraft. Detalla motivos por los que mujeres y hombres son iguales, y merecen los mismos derechos y oportunidades. Sus argumentos siguen siendo válidos.

Campaña por el sufragio en Estados Unidos

Se crea la Asociación Nacional pro Sufragio de la Mujer en favor del sufragio femenino (pp. 236-237). Cuenta con dos millones de afiliadas y jugará un papel crucial para que se apruebe la 19.ª enmienda de Estados Unidos, de derecho a voto de las mujeres en 1920. Pero a las mujeres negras estadounidenses se les niega el derecho a participar plenamente en sus campañas y luchan por ejercer su derecho al voto incluso después de la 19.ª enmienda.

Día Internacional de la Mujer

Se crea un día para promover los derechos de la mujer y el sufragio. Al principio solo se celebra en contados países europeos, pero acaba popularizándose por todo el mundo.

Las sufragistas

Se funda la Unión Nacional de Sociedades de Sufragio Femenino (NUWSS) en Reino Unido liderada por Millicent Fawcett, que promueve una campaña pacífica para que las mujeres puedan votar. Considera que la no violencia demostrará que las mujeres son respetables y lo bastante responsables como para participar en la política.

| c. 1399 | 1691 | 1792 | 1848 | 1870 | 1890 | 1897 | 1905 | 1911 |

Christine de Pisan

La poetisa y autora francesa De Pisan sostiene a su familia con sus obras. Escribe algunas de las primeras obras de literatura feminista, que exigen la igualdad de derechos y tratamiento, y conmemoran a las heroínas de la historia.

Seneca Falls

La primera convención sobre los derechos de la mujer en Estados Unidos se celebra en Seneca Falls, Nueva York. Reúne a unas 200 mujeres y está encabezada por Elizabeth Cady Stanton y Lucretia Mott, aunque no incluye a ninguna mujer negra estadounidense.

Rita Cetina Gutierréz

La maestra mexicana Gutierréz abre La Siempreviva, la primera escuela no religiosa para niñas de México, y defiende que las niñas deben tener acceso a la misma educación que los niños. Considerada una de las primeras feministas de México, muchas de sus alumnas se convierten también en figuras destacadas de la lucha por los derechos de la mujer.

Feminismo

El feminismo es el convencimiento de que mujeres y hombres son iguales y deben tener los mismos derechos y oportunidades. Sin embargo, la historia confirma que los hombres han tenido más poder que las mujeres. El objetivo de las primeras feministas era conseguir su derecho al voto; con el tiempo el movimiento ha evolucionado hasta debatir sobre el papel de la mujer en muchas más áreas, de la política y la vida doméstica a la música y el deporte.

Las *suffragettes*

Emmeline Pankhurst moviliza a las británicas, conocidas como *suffragettes*, con el eslogan «Hechos, no palabras», que describe su táctica: exigir el derecho a voto, no pedirlo. Para conseguirlo, hacen marchas, huelgas de hambre, rompen ventanas y se encadenan a las vallas de los edificios importantes.

Movimiento feminista de la India

La India se independiza del poder británico y el gobierno redacta, con la participación de mujeres, un nuevo conjunto de leyes que apoyan la libertad y la no discriminación de todos para inspirar un movimiento feminista en la India.

Doria Shafik

El movimiento feminista de Egipto encuentra su voz en Doria Shafik, autora y editora. En 1951 asalta el Parlamento egipcio con un grupo de mujeres para exigir el derecho al voto. Una semana más tarde se aprueba una ley que permite votar a las mujeres y convertirse en diputadas.

La mística de la feminidad

La autora estadounidense Betty Friedan descubre que muchas mujeres de Estados Unidos no son felices siendo amas de casa (mujeres casadas que trabajan en casa cuidando a los hijos y llevando el hogar). Escribe *La mística de la feminidad*, un libro que insiste en que las mujeres merecen ir a la universidad y tener carreras profesionales de éxito, igual que los hombres.

Marcha de mujeres

En respuesta al lenguaje sexista durante la campaña presidencial de 2016, el día después de la toma de posesión del presidente estadounidense Donald Trump, la gente sale a la calle en Washington, D. C., y en muchos lugares del mundo. Es una muestra de apoyo a los derechos de la mujer y a la igualdad en general, sin distinción de género, raza ni religión. Se calcula que casi 5 millones de personas participan en todo el mundo.

Derechos internacionales

La ONU hace una lista de los derechos que todas las mujeres del mundo deben tener en la CETFDCM (Convención sobre la Eliminación de Todas las Formas de Discriminación contra la Mujer). En 2017, 189 países lo habrán firmado, lo que lo convierte en uno de los acuerdos sobre derechos humanos más importantes.

1947   **1949**   **1951**   **1951**   **1963**   **1973**   **1979**   **1990s**   **2014**   **2017**   **2017**

Whina Cooper

Whina Cooper es elegida líder de la Liga por el Bienestar de las Mujeres Maoríes, que lucha por los problemas específicos de las maoríes en educación, vivienda y trabajo. Conocida como Te Whaea o te Motu («madre de la nación»), en 1985 lidera una marcha hacia el Parlamento para reivindicar los derechos del pueblo maorí a su tierra, y en particular los derechos de las mujeres maoríes.

Riot Grrrls

Este movimiento musical feminista nace en el estado de Washington, Estados Unidos. Las mujeres, frustradas por estar rodeadas de bandas compuestas solo por hombres, empiezan a formar sus propios grupos musicales. Hacen música, crean revistas y celebran reuniones para expresar y debatir sus ideas sobre feminismo y política.

#MeToo

Las mujeres de la industria del cine de Hollywood comienzan a compartir historias de acoso y abusos sexuales a los que se han enfrentado a manos de hombres en puestos de poder en una campaña denominada «movimiento #MeToo». Este movimiento se extiende rápidamente por todo el mundo, empoderando a millones de mujeres para que hablen de experiencias similares en sus vidas, al tiempo que exigen justicia y rendición de cuentas.

Simone de Beauvoir

La filósofa francesa Simone de Beauvoir redacta *El segundo sexo*, un libro que debate sobre el tratamiento de la mujer por la historia. Intenta definir qué es ser mujer. Esta definición inspira a las generaciones futuras.

Billie Jean King

La estrella del tenis Billie Jean King funda la Asociación de Mujeres Tenistas, que hace campaña para que estas reciban el mismo pago que los hombres. Es un primer paso para romper una tendencia por la que las deportistas cobran menos. Esta desigualdad sigue existiendo hoy en muchos deportes.

Malala Yousafzai

Malala Yousafzai, una activista pakistaní para la educación de las niñas, gana el Premio Nobel de la Paz. Es famosa por escribir sobre los talibanes (pp. 274-275) y su prohibición de que las niñas vayan a la escuela, y por sobrevivir a un atentado talibán que quería asesinarla a los 15 años.

Internet

Internet nació en Estados Unidos, hace más de 50 años, cuando el gobierno intentó diseñar un método infalible para que los ordenadores hablaran entre sí. En sus primeros años, internet era una herramienta para compartir información entre científicos y militares. ¿Quién iba a decir que evolucionaría hasta ser usado por casi todos para casi todo? Actualmente la mitad de la población del mundo tiene acceso a internet y se calcula que más de 5000 millones de personas lo usan.

1971 — Primer correo electrónico

Ray Tomlinson inventa el programa que envía mensajes entre ordenadores. Introduce el uso de la arroba (@) en las direcciones de correo electrónico.

1967 — ARPANET

El informático norteamericano Leonard Kleinrock diseña una manera de hacer que los ordenadores puedan hablar entre sí dividiendo la información en pequeños bloques, lo que se conoce como ARPANET, el predecesor de internet.

1962 — Módem

Bell Labs en Estados Unidos crea el primer módem comercial, que convierte señales digitales en eléctricas y viceversa para que los ordenadores se comuniquen a través de las líneas telefónicas.

1998 — Auge de los buscadores

Los doctorandos norteamericanos Larry Page y Sergey Brin programan el buscador Google, que facilita y acelera el acceso a la información de la web.

1996 — Vídeo viral

Una animación en 3D de un bebé bailando se hace «viral» tras reenviarse en cadenas de correos electrónicos. Puede que sea el primer vídeo viral y un precursor de los memes.

2001 — Enciclopedia en línea

Jimmy Wales y Larry Sanger lanzan la Wikipedia, una enciclopedia en línea. Contiene más de 20 000 entradas el primer año y se convierte en el mayor sitio de referencia de internet.

2004 — Auge de las redes sociales

Un estudiante de la Universidad de Harvard, Estados Unidos, Mark Zuckerberg, lanza Facebook, que se convertirá en la mayor red social del mundo.

2003 — Música en movimiento

Apple lanza su tienda de música iTunes e inicia la tendencia de descargar música. Ahora se pueden reproducir las canciones preferidas en el ordenador o el reproductor de música portátil. En su primera semana vende más de un millón de canciones.

2005 — Vídeos compartidos

Nace YouTube y se convierte en uno de los sitios de crecimiento más rápido de internet. Su primer vídeo es un clip de 19 segundos con elefantes.

1973
Hola, internet

La red informática se hace global cuando el University College de Londres, Reino Unido, y el Royal Radar Establishment de Noruega se conectan a ARPANET. El término «internet» no se usa hasta 1974.

1983
Nombres de dominio

Se crea el sistema de nomenclatura de sitios web con las extensiones como .com, .edu o .org., lo que facilita mucho saber qué sitio web se está visitando.

1989
World Wide Web

La World Wide Web hace sus pinitos en forma de proyecto en el Centro Europeo de Investigación Nuclear (CERN) bajo el mando de Tim Berners-Lee, un científico británico. El primer navegador web y el primer sitio web del mundo nacen en el CERN en 1990. La World Wide Web se abre al público al cabo de 3 años.

> **«Internet es el primer invento de la humanidad que la humanidad no entiende.»**
>
> **Eric Schmidt,** exconsejero delegado de Google, en un discurso de la Feria Mundial de Internet, 1999

1991
Café recién hecho

Unos investigadores instalan una cámara en directo ante una cafetera para que puedan ver en la pantalla del ordenador si tienen café recién hecho. Este dispositivo se considera la primera cámara web.

1995
Compras en línea

El año 1995 es testimonio del auge de las que serán las mayores tiendas en línea del planeta. Nace Amazon.com, una masiva librería en internet. El sitio de ventas en línea eBay, cuyo nombre original era Auction Web, pone su primer elemento a la venta (un puntero láser roto).

2017
Pago facial

Gracias a la tecnología de reconocimiento facial, en China los usuarios pueden pagar productos con su cara. Un escáner analiza el rostro de los usuarios y lo compara con una base de datos de fotos.

2020
Teletrabajo

El confinamiento en la pandemia de la COVID-19 provoca un aumento del trabajo desde casa, facilitado por la mejora de las conexiones a internet, cada vez más rápidas en muchos países. Esto permite las videoconferencias y trabajar colaborativamente con archivos compartidos almacenados en línea.

2009
Criptomoneda

Se lanza el bitcoin, la primera criptomoneda electrónica. Aunque no es emitida por un banco central gubernamental, su legitimidad está garantizada por blockchains –sistema abierto de verificación en línea– y el valor de la moneda viene determinado por los usuarios que compran y venden esta moneda en los servicios de intercambio.

2011
Política por internet

Redes sociales como Twitter y Facebook permiten la comunicación en un período de protestas y manifestaciones en Oriente Medio: la Primavera Árabe. Los manifestantes se pueden organizar rápidamente y difundir la información en las redes.

2017
Internet de las cosas

Existen más dispositivos conectados a internet que personas en el mundo. En todo momento están en uso unos 16 000 millones de dispositivos. El «internet de las cosas» incluye todos los objetos del mundo conectados a la red.

Cultura juvenil

Un cambio de pensamiento durante el siglo XX causó una nueva oleada de movimientos juveniles que desafiaron y cambiaron la sociedad. Los pensadores jóvenes dejaron su marca en el mundo desafiando las convenciones y formando sus propias ideas sobre el funcionamiento de la sociedad. Cada movimiento introdujo una nueva idea política, además de una identidad cultural con influencias en la música, la moda y el deporte.

1901
Wandervogel

En protesta contra la creciente industrialización, un grupo de estudiantes alemanes fundan un movimiento juvenil de vuelta a la naturaleza que hace hincapié en la libertad y el espíritu aventurero, conocido como movimiento Wandervogel, «ave errante».

Años 70
Afrobeat

El músico nigeriano y activista Fela Kuti populariza este movimiento musical, que bebe del funk de África occidental, el jazz y el soul. Sus rebeldes letras envían un potente mensaje de juventudes desengañadas a los gobiernos del continente.

Años 70
Punk

La sociedad se había sentido más libre y tolerante en los años 60, pero en los 70 las cosas cambian. El punk surge como movimiento de protesta contra esto. Se caracteriza por el uso de música agresiva y llamativos patrones de ropa para destacar contra lo que muchos jóvenes ven como una sociedad que cercena sus libertades.

1968
Activismo juvenil

En un año de protestas estudiantiles en todo el mundo, el Movimiento Estudiantil mexicano organiza marchas y protestas contra la desigualdad y en demanda de mayor libertad política. Aunque el gobierno reprime el movimiento con violencia, muchos de los que participan en él se convierten más tarde en activos políticos.

Años 60
Hippies

Los jóvenes estadounidenses consideran anticuadas y restrictivas las actitudes de las generaciones mayores y se oponen a la participación de su país en la guerra de Vietnam. Esto da lugar al movimiento hippy, que promueve la no violencia y la tolerancia hacia los demás. Se inspira en la espiritualidad hacia los demás. Se budismo y el hinduismo. Muchos hippies viven juntos en comunidades, se dejan el pelo largo y visten ropas vaporosas y coloridas.

Años 20

Flappers

Al aumentar las mujeres que se incorporan al mercado laboral y tener mayor libertad económica, estas rompen con las convenciones sociales sobre su comportamiento y su forma de vestir. Se cortan el pelo, llevan faldas hasta las rodillas (cortas para la época) y bailan jazz.

Años 20

Dandis del Congo

En el Congo, los jóvenes locales desafían a los colonizadores europeos emulando sus coloridas vestimentas. La tendencia resurge en protesta por la prohibición de la vestimenta occidental a partir de los años 60 del siglo pasado.

Años 40

Generación Beat

Un grupo de autores de Nueva York, Estados Unidos, inician un movimiento que desafía a la sociedad clásica. Siguen un estilo de vida alternativo inspirado en los libros, la poesía y el jazz.

Años 50-60

Surfistas

Inspirándose en la cultura polinesia, el surf se populariza en las costas de Australia, Hawái y California. Influye en la ropa, la música e incluso el idioma. Se inventan el monopatín y la tabla de nieve para que se pueda «surfear» sobre cualquier terreno.

Años 60

Mods y rockers

Gran Bretaña experimenta una batalla entre culturas juveniles con el choque a veces violento entre mods y rockers por sus modas e intereses antagonistas. Los mods son refinado, mientras que los rockers van en moto, vestidos de cuero y prefieren el rock and roll.

Años 70

Hip-hop

El nuevo estilo musical del hip-hop surge en las calles de Nueva York. Iniciado por jóvenes afroamericanos e hispanos frustrados por la vida urbana de Estados Unidos, se caracteriza por el rap (rimas recitadas sobre un ritmo instrumental) y el breakdance, una forma de baile atlética.

Años 70

Góticos

El término «gótico» procede de un género literario conocido como «terror gótico». Los góticos se asocian con la música melancólica, la ropa oscura y el color negro. Como muchos movimientos juveniles modernos, los góticos se desmarcan de la moda y la música dominantes.

Años 80

Cosplay

Este término combina las palabras inglesas «costume» (disfraz) y «play» (jugar) y describe una afición en la que sus entusiastas se disfrazan de diferentes personajes. El reportero japonés Nobuyuki Takahashi acuña el término en el WorldCon, convención de ciencia ficción de Los Ángeles, Estados Unidos.

Años 90

Harajuku

Un arcoíris de colorida indumentaria salpica las calles del distrito de Harajuku en Tokio. Los estudiantes de arte encabezan el cambio expresándose de maneras extravagantes, inspirados en la cultura de las historietas, para revolucionar el estilo urbano japonés.

Años 2010-2020

Viernes por el Futuro

La activista sueca Greta Thunberg pone en marcha un movimiento juvenil internacional llamado Viernes por el Futuro, en el que exigen a los líderes mundiales estudiantes de todo el mundo que tomen medidas contra el cambio climático.

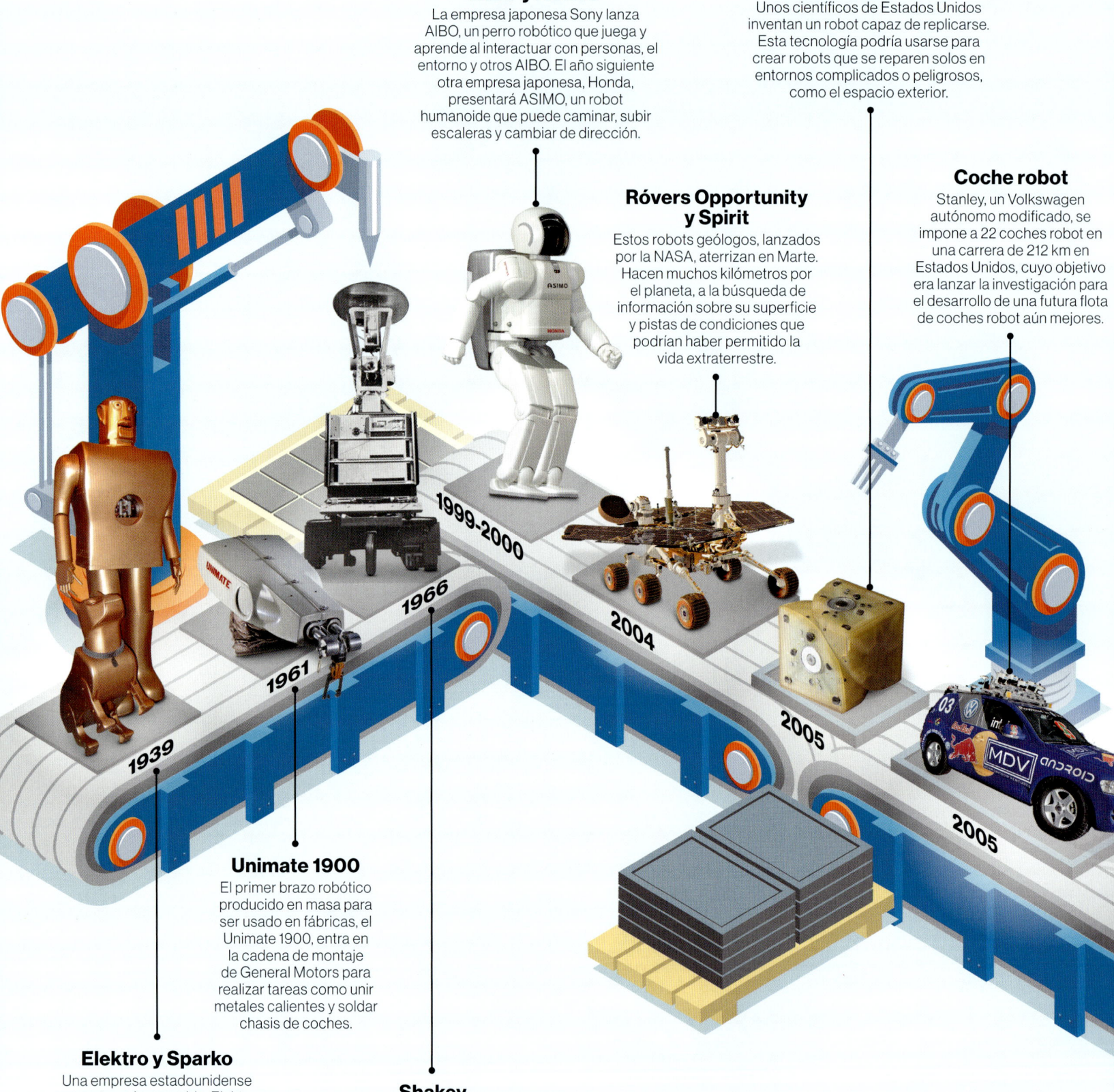

AIBO y ASIMO

La empresa japonesa Sony lanza AIBO, un perro robótico que juega y aprende al interactuar con personas, el entorno y otros AIBO. El año siguiente otra empresa japonesa, Honda, presentará ASIMO, un robot humanoide que puede caminar, subir escaleras y cambiar de dirección.

Robot reproductor

Unos científicos de Estados Unidos inventan un robot capaz de replicarse. Esta tecnología podría usarse para crear robots que se reparen solos en entornos complicados o peligrosos, como el espacio exterior.

Róvers Opportunity y Spirit

Estos robots geólogos, lanzados por la NASA, aterrizan en Marte. Hacen muchos kilómetros por el planeta, a la búsqueda de información sobre su superficie y pistas de condiciones que podrían haber permitido la vida extraterrestre.

Coche robot

Stanley, un Volkswagen autónomo modificado, se impone a 22 coches robot en una carrera de 212 km en Estados Unidos, cuyo objetivo era lanzar la investigación para el desarrollo de una futura flota de coches robot aún mejores.

1999-2000

1966

2004

1961

2005

1939

2005

Unimate 1900

El primer brazo robótico producido en masa para ser usado en fábricas, el Unimate 1900, entra en la cadena de montaje de General Motors para realizar tareas como unir metales calientes y soldar chasis de coches.

Elektro y Sparko

Una empresa estadounidense presenta un humanoide, Elektro, para la Exposición Universal de Nueva York. Tiene una altura de 2,1 m, se desplaza sobre ruedas, tiene dedos y brazos móviles y un vocabulario de 700 palabras (grabadas en discos de vinilo). Su perro robot, Sparko, levanta la pata, ladra y mueve la cola.

Shakey

La inteligencia artificial básica de este robot le permite ver y desplazarse por su entorno. En una revista de 1970 un artículo dice que es, quizá de manera muy ambiciosa, la «primera persona electrónica»; el nombre del robot, «temblores», se debe a sus icónicos pasos inestables.

«Visualizo un momento en el que seremos para los robots lo que son los perros para los humanos.»

Claude Shannon, matemático, en un artículo en *Omni Magazine*, 1987

La robótica

Durante siglos nos ha fascinado la idea de tener dispositivos que se puedan programar para que actúen de una manera concreta: los robots. En el siglo xx los avances tecnológicos propiciaron una revolución robótica. Los inventores, a veces inspirados por las obras de ciencia ficción, crearon increíbles y complejos robots para facilitarnos el trabajo y poder jugar.

Voltereta hacia atrás

Pese a la dificultad de desarrollar un robot humanoide bípedo, la empresa estadounidense Boston Dynamics desvela un vídeo donde su robot Atlas (construido en 2013) da una voltereta hacia atrás, todo un hito para el movimiento robótico. Confían en poder dedicar la fuerza y agilidad de Atlas en operaciones de rescate del futuro.

Robots en el campo de batalla

El dron cuadricóptero Kargu-2 es capaz de identificar y atacar un objetivo sin instrucciones de un operador humano. Comienza así la era de los robots autónomos en el campo de batalla, un ámbito en el que las fuerzas militares invierten miles de millones de dólares.

JIBO

Se comercializa JIBO, el primer robot social del mundo, según sus creadores. Gracias a la tecnología de reconocimiento facial y de voz JIBO puede reconocer a un máximo de 16 personas. Su cintura se vuelve azul cuando oye que alguien le habla.

2017

2016

2012

Ciudadana Sophia

Arabia Saudita concede la ciudadanía a Sophia, un robot humanoide capaz de mantener conversaciones sencillas. Puede mostrar más de 60 expresiones faciales.

Baxter

Este robot industrial se puede programar moviendo los brazos y haciendo tareas. Baxter memoriza los movimientos y puede repetir la tarea de manera independiente. Cualquiera puede programarlo.

Entrega por dron

Amazon realiza su primera entrega (un dispositivo de transmisión de televisión y una bolsa de palomitas) por dron a un cliente del Reino Unido. El paquete llega tan solo 13 minutos después de realizar el pedido.

Cómo funcionan las vacunas

Las vacunas preparan el sistema inmunitario para combatir infecciones graves. Cuando se inyecta en el cuerpo, una vacuna, que contiene fragmentos debilitados de un patógeno (un microorganismo causante de una enfermedad, como un virus o una bacteria), enseña al sistema inmunitario a combatir el patógeno real. El sistema inmunitario produce anticuerpos que le ayudan a eliminar el patógeno real.

Inoculación en China

Una antigua forma de vacunación, llamada inoculación, se populariza en Asia después de que el emperador chino Kangxi apoye su uso contra la viruela. Sus hijos son inoculados inhalando costras de viruela en polvo para obtener una protección duradera contra la enfermedad. La técnica se denomina variolización y en el siglo XVII se ha extendido al Imperio otomano.

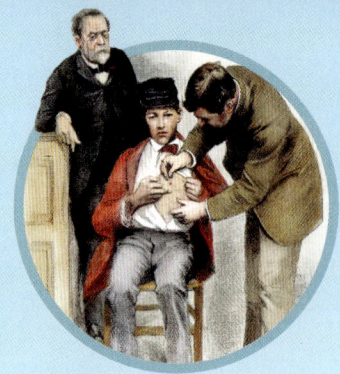

Lucha contra la rabia

El químico francés Louis Pasteur administra la primera vacuna contra la rabia, una enfermedad mortal transmitida por la saliva de los animales. Su vacuna salva a Joseph Meister, un niño mordido por un perro rabioso.

Detectar la viruela

El médico persa Abu Bakr al-Razi escribe un libro titulado *Kitab al-Jadari wa 'l-Hasba* (*Libro sobre la viruela y el sarampión*), que hace una descripción clínica de la enfermedad vírica de la viruela y explica las diferencias entre esta y el sarampión.

Cuarentena forzosa

La ciudad italiana de Venecia impone la primera ley de cuarentena del mundo cuando la peste bubónica devasta Europa. Se aísla a las tripulaciones que navegan por la laguna de Venecia para impedir que la enfermedad siga propagándose.

Campaña de vacunación

El rey Carlos IV de España ordena la expedición Balmis-Salvany a Sudamérica para vacunar a miles de personas contra la viruela. Se trata de la primera campaña internacional de vacunación del mundo.

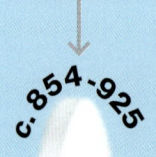

c. 854 - 925

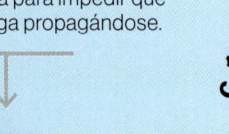

1374

c. 1600

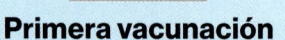

1803-1806

1885

1796

1885

Vacunas

Los científicos crearon las vacunas a finales del siglo XVIII, aunque siglos antes se practicaba una forma de vacunación contra la viruela en China y otros lugares de Asia. Esto acabó ayudando al desarrollo de vacunas en el resto del mundo. Los programas de vacunación masiva contra las principales enfermedades salvaron millones de vidas y condujeron a la erradicación de la viruela en 1980. Hoy, las vacunas contra nuevas amenazas, como la COVID-19, se desarrollan a los pocos meses de su aparición.

Primera vacunación

El médico inglés Edward Jenner desarrolla la primera vacuna efectiva. Para proporcionar inmunidad contra la viruela mortal, inyecta a un niño una dosis leve de viruela vacuna (una enfermedad similar menos peligrosa).

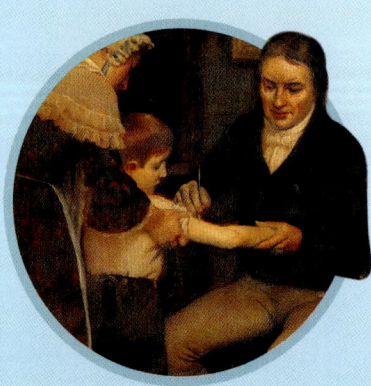

Avance contra las bacterias

El médico español Jaume Ferran i Clua desarrolla una vacuna contra el cólera, que es la primera vacuna contra una enfermedad bacteriana. Administra su vacuna contra el cólera en Valencia, España, durante una epidemia de la enfermedad causada por alimentos o agua contaminados.

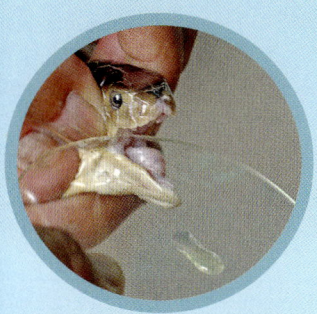

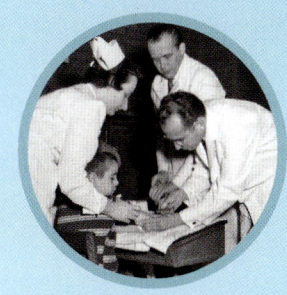

«Se ha salvado la vida de millones de niños, que tienen la oportunidad de una vida más larga y saludable, y mayores posibilidades de aprender, de jugar, de leer y escribir...»

Nelson Mandela
Premio Nobel de la Paz, 1993

El antídoto perfecto

El primer antídoto lo desarrolla el científico francés Albert Calmette. Extrae el veneno de una cobra, lo inyecta en otros animales y usa los anticuerpos que generan naturalmente para crear un tratamiento eficaz contra las mordeduras tóxicas.

Prevención de la polio

El microbiólogo estadounidense Jonas Salk desarrolla la primera vacuna eficaz contra la poliomielitis, un virus mortal que afecta sobre todo a los niños, causándoles a menudo parálisis. En 1954 se inician los ensayos de esta vacuna en un millón de niños. En los años siguientes, la vacuna de Salk se difunde ampliamente y los casos se reducen de forma drástica.

Se erradica la viruela

Somalia registra el último caso natural conocido de viruela, detectado en Ali Maow Maalin (arriba), un trabajador sanitario somalí que acabará recuperado. Tres años después, la Organización Mundial de la Salud (OMS) anuncia que la viruela está erradicada: es la primera enfermedad que desaparece gracias a la vacunación.

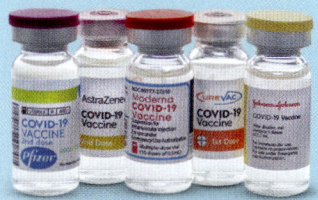

Combatir la COVID-19

La COVID-19 surge a finales de 2019 y provoca una pandemia que mata a casi 7 millones de personas por problemas respiratorios. Científicos de la farmacéutica estadounidense Pfizer y la biotecnológica alemana BioNTech desarrollan conjuntamente la primera vacuna contra la COVID-19, la más rápida jamás creada.

Combatir la fiebre

El científico sudafricano-americano Max Theiler desarrolla una vacuna contra la fiebre amarilla, enfermedad mortal transmitida por mosquitos. Es la única persona que ha ganado el Premio Nobel por una vacuna vírica.

1895

1936

1952

1977

2020

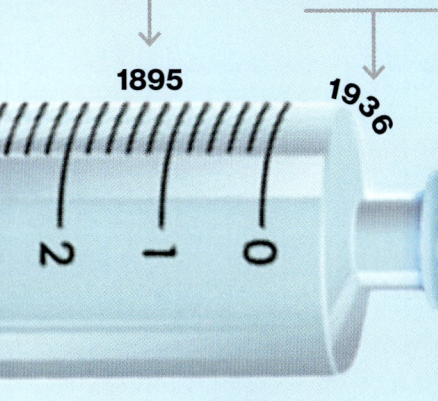

1971

1918

1986

2021

Tratamientos tropicales

El Instituto de Vacunas de París (Francia) desarrolla una vacuna liofilizada y envasada al vacío contra la viruela. Esto permite que las vacunas contra la viruela circulen ampliamente, incluso en climas tropicales.

Amenaza triple

Se autoriza la vacuna triple vírica, que ofrece protección combinada contra tres enfermedades: sarampión, paperas y rubéola. Se administra en una sola inyección, con una dosis posterior de refuerzo.

Vacuna de la hepatitis B

Se aprueba el uso de la primera vacuna creada mediante ingeniería genética. Se trata de una nueva forma de la vacuna contra la hepatitis B, una enfermedad vírica del hígado.

El milagro de la malaria

La Organización Mundial de la Salud (OMS) aprueba la vacuna RTS-S contra el paludismo, una de las enfermedades más mortíferas, transmitida por mosquitos. Se utiliza para tratar a los niños de África con riesgo de contraer malaria por picadura de mosquito.

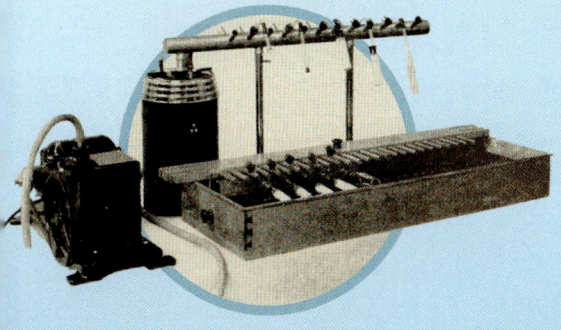

Jeringuillas

Una jeringuilla es un tubo con un émbolo que hace entrar el líquido cuando se tira de él hacia arriba, o lo hace salir cuando se empuja. Las primeras usaban agujas hechas con plumas de ganso o cañas huecas. Hoy, muchas jeringuillas se fabrican en plástico desechable y utilizan agujas hipodérmicas de acero inoxidable. Son siempre de un solo uso.

Historia del mundo

Los primeros humanos vivieron en África oriental, desde donde al cabo de poco empezaron a explorar otras regiones para acabar fundando asentamientos por todo el mundo. Así se desarrollaron distintas civilizaciones, cada una con cultura, religión y leyes propias. Con el paso del tiempo las sociedades se fueron influyendo entre sí a través del comercio y la guerra. Y, sin embargo, las historias y tradiciones actuales de diferentes regiones del mundo son completamente diferentes.

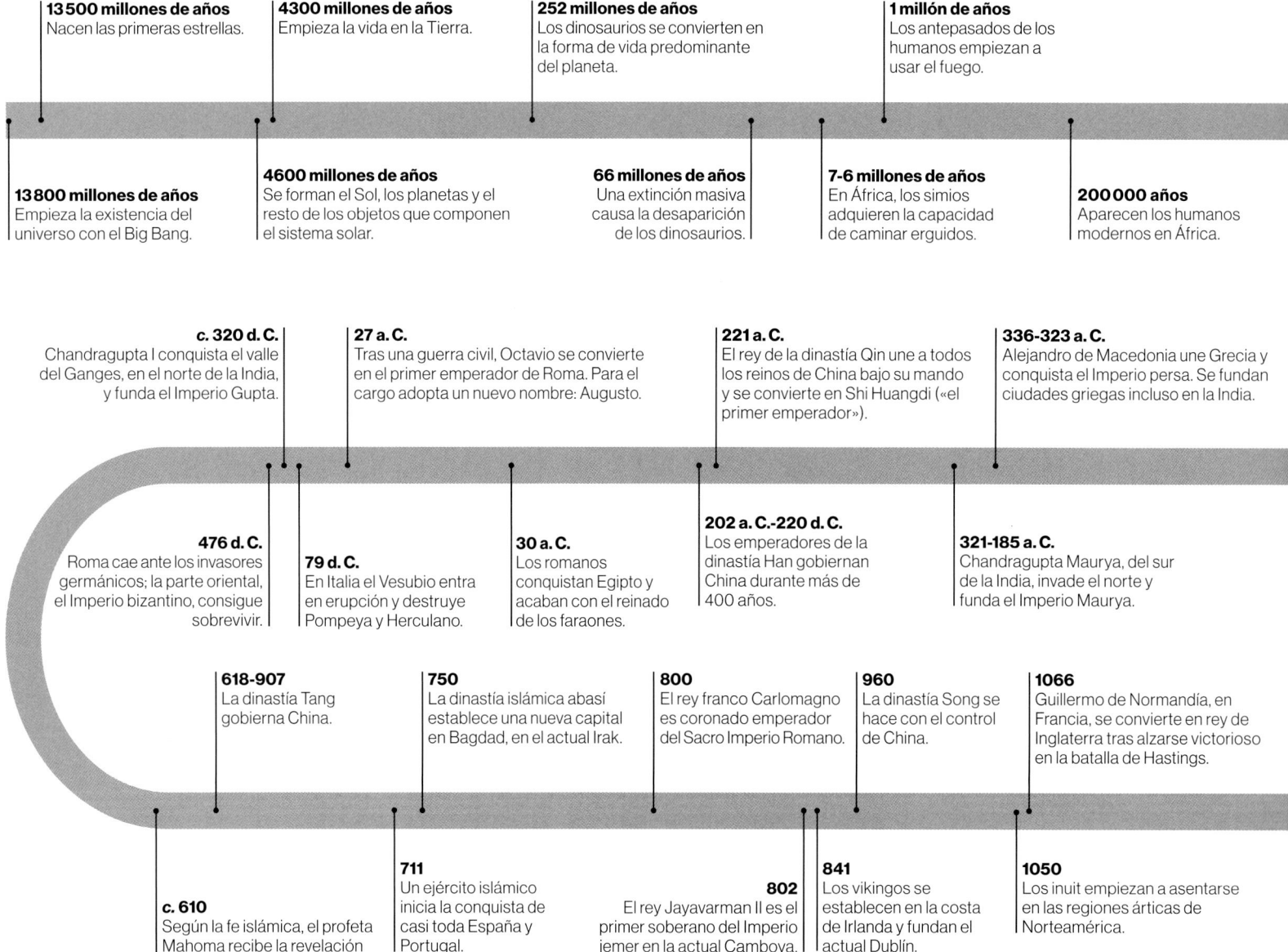

13 500 millones de años
Nacen las primeras estrellas.

4300 millones de años
Empieza la vida en la Tierra.

252 millones de años
Los dinosaurios se convierten en la forma de vida predominante del planeta.

1 millón de años
Los antepasados de los humanos empiezan a usar el fuego.

13 800 millones de años
Empieza la existencia del universo con el Big Bang.

4600 millones de años
Se forman el Sol, los planetas y el resto de los objetos que componen el sistema solar.

66 millones de años
Una extinción masiva causa la desaparición de los dinosaurios.

7-6 millones de años
En África, los simios adquieren la capacidad de caminar erguidos.

200 000 años
Aparecen los humanos modernos en África.

c. 320 d. C.
Chandragupta I conquista el valle del Ganges, en el norte de la India, y funda el Imperio Gupta.

27 a. C.
Tras una guerra civil, Octavio se convierte en el primer emperador de Roma. Para el cargo adopta un nuevo nombre: Augusto.

221 a. C.
El rey de la dinastía Qin une a todos los reinos de China bajo su mando y se convierte en Shi Huangdi («el primer emperador»).

336-323 a. C.
Alejandro de Macedonia une Grecia y conquista el Imperio persa. Se fundan ciudades griegas incluso en la India.

476 d. C.
Roma cae ante los invasores germánicos; la parte oriental, el Imperio bizantino, consigue sobrevivir.

79 d. C.
En Italia el Vesubio entra en erupción y destruye Pompeya y Herculano.

30 a. C.
Los romanos conquistan Egipto y acaban con el reinado de los faraones.

202 a. C.-220 d. C.
Los emperadores de la dinastía Han gobiernan China durante más de 400 años.

321-185 a. C.
Chandragupta Maurya, del sur de la India, invade el norte y funda el Imperio Maurya.

618-907
La dinastía Tang gobierna China.

750
La dinastía islámica abasí establece una nueva capital en Bagdad, en el actual Irak.

800
El rey franco Carlomagno es coronado emperador del Sacro Imperio Romano.

960
La dinastía Song se hace con el control de China.

1066
Guillermo de Normandía, en Francia, se convierte en rey de Inglaterra tras alzarse victorioso en la batalla de Hastings.

c. 610
Según la fe islámica, el profeta Mahoma recibe la revelación de Dios y funda el islam.

711
Un ejército islámico inicia la conquista de casi toda España y Portugal.

802
El rey Jayavarman II es el primer soberano del Imperio jemer en la actual Camboya.

841
Los vikingos se establecen en la costa de Irlanda y fundan el actual Dublín.

1050
Los inuit empiezan a asentarse en las regiones árticas de Norteamérica.

Primeros humanos

Los antepasados de los humanos, denominados «homininos», evolucionaron a partir de simios arborícolas (pp. 20-21). Con el paso del tiempo empezaron a usar herramientas y hacer fuego.

Tierra de faraones

Los antiguos egipcios (pp. 40-41), gobernados por reyes conocidos como faraones, erigieron grandes monumentos, las pirámides, para enterrar a su realeza.

Europa medieval

Tras la caída de Roma surgieron nuevos reinos que se enfrentaron por el poder de toda Europa (pp. 98-99). El cristianismo llegó a todos los rincones del continente.

Los mongoles

Bajo el mandato del guerrero Gengis Kan, las tribus nómadas mongolas del norte de Asia (pp. 120-121) llegaron hasta Europa y China.

c. 9000 a. C.
Aparece la metalurgia en Mesopotamia, Asia occidental.

9000-4000 a. C.
Los granjeros primigenios fundan los primeros poblados.

c. 4000 a. C.
Se fundan las primeras grandes ciudades en Mesopotamia.

c. 3500 a. C.
Aparecen las primeras ruedas como medio de transporte en Mesopotamia.

c. 11000-9000 a. C.
Gracias a los avances en agricultura, los humanos producen su propio alimento.

c. 8000 a. C.
Las comunidades empiezan a erigir murallas alrededor de los asentamientos.

c. 3300 a. C.
Los egipcios inventan los jeroglíficos, el primer sistema de escritura.

490-479 a. C.
Los persas intentan en dos ocasiones, ambas sin éxito, conquistar las ciudades de Grecia.

550 a. C.
Ciro el Grande funda el primer Imperio persa en Asia occidental.

c. 950-612 a. C.
Los asirios de Mesopotamia crean un imperio que cubre desde Egipto hasta Asia occidental.

c. 2500 a. C.
Se produce la primera guerra registrada, entre las ciudades de Umma y Lagash, en Mesopotamia.

c. 450-50 a. C.
Aparece la cultura celta de La Tène en la Suiza actual.

508 a. C.
Los atenienses en Grecia establecen la primera democracia.

c. 509 a. C.
El pueblo de Roma, Italia, derroca a su rey y la ciudad empieza a ampliar su influencia.

c. 1900 a. C.
Los amorreos conquistan gran parte de Mesopotamia y la gobiernan desde la ciudad de Babilonia.

2589-2566 a. C.
Los egipcios erigen la Gran Pirámide en Guiza.

c. 1100-1400
El Gran Zimbabue, en el sudeste de África, se convierte en un imperio comercial.

1205-1206
Gengis Kan une las tribus mongolas bajo su mando.

1280
Los maoríes, un pueblo polinesio, se establecen en Nueva Zelanda.

1346
Los ingleses se imponen a los franceses en la batalla de Crécy durante la guerra de los Cien Años.

c. 1450
Se funda la ciudad inca de Machu Picchu en el actual Perú.

1095
El papa Urbano II lanza la primera de las ocho cruzadas, las guerras santas para recuperar la ciudad de Jerusalén de manos musulmanas.

1192
Minamoto Yorimoto es nombrado sogún (líder militar) de Japón y empieza la época de dominio de la clase de los samuráis.

1264-1368
Los conquistadores mongoles fundan la dinastía Yuan en China.

1325-1521
Los aztecas crean un imperio en el actual México.

1347-1352
La peste negra azota Europa entera y acaba con el 30-60 % de su población.

El Renacimiento

En Europa, el Renacimiento fue un período de gran éxito artístico en pintura, arquitectura y literatura (pp. 136-137).

El auge de la ciencia

El Renacimiento trajo una revolución en el pensamiento científico (pp. 162-163) que desafiaba y cambiaba todo lo aceptado sobre el universo.

Trabajo en las fábricas

Con la aparición de las fábricas y la nueva tecnología de la Revolución Industrial (pp. 194-195) se transformó la vida laboral de la gente.

La Revolución francesa

El pueblo francés se levantó contra la monarquía. La Revolución francesa (pp. 200-201) llevó a un período conocido como el Reinado del terror.

1497-1499
Vasco da Gama realiza el primer viaje por mar de Europa a la India.

1517
Martín Lutero acusa a la Iglesia católica de corrupción con sus *95 tesis* (quejas).

1522
Se completa la primera vuelta al mundo (circunnavegación).

1529
Solimán el Magnífico, del Imperio otomano, no consigue tomar Viena durante su asedio.

1492
Cristóbal Colón pisa las Américas y abre un «Nuevo Mundo» a los exploradores europeos.

1504
Miguel Ángel descubre su estatua de David, obra maestra del Renacimiento.

1521
Hernán Cortés destruye Tenochtitlán, la capital del Imperio azteca.

1526
Babur funda el Imperio mogol en el norte de la India.

1903
El histórico vuelo tripulado de los hermanos Wright inicia la historia de la aviación.

1884-1885
Un congreso entre los países más poderosos de Europa marca el inicio de la gran colonización de África.

1861-1865
La esclavitud hace que estalle la guerra de Secesión entre los estados del Norte y del Sur de Estados Unidos.

1831
Muchos nativos americanos mueren en una marcha forzada a nuevos territorios conocida como el «Sendero de lágrimas»

1815
Napoleón pierde la batalla de Waterloo.

1912
El RMS *Titanic* se hunde en su primer y único viaje; supone una gran pérdida de vidas.

1893
Nueva Zelanda se convierte en el primer país del mundo que otorga el derecho a voto a las mujeres.

1867
Tres provincias de Norteamérica se unen para fundar el Dominio de Canadá dentro del Imperio británico.

1858
Gran Bretaña toma el control directo sobre sus territorios en la India.

1924
Iósif Stalin se convierte en el líder del Partido Comunista de la Unión Soviética.

1933
Adolf Hitler llega al poder en Alemania.

1936-1939
Comienza en España la guerra civil entre el gobierno legítimo y los nacionalistas del general Francisco Franco.

1945
Estados Unidos lanza dos bombas atómicas sobre Hiroshima y Nagasaki (Japón); finaliza la Segunda Guerra Mundial.

1948
Naciones Unidas crea el Estado de Israel en Palestina como patria de los judíos.

1914-1918
La guerra entre las potencias europeas crece hasta convertirse en la Primera Guerra Mundial.

1929
El desplome de la bolsa de Wall Street en Estados Unidos provoca la Gran Depresión.

1939
Hitler invade Polonia; estalla la Segunda Guerra Mundial.

1941
El ataque japonés a Pearl Harbor hace que Estados Unidos entre en la Segunda Guerra Mundial.

1948
La Guerra Fría empieza al bloquear la Unión Soviética los enlaces de transporte con Berlín occidental.

1949
Mao Zedong proclama la República Popular de China, comunista.

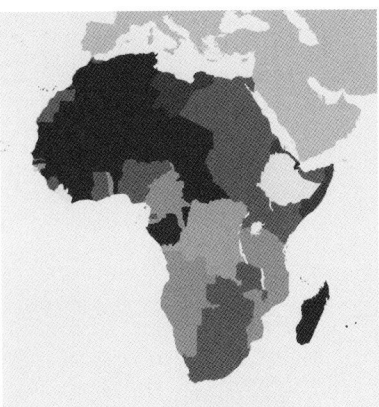

África colonial

Una serie de países europeos compitiendo por el acceso a los recursos de África se hicieron con el control de casi todo el continente (pp. 226-227).

Segunda Guerra Mundial

Adolf Hitler, de Alemania, invadió Polonia y la Segunda Guerra Mundial (pp. 260-269) azotó el planeta entero. La guerra se cobró 50 millones de vidas.

La Unión Soviética

Una revolución comunista en Rusia transformó el país en la Unión Soviética (pp. 256-257). Bajo Iósif Stalin, sus habitantes pasaron grandes penurias.

La era digital

La aparición de los ordenadores, internet y los teléfonos inteligentes (pp. 302-303) ha llevado a una era digital en la que la información siempre está disponible.

1543
Nicolás Copérnico afirma que la Tierra da vueltas alrededor del Sol.

1618-1648
La guerra de los Treinta Años marca el final de un período de conflicto religioso en Europa.

1619
El primer envío de esclavos africanos a América llega a Jamestown.

1644
Tras más de 200 años en el poder, se colapsa la dinastía Ming en China. La dinastía Qing toma el control.

1603
Japón queda unificado y entra en un período de gran paz.

1607
Jamestown se convierte en el primer asentamiento inglés en Norteamérica.

1632
El emperador mogol Shah Jahan ordena la construcción del Taj Mahal como mausoleo (tumba) para su esposa.

1666
Isaac Newton formula sus ideas sobre la teoría de la gravedad.

1804
Napoleón Bonaparte se declara emperador de Francia, lo que desata las guerras napoleónicas.

1788
Una flota de barcos con convictos y sus guardias llega a Australia para crear una colonia británica.

1775-1783
Trece colonias de Norteamérica se escinden del poder británico en la guerra de Independencia de Estados Unidos.

1756-1763
La guerra de los Siete Años entre Gran Bretaña y Francia en Europa llega a las colonias de Norteamérica.

1811
Una revolución en Venezuela es el primer levantamiento de una serie que acabará con el dominio español en Sudamérica.

1803
Estados Unidos dobla su extensión al adquirir a Francia el territorio de Luisiana.

1789
Los campesinos asaltan la prisión de la Bastilla en París: es el inicio de la Revolución francesa.

1769
James Watt inventa una máquina de vapor más eficiente y prepara el camino hacia la Revolución Industrial.

1755
Un devastador terremoto destruye casi dos tercios de la ciudad de Lisboa, capital de Portugal.

1950
Corea del Norte invade Corea del Sur; empieza la guerra de Corea.

1960
En el «Año de África», 17 países africanos consiguen su independencia.

1964
Estados Unidos entra formalmente en la guerra de Vietnam en el bando del sur.

1989
El ingeniero inglés Tim Berners-Lee crea la World Wide Web.

1994
Nelson Mandela gana las elecciones y se convierte en el primer presidente negro de Sudáfrica.

2001
Los ataques terroristas en Estados Unidos marcan el inicio de la «Guerra contra el terrorismo».

1955
El Movimiento por los derechos civiles norteamericano nace al no ceder la afroamericana Rosa Parks su asiento a un hombre blanco en el autobús.

1962
La Guerra Fría se calienta cuando la Unión Soviética y Estados Unidos se enfrentan por los misiles soviéticos de Cuba.

1989
La caída del Muro de Berlín señala el inicio del colapso de la Unión Soviética.

2017
Se invita a dimitir al presidente de Zimbabue, Robert Mugabe.

Glosario

Los términos en cursiva están definidos en el glosario.

a. C.
Antes de Cristo. Años anteriores al 1 d. C.

abdicación
Cesión formal del poder o la responsabilidad a otra persona.

abolición
Acto de erradicar completamente algo.

acueducto
Puente o estructura construida para suministrar agua.

ADN
Ácido desoxirribonucleico; compuesto químico que almacena la información genética de las *células*.

alta traición
Delito de traicionar al propio país, especialmente si se intenta derrocar al gobierno.

antisemitismo
Prejuicios y hostilidad contra el pueblo judío.

apartheid
En Sudáfrica, política de *segregación* racial que favorecía a la minoría blanca del país y discriminaba a la población negra. Duró entre 1948 y 1994.

asedio
Rodear y bloquear (ver *bloqueo*) una ciudad o fortaleza.

asteroide
Objeto del espacio compuesto por una mezcla de rocas y metales que orbita (ver *órbita*) alrededor del Sol.

atmósfera
Capa de aire alrededor de la Tierra u otro planeta.

átomo
Mínima parte de un *elemento* que mantiene su composición.

bacterias
Organismos (ver *organismo*) microscópicos unicelulares

(ver *célula*); algunos son responsables de enfermedades.

bárbaro
Según los romanos, miembro de las tribus que no formaban parte del Imperio romano.

biónico
Tener una o varias partes del cuerpo artificiales.

bloqueo
Aislamiento de una zona para evitar la entrada o salida de bienes.

bolsa
Organización que permite el comercio con acciones de empresas y otros valores financieros.

califa
Título del jefe supremo de la comunidad islámica, que en los primeros tiempos islámicos era el dirigente político del imperio.

campesino
Trabajador de la tierra; mano de obra agrícola.

capitalismo
Sistema económico basado en la propiedad privada y la libre competencia entre empresas.

célula
Unidad básica a partir de la que se forman todos los organismos vivos.

censura
Limitación del acceso a ideas o información, especialmente por parte de funcionarios.

ciudad-Estado
Estado autónomo independiente compuesto por una ciudad y su área colindante.

ciudadano
Persona que pertenece a una ciudad o comunidad mayor, como un Estado o un país.

colonia
Área bajo el control político de otro país; también, grupo de personas que la habitan.

colonización
Dominio de un Estado o región por parte de un país o imperio. Suele implicar el control político por la fuerza, la supresión de los pueblos y culturas indígenas y la explotación de los recursos naturales.

comunismo
Ideología política a favor de una sociedad cuya riqueza y propiedad son compartidas.

Congreso
Cámara legislativa de Estados Unidos.

conquistador
Cualquiera de los colonos españoles que conquistaron las civilizaciones nativas americanas.

Constitución
Conjunto de leyes y normas que determinan los principios políticos de un gobierno.

Contrarreforma
Período de cambio de la Iglesia católica tras la *reforma* protestante. Incluye una reforma interna y la oposición al *protestantismo*.

cruzadas
Expediciones militares organizadas por la Iglesia católica y los gobernantes europeos occidentales entre los siglos XI y XIII, en las que los ejércitos cristianos lucharon contra fuerzas *musulmanas* por el control de Jerusalén, ciudad sagrada tanto para el islam como para el cristianismo.

cultura
Costumbres, creencias y conducta compartidas por una sociedad.

d. C.
Después de Cristo. Años desde el 1 d. C. hasta hoy.

daimio
Señor feudal japonés.

democracia
Forma de gobierno en la que el poder reside en el pueblo, que en general se ejerce a través de representantes electos.

depresión
En historia, período de declive drástico de la actividad económica, caracterizado por

una elevada tasa de desempleo y penurias.

derechos civiles
Derechos sociales y políticos equitativos de los *ciudadanos*.

dictador
Líder en solitario de un país, con poder sin restricciones.

dinastía
Familia real que gobierna un país durante generaciones.

domesticación
Acto de domar animales salvajes para que sean útiles para los humanos.

Edad de Piedra
Período de la *prehistoria* en el que los humanos y sus antepasados hacían herramientas de piedra.

Edad del Bronce
Período de la historia antigua en el que las personas usaban principalmente bronce para crear herramientas y armas.

Edad del Hierro
Período histórico caracterizado por la creación de armas y herramientas de hierro.

elemento
Sustancia en la que todos los *átomos* son iguales y que no se puede dividir en otra sustancia.

esclavo
Persona propiedad de otra.

especie
Tipo de *organismo*, como un caballo o un leopardo. Los miembros de una especie pueden aparearse entre sí, pero no con otras especies, por lo general.

estacada
Fila de palos o estacas clavadas en el suelo para formar una defensa ante cualquier ataque.

ética
Creencias basadas en el bien y el mal.

evolución
Cambio gradual de las *especies* durante generaciones para adaptarse a las variaciones del entorno.

exilio
Separación forzosa del propio país o domicilio.

extinción
Desaparición de la Tierra del último representante vivo de una *especie*.

faraón
Soberano del Antiguo Egipto, tradicionalmente considerado a la vez rey y Dios.

fascismo
Ideología que destaca el *nacionalismo*, que prima la fuerza del Estado por encima del bienestar de sus ciudadanos.

feudalismo
Sistema político a través del que los señores concedían tierras a personas de menor rango a cambio de lealtad, asistencia militar y servicios.

filosofía
Conjunto de ideas o creencias.

fósil
Restos o impresión de una planta o animal prehistórico, a menudo sobre roca.

genocidio
Matanza masiva sistemática de un grupo muy numeroso de personas.

glasnost
Vocablo ruso que significa «apertura», usado por Mikhail Gorbachev para describir sus políticas en la Unión Soviética a finales de la década de 1980.

golpe de Estado
Ascenso repentino violento o ilegal al poder por parte de un grupo.

gravedad
Fuerza natural que atrae a dos objetos entre sí y que evita que las cosas salgan flotando hacia el espacio.

guerra civil
Guerra entre grupos de personas del mismo país.

guerra de guerrillas
Guerra en la que pequeños grupos de combatientes lanzan ataques sorpresa contra una fuerza superior.

Guerra Fría
Hostilidad entre Occidente y los países comunistas (ver *comunismo*), dominados por la URSS, desde poco después de la Segunda Guerra Mundial hasta 1989.

herejía
Ideas de uno o varios miembros de un gran grupo religioso consideradas contrarias a las ideas del grupo.

hominino
Miembro del grupo biológico que incluye a los humanos y a sus antepasados y parientes extintos.

huracán
Tormenta tropical violenta de vientos superiores a los 119 km/h.

Ilustración
Período de la historia europea de final del siglo XVIII a inicios del siglo XIX en que los pensadores radicales intentaron encontrar un compromiso entre sociedad, gobierno y humanidad.

imperio
Grupo de tierras o pueblos bajo el mando de un único gobierno o persona.

inoculación
Introducción en el organismo de formas debilitadas de microorganismos causantes de enfermedades para estimular la producción de anticuerpos que proporcionarán protección futura contra la enfermedad.

invertebrado
Animal sin columna vertebral, como por ejemplo un insecto, una araña, un gusano o una medusa.

jihad
Palabra árabe que significa «guerra santa» o «la propia lucha contra el pecado».

magnicidio
Asesinato de una persona importante mediante ataque sorpresa por motivos políticos o religiosos.

mártir
Persona asesinada por negarse a renunciar a sus creencias religiosas.

masa
Cantidad de materia en un objeto.

Mesoamérica
Región que cubre desde el centro de México en el norte hasta Guatemala en el sur.

Mesopotamia
Región del actual Irak entre los ríos Tigris y Éufrates, cuna de las primeras civilizaciones.

misionero
Religioso que intenta persuadir a otros, a menudo en el extranjero, para que adopten su religión.

molécula
Grupo de *átomos* unidos por enlaces químicos.

monarquía
Tipo de gobierno que reconoce a un rey o una reina como jefe de Estado, con o sin poder real.

musulmán
Persona que cree en la religión del islam.

nación
País independiente, o uno o más países cuya gente comparte lazos históricos, lingüísticos o culturales (ver *cultura*).

nacionalismo
Creencia por la que los intereses de la propia nación son más importantes que los intereses de otros países.

neandertal
Especie extinta de humanos primigenios muy cercana a nuestra propia especie.

neutro en carbono
Sin emisiones netas de dióxido de carbono a la atmósfera.

nómada
Persona que se desplaza para encontrar pasto fresco y agua para el ganado.

Occidente
Europa y Norteamérica o sus ideales en contraste con otras civilizaciones.

órbita
Ruta elíptica que describe un objeto, como un planeta, alrededor de otro.

organismo
Cualquier ser vivo, incluidos animales, plantas o formas de vida microscópicas, como las *bacterias*.

paganismo
Creencias religiosas de los antiguos griegos y romanos y otros pueblos europeos primitivos anteriores a la aparición del cristianismo.

pandemia
Brote repentino y generalizado de una enfermedad.

patente
Derechos exclusivos de un inventor o una empresa para usar un proceso o invento concreto.

peregrino
Fiel que viaja a un lugar sagrado.

perestroika
Vocablo ruso que significa «reconstrucción», usado por Mikhail Gorbachev para describir sus planes de mejora de la economía de la Unión Soviética a finales de la década de 1980.

perseguir
Oprimir o molestar a una persona o a un grupo por su origen o creencias.

persona esclavizada
Persona obligada a la esclavitud.

prehistoria
Época anterior a la aparición de las civilizaciones, anterior a la invención de la escritura.

propaganda
Publicación de información de contenido político; a veces se usa para dañar a una persona o un grupo deliberadamente.

protestantismo
Forma de cristianismo resultante de la *Reforma*, que no muestra fidelidad al Papa.

punto muerto
Situación de un conflicto en la que parece imposible cualquier movimiento por parte de cualquier bando.

Reforma
Movimiento de cambio del siglo XVI en el que muchas Iglesias se escindieron de la Iglesia católica, encabezada por el Papa de Roma.

régimen
Un gobierno en particular o un sistema de gobierno.

Renacimiento
Período de la historia europea a partir del siglo XIV en el que se producen grandes cambios en el arte y la vida intelectual.

república
País sin monarca (ver *monarquía*) o emperador por herencia. El poder de las repúblicas modernas suele residir en su presidente.

revolución
Cambio repentino y fundamental en la sociedad causado por un grupo organizado de manifestantes.

revuelta
Levantamiento organizado cuyo objetivo es derrocar a la autoridad del momento.

samurái
Guerrero japonés que jura fidelidad a un *daimio* y sigue un estricto código de honor.

segregación
Separación, especialmente entre razas dentro de un sistema social racista.

sionismo
Movimiento para crear y mantener una patria para el pueblo judío en Israel.

sistema solar
El Sol, junto con sus planetas en *órbita*, incluida la Tierra, y cuerpos más pequeños, como los *asteroides*.

soberano
Dirigente o jefe de Estado que ostenta todo el poder.

socialismo
Creencia de que el gobierno debe poder controlar algo la economía y repartir la riqueza de manera más uniforme entre el pueblo.

sogún
Líder militar que gobernaba Japón en nombre del emperador.

sufragio
Derecho a votar.

sufragista
Persona que a principios del siglo XX luchaba por el derecho de voto de las mujeres.

sultán
En algunos países islámicos, título tradicional del soberano.

superpotencia
País potente e influyente considerado más fuerte que sus aliados.

tratado
Acuerdo oficial y por escrito entre bandos enfrentados para acabar con las hostilidades.

tributo
Dinero o bienes que paga un rey a otro, o un país a otro, como reconocimiento al estatus superior del segundo.

tsunami
Potente y veloz ola causada por un terremoto o una erupción volcánica bajo el mar. La llegada a tierra de los tsunamis causa una gran destrucción.

universo
Todo el espacio y su contenido.

vacunación
Tratamiento médico preventivo, en general en forma de inyección, para evitar una enfermedad.

virus
Diminuta forma de vida que invade las *células* del cuerpo para multiplicarse y causar una enfermedad.

zar
Título de los soberanos de Rusia desde el siglo XV hasta 1917; las soberanas o las mujeres del zar se conocían como zarinas.

Índice

Los números en **negrita** indican las entradas principales.

Agradecimientos

Los editores quieren agradecer por su colaboración en la preparación de este libro a los siguientes: la Dra. Nemata A. Blyden, el profesor Arie M. Dubnov, el Dr. Scott Hancock, Cynthia Fischer, la profesora Gabriela Ramos, el Dr. Walter C. Rucker, Giles Sparrow, Timothy Topper y Faith Wilson por su asesoramiento adicional; Andrea Mills por la redacción del texto; Arpit Aggarwal, Charvi Arora, Sreshtha Bhattacharya, Virien Chopra, Suefa Lee, Rupa Rao, Zarak Rais y Neha Ruth Samuel por su ayuda editorial; Vikas Chauhan, Sulagna Das, Rachael Grady, Govind Mittal, Baibhav Parida, Sean Ross, Heena Sharma y Aanchal Singal por su asistencia en el diseño; Mohd Zishan y Baibhav Parida por las ilustraciones adicionales; Ed Merritt por la cartografía; Steve Crozier, de Butterfly Creative Solutions, por el retoque fotográfico; Ashok Kumar, por su asistencia en la contratación; Pawan Kumar, Shanker Prasad y Jaypal Singh Chauhan, por su asistencia en la maquetación; Saloni Singh, por la sobrecubierta; Carron Brown, por la corrección; y Helen Peters, por el índice.

El editor quiere agradecer a los siguientes su permiso para la reproducción de sus fotografías:
(Leyenda: a, arriba; b, abajo, debajo; c, centro; d, derecha; e, extremo; i, izquierda; s, superior)

2 Alamy Stock Photo: Stocktrek Images, Inc. (bc). Dorling Kindersley: Richard Leeney / Maidstone Museum and Bentlift Art Gallery (cia). Dave King / The Science Museum, Londres (ca); Gary Ombler / University of Aberdeen (cd); Gary Ombler / National Railway Museum, York (c). Science & Society Picture Library: Science Museum (s). 9 Alamy Stock Photo: Terese Loeb Kreuzer (si). Dorling Kindersley: Dave King / The Science Museum, Londres (ci). Getty Images: DEA / A. DAGLI ORTI (bd). Science Photo Library: Mark Garlick (sd). 10 Science Photo Library: Mark Garlick. 11 Alamy Stock Photo: keith morris (cib). Dorling Kindersley: Dave King / The Science Museum, Londres (s). Getty Images: DEA / A. DAGLI ORTI (bd). 16 Dorling Kindersley: Jon Hughes (b). 17 Dorling Kindersley: Jon Hughes (b). 18-19 Science Photo Library: Mark Garlick. 20-21 123RF.com: Pawan Ngawkeaw (fondo). 22 Alamy Stock Photo: Christopher Scott (sd); Ann and Steve Toon (s). Avalon: Bruno Cavignaux (bi). Getty Images / iStock: robynmac (sd). 23 Alamy Stock Photo: Classic Image (sd). Getty Images: Charley Gallay (fondo). 24-25 Getty Images: imageBROKER (bd). 24 Alamy Stock Photo: Kaj R. Svensson (b). 25 Alamy Stock Photo: Ancient Art and Architecture (ca); Hemis (si); keith morris (sd); Liquid Light (bd); Heritage Image Partnership Ltd (bc). Getty Images: Werner Forman / Universal Images Group (bi). 26 Dreamstime.com: Iconisa (bd). 28 akg-images: Erich Lessing (bi). Getty Images: DEA / G. LOVERA (ci). 28-29 Dorling Kindersley: Gary Ombler / Jonathan Sneath (c). 29 Dorling Kindersley: neil setchfield - uk (sd); Judith Collins (si). Getty Images: Gary Ombler, Courtesy of Deutsches Fahrradmuseum, Alemania (cd); Gary Ombler / The Tank Museum, Bovington (bd). Getty Images: (cd) 30 Alamy Stock Photo: age fotostock (bi); David Poulain (ci); Helga (bc); Robert Preston Photography (cd). Bridgeman Images: Colección privada / © World Religions Photo Library (bd). Getty Images: De Agostini Picture Library (ci); DEA / A. DAGLI ORTI (si). 31 123RF.com: F. Javier Espuny / Ivegs (bd). Alamy Stock Photo: Pieter Greyling (bi); Barry Vincent (bc); Charles Walker Collection (ci). Getty Images: DEA / G. NIMATALLAH (s). 33 akg-images: Erich Lessing (bc). Alamy Stock Photo: David Hilbert (cib); Peter Horree (bi). Bridgeman Images: Pictures from History (bi). Dorling Kindersley: Gary Ombler / University of Pennsylvania Museum of Archaeology and Anthropology (cia). Dreamstime.com: Kmiragaya (bd). Getty Images. iStockphoto.com: phant (bd). 34 Alamy Stock Photo: Mark Dunn (bd). 35 Alamy Stock Photo: robertharding (bd). Bridgeman Images: Colección privada / © Look and Learn / Elgar Collection (si). Dorling Kindersley: Gary Ombler / University of Aberdeen (s). 37 Dreamstime.com: Kmiragaya (b). 38 akg-images: Erich Lessing (sc). Alamy Stock Photo: Granger Historical Picture Archive (bd); Brian Overcast (sd). Bridgeman Images: The Israel Museum, Jerusalén, Israel / Bequest of Norbert Schimmel, Nueva York (cib). 39 Alamy Stock Photo: Christie's Images (s). Dreamstime.com: Baoshengrulai (bd). 40 Alamy Stock Photo: Granger Historical Picture Archive (bi). 41 Getty Images: Werner Forman / Universal Images Group (bd). 44-45 Getty Images: Print Collector. 48 akg-images: (sc). Alamy Stock Photo: The Print Collector (b). Bridgeman Images: Granger (s). Getty Images: DEA / A. DAGLI ORTI (sd); Werner Forman / Print Collector (c). 48-49 Getty Images: Giulio Ercolani (esi). Bonhams Auctioneers, Londres: Courtesy of Butter Lane Antiques, Manchester: (cda). Leemage (cd); Ron Galella (bd). Bridgeman Images: Granger (s). © The Trustees of the British Museum. Reservados todos los derechos. 50 123RF.com: artforeveryone (sc/bolos); Khoon Lay Gan (si, ci, sd, cd/futbolista, cd/tenis de mesa, bc); macrovector (sc); vectorstudio (c); tackgalichstudio (cd); Kittisak Taramas (bi). iStockphoto.com: browndogstudios (sc/ figura). 51 123RF.com: Khoon Lay Gan (c, sd/guardameta, cib, cdb); Kittisak Taramas (si); tackgalichstudio (bd); macrovector (bc). iStockphoto.com: browndogstudios (si, sc). Dreamstime.com: Natalya Lesogor (b). 54-55 Alamy Stock Photo: Dmytro Synelnychenko (fondo). Dorling Kindersley: Dreamstime.com: Daboost (libro de ejercicios). 56-57 123RF.com: Volodimir Kalina (fondo). 56 Alamy Stock Photo: IanDagnall Photo (ci/izquierda); Mark Rasmussen (c); Greg Balfour Evans (bd). Bridgeman Images: Pictures from History (s). 57 Alamy Stock Photo: Pictorial Press Ltd (bi); Pulsar Imagens (bd). Getty Images: Gerard Malie / AFP (bc/izquierda). 58 akg-images: INTERFOTO (s). Alamy Stock Photo: Mark Dunn (bi). Getty Images: DEA / A. DAGLI ORTI (cib). 58-59 akg-images: Erich Lessing (c). 59 Alamy Stock Photo: Paul Fearn (s). Dreamstime.com: Andrei Nekrassov - anekrassov@gmail.com (bi). Getty Images: VCG Wilson / Corbis (bi). 61 Getty Images: Dario Mitidieri (bc/derecha). 62-63 Bridgeman Images: Museo Archeologico Nazionale, Nápoles. 68 Alamy Stock Photo: Granger Historical Picture Archive (c); IanDagnall Computing (sc); Lordprice Collection (bc). Bridgeman Images: Pictures from History (bc). Dorling Kindersley: Gary Ombler / University of Pennsylvania Museum of Archaeology and Anthropology. 68-69 Bridgeman Images: Cindy Ord (b). 69 akg-images: (sd). Alamy Stock Photo: robertharding (bd). Bridgeman Images: Pictures from History. 70-71 iStockphoto.com: RapidEye (c). 70 Getty Images: DEA PICTURE LIBRARY (si). Alamy Stock Photo: Alto Vintage Images (ca). 71 Alamy Stock Photo: dpa picture alliance (sc); neil setchfield - uk (si). Getty Images: DEA / A. DAGLI ORTI (cdb); Science & Society Picture Library (bd, sd, cda). 72 Alamy Stock Photo: colaimages (si). Bridgeman Images: Louvre, París, Francia / Index (ci); Museum of Fine Arts, Springfield, Massachusetts / Pictures from History / Daderot (cd); Colección privada / © Look and Learn (cib). Getty Images: Photo 12 / UIG (bi). 72-73 123RF.com: Sergio Barrios (fondo). 73 Alamy Stock Photo: The Granger Collection (sd). Bridgeman Images: Musei Capitolini, Roma, Italia (bd). Getty Images: Ann Ronan Pictures / Print Collector (sd). 74 123RF.com: Steven Heap (s); Lefteris Papaulakis (ci). Alamy Stock Photo: Peter Horree (sd). Dreamstime.com: Stevanzz (bi). Getty Images: De Agostini Picture Library (s). 74-75 iStockphoto.com: phant (cd). 75 123RF.com: Kirill Makarov (s). Getty Images: Marka / UIG (bd); Werner Forman / Universal Images Group (cd). 78-79 Bridgeman Images: Bibliothèque de l'Opéra Garnier, París. iStockphoto.com: tomograf (fondo). 80 123RF.com: Khoon Lay Gan (si, bc, bd); Aleksey Vanin (bi). Dreamstime.com: Guillermain (ci, cda); Gunay Aliyevs (cd). 81 123RF.com: Khoon Lay Gan (si, sc, c, bi, bc, bd). 84-85 123RF.com: ikonstudio; vilnarobotav3d (columnas). 84 Alamy Stock Photo: Peter Horree (b). Bridgeman Images: Louvre, París, Francia (c); Colección privada / Tallandier (s). 85 Bridgeman Images: Czartoryski Museum, Cracovia, Polonia (c); Fitzwilliam Museum, University of Cambridge (bi); Musée du Louvre, París / Pictures from History (bd). Getty Images: DEA / A. DAGLI ORTI (sd); Ullstein bild Dtl. (sd). Alamy Stock Photo: INTERFOTO / Personalities (s). 87 Alamy Stock Photo: World History Archive (cdb). Bridgeman Images: Granger (sd). Dorling Kindersley: Alamy: Image Gap (ci). iStockphoto.com: RapidEye (bc). 88 Alamy Stock Photo: ART Collection (s). Getty Images: Jarnogz (bc/izquierda). 89 Alamy Stock Photo: Peter Horree (bc); Image Gap (bc/ izquierda). Bridgeman Images: Pictures from History (bi). Dorling Kindersley: Richard Leeney / Maidstone Museum and Bentlift Art Gallery (sc). 90 Alamy Stock Photo: ART Collection (cd); Granger Historical Picture Archive (bi, sc). Bridgeman Images: Pictures from History (bd). Getty Images: Fine Art Images / Heritage Images (c). 91 Alamy Stock Photo: CPA Media Pte Ltd (bi); FLHC 16 (si); Heritage Image Partnership Ltd (sc). Bridgeman Images: Pictures from History (bd). Dorling Kindersley: James Stevenson / National Maritime Museum, Londres (sc). 92 akg-images: Universal Images Group (s). Alamy Stock Photo: Ian Dagnall (d); PRISMA ARCHIVO (cda). 93 akg-images: Science Source (cd). Bridgeman Images: Gerard Degeorge (si); San Diego Museum of Art, EE. UU. / Edwin Binney 3rd Collection (ca). 93 akg-images: Science Source (cd). Bridgeman Images: Pictures from History (cdb). Por cortesía de University of Edinburgh (s); Colección privada (cda). 94 Alamy Stock Photo: David Hilbert (s); Tom Till (bd); Peter Horree (cd). Bridgeman Images: Oliver J. Davis Photography (bi); Imágenes del Perú (ci); DEA PICTURE LIBRARY (c). 95 Alamy Stock Photo: James Wagstaff (s); Peter Horree (bc); Brian Overcast (cib). Bridgeman Images: Colección privada (cd). Rex by Shutterstock: Granger (s). 96-97 Bridgeman Images: Granger (c). 96 Getty Images: DEA / A. DAGLI ORTI (bi); CM Dixon / Print Collector (s). Alamy Stock Photo: Lanmas (si). 97 akg-images: (cda). Alamy Stock Photo: Granger Historical Picture Archive (cda). 100-101 Getty Images: Universal Images Group. iStockphoto.com: tomograf (fondo). 102-103 Getty Images: De Agostini / N. Cirani (c); Maria Sward (fondo). 102 Alamy Stock Photo: Sue Martin (bd); World History Archive (sd). Getty Images: Bettmann (bi); World History Archive (sc). DEA / A. DAGLI ORTI (bi). 103 Alamy Stock Photo: Historical Images Archive (bi). 104 akg-images: Science Source (sd). Alamy Stock Photo: ART Collection (cia). Getty Images: De Agostini Picture Library (ci). 105 Alamy Stock Photo: The Picture Art Collection (s). Getty Images: Heritage Images (s); Photo Josse / Leemage (ci); Universal History Archive (cda). 106 Alamy Stock Photo: Peter Horree (b). Bridgeman Images: Bibliothèque Nationale, París, Francia / Archives Charmet (si). 107 Alamy Stock Photo: Jon Arnold Images (ci); Mara Duchetti (s). 108-109 iStockphoto.com: Mike Fuchslocher. 110 Alamy Stock Photo: Granger Historical Picture Archive (b); The Picture Art Collection (s); The Print Collector / Heritage Images (ca). 110-111 Dorling Kindersley: Dave King / Durham University Oriental Museum (espada). 111 akg-images: Science Source (sa). Alamy Stock Photo: ART Collection 2 (c); ART Collection (s). Alamy Stock Photo: Phil Degginger (bd); Ivan Kuzmin (bd). 115 Alamy Stock Photo: age fotostock (bd); National Geographic Creative (s). Bridgeman Images: Dirk Bakker (s); Thomas Gilcrease Museum, Tulsa, OK, EE. UU. / Dirk Bakker (s); De Agostini Picture Library / G. Cappelli (cdb). 116-117 Dorling Kindersley: Dreamstime: Rui Matos / Rumat (fondo). 117 Bridgeman Images: King, Marcus (siglo xx) / New Zealander. Alamy Stock Photo: Portrait Essentials (s). Getty Images: Heritage Images (c); Hulton Archive (c). 118 Alamy Stock Photo: Robert Hoetink (si/anillo, bi/anillo, bc/anillo); Peter Horree (bi). Bridgeman Images: Pictures from History (sd). The Trustees of the British Museum: (s). Getty Images: Werner Forman / Universal Images Group (bd). 118-119 The Trustees of the British Museum: (c). 119 Alamy Stock Photo: Robert Hoetink (b/anillo, si/anillo, sd/anillo). Bridgeman Images: British Library, Londres, Reino Unido / © British Library Board. Reservados todos los derechos (sc). Getty Images: fotografía tomada por Alan (bi); Werner Forman / Universal Images Group (sia). 120 Alamy Stock Photo: IanDagnall Computing (s). 121 Alamy Stock Photo: Pictorial Press Ltd (sc); Science History Images (cd). Getty Images: Werner Forman (s). 122 akg-images: Tristan Lafranchis (cd). Bridgeman Images: Paul Fearn (s). Bridgeman Images: Biblioteca Estense, Modena (cia); Hereford Cathedral, Herefordshire, Reino Unido (sd). Getty Images: UniversalImagesGroup (cib). 122-123 akg-images: Joseph Martin (cia). Alamy Stock Photo: Leon Swart (c). 123 akg-images: Joseph Martin (cia); MARKA (bc); Paul Fearn (c). Bridgeman Images: Tobie Mathew Collection / Transport for London (TfL) (cd). 124 Alamy Stock Photo: Chronicle (bd); Granger Historical Collection (sd); Science History Images (bi, c). Getty Images: Science Photo Library (sia). 124-125 123RF.com: Irina Brinza. 126 Bridgeman Images: De Agostini Picture Library (bi); Prismatic Pictures (s). Dorling Kindersley: Dave King / Warwick Castle, Warwick (bc). 127 Alamy Stock Photo: Volodymyr Horbovy (sd). Bridgeman Images: Cleveland Museum of Art, OH, USA / Donación del Sr. y la Sra. John L. Severance (bd); Granger (cd). Dorling Kindersley: Richard Leeney / Maidstone Museum and Bentlift Art Gallery (bd). Getty Images: DEA / A. DAGLI ORTI (bd). 129 Alamy Stock Photo: ART Collection (sc); Niday Picture Library (bc); Heritage Image Partnership Ltd (c); GL Archive (cd/superposición). Getty Images: Harald Sund (b). 130 Getty Images: DEA / A. DAGLI ORTI (bd); SuperStock (bc/izquierda); Imagno (bc/derecha). iStockphoto.com: tomograf (bc/derecha, fondo). 131 Alamy Stock Photo: ART Collection (bd); Science History Images (bc/izquierda); Alexander Helin (bc/derecha). Bridgeman Images: Library of Congress, Washington D.C. (bi). iStockphoto.com: tomograf (bi/fondo). Science & Society Picture Library: Science Museum (s). iStockphoto.com: Newbird (fondo). 132 akg-images: (cli). Alamy Stock Photo: FLHC 8 (cd). Dreamstime.com: Jacek Kutyba / Jacqu (bc). Getty Images: DEA / A. DAGLI ORTI (bi). 133 Alamy Stock Photo: Alfio Scisetti (s). Bridgeman Images: American Museum of Natural History, Nueva York, EE. UU. / Photo © Boltin Picture Library (ci). Getty Images: Science & Society Picture Library (sd). 134 Alamy Stock Photo: Niday Picture Library (bc); Granger Historical Picture Archive (bd); Douglas Peebles Photography / C. Douglas Peebles (sd). Getty Images: Science & Society Picture Library (ci); Dorling Kindersley: James Stevenson / National Maritime Museum, Londres (c); James Stevenson / Tina Chambers / National Maritime Museum, Londres (c). Library of Congress, Washington, D.C.: (bi). Alamy Stock Photo: Richard Pross / richardpross (bc). Alamy Stock Photo: George Atsametakis (si); Jeanette Dietl (bd); Masterpics (sd). Bridgeman Images: Werner Forman Archive / Jeffrey R. Myers Collection (ca). Dorling Kindersley: Gary Ombler / Fleet Air Arm Museum (ci). Getty Images: Joe Scarnici / HISTORY (bi); Harald Sund (cd). Dreamstime.com: gmalandra (bi). 138 Alamy Stock Photo: GL Archive (ca). Bridgeman Images: De Agostini Picture Library (sd). 138-139 Alamy Stock Photo: Panther Media GmbH (bd). 139 Alamy Stock Photo: Chronicle (si); Science History Images (sc); North Wind Picture Archives (cd); GL Archive (c). Getty Images: SuperStock (sd). 140-141 Science Photo Library: SMETEK. 142 akg-images: (bc). Bridgeman Images: British Library, Londres, Reino Unido / © British Library Board. Reservados todos los derechos (ci); Colección privada / © The Lucian Freud Archive / Colección privada / © The Lucian Freud Archive / Bridgeman Images (bi, bi). Getty Images: Universal History Archive (sc); VCG Wilson / Corbis (cd). The Metropolitan Museum of Art: Jacques and Natasha Gelman Collection, 1998 (bd). 143 Alamy Stock Photo: Art Directors & TRIP (sc); Ian Dagnall (bd); FineArt (cb); Heritage Image Partnership Ltd (s). Bridgeman Images: Asian Art & Archaeology, Inc. / CORBIS (cda); De Agostini Picture Library (cia); Pascal Deloche / GODONG (s); Universal Images Group / Universal History Archive (sd). Courtesy National Gallery of Art, Washington: Donación de Victoria Nebeker Coberly, en memoria de su hijo John W. Mudd, y Walter H. y Leonore Annenberg (cda). The Metropolitan Museum of Art: Jacques and Natasha Gelman Collection, 1998 (bi). National Museum of Asian Art, Smithsonian: Donación de Eugene y Agnes E. Meyer (cib). 144-145 123RF.com: Grigory Stepanov (uñas). Dreamstime.com: Ovydyborets (sd). 144 123RF.com: nathanael005 (s/rollo de fondo). Alamy Stock Photo: Chronicle (c); INTERFOTO (bc). Getty Images: Imagno (bi). 145 123RF.com: nathanael005 (s/rollo de fondo). akg-images: De Agostini Picture Library (bi). Alamy Stock Photo: Chronicle (sc); PRISMA ARCHIVO (ci); Pictorial Press Ltd (ca); Historical Images Archive (b). Dreamstime.com: Ovydyborets (bd). 147 Bridgeman Images: Tarker (sd). 148-149 Alamy Stock Photo: Lebrecht Music and Arts Photo Library. 150 Alamy Stock Photo: ART Collection 3 (bd). Bridgeman Images: Pictures from History (s); ART Collection (ca). 151 Alamy Stock Photo: Niday Picture Library (s). Getty Images: DEA / A. DAGLI ORTI (s). 152 Alamy Stock Photo: Richard Wainscoat (bi). 154 Alamy Stock Photo: INTERFOTO (si). Bridgeman Images: Apsley House, The Wellington Museum, Londres, Reino Unido / © Historic England (bd). Getty Images: Fine Art Images / Heritage Images (bi); Fototeca Gilardi (bc). 154-155 Dreamstime.com: Designprintck (fondo). 155 Alamy Stock Photo: Everett Collection Historical (c); Lifestyle pictures (sd). Apic (c); Leemage (bd). 156-157 Alamy Stock Photo: History and Art Collection (bd); V&A Images (bd). 158 Alamy Stock Photo: Granger Historical Picture Archive (sd); V&A Images (bd). Bridgeman Images: Church of the Gesù, Roma, Italy (c); Colección privada / Musée Guimet, París, Francia (ci). 158-159 Alamy Stock Photo: age fotostock (s). 159 Alamy Stock Photo: Afflo Co. (c); Heritage Image Partnership Ltd (c). Bridgeman Images: Colección privada / Archives Charmet (c); Colección / Pictures from History (bd). Getty Images: Asian Art & Archaeology, Inc. / CORBIS (si); Print Collector (bi). 160 Alamy Stock Photo: Glasshouse Images (eb). Bridgeman Images: Granger (bd); Colección privada / © Look and Learn (bi); Library of Congress, Washington D.C. (bi). 160-161 Dreamstime.com: Ovydyborets (papel de fondo). 161 akg-images: Granger (s). iStockphoto.com: aapsky (bc). Alamy Stock Photo: Paul Fearn (ca); Science History Images (sd); INTERFOTO (sd). Wellcome Images http://creativecommons.org/licenses/by/4.0/: (bi). 163 Alamy Stock Photo: The Granger Collection (s); Lebrecht Music and Arts Photo Library (bb); Science History Images (cdb). Dorling Kindersley: Whipple Museum of History of Science, Cambridge (sd). Getty Images: Universal History Archive (cd). 164 Bridgeman Images: Pictures from History (bd). 165 Bridgeman Images: Pictures from History (bd). 166 Alamy Stock Photo: Dinodia Photos (s, sc, sd). The Cleveland Museum of Art: Donación de J. H. Wade (bc). 167 Alamy Stock Photo: Granger Historical Collection (bd); Alexander Helin (sc); V&A Images (sd); Niday Picture Library (bd). 168 Bridgeman Images: National Palace Museum, Taipéi, Taiwán (si); Pictures from History (sc, b). Dreamstime.com: Songquan Deng / Rabbit75 (sd). 168-169 Bridgeman Images: Paul Fearn (s). 169 Alamy Stock Photo: Chronicle (bi); imageBROKER (bd). Everett Collection Historical (bd). Dorling Kindersley: Andy Crawford / British Museum (bd). Getty Images: DEA PICTURE LIBRARY (si); Universal History Archive (cd). 170-171 123RF.com: Igor Zakharevich (fondo). 175 akg-images: Science Source (sd). 177 Alamy Stock Photo: Granger Historical Picture Archive (bd); Prisma by Dukas Presseagentur GmbH (ecd); Archivart (c). Dorling Kindersley: Simon Clay / National Motor Museum, Beaulieu (c); James Mann / National Motor Museum, Beaulieu (c); Matthew Ward (b); Gary Ombler / R. Florio (ca). 178 Alamy Stock Photo: Chronicle (bc/derecha); Niday Picture Library (bd). Bridgeman Images: 00596841 (bd). 179 Alamy Stock Photo: Granger Historical Picture Archive (b). Dorling Kindersley: Gary Ombler / National Railway Museum, York / Science Museum Group (s). Library of Congress, Washington, D.C.: (bc/izquierda, bc/derecha). 180 V&A Museum / Victoria and Albert Museum, Londres: (s). 182-183 Bridgeman Images: Granger (b). iStockphoto.com: tomograf (fondo). 184 Alamy Stock Photo: Enrico Della Pietra (cb). Getty Images: Stephen J. Krasemann (b); Sergio Pigozzi (cdb). NASA: (sd). Bridgeman Images: INTERFOTO (s). Getty Images: Alfio Scisetti (s). iStockphoto.com: Newbird (fondo). 132 akg-images: (cli). NASA: (sd). Tom Pfeiffer / VolcanoDiscovery (si); Topical Press Agency / Hulton Archive (cia); STF / AFP (bd); Moment Open / Photography by Mangiwau (ca). Alamy Stock Photo: Pictura Collectus (s). 186 Alamy Stock Photo: Dinodia Photos (c). Getty Images: Redferns / Tim Hall (bd). 187 Alamy Stock Photo: SPUTNIK (bd); AF archive (sd). Getty Images: Hiroyuki Ito (si). 188-189 Bridgeman Images: Kremlin Museums, Moscú, Rusia (c). 188 Alamy Stock Photo: Niday Picture Library (bd); The Print Collector (sd). Getty Images: Photo Josse / Leemage (bi); José Fusté Raga (ci). 189 Alamy Stock Photo: Chronicle (si); Chris Hellier (cda); Pictorial Press Ltd (bi); Hi-Story (bb). 190 Alamy Stock Photo: North Wind Picture Archives (si); IanDagnall Computing (bi); Granger Historical Picture Archive (bd). Bridgeman Images: Colección privada / © Look and Learn / Barbara Loe Collection (ci). Getty Images: Science & Society Picture Library (ci). 191 Alamy Stock Photo: (cdb). ART Collection (cd); Science History Images (sd); The Granger Collection (cd); North Wind Picture Archives (si); Science History Images / Photo Researchers (c); Skimage (cib). Bridgeman Images: (bi). Getty Images: Hulton Archive (sc). 192-193 Bridgeman Images: Metropolitan Museum of Art, Nueva York, EE. UU. 196 123RF.com: Martin Mulder (ci). Alamy Stock Photo: imageBROKER (cdb); Penny Tweedie (d). Getty Images: Danita Delimont (si); Werner Forman / Universal Images Group (cd). 197 Alamy Stock Photo: Chronicle (i); Marc Tielemans (sc); The Picture Art Collection (s). 198-199 iStockphoto.com: tomograf (fondo). 199 Bridgeman Images: Archives Charmet. 200 Alamy Stock Photo: Chronicle (bc); Dennis Hallinan (bd); Masterpics (bd). Bridgeman Images: Musée de la Ville de París, Musée Carnavalet, París, Francia (si, sc). 201 Alamy Stock Photo: Niday Picture Library (bd); PRISMA ARCHIVO (bc). Bridgeman Images: Musée de la Ville de París, Musée Carnavalet, París, Francia (si). 202 Alamy Stock Photo: Granger Historical Picture Archive (bd). 202 Alamy Stock Photo: adoc-photos / Corbis (bc). 203 Getty Images: Business Wire (bi); David Silverman (sd); Science & Society Picture Library (s, d). 204 Alamy Stock Photo: ART Collection (sd). 205 Alamy Stock Photo: Paul Fearn (sd); NMUIM (si); Granger Historical Picture Archive (bd). Getty Images: Manchester Art Gallery, Reino Unido (bi). 206-207 Dreamstime.com: Nataliya Yakovleva 206 Dreamstime.com: Natasha55 (cia). iStock: Toltemara (ca). 207 Dreamstime.com: Pavel Naumov (ca). Getty Images / iStock: Alfadanz (b). 208 Getty Images: De Agostini Picture Library (b). Alamy Stock Photo: Archivart (s). 209 Alamy Stock Photo: Granger Historical Picture Archive (sd); IanDagnall Computing (cd). Getty Images: De Agostini Picture Library (bi). 210 Alamy Stock Photo: Ed Buziak (cdb). Dorling Kindersley: Mike Dunning / National Railway Museum, York (ci); Clive Streeter / The Science Museum, Londres (sd). Getty Images: Central Press / Hulton Archive (cd); Wolfgang Kaehler / LightRocket (ca). Daniel Lu: (s). 211 Alamy Stock Photo: Top Photo Corporation (bc); Newscom / BJ Warnick (bd). Dorling Kindersley: Gary Ombler / National Railway Museum, York / Science Museum Group (sc); Gary Ombler / Oxford Railway Centre (cdb). Dreamstime.com: Yinan Zhang / Cyoginan (bd). Manuscripts and Archives, Yale University Library: Yale Collection of Western Americana, Beinecke Rare Book and Manuscript Library, Yale University, New Haven, Connecticut (ci). 212 Alamy Stock Photo: Everett Collection (bi); ZUMA Press, Inc. (bd); The Granger Collection (bd). Imagen digital por cortesía del Getty's Open Content Program: (si). 212-213 Alamy Stock Photo: Prisma by Dukas Presseagentur GmbH (c). 213 Bridgeman Images: Bibliothèque des Arts Décoratifs, París, Francia / Archives Charmet (d). 216 Alamy Stock Photo: Lordprice Collection (si); Science History Images (cd); Bettmann (d). 217 Alamy Stock Photo: FineArt (cd); National Geographic Creative (sd). Library of Congress, Washington, D. C.: (i, bd). 218 Alamy Stock Photo: Chronicle (sd); Granger Historical Picture Archive (si, bi); INTERFOTO (bd). 219 Alamy Stock Photo: Chronicle (bc/izquierda); Classic Image (bi); Glasshouse Images (bd). 220-221 123RF.com: Igor Zakharevich (fondo). 224 Bridgeman Images: Chicago History Museum, EE. UU. (ci). Dorling Kindersley: Dave King / Gettysburg National Military Park, PA (bi). Library of Congress, Washington, D.C.: (ca, sd, cdb). Getty Images / iStock: DigitalVision Vectors / Keith Lance (ci). 225 Alamy Stock Photo: ClassicStock (bd). 226 akg-images: North Wind Picture Archives (bd). Getty Images: Hulton Archive (bi); Popperfoto (s). 227 Alamy Stock Photo: Express Newspapers (si); Paul Popper / Popperfoto (bd). 228 Alamy Stock Photo: Pictorial Press Ltd (cdb). Bridgeman Images: Photo © CCI (bc); Stefano Bianchetti / Corbis (sd); Photo 12 / UIG (cib); Araldo de Luca / Corbis (bd). 229 123RF.com: beaucroft (bi); klotz (sc). Getty Images: Bettmann (ci); Science & Society Picture Library (cib); Bloomberg (bd). 230 Alamy Stock Photo: Ton Snoei (s); Granger - Historical Picture Archive (ca); Incamerastock / ICP (cia). Getty Images: George Rose (bd); Science & Society Picture Library (cda, bc). Bridgeman Images: PVDE (bc). 230-231 iStockphoto.com: Rouzes (pinzas y toro de fondo). 231 Alamy Stock Photo: Granger Historical Picture Archive (si); World History Archive (sc). Bridgeman Images: Colección privada / Avant-Demain (ci). Getty Images: Science & Society Picture Library (bi). iStockphoto.com: kosamtu (bb). Library of Congress, Washington, D.C.: (cd). 232 Alamy Stock Photo: FOR ALAN (s); Marmaduke St. John (sd); Pictorial Press Ltd (cd). 233 Alamy Stock Photo: By Ian Miles-Flashpoint Pictures (bi). Getty Images: Science & Society Picture Library (sd); Stegerphoto (bd). 234 Alamy Stock Photo: David Osborn (bc). Getty Images: Steve Mann / The_guitar_mann (bi); Gary Scott (c). Getty Images: Bettmann (cd). 235 Getty Images: Ross Land (sd); Science & Society Picture Library (si); © Museum of Flight / CORBIS (c). iStockphoto.com: aapsky (bc). Getty Images: Science History Images (ci). 238-239 123RF.com: Igor Zakharevich (fondo). 240 Alamy Stock Photo: Granger Historical Picture Archive (bd); Stephen Dwyer (b). Daimler AG: Mercedes-Benz Classic (ci). Getty Images: Rykoff Collection (s). Utah State Historical Society: (s). Volvo Car Group: (b). 241 Dorling Kindersley: Simon Clay / National Motor Museum, Beaulieu (cd); James Mann / National Motor Museum, Beaulieu (c); Matthew Ward (b); Gary Ombler / R. Florio (ca). Getty Images: Kim Kulish / Corbis (bd). Toyota UK: (bc). 242 Alamy Stock Photo: Everett Collection Historical (bi); Pictorial Press Ltd (ca). Getty Images: Hulton Archive / Keystone / Stringer (bc). Getty Images / iStock: nazarkru (bd). 243 Alamy Stock Photo: GL Archive (si); Everett Collection Inc (sc); Leddokola (bi). Getty Images: Library of Congress / Corbis / VCG (b). Paragon Space Development Corporation and Volker Kern: (bd). 244-245 Getty Images: Bettmann. iStockphoto.com: tomograf (fondo). 247 Alamy Stock Photo: David Parker (fondo); Splash News (cd). Getty Images: Agence France Presse (si); Popperfoto (bi); Yamaguchi Haruyoshi (c); Ralph Morse / The LIFE Picture Collection (d). 248 Alamy Stock Photo: Granger Historical Picture Archive (bd). Getty Images: Central Press / Hulton Archive (bd); Heritage Images (bc/izquierda). 249 Alamy Stock Photo: Stocktrek Images, Inc. (bd). Getty Images: Agence France Presse (bc/derecha); Françoise De Mulder / Roger Viollet (s). 250 Alamy Stock Photo: Everett Collection Historical (bd). Bridgeman Images: Colección privada / Photo © Christie's Images (bd). Rex by Shutterstock: Universal History Archive \ UIG (bc). 250-251 123RF.com: Nuwat Chanthachantuek (s/fondo). 251 Alamy Stock Photo: Everett Collection Historical (c); Heritage Image Partnership Ltd (sd); Granger Historical Picture Archive (bc). Bridgeman Images: Colección privada / © Look and Learn / Elgar Collection (s). Goja1 (cd). 252 123RF.com: andreadonetti (ci). Alamy Stock Photo: Tom Hanley (sc); Pictorial Press Ltd (bi). Dorling Kindersley: Gary Ombler / R. Florio (cdb). 253 Alamy Stock Photo: Ewing Galloway (i). Getty Images: Bettmann (sd); Hulton Archive (sc, bd). 254 Alamy Stock Photo: Hercules Milas (bi). akg-images: Album / J. Enrique Molina (cd); Erich Lessing (cia). Alamy Stock Photo: World History Archive (ci). Getty Images: De Agostini Picture Library (ci). 256 Getty Images: Bettmann (s); Heritage Images (c). 257 Alamy Stock Photo: Sueddeutsche Zeitung Photo (si); World History Archive (sc). 257 Getty Images: Bettmann (si); Shepard Sherbell / Corbis (bd); AFP Photo / Vladimir Repik / Stringer (cd). 262-263 Dorling Kindersley: Dreamstime.com: Ovydyborets. Getty Images: Hulton-Deutsch Collection (fondo). 262 Bridgeman Images: Archives de Gaulle, París, Francia (b). Getty Images: Fox Photos (cia); William Vandivert / The LIFE Picture Collection (s); Popperfoto (cb). 263 Alamy Stock Photo: Prisma by Dukas Presseagentur GmbH (bd). Getty Images: Margaret Bourke-White / The LIFE Picture Collection (c); Fox Photos (sd). 264 Bridgeman Images: Pictures from History (b); SZ Photo (si); SZ Photo / Scherl (sd). 264-265 Getty Images: Hulton Archive. 265 Auschwitz-Birkenau Memorial & Museum: Bridgeman Images: Galerie Bilderwelt (sd); SZ Photo (bd). Bridgeman Images: Galerie Bilderwelt (s). 266-267 Getty Images: John Parrot / Stocktrek Images. 268 Bridgeman Images: SZ Photo / Scherl (sd). Getty Images: (s). 269 Alamy Stock Photo: Military History Collection (bd); Pictorial Press Ltd (si). Bridgeman Images: PVDE (bc). Getty Images: Hulton Archive (bd); SuperStock (bd). 270 Alamy Stock Photo: World History Archive (bd). Getty Images: Margaret Bourke-White / The LIFE Picture Collection (s); Central Press / Hulton Archive (sc); Keystone (bd). 271 Alamy Stock Photo: Zoonar GmbH (sd). Getty Images: Mark Kauffman / The LIFE Picture Collection (i); Keystone-France / Gamma-Keystone (s); Popperfoto (sc). 272 Getty Images: Science & Society Picture Library (bi). 273 123RF.com: Burnel1 (sd). Alamy Stock Photo: Artokoloro Quint Lox Limited (cda). 274 Alamy Stock Photo: Everett Collection Historical (bd); Granger Historical Picture Archive (cii); World History Archive (c); RBM Vintage Images (bi). Getty Images: AFP (bd); Christine Spengler / Sygma (cd). 275 Alamy Stock Photo: PCN Photography (sd); US Air Force Photo (c); Giannis Papanikos (bc). Getty Images: Françoise De Mulder / Roger Viollet (s). 277 Getty Images: Apic / RETIRED (s). 278 Dreamstime.com: Dima1970 (cdb); Nendra Wahyu (cd, cbi); Onyxxj (ca). 279 Dreamstime.com: Evgenii Naumov (sc, ca). 280 Alamy Stock Photo: Everett Collection Historical (c); Keystone Pictures USA (d). Getty Images: Bettmann (bi); VCG Wilson / Corbis (c). 281 Alamy Stock Photo: FLHC 47 (ca); INTERFOTO (bd). Getty Images: Bettmann (cb); Underwood Archives (cb). 282 Alamy Stock Photo: World History Archive (sd); Susan Pease (bi). Getty Images: Bettmann (cib); Henry Diltz (bd/arriba); Reg Lancaster (bd/ arriba); Robert Abbott Sengstacke (bd); Edward Miller (cia); Hulton Archive / Keystone / Stringer (ca). 283 Alamy Stock Photo: Everett Collection (bc); Tracksimages.com (ci); US Army Photo (cd). Getty Images: B. Friedan (si); The LIFE Picture Collection (sc); Bettmann (sd); Popperfoto (cdb); Photolibrary (bd); François LOCHON (c); Keystone-France / Gamma-Keystone (cd). 284 Alamy Stock Photo: Allstar Picture Library (sd). Getty Images: AFP (bi); Mark Kauffman / The LIFE Picture Collection (s); William Campbell / Sygma (bd); Patrick Robert / Sygma / CORBIS (sd). 285 Alamy Stock Photo: imageBROKER (sd); David Parker (bd). Getty Images: GIANLUIGI GUERCIA / AFP (ci); Santi Visalli (si); PHILIP OJISUA / AFP (cda). 288 Alamy Stock Photo: ART Collection (sd); SPUTNIK (sc, sc); Chronicle (sd). NASA: (si, cl, sd). 289 Alamy Stock Photo: ITAR-TASS News Agency (sc). John F. Kennedy Library Foundation: Robert Knudsen. White House Photographs. John F. Kennedy Presidential Library and Museum, Boston (cd). NASA: (sc). Martin Trolle Mikkelsen: (b). 290 Getty Images: Ralph Morse / The LIFE Picture Collection (i, d). 291 Getty Images: Ralph Morse / The LIFE Picture Collection (i, d). 292-293 Getty Images: Bettmann (ci). 294 Getty Images: Bettmann (ci, cd, sd). 294-295 Getty Images: AFP. 295 Bridgeman Images: Granger (cd); Underwood Archives / UIG (ci). Getty Images: Agence France Presse (ci/far). 296 Bridgeman Images: Castello della Manta, Saluzzo, Italy (sc/Estad Media). Getty Images: DEA / S. VANNINI / De Agostini (si/griego); In Pictures Ltd. / Corbis (sc); Michael Putland (s); The Image Bank / Emmanuel Faure (sd). 297 Alamy Stock Photo: The National Trust Photolibrary (si/reina Isabel); Heritage Image Partnership Ltd (bd). Bridgeman Images: Victoria & Albert Museum, Londres, Reino Unido (si); National Trust Photographic Library / John Hammond (sc/Europa barroca); Photo © Historic Royal Palaces / Robin Forster (sd/vestido de Mantua). Getty Images: DEA / A. DAGLI ORTI (si/siglo xx/da). Mark Kauffman / The LIFE Picture Collection (bi/minivestidos). iStockphoto.com: BernardAllum (sc/kimono). 298 Alamy Stock Photo: Stephen Sweet (si). NASA: (sc, bc); JPL-Caltech (bi/arriba). JPL (c); ESA (bd). 299 Alamy Stock Photo: Everett Collection (sd). ESA: ATG medialab (c). NASA: (sd, cd). JPL-Caltech (bd/arriba); JPL (ci/eci, b, cd/der). 304 Alamy Stock Photo: INTERFOTO (c). Getty Images: AFP / Marwan Naamani (cia). 304-305 Dreamstime.com: Chernishev Maksim. 305 Alamy Stock Photo: True Images (sd). Getty Images: Bettmann (cib). Getty Images / iStock: E+ / brittak (sd). 306 Alamy Stock Photo: Granger Historical Picture Archive (ci); Lebrecht Music and Arts Photo Library (c/Wollstonecraft); Trinity Mirror / Mirrorpix (bd/Pankhurst); Lee Celano (bd). Carrie Chapman Catt Papers, Bryn Mawr College Library Special Collections: Topical Press Agency / Hulton Archive (cdb). The National Library of Norway: (s). 307 Alamy Stock Photo: Keystone Pictures USA (ca); World History Archive (ci); Splash News (bd). Getty Images: Sam Morris (sd); Popperfoto (cb); RDA (cdb). 308-309 Vecteezy.com: (iconos). 312 Getty Images: Ralph Crane / The LIFE Picture Collection (si); Science & Society Picture Library (ci). 313 Profesor Rod Lipson: Jonathan Blutinger (fotógrafo), Victor Zykov (diseñador) (cdb). 313 Alamy Stock Photo: Anton Gvozdikov (s). Courtesy of Boston Dynamics: (d). 313 Getty Images: NurPhoto (cd); Mehmet Kaman / Anadolu Agency (cib). 314 Bridgeman Images: The Granger Collection (sd); IanDagnall Computing (bi). Wellcome Collection: Vacunación: «Dr Jenner performing his first vaccination, 1796». Pintura al óleo de Ernest Board. (bd). 314-315 Alamy Stock Photo: blickwinkel / McPHOTO / INS (cda); Granger - Historical Picture Archive (sc); Marion Kaplan (ca); Library Book Collection (bd). Dreamstime.com: Oasisamuel (cda). Getty Images / iStock: erdikocak (si). 317 Getty Images: Max Mumby / Indigo (bd).

Resto de las imágenes © Dorling Kindersley
Para más información ver: www.dkimages.com